二十一世纪普通高等教育人才培养

思想政治教育与专业课程融合系列

2020年广东省高等教育教学改革项目"应用型本科高校课程
探索"（编号：2020SJJXGG04）研究成果

资本运营理论与实务

Ziben Yunying Lilun Yu Shiwu

主　编　彭文华

副主编　杨咏梅　郭滨辉

西南财经大学出版社

中国·成都

图书在版编目(CIP)数据

资本运营理论与实务/彭文华主编;杨咏梅,郭滨辉副主编.—成都:西南财经大学出版社,2022.2(2025.1重印)
ISBN 978-7-5504-5238-1

Ⅰ.①资… Ⅱ.①彭…②杨…③郭… Ⅲ.①资本经营—高等学校—教材 Ⅳ.①F272.3

中国版本图书馆 CIP 数据核字(2022)第 002499 号

资本运营理论与实务
主　编:彭文华
副主编:杨咏梅　郭滨辉

策划编辑:李特军　李晓嵩
责任编辑:李特军
责任校对:陈何真璐
封面设计:张姗姗
责任印制:朱曼丽

出版发行	西南财经大学出版社(四川省成都市光华村街55号)
网　　址	http://cbs.swufe.edu.cn
电子邮件	bookcj@swufe.edu.cn
邮政编码	610074
电　　话	028-87353785
照　　排	四川胜翔数码印务设计有限公司
印　　刷	郫县犀浦印刷厂
成品尺寸	185 mm×260 mm
印　　张	22.125
字　　数	519 千字
版　　次	2022 年 2 月第 1 版
印　　次	2025 年 1 月第 4 次印刷
印　　数	5001— 6000 册
书　　号	ISBN 978-7-5504-5238-1
定　　价	45.00 元

思政教育与专业课程融合系列教材
编审委员会

主任： 余　浩

委员：（以姓氏笔画为序）

王宝田　陈德余　夏唐兵　彭文华　谢伟峰

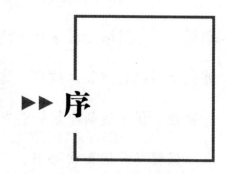

▶▶ 序

2014 年以来，上海市相关高校对大学生思想政治教育进行了有益探索，随之出现了课程思政的概念，激发了不少高校的兴趣，引起了教育部的关注。自此以后，"课程思政"这一概念多次出现在教育部颁发的相关通知、文件以及教育部领导的讲话中。课程思政观念日益深入人心，逐渐掀起了一股关于课程思政的热潮。但是，就目前我国高校课程思政的现状看，并未形成可复制、可推广的模式和经验。

当前，我国高校均在不同程度上推行课程思政，但就现实情况看，不同高校课程思政处于不同阶段：大多数高校的课程思政处于点状形态，部分高校的课程思政处于线状形态，较少高校的课程思政处于面状形态，基本没有高校的课程思政处于体状形态。

课程思政的点状形态，是指在开展课程思政的过程中，只选择某一个点来进行课程思政教育，如组织一次课程思政的公开课、组织课程思政的教学竞赛等。从目前的情况看，我国大多数高校在课程思政的实践中处于点状形态，停留在一次性或有限性的活动上，试图通过这种活动来引领课程思政，结果却是难以实现其愿景。

课程思政的线状形态，是指在开展课程思政的过程中，选择某一门课或某几门课在教学环节进行课程思政尝试与探索，旨在通过这种形式取得经验并加以推广。这种形式因其课程的有限性和实施环节的片面性，很难达到理想的效果。

课程思政的面状形态，是指在开展课程思政的过程中，源自学校的总体要求，所有课程在教学环节都进行课程思政教学改革，旨在通过改革，在学校全面推行课程思政教学。这种形式虽然涉及所有课程，但因局限于教学环节，未能解决实施环节的片面性问题，也难以达到应有的效果。

课程思政的体状形态，是指在开展课程思政的过程中，将其看成一个系统工程，全面系统地进行课程思政的设计与实施，包括教育观念更新、管理制度创新、专业人才培养方案设计、课程标准制定、教材开发、教学方法创新、课程考核创新等，全方位融入思政元素，以期达到理想效果。

基于课程思政的体状形态，广州商学院会计学院进行了长期的有益探索，对涉及课程思政的方方面面进行了全面系统的研究，创新了课程思政的教育理念，将课程思政元素成功融入相关管理制度、专业人才培养方案、课程标准，在此基础上，进一步探索了融入思政元素的教材编写、课程思政的教学方法和考核方法。思政教育与专业课程融合系列教材（以下简称"系列教材"）就是这一探索的重要成果。

这套系列教材包括《统计学》《税法》《资本市场理论与实务》《财经应用文写作》等。在课程设计的基础上，这套系列教材将思想政治教育与专业课程有机结合，实现无痕融入。这套系列教材具有凸显思政地位、融入思政元素、体现思政价值三大特点。

第一，凸显思政地位。课程思政是一种价值引领，通过正能量的价值引领，发挥课程的最大效用。其体现在教材上，就是要凸显思政地位。通常，我们在进行课程设计时，要设定素质目标、知识目标、能力目标。与此相适应，教材要有配套的内容来达成这些目标。其中，素质目标包括思想政治素质、文化意识、价值取向等。这套系列教材将素质目标显性化、具体化，与反映知识目标和能力目标的内容有机融合，显示教材的精神塑造和价值观教育职能。

第二，融入思政元素。教材显示思政地位，就是要将思政元素与课程设计的知识和能力的相关内容有效结合，成为一个不可分割的整体。在教材中，如何融入思政元素，要结合课程设计的要求，根据不同的内容，融入与之有关的思政元素。这套系列教材按照相关性、适时性、适度性来融入思政元素，让课程思政进教材，把课程思政落到实处，让教师在进行课程思政教育时有据可依，让学生在接受课程思政教育时有书可读。

第三，体现思政价值。课程思政进教材，就将课程思政这个软指标变成了硬指标，有利于通过课程思政来引领知识目标和能力目标，从而显示出各门课程承载的精神塑造和价值教育职能，塑造学生良好的思想政治素质和道德素质，帮助学生树立正确的人生观、世界观、价值观，确保高校立德树人根本目标的实现。这套系列教材有机融入思政元素，有利于引导学生在学知识、学技术的同时，受到价值引领，起到精神塑造和价值观教育的作用，使思政教育收到"润物细无声"的效果。

这套系列教材是广州商学院强力推行课程思政教学改革的产物，是广州商学院会计学院广大教师不断进行课程思政理论研究和实践探索的产物。这套系列教材的出版发行，必将有助于课程思政落地、生根、开花、结果。

思政教育与专业课程融合系列教材编审委员会

2022 年 1 月 10 日

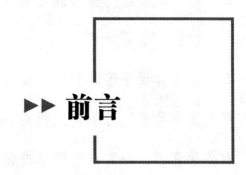

►► 前言

　　资本运营是指以利润最大化和资本增值为目的，以价值管理为特征，将本企业的各类资本不断地与其他企业、部门的资本进行流动与重组，实现生产要素的优化配置和产业结构的动态重组，以达到本企业自有资本不断增加这一最终目的的运作行为。

　　西方经济学中没有这一概念，其 20 世纪 90 年代在我国出现，它是形成于中国的一个经济学新名词。资本运营主要研究证券的发行与交易、信托投资基金、金融衍生工具、资产证券化、并购重组、资本重组与收缩、债务重组与清算、跨国资本运营等内容。资本运营是创新性与实用性高度结合、专业性与多样性和谐统一的典型知识领域。

　　本书为应用型本科教材，是课程思政系列教材的一部分，旨在为高等院校财经类课程找到融入思政教育的切入点；通过大量的案例将思政元素渗透到道德教育之中，潜移默化、润物无声，通过滴水穿石的教育方式，有效地实现显性教育和隐性教育的有机融合。

　　本书突出了理论性和实务性的结合。本书以理论为指导，着力分析探讨理论的基本含义、内在机理和实现条件；同时，从实务角度出发，探讨这些理论在实践过程中的变化和操作层面的表现，努力做到"言之有物"，学而可用。

本书体现了理论和实务的一体化，体现了应用型本科教育学以致用的基本要求，可供财经类应用型本科专业的学生使用，也可供企业财务管理者、对资本市场与投资银行感兴趣者参考。

本书由彭文华任主编，杨咏梅、郭滨辉任副主编。本书参加编写的人员为彭文华（第一章）、杨咏梅（第九章）、郭滨辉（第四章第五节、第六章）、莫碧霞（第二章）、陈思思（第三章）、王双（第四章、第一至第四节）、王团（第五章）、胡小璐（第七章）、朱倩（第八章）、储萍（第十章）。

由于编者水平有限，对资本运营的理解不够深入，同时资本运营也还在不断发展之中，本书难免存在不足之处，对此，我真诚地希望读者提出宝贵的批评性意见或建设性意见，以便日后进一步修改完善。

编　者

2022 年 1 月

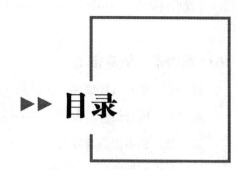

►► 目录

第一章

资本运营概述

■教学目标

　　资本运营是企业实现资本增值的重要手段，是企业发展壮大的重要途径。通过本章教学至少应该实现下列目标：使学生掌握资本的含义和特点、掌握资本运营的含义、内容与模式；熟悉资本运营的目标与特点、熟悉资本运作的类别等知识目标；了解资本运营的动因；能通过案例分析资本运营的风险及管理等能力目标；使学生了解我国资本市场改革的历程及中国特色；具备良好的风险防范意识等思政目标。

【案例导入】

北京三快在线科技有限公司①

　　美团网的全称为"北京三快在线科技有限公司"，注册于北京市海淀区，是2011年5月6日成立的团购网站。美团网有着"吃喝玩乐全都有"和"美团一次美一次"的服务宗旨。

　　2014年美团全年交易额突破460亿元，较2013年增长180%以上，市场份额占比超过60%，比2013年的53%增长了7个百分点。2015年1月18日，当时的美团网首席执行官（CEO）王兴表示，美团已经完成7亿美元融资，美团估值达到70亿美元。

　　2018年4月，美团以35%美团股权、65%的现金收购摩拜单车，其中3.2亿美元作为未来流动性补充，A、B轮投资人及创始团队以7.5亿美金现金出局。对此，摩拜创始人胡玮炜在朋友圈回应表示，"并不存在所谓的出局，在我看来一切是新的开始"。2018年5月16日美团已全资收购屏芯科技。收购完成之后，屏芯科技仍将保持独立运营，团队未来的分工继续保持不变。

　　2018年6月22日，美团点评正式向港交所递交IPO申请。9月20日，美团点评

---

① 笔者根据"百度百科"整理（详见百度百科. 北京三快在线科技有限公司［EB/OL］.（2021-12-08）. https://baike.baidu.com.）。

登陆港交所。2020 年 1 月 9 日，胡润研究院发布《2019 胡润中国 500 强民营企业》，美团点评以市值 5 500 亿元位列第 6 位。

2020 年 7 月，美团取消支付宝支付狙击阿里。此前 2016 年、2018 年分别有过两次用户反映美团点餐曾短暂无法使用支付宝支付，但微信支付始终处于友好位置。美团 CEO 王兴在饭否上回应称："淘宝为什么还不支持微信支付？微信支付的活跃用户数比支付宝多，手续费也比支付宝低。"

思考："洋务运动"曾尝试进行资本市场运作但以失败告终，但目前我国的资本市场运作取得巨大成就，请总结其原因。

第一节　资本

20 世纪 90 年代，资本运营这一新名词在我国出现。随着我国改革开放的不断深入，市场经济的不断完善，越来越多的企业认识到资本运营的重要性。资本运营已经成为企业实现快速增长、发展壮大的重要手段和途径。资本运营，顾名思义，其研究的对象就是资本及其运营。

一、资本的含义

资本的概念由来已久，马克思主义经济学和西方经济学都对资本与资本理论进行过深入研究。《新帕尔格雷夫经济学大辞典》把资本分为两类，一类是作为一种生产要素的资本，另一类是作为生产关系的资本。

（一）生产要素的资本

古典经济理论认为生产有三要素：土地、劳动和资本。每一种生产要素有其自身的范围：土地是一个存量，劳动是一种流量，而资本则是以资本存量形式存在的货币资本。新古典理论对资本作为生产要素的论述，存在不同的观点。奥地利经济学家庞巴维克认为生产需要时间，因此需要资本货形式的预付，并认为资本品是生产出来的生产资料。马歇尔把获得准租金的资本品同获得利息的货币资本区别开来。萨缪尔森认为，资本是一种不同形式的生产要素，是一种生产出来的生产要素，一种本身就是经济的、产出的耐用投入品。格林沃尔德主编的《现代经济词典》也从生产的角度对资本进行了界定，认为资本是用于生产其他商品，包括厂房和机器在内的所有商品的名称。资本是生产的三要素之一，其他两要素是土地和劳动。从企业的角度来看，资本是一家公司的总财富或总资产，因而不仅包括资本货物（有形的资产），同时也包括商标、商誉和专利权等。作为会计学的术语，它代表从股东那里得到的全部货币，加上留归企业用的全部利润。

简言之，从西方经济学的角度看，资本主要是被理解为一种生产要素。从上述观点还可以看出，西方经济学主要关注的是资本的自然属性。西方经济学把劳动生产过程解释为一种投入与产出之间的技术关系，把人类的劳动活动与原料和工具等同地作为生产要素。因此，资本同劳动一起存在于每一个社会。

（二）社会关系的资本

马克思不仅从资本的自然属性方面对资本进行了充分的论述，而且从资本的社会属性方面进行了详细的论述。马克思指出："资本的合乎目的的活动只能是发财致富，也就是使自身增大或增值。"可见，资本的自然属性就是追求价值增值，这也是商品经济的共性。马克思更进一步认为，只有在资本主义社会里，资本品才是资本。这是因为资本不是物，而是一定组合的社会关系，并对这些关系网中的物体赋予社会物体的特殊内容。因此，要了解资本，人们必须根据它作为社会关系的特殊性来进行解释。

作为一种社会关系的资本又可以分为两种：作为个别的社会关系的资本与作为占统治地位的社会关系的资本。资本作为个别的社会关系，多数与创造利润有关，最常见的形式是预支一笔货币 M，以收回更大一笔货币 M′。最早流行的资本化身是高利贷者的资本 M—M′ 和商人资本 M—C—C′—M′。这两种资本实际上自有货币时就有了，并且已经在许多不同的文明社会中存在了几千年。

【专栏】

资本的循环①

马克思认为从 M 到 M′ 有三条途径。第一条途径是金融资本 M—M′ 的循环。第二条途径是商业资本 M—C—C′—M′ 的循环，这里资本家的才干在于"贱买贵卖"，以增加循环的利润。第三条途径是 M—C…P…C′—M′ 的循环，货币资本可能被预支去购买包括生产资料（原料、厂房和设备）在内的商品 C 和劳动力，这些要素后来启动了生产过程 P，最后得到的产品 C′ 被销售出去以获得（增大了的）货币资本 M′。这时，资本家的才干就是如何使劳动生产效率超过实际工资，这就是一切利润的源泉。马克思把超过原价值的余额称为剩余价值。

资本主义生产的目的就是价值增值，即创造剩余价值。剩余价值是雇佣工人创造的，但被资本家无偿占有。因此，按照马克思主义政治经济学的观点，资本是一种可以带来剩余价值的价值，体现了资本家对工人的剥削关系。马克思指出："资本并不是一种物品，而是一种以物为媒介而成立的人与人之间的社会关系。"

思考：马克思主义经济学原理与西方经济学有何不同？

资本主义只是一种特殊历史形态的社会制度，其作为一种社会形态不可能永远存在下去。但资本作为生产活动中的一个必要条件，它是客观存在的，在社会再生产过程中，不断地实现价值增值。正因为有了资本增值，才有增值部分归谁所有的问题，亦即资本的社会属性。在社会主义生产关系中，资本由社会劳动共同占有，相应地，资本增值部分归全体劳动者所有，最终实现全体劳动者共同富裕。综上所述，本书认为在当今市场经济体系下，资本可定义为能带来价值增值的价值。

二、资本的特点

在市场经济体系下，无论是资本主义还是社会主义，资本作为一种价值增值的价值，一种重要的生产要素，都具有以下四个方面的特点。

---

① 曹永峰，杨俭英，孟伶云. 资本运营概论［M］. 北京：清华大学出版社，2013-5-1：56.

（一）资本的增值性

资本必然追求价值增值，这就是说追求价值增值是资本的本质特征。在资本主义生产方式以前的高利贷资本和商人资本，其目的是创造利润和价值增值。在资本主义生产方式下，资本家的资本是为了追求剩余价值最大化。在社会主义生产方式下，资本运动的目的也是实现利润增长和价值增值。因此，资本的本质特征是价值增值。

（二）资本的流动性

资本增值是在资本的流动中实现的，而资本对于价值增值的追求决定了资本的持续流动。在资本流动中，资本从价值形式转换到实物形式，再从实物形式转化到价值形式；资本流动还意味着资本从一个所有者手中流动到下一个所有者手中，从一个地区流动到另一个地区，从一个产业流动到另一个产业，如此循环往复，周而复始。

（三）资本的异质性

资本总是由异质的资本品构成。在生产过程中，投入的各种异质的资本品表现为各种各样的生产资料，如现金和存款等货币资本，机器、厂房、原材料等实物资本，知识产权、专有技术、商标等无形资本，各类劳动力等人力资本、产权资本以及管理资本等。

（四）资本的风险性

资本在价值增值的过程中，常常伴随着各种各样的风险。资本流动是在外部市场环境中完成的，而外部环境具有复杂性和变动性，如宏观政策的变动、经济运行的波动、技术进步的不确定性等，再加上资本主体对外部环境认知的有限性，这会使资本增值的未来收益率与期望值存在偏差，即风险。

第二节　资本运营

一、资本运营的含义

资本运营又称资本运作，这一概念产生于我国20世纪90年代。西方经济学中与资本运营相关的内容散见于《投资学》《金融学》《公司理财》等教材或专著中，但资本运营的实践活动却始于西方20世纪初。随着改革开放的不断深入，我国对资本运营的实践探索也在不断深化。与此同时，对资本运营的理论研究和探讨也成为热点。

（一）资本运营的内涵

所谓资本运营，就是以资本的价值增值为目的，以价值管理为核心，对资本及其运动所进行的运作和经营活动。资本运营是市场经济条件下社会资源配置的重要方式之一，它是通过资本层次的资本品流动来实现资源优化配置的。资本运营是利用市场法则，通过资本的运作与经营，实现资本的价值增值的一种经营方式。

关于资本运营的含义，我们可以从广义和狭义两个角度来理解。广义的资本运营是指以价值化、证券化资本或者可以按价值化、证券化操作的物化资本为基础，通过兼并、收购、资产重组、战略联盟等途径，实现资本最大限度增值的运营管理方式。狭义的资本运营是从企业的层面来探讨的，与企业的生产经营相对，主要是指企业的外部交易型战略的运用，其核心战略就是兼并与收购。

广义的资本运营概念可以理解为以利润最大化和资本增值为目标，以价值管理为核心，通过对资本结构的动态调整和生产要素的优化重组，实现对企业资产有效运营的一种经营方式。

资本运营的作用在于：①有助于扩大企业规模，壮大企业实力，以较少的资本调动或支配更多的社会资本；②有助于推动企业产品结构的调整，降低企业市场风险，借助市场高效率地调整自身生产经营方向，优化产品结构；③有助于优化企业资本结构，提高企业潜在发展能力，促使企业的长期债务资本和权益资本的比例趋于合理，同时也可分散投资的风险。

目前，不同的书籍中也常常提及资本经营、资本运作等名词。资本运营包含了运筹、谋求和治理等含义，不仅重视微观的经营管理，也重视宏观的筹划与管理。经营的本意是筹划营造，运作的本意是指运行和工作，它们都有筹划、运行和管理之意，两者的基本含义是相近的。但经营和运作侧重于微观的经营管理。鉴于在不同书籍中，资本经营、资本运作等概念的界定与本书所界定的资本运营概念基本相近，本书对于资本运营、资本经营和资本运作概念等同看待。

（二）资本运营与生产经营的区别与联系

有学者认为，广义的资本运营泛指以资本增值为目的的经营活动，企业为实现资本增值最大化这一目标的全部活动都包含在内，生产经营自然也包含在内。我们认为，因为资本运营这一概念就是与生产经营相对而提出来的，所以不能无限制地加以泛化。

1. 资本运营与生产经营的区别

（1）从经营对象来看，资本运营的对象是企业的资本及其运动，侧重的是企业经营过程中的价值方面，追求的是价值增值；生产经营的对象则是产品及其生产销售过程，侧重的是企业经营过程的使用价值方面，其目的主要是提供有竞争力的产品和服务。

（2）从经营领域来看，资本运营主要是在资本市场上进行运作和经营；而生产经营则主要是在生产资料市场、劳动力市场、技术市场、商品市场等市场上进行运作和经营。

（3）从经营方式来看，资本运营主要是通过资本的筹措与投资、兼并重组等方式，提高资本运营效率，实现价值增值；而生产经营主要是通过技术研发、产品创新、质量与成本控制、市场营销等，提升产品竞争力和市场占有率，从而实现利润最大化。

（4）从企业的发展战略来看，资本运营不但注重企业内部的资本积累，更注重通过资本的外部兼并重组等实现扩张或收缩的战略；而生产经营则主要通过销售更多的产品，创造更多的利润，实现企业自身的积累。

（5）从经营风险来看，资本运营基于组合投资、风险分散原则，常常将资本多样化；而生产经营则往往依靠一个或几个主导产品经营，通过产品开发和更新换代、提升产品竞争力来规避风险。表1-1清晰地表达出了资本运营与生产经营的区别。

表 1-1　资本运营与生产经营的区别

内容	资本运营	生产经营
经营对象	资本	产品
经营领域	资本市场	商品市场、劳动力市场、技术市场等
经营方式	资本的筹措与投资、兼并重组等	技术研发、产品创新、质量与成本控制、市场营销等
发展战略	内部积累和外部扩张	内部积累
经营风险	多元化经营，风险分散	单一式经营，风险集中

2. 资本运营与生产经营的联系

资本运营与生产经营也存在密切的联系，两者的最终目的是一致的，都是实现企业价值的最大化；两者相互依存，生产经营是基础，但企业的生产经营是以资本作为前提条件的，而资本也必须通过生产经营活动，才能实现其增值目的。因此，资本运营与生产经营是相辅相成、密切相关的。

二、资本运营的目标

资本运营的总体目标是实现资本的价值增值。由于资本运动的循环往复性，企业对资本的增值要求，既要考虑短期的目标，又要考虑长期的目标，从而达到所要实现的总体目标。短期目标可以用利润最大化目标和股东权益最大化目标来衡量，长期目标可以用企业价值最大化目标来衡量。

（一）利润最大化目标

这里的利润是财务会计范畴的概念，根据会计核算规则，利润等于收入减去成本的差额。企业将资本投入生产经营后，一方面支付各种成本；另一方面带来各种收益。将所得收益与支付的成本相比，如果收益大于成本，企业实现利润；反之，如果收益小于成本，则出现亏损。企业为实现利润最大化，大体上有两条基本的思路：一是尽可能地降低成本，在收益不变的情况下，成本最低，则可实现利润最大化；二是在成本不变的条件下，尽可能实现收益最大。利润的数据容易得到，而且被大众普遍接受和理解，因此，用利润最大化作为短期目标是合适的。

（二）股东权益最大化

股东权益，也叫所有者权益，是指投资者对企业净资产的所有权，包括实收资本、资本公积金、盈余公积金和未分配利润。企业实现的利润越多，从税后利润中提取的盈余公积金就越多，盈余公积金既可用于弥补企业的亏损，也可用于转增资本，使投入企业的资本增多。如果企业期末股东权益总额大于期初总额，则企业的自有资本增值。期末股东权益总额减去期初总额，所得就是本期股东权益的增加额，本期股东权益增加额除以期初总额即为本期股东权益的增长率。

（三）企业价值最大化

决定企业价值的基础是企业的获利能力。通常，计算企业价值的方法是现金流折现法，即假定企业连续经营，将企业未来经营期间每年的预期收益，用适当的折现率折现、累加得到企业价值。如果企业价值大于企业全部资产的账面价值，则意味着企业价值增值；反之，如果企业价值小于企业全部资产的账面价值，则意味着企业价值贬值。

需要指出的是，在企业的长期经营过程中，不仅要注重利润最大化和股东权益最大化，而且也要注重企业价值最大化。利润最大化、所有者权益最大化和企业价值最大化三者不是对立的，而是一致的。只有实现利润最大化，才能实现所有者权益最大化，进而才能实现企业价值最大化。

比较起来，企业价值最大化更全面，因为企业价值是根据企业未来各期的预期收益并考虑了风险报酬率的折现率（资本成本）来计算的，既考虑了货币时间价值，又考虑了投资的风险价值。利润最大化和所有者权益最大化两种目标易于衡量，而企业价值最大化目标的衡量则比较复杂。

三、资本运营的特点

资本运营是以资本的价值增值为目的的，其特点可以概括为以下四个方面。

（一）资本运营注重价值管理

资本运营的对象是价值化、证券化了的物化资本，或者是可以按价值化、证券化操作的物化资本。因此，资本运营的特征之一就是以价值形态进行运作与经营管理。它要求以最少的资源和要素投入获取最大的收益，即不仅要考虑有形资本的投入产出问题，还要考虑无形资本的投入产出问题；不仅重视生产经营过程中生产资料的消耗与产品生产，更关注企业的价值变动和价值增值。

（二）资本运营注重资本流动

资本只有在流动中才能实现增值。资本运营就是通过并购、重组等形式盘活闲置、效率低下的资本存量，使资本不断地从效率低、效益差的地方流动到效率高、效益好的地方，通过资本流动获取更多的增值机会，最大限度地实现资本增值。需要注意的是：资本运营中的资本循环流动与生产经营中的资本循环流动不尽相同，资本运营中的资本可以表现为生产资本，也可以表现为货币资本、虚拟资本等。

（三）资本运营注重风险管理

资本运营总是与风险相伴的，其风险性是客观存在的，而且风险发生的范围更广。由于环境的复杂性，资本运营过程中不仅有经济风险、经营风险、财务风险、技术风险、管理风险和行业风险，而且还有政策风险、体制风险、社会文化风险等。随着环境的不断变化，这些风险也会随之变化。资本运营风险还存在传递性和波及效应，因此也更具破坏性。在资本运营过程中，企业必须采取各种方式合理有效地规避风险。

（四）资本运营注重开放经营

资本运营要求最大限度地支配和使用资本，因此，企业不仅要关注自身内部的资源，而且要关注外部资源。资本运营的开放性主要体现在对外部资源的获取和利用上。这使得资本运营不仅要突破地域概念、打破市场分割、跨越行业壁垒，而且需要面对不同企业、不同行业、不同地域甚至不同国家的竞争与合作。更广阔的活动空间与领域要求资本运营表现出比生产经营更大的开放性。

四、资本运营的内容与模式

（一）资本运营的基本内容

资本运营是指对资本进行有效运作和经营，对资本的运动过程进行运筹和谋划，其内容可以划分为以下四个方面。

1. 资本筹集

企业进行资本运营的前提条件是拥有足够的资本。资本筹集，也叫融资，是指为支付超过现金的购货款而采取的货币交易手段，或为取得资产而采取的货币手段。企业通过融资，筹集企业从创建到生存发展所需的资本，使企业得以维持正常的经营，并不断发展壮大。企业创建之初，必须要有本金；维持企业的生存，必须拥有一定规模的资本量；企业要发展壮大，必须要有追加的资本供应。从企业的角度来说，融资是企业资金筹集的行为与过程，即企业根据自身的生产经营状况和资金拥有的状况，以及投资和未来发展的需要，通过科学的决策，采取恰当的方式，从一定的融资渠道经济有效地筹集资金的行为。融资企业通常通过公开发行股票并上市，继而配股、增发新股等进行融资，也通过发行债券或可转换公司债券、设立基金等进行融资。

2. 资本投资

投资就是将融资获得的资本投入使用，从事生产经营和资本运营活动，以达到经营目的并获取良好的经营效益。企业投资的目的是扩大生产、实现财务盈利和降低风险，可以通过实业投资、金融投资和产权投资来实现。实业投资是主要以实业（工业、农业、商业等）为对象的投资，通过创建和经营企业，从事生产、流通等经营活动。金融投资则主要是指以股票、债券和基金等金融产品为对象的投资活动。产权投资则是以产权为对象的投资活动，主要包括兼并与收购、重组、剥离与分立、破产与清算以及风险投资等活动。

3. 资本运动与增值

资本运动与增值是指将筹集的资本投入使用，开始资本的运动过程，并在运动过程中实现价值增值。资本的运动大体可以分成三类。

（1）实业资本的资本运动与价值增值，其资本流动与增值过程可以表述为 $M—C\cdots P\cdots（C+\Delta C）—（M+\Delta M）$，其中 M 为预付的货币资本，C 为商品资本，P 代表着生产。资本依次通过货币资本、生产资本和商品资本的循环，最后实现价值增值。

（2）金融资本的资本运动与价值增值，其资本流动与增值过程可以表述为 $M—F—（M+\Delta M）$，其中 F 代表金融产品。

（3）产权资本的资本运动与价值增值，其资本流动与增值过程可以表述为 $M—PR\cdots（PR+\Delta PR）\cdots（M+\Delta M）$，其中 PR 代表着产权。产权资本活动有并购重组、剥离与分立等多种形式，其运动过程也存在着中断和继起。

4. 价值增值分配

资本是有社会属性的，资本归谁所有，其价值增值部分将由谁进行分配。企业通过资本运营实现的利润，在缴纳所得税、提取盈余公积金和公益金后，即为净利润，归企业股东所有，并由其分配。企业可以将盈余公积金转增资本金，扩大资本运营的规模。借入资本在运营中实现的增值，首先支付利息给贷款者，剩余部分计入企业的利润，归股东所有。股份有限公司的分红可采取现金形式，也可以采取股票形式。

上述基本内容并未提及国内外的区分。如果资本运营活动跨越国界，就变成了国际资本运营。国际资本运营主要包括通过国际资本市场进行融资、向境外进行投资、外汇管理等实现国际资本的保值增值。

（二）资本运营的基本模式

企业的战略选择有三条路径：一是扩张战略，二是收缩战略，三是内部积累。其中扩张战略分为内部积累和外部扩张战略。企业内部积累主要是指企业依赖自身盈利的再投入，以及在此基础上通过企业内部其他因素条件的改善，如改进管理方法、开发新产品等，实现的企业扩张。外部扩张战略则主要通过并购、战略联盟等形式实现企业的快速扩张。企业有时候为了提高运行效率，也会采取收缩性战略，其主要通过剥离、分立、股份回购等形式缩小企业规模。企业在运行过程中，也会出现结构需要优化的时候，这就需要进行内部调整，其通常采取资产重组、债务重组等来优化企业资产结构、债务结构等。企业的发展战略如图 1-1 所示。

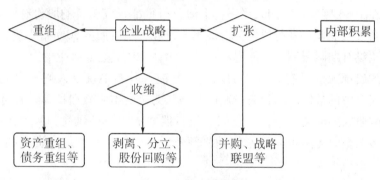

图 1-1 企业发展战略

五、中国资本市场的发展历程

1949 年中华人民共和国成立后，我国实行严格的计划经济，资本市场一度在中国绝迹。真正意义上的现代资本市场起始于 20 世纪 70 年代末期，经济改革的大潮推动了资本市场在我国的出现和成长。同时，中国的资本市场也是计划经济向市场经济转轨的产物，因此带有明显的转型特征，非市场化色彩浓厚。中国资本市场从无到有，从小到大，从区域到全国，得到了迅速的发展，用较短的时间走过了一些发达国家资本市场几十年、甚至上百年的发展道路。

（一）股份制改革催生第一只股票

自党的十一届三中全会召开起，经济建设成为国家的基本任务，改革开放成为中国的基本国策。原本在计划经济中，资金是通过行政手段逐级下拨到生产企业的。而随着经济体制改革的推进，企业对资金的需求日益多样化，其成为中国资本市场萌生的重要经济土壤。

1978 年，中国农村出现了家庭联产承包责任制，部分地区的农民自发采用"以资代劳、以劳代资"的方式集资，兴办了一批合股经营的股份制乡镇企业，成为改革开放后股份制经济最早的雏形。20 世纪 80 年代初，城市中一些小型国有和集体企业也开始进行了多种多样的股份制尝试，最初的股票开始出现。

1980年1月1日，辽宁抚顺市红砖一厂正式对外发行股票，被称为"红砖股票"。此次发行280万元股票，被200多家企业认购一空，完成新中国第一次"股票"发行。这次发行虽被称为股票发行，但实际上这只"股票"还具有债券性质，只能算是准股票。

1980年6月，为了建设成都展销大楼，成都市成立了工业展销信托股份公司，并发行股票募集资金，这是新中国有记载的第一家股份制企业。不过其当时仍然是定向募股，并没有像现在常见的向社会公开招股。

1984年7月，北京天桥百货公司向社会公开发行定期3年的股票，是新中国第一家由国营转为股份制的公司。

随着国家政策的进一步放开，越来越多的企业，包括一些大型国营企业纷纷进行股份制试点，半公开或公开发行股票，同时股票的一级市场开始出现。这一时期股票一般按面值发行，且保本、保息、保分红，到期偿还，具有一定的债券的特性。发行对象多为内部职工和地方公众，发行方式多为自办发行，没有承销商。

同样是在1984年，经中国人民银行上海分行批准，飞乐音响股份有限公司正式设立，并向社会公众及职工发行股票。总股本1万股，每股面值50元，共筹集50万元股金，这只股票没有期限限制，不能退股，被视为新中国真正意义上的第一只股票。

股份制的出现无疑具有划时代的意义。此前，股票不仅是人们言语之间的禁忌，也是思想和观念中的禁区。因为股份制向来被认为是资本主义和私有制的代名词。

飞乐音响股票的成功发行，一时间让发行股票成为一种风尚。因为在计划经济的制度下，大多数企业无法再向国家伸手要额外的钱。作为一种筹集资金的好办法，对股份制的需求逐渐扩大。

但所有冲在时代前沿的股票随即遭遇了没有市场、没有监管、没有法规的窘境。在当时的中国，"有股无市"成了这些股票需要面对的问题。1987年，著名经济学家弗里德曼访问中国时，曾对当时深圳发展银行（深发展）第一任法人代表王健说："社会主义搞股份制是一个好的开始，也不容易。但没有相应的法律法规，股票市场就会无章可循，就像潘多拉的盒子，打开了就收不回了。"

（二）证券流通市场和交易所的出现

随着证券发行的增多和投资者队伍的逐步扩大，证券流通的需求日益强烈，股票和债券的柜台交易陆续在全国各地出现。

1986年8月，沈阳市信托投资公司率先开办了代客买卖股票和债券及企业债券抵押融资业务。同年9月，中国工商银行上海市信托投资公司静安证券业务部率先对其代理发行的飞乐音响公司和延中实业公司的股票开展柜台挂牌交易。这标志着股票二级市场雏形的出现。

到1988年年底，国债转让市场在全国范围内出现。这些采用柜台交易方式的国债转让市场是债券二级市场的雏形。

1990年，中国政府允许在有条件的大城市建立证券交易所。上海证券交易所（上交所）、深圳证券交易所（深交所）于1990年12月先后开始营业。1991年年底，上交所共有8只上市股票、25家会员；深交所共有6只上市股票、15家会员。

在资本市场创建之初，人们还有不少的犹豫和争论。1992年1月，邓小平在南方谈话中指出："证券、股市，这些东西究竟好不好，有没有危险，是不是资本主义独有的东西，社会主义能不能用？允许看，但要坚决地试。"随后，股份制试点进一步扩大，中国资本市场开始了快速发展。

（三）债券、期货的上市

1981 年 7 月，我国重新开始发行国债。当时国债的特点是周期较长（10 年）、不可转让，对购券的企业支付较低的利息，对居民支付较高的利息。尽管此时购买国债近乎一种行政摊派，但国债的出现仍旧唤醒了很多人的投资意识。

自 1982 年开始，少量企业开始自发地向社会或企业内部集资并支付利息，企业债开始出现。到 1986 年年底，这种没有法规约束的企业债总量有 100 多亿元。到 1992 年，企业债当年发行总量近 700 亿元，创历史最高水平。可是在企业债发行过热的情况下，许多企业并没有建立起到期偿债的意识，部分企业债出现兑付危机。1993 年之后，企业债的发行进入一个较长的低迷时期。

1984 年，为治理严重的通货膨胀，中国实行了紧缩的货币政策。在这种宏观背景下，一些由银行贷款的在建项目出现资金不足，银行开始发行金融债以支持这些项目的完成，利率一般高于存款利率。此后，金融债成为银行的一种常规性融资工具。

1992 年年底，上交所首先向证券公司推出了国债期货交易。

可是没过多久，中国商品期货市场就出现了盲目发展的混乱局面，各种商品期货交易所达到 50 家左右，期货经纪公司有 300 多家，交易品种重复，期货经营机构管理混乱，有的企业甚至挪用资金进行期货投机，盲目发展境外期货交易，地下交易和欺诈时有发生。

1993 年年底，国家开始清理整顿期货市场，进一步明确期货市场由国务院证券委和中国证监会负责监管。此后，有关部门停止审批新的期货交易所，并逐渐将期货交易所削减至 3 家，严格控制国有企事业单位参与期货交易，严厉查处各种非法期货经纪活动，清理整顿期货经纪公司。

1995 年"3·27 国债期货风波"后，期货市场进一步健全规章制度，规范交易行为，加强市场的风险控制，防范过度投机。

（四）逐渐走向规范的市场

股票发行在起步阶段缺乏统一的法律法规，也缺乏统一的监管。

为扩大发行，有些企业甚至采用各种"优惠"措施来促销其股票，例如允许认购者参加抽奖、所持有股票能保本付息等。这些做法使得股票发行市场变得非常混乱。

特别在上海、深圳两地公开发行股票后，两地分别颁布了有关股票发行和交易的管理办法。由于一些股票的分红派息方案优于银行存款，加上当时股份制企业数量较少，股票发行数量有限，供求关系由冷转热，大量的投资者涌向深圳和上海购买股票。

地方政府虽然采取措施试图缓解过热现象，但仍不能改变股票供不应求的局面。限量发售的认购证严重供不应求，并出现内部交易和私自截留行为，最终导致了因抢购股票而造成的"8·10 事件"。

1992 年 8 月，深圳市发售新股抽签表时，100 多万股民汇聚深圳，500 万张认购表不到半天被一抢而空，数万名没有买到股票的人走上街头抗议舞弊行为。

"8·10 事件"让年轻的中国股市暴露出缺乏统一管理体制的弊端。在随后的一段时期内，深圳股市陷入了低迷状态，我国资本市场的发展迫切需要规范的管理和集中统一的监管。

1992年，国务院证券管理委员会和中国证监会正式成立，同年12月，国务院发布《关于进一步加强证券市场宏观管理的通知》，标志着中国资本市场开始逐步纳入中央政府的统一监管体制，全国性资本市场由此形成并初步发展。中国资本市场在监管部门的推动下，建立了一系列的规章制度。

1997年亚洲金融危机后，为防范金融风险，国家对各地方设立的场外股票市场和柜台交易中心进行清理，并对证券经营机构、证券投资基金和期货市场中的违规行为进行整顿，化解了潜在的风险。同时，国有企业的股份制改革和发行上市逐步推进，市场规模、中介机构数量和投资者队伍稳步扩大。

国务院证券委、中国证监会成立后，股票发行试点走向全国。在市场创建初期，各方对资本市场的规则、市场参与者的权利和义务的认识不全面，为防止一哄而上以及因股票发行引起投资过热，监管机构采取了额度指标管理的审批制度，即将额度指标下达至省级政府或行业主管部门，由其在指标限度内推荐企业，再由中国证监会审批企业发行股票。为了充分体现公开、公平、公正的原则，吸取"8·10事件"的教训，自1993年开始，我国开始相继采取无限量发售、与银行储蓄存款挂钩以及上网定价等方式向公众公开发行股票。

（五）中外资本市场法制监管的比较

美国证券市场是全球资本市场发展的象征和缩影。实际上，美国股市在建立后的百余年里，都没有严格的证券市场法制监管体系，但在经历1930年的股灾之后，美国的证券立法体制逐渐完善起来，建立了1933年的《证券法》、1935年的《公共服务控股公司法》、1940年的《投资顾问法》等一系列法律。这些法律基本确定了现代美国的金融格局和证券市场的法律体系，使美国证券市场走向法制化时代。完备的证券法律体系是证券市场规范运作、健康发展的前提和基础，因此美国逐渐成为世界上证券市场较为完善和成熟的国家。

英国于1986年出台了《金融服务法》，建立了三级监管体制，设立了半官方机构，逐步形成资本市场的自律监管体系。

1978年至1998年是中国资本市场迅速发展的阶段，但却因发展迅猛，问题频出。"庄股横行""基金黑幕"让许多投资者的利益受到侵害，投资者要求法律保护的呼声很高，但立法部门的被动立法，并不能满足市场迅速发展的要求。

我国于1999年颁布实施《中华人民共和国证券法》，但4年后就重新修订。上证指数在之后的几年里，最大跌幅将近60%，与美国1929年的股灾不相上下。虽然相隔近百年，可是中美两个证券市场极其相似的阶段性发展，让我们认识到人类经济发展中共有的规律，并以史为鉴。

资本市场的出现和发展，是中国经济改革中的重要组成部分。虽然中国资本市场在发展的初期，出现了许多不足之处，但在此后的管理建设中，我国先后发布了《中华人民共和国公司法》《中华人民共和国证券法》等一系列法律法规，逐步完善了资本市场的监管法制建设。我们有理由相信，未来中国资本市场发展的制度障碍将被逐步扫除，进入全新法制化的和谐发展时代。

第三节 资本运营的类别

一、按照资本运作的方向划分

按照资本运作的方向，我们可以把企业的资本运作分为资本扩张与资本收缩两种运营模式。

（一）资本扩张

资本扩张是指在现有的资本结构下，通过内部积累、追加投资、吸纳外部资源即兼并和收购等方式，使企业实现资本规模的扩大。根据产权流动的不同轨道，我们可以将资本扩张分为三种类型。

1. 横向型资本扩张

横向型资本扩张是指交易双方属于同一产业或部门、产品相同或相似、为了实现规模经营而进行的产权交易。横向型资本扩张不仅减少了竞争者的数量，增强了企业的市场支配能力，而且改善了行业的结构，解决了市场有限性与行业整体生产能力不断扩大的矛盾。青岛啤酒集团（以下简称"青啤集团"）的扩张就是横向型资本扩张的典型例子。20世纪90年代后期，青啤集团抓住国内啤酒行业竞争加剧，一批地方啤酒生产企业效益下滑，地方政府积极帮助企业寻找"大树"求生的有利时机，按照青啤集团总体战略和规划布局，以开发潜在市场和区域市场为目标，实施了以兼并收购为主要方式的低成本扩张。

【案例】

青啤集团横向型资本扩张[①]

青啤集团依靠自身的品牌资本优势，先后斥资6.6亿元，收购资产12.3亿元，兼并收购了省内外14家啤酒企业。不仅扩大了市场规模，提高了市场占有率，壮大了青啤集团的实力，而且带动了一批国企脱困。2003年，青啤产销量达260万吨，跻身世界啤酒十强，利税总额也上升到全国行业首位，初步实现了做"大"做"强"的目标。

思考：国有企业青啤集团改革成功的原因有哪些？

2. 纵向型资本扩张

处于生产经营不同阶段的企业或不同行业部门之间，有直接投入产出关系的企业之间的交易称为纵向型资本扩张。纵向型资本扩张将关键性的投入产出关系纳入自身控制范围，通过对原料和销售渠道及对用户的控制来提高企业对市场的控制力。

2008年2月5日，新浪和易居中国联合组成合资公司新浪乐居。该合资公司主要负责经营新浪房产和家居频道，易居中国通过其所拥有的克而瑞信息系统，为合资公司运营提供专业房产信息数据及相关的网络产品。经过一段时间的整合，新浪乐居已

---

① 笔者根据"百度文库"整理（详见百度文库.企业集团资本运营模式分析［EB/OL］.（2020-02-27）.https://wenku.baidu.com）。

羽翼丰满，随着资本市场的回暖，新浪和易居中国计划整合资源，打包上市。2009年7月24日，新浪和易居中国联合对外宣布，易居旗下的房地产信息咨询业务将与新浪房地产网络业务合并，并向美国证监会秘密递交上市说明书。上市成功后，新浪进一步巩固了其在中国房地产网络广告市场中的地位，并扩大其媒体影响力。与此同时，新浪房地产网络业务的纵深拓展也得到进一步发展，合资业务上市也成为其开拓垂直业务领域的一个成功"样本"。

3. 混合型资本扩张

两个或两个以上相互之间没有直接投入产出关系和技术经济联系的企业之间进行的产权交易称为混合型资本扩张。混合型资本扩张适应了现代企业集团多元化经营战略的要求，是跨越技术经济联系密切部门之间的交易。它的优点在于能够分散风险，提高企业的经营环境适应能力。

（二）资本收缩

收缩型资本运作是指企业把自己拥有的一部分资产、子公司、内部某一部门或分支机构转移到公司之外，从而缩小公司的规模。它是对公司总规模或主营业务范围进行的重组，其根本目的是追求企业价值最大化和提高企业的运行效率。收缩型资本运作通常是放弃规模小且贡献小、与公司核心业务没有协同或很少协同的业务，宗旨是支持核心业务的发展。当一部分业务被收缩后，原来支持这部分业务的资源就被相应转移到剩余的重点发展业务上，使母公司可以集中力量开发核心业务，有利于主流核心业务的发展。收缩型资本运作是扩张性资本运作的逆操作，其主要实现形式有以下四种。

1. 资产剥离

资产剥离是指把企业所属的一部分不适合企业发展战略目标的资产出售给第三方，这些资产可以是固定资产、流动资产，也可以是整个子公司或分公司。资产剥离主要适用于以下几种情况：

（1）不良资产的存在恶化了公司财务状况；

（2）某些资产明显干扰了其他业务组合的运行；

（3）行业竞争激烈，公司急需收缩产业战线。

【案例】

鲁润股份资产剥离[①]

2009年2月27日，鲁润股份资产剥离计划在其2009年第一次临时股东大会上顺利通过。公告显示，此次出售的资产包括公司直接持有的泰安鲁润水泥制造有限责任公司100%股权、间接持有的山东鲁润京九石化有限公司100%股权，以及包括公司目前办公地址在内的部分房产、土地、应收债权，账面价值为32541.07万元，交易对象为鲁润股份原控股股东中国石化，双方于2009年2月11日签署了"资产转让协议"。通过资产出售，鲁润股份收回了10638.20万元的现金，减少了21902.87万元的负债。

思考：我国如何引导传统型企业产业升级改造？

---

① 崔晓莉.鲁润股份资产剥离：中石化的"赔本买卖"？[EB/OL].华夏时报.（2009-03-07）.www.chinatimes.net.cn.

2. 公司分立

公司分立是指公司将其拥有的某一子公司的全部股份按比例分配给母公司的股东，从而在法律和组织上将子公司的经营从母公司的经营中分离出去。母公司通过这种资本运作方式，形成一家与母公司有着相同股东和股权结构的新公司。在分立过程中，不存在股权和控制权向第三方转移的情况，母公司的价值实际上没有改变，但子公司却有机会单独面对市场，拥有自己独立的价值判断。公司分立通常可分为标准式分立、换股式分立和解散式分立。

3. 分拆上市

分拆上市是指一个母公司通过将其在子公司中所拥有的股份，按比例分配给现有母公司的股东，从而在法律和组织上将子公司的经营从母公司的经营中分离出去。分拆上市有广义和狭义之分，广义的分拆包括已上市或未上市的公司将部分业务从母公司独立出来单独上市；狭义的分拆指的是已上市公司将其部分业务或某个子公司独立出来，另行公开招股上市。分拆上市后，原母公司的股东虽然在持股比例和绝对持股数量上没有任何变化，但是可以按照持股比例享有被投资企业的净利润分成，最为重要的是，子公司分拆上市成功后，母公司将获得超额的投资收益。

【案例】

康恩贝分拆佐力药业上市[①]

母公司浙江康恩贝制药股份有限公司是国内植物药龙头企业之一，子公司为浙江佐力药业股份有限公司。2010 年 12 月 6 日，浙江佐力药业股份有限公司向证监会提交创业板 IPO 首发申请。同年 12 月 14 日，康恩贝发布公告，佐力药业申请在创业板首发上市通过发审委审核。2011 年 1 月 27 日，佐力药业接到证监会核准其公开发行新股的报告，2 月 22 日，佐力药业在深交所创业板上市。佐力药业的成功上市，解决了分支机构管理层活力低下的问题，均衡了母公司、佐力药业、集团内部的利益关系。分拆上市不仅让康恩贝自身有效整合了资源，可集中力量发展核心业务，还让佐力药业借助资本市场得到有效的发展。

思考：我国如何鼓励发展民营经济？

4. 股份回购

股份回购是指股份有限公司通过一定途径购买本公司发行在外的股票，适时、合理地进行股本收缩的内部资产重组行为。通过股份回购，股份有限公司可达到缩小股本规模或改变资本结构的目的。股份公司进行股份回购，一般基于以下原因：一是保持公司的控制权；二是提高股票市价，改善公司形象；三是提高股票内在价值；四是保证公司高级管理人员认股制度的实施；五是改善公司资本结构。股份回购与股份扩张一样，都是股份公司在公司发展的不同阶段和不同环境下采取的经营战略。因此，股份回购取决于股份公司对自身经营环境的判断。一般来说，一家处于成熟或衰退期的、已超过一定规模经营要求的公司，可以选择股份回购的方式收缩经营战线或转移投资重点，开辟新的利润增长点。

① 傅琦遐. 康恩贝分拆佐力药业上市案例分析 [J] 时代金融. 2015 (14)：192，198.

【案例】

宝钢股份回购①

受累于 A 股市场的持续低迷，宝钢股份股价自 2012 年 5 月以来一路震荡下行，8 月 27 日的最新收盘价仅为 4.07 元。宝钢迅速做出反应，2012 年 8 月 28 日，宝钢股份公布了其回购预案，9 月 17 日召开临时股东大会审议通过了"关于以集中竞价交易方式回购本公司股票的议案"，并于 2012 年 9 月 21 日披露"宝山钢铁股份有限公司回购报告书"。公司于 2012 年 9 月 21 日首次实施了回购，回购股数量为 1 489.11 万股，占公司总股本的比例为 0.09%，购买的最高价为 4.65 元/股，最低价为 4.62 元/股，支付总金额约为 6 908.7 万元（含佣金）。回购首日，宝钢股份股价上涨 1.08%，就在其 8 月份公布回购计划后，宝钢股份股价就开始止跌回升，股价累计上升 13.66%。

思考：我国如何引国有企业创新？

二、按照资本运作的形式和内容划分

按资本运作的形式和内容，我们可以将资本运作分为实业（或实体）资本运作、金融资本运作、产权（股权）资本运作和无形资本（资产）运作。

1. 实业（或实体）资本运作

实业（实体）资本运作是以实业（实体）为对象所进行的资本运作。这种运作往往运用增量资本的投入对企业实业（实体）的存量资本进行调整和重组，使之形成新的生产经营能力并获取收益和实现资本的保值增值。一般来说，实业（实体）资本运作往往是伴随着企业的实际生产经营活动而同时进行的资本运作活动，它具有资本投入的回收期较长、回收速度较为缓慢、资本的流动性较差、变现能力低、资金利润率高、收益较为稳定、受市场通货膨胀的影响较小等特性。

2. 金融资本运作

金融资本运作，是指产权主体以金融商品为对象所进行的一系列资本运作活动。它基本上不涉及企业的劳动资料（如厂房、设备等）、劳动对象（如原料、在制品等）和企业产品，其运作过程中资本的表现形态主要是有价证券等金融商品，运作的结果是追求资本的价值增值。与实业（实体）资本相比，金融资本运作的资金流动性极高，变现能力较强，经营所需要的资本额度可大可小，但运作风险较大，收益波动性大，效果不稳定，运作人员的心理素质对运作效果的影响巨大且直接。

3. 产权（股权）资本运作

产权（股权）资本运作是以产权为运作对象所进行的资本运作活动，运作的主要方式是产权交易。在资本运作中，企业往往利用合并（吸收合并）、股份回购、可转换公司债券、股权套作、分立等手段，实现资本的集中或分散，从而达到优化资本结构、提高资本使用效率的目的。在现实生活中，企业常采用合资经营、吸收合并、企业分立、投资控股、产权转让或收购、兼并、参股、租赁、发行企业债券和可转换债券、

① 钟亚君. 股份回购动机比较及财富效应事件研究分析：宝钢股份回购案例 [J]. 长春理工大学学报（社会科学版）. 2014，27（1）：138-141.

直接上市融资等多种方式来实现资本的保值增值。产权（股权）资本运作的主要目标是对企业所有的经济资源进行优化配置，以控股等方式来增加企业的实力，盘活企业闲置资产或进入新的有发展前途的行业。

4. 无形资本（资产）运作

无形资本（资产）运作是以无形资本（资产）为对象所进行的资本运作活动，具体地说，就是对企业所拥有的各类无形资产（如商标、专利、专有技术、商誉等）进行运筹和谋划，使之实现其价值增值的活动。

三、按照资本的运动状态划分

按资本的运作状态，我们可把资本运作分为存量资本运作和增量资本运作。

1. 存量资本运作

存量资本运作是对已经投入企业形成资产的这部分资本，通过各种手段来进行优化组合，使之产生更大的价值增值所进行的活动。一般来说，企业对这部分资本进行运作，往往采用资产重组、资产剥离、资产处置、分立、兼并、租赁、联合甚至破产等手段来实现。

2. 增量资本运作

增量资本运作是指企业主体所进行的投资活动，这方面的运作活动主要是对投资所进行的策划和管理工作。

在实际工作中，资本运作本身往往是同时进行增量资本和存量资本的运作，两者密不可分，特别是对实业资本和产权资本进行运作时，增量和存量一般也是同时存在的。

第四节　资本运营的动因

企业进行资本运作都有自己的理由，其原因可能各不相同，但归根结底，企业的资本运作是基于理性的分析而非权宜之计。各种案例表明，无论采用何种手段，通过资本运作，企业一般都能体验到，进行资本运作之后对企业的影响在某些方面可能会比常规的生产经营的运作方式要好得多。从某种意义上讲，常规的生产经营运作方式获得的经济增长是呈算术级数的增长，而资本运作方式获得的经济增长是呈几何级数的增长。从企业宗旨来看，资本运作中各种手段的主要目标都指向增加所有者（股东）财富，迅速扩大企业生产经营规模，增强企业竞争能力和提高资本的集约化水平。这些目标是否真正实现，可以通过资本运作之后企业经营的若干特性反映出来。对于这些特性，我们将予以充分的讨论。

一、实现企业的经营战略

虽然企业的大小与盈利之间没有直接的经济关系，但企业进行资本运作通常被人们认为有利于扩大生产经营规模，从而取得规模经济效应，实现资本的集约化经营。聪明的企业家往往认为资本运作是实施企业战略的一种重要手段，其通过资本运作能够更好地实施企业的经营发展战略，因而，资本运作事实上是同企业战略联系在一起的。针对不同的企业战略，资本运作可能会采用横向一体化、同心一体化或纵向一体化的不同做法。

事实上，在相关产业中进行资本运作，一家企业通过"向后"扩展，并购它原料资源的生产企业，或者通过"向前"扩展，并购从事产品销售和运送产品到最终消费者手中的销售企业，都是为了通过较大范围的采购控制和销售控制，实现其经营上的经济性，并提高企业参与竞争和避免风险的能力。但收购、兼并或合并后所产生的内部整合与管理困难，往往也可能超过任何潜在的协作利益。

二、取得多种经营的效果

企业进行资本运作的一个主要原因就是通过经营多样化来降低企业的风险。人们对"风险"一词，往往解释为收益或销售的不确定性。因为所有企业在经济波动中，总有一定程度的敏感性。但这种商业周期中的经营敏感，可能导致收益和销售的变化，其变化幅度在不同行业和在同一行业的不同企业之间存在着巨大差异。企业为了避免这种因商业周期而出现的经营风险，往往需要采用复合多样化（Conglomerate Diversification）战略。复合多样化是指增加组织与现有产品或劳务不大相同的新产品或劳务。它可以从组织内部或外部产生，但更多的是采用合并、收购及合资经营的方式来实现。

在我国企业的实践中，对复合多样化战略是通过企业的分立和企业间的合并来实现的。一般来说，由于企业对新的行业经营缺少经验，跨入其他行业往往会遇到新行业其他企业的有力竞争，采用合并、收购、合资经营等方式较企业的分立来进行扩张要有利得多，因而复合合并（Conglomerate Merger）就成为一种流行的方式。复合合并是指现时产品或劳务极不相同的两个或多个企业的组合。研究表明，产生复合合并的原因有以下几个：

（1）一个周期变动较大的企业吸收合并一个周期稳定的企业，可以增进它自己的稳定性并增进其收益的性能；

（2）企业的某个部分在处于发展或暂时困难时，通过合并可从其他部门获得财力支持；

（3）使用一个部门的利润来弥补另一个部门的亏损，从而达到少缴纳企业所得税的目的；

（4）出于企业自身的原因，或为了实现经营者的价值观和抱负而鼓励跨行业的发展；

（5）利用罕见的富有吸引力的发展机会；

（6）通过向若干个不同的市场提供服务来分散风险；

（7）通过合并，向具有更优经济特征的行业进行战略转移，以改善企业的整体盈利能力和灵活性；

（8）通过合并，企业能更接近资本市场，能获得更加稳定的收益并保持持续增长；

（9）改变股东的心理因素，谋求企业股票价格的提高，在一定范围内，股东将收益不稳定和风险同等对待，而复合合并对公司股票价格一般会发生有利的影响；

（10）从协同增益（Synergy）中获得好处。

总之，通过复合合并来实现企业的复合多样化的战略，以对付市场的多元异质性和市场需求的迅速变化是一个更为重要的理由。一家企业所面对的是：消费者需求偏好的经常变化、生产技术的日新月异、法规法令和政策的不断改变以及竞争的加剧等，但合并之后就可以使企业在市场上更具有吸引力或更经得起风险，从而改善其股东特别是居于主导地位股东的地位。

三、提高企业的发展速度

进行资本运作的另一个原因是为了提高企业的发展速度。这种发展速度的提高如果仅通过内部扩展的正常过程是不可能达到的。因而在许多情况下，企业运用资本运作的手段向外兼并扩张比内部扩展的代价要小一些，扩展速度要快一些。企业的发展速度往往通过以下指标反映出来：

（1）公司销售量增长速度超过市场容量扩大的增长率，公司市场占有率提高较快；

（2）合并后的公司利润率超过原来的利润率；

（3）通过向外兼并扩张，企业可以经常向市场提供新产品和新劳务；

（4）通过企业组合，企业可以缓解或消除本行业的价格竞争，或是增强企业实力，不怕价格竞争，并获取较高的利润。

为了提高发展速度而采用资本运作的手段实现企业间的直接组合，往往基于以下原因：

（1）企业高层领导认为公司不应单纯、消极地去适应外部环境，而应积极主动地去创造外部环境，以利于企业自身的发展；

（2）从投资规划的观点来看，兼并与收购其他企业，往往比从头开始建设这样的企业花费较少，获利较快；

（3）企业兼并了另一家企业，也能使被兼并企业的关键人物为其服务，因而吸收合并或新设合并，对于一个已决定发展方向的企业，往往是获得其迫切需要的经验丰富的管理人才和其他专业人才的重要途径。

四、财务与税金的考虑

有些企业的资本运作主要是由应付短期理财或租税目的而引起的。例如，一家以加速向外发展作为其主要筹资目标的企业，可能是发现由于其现金收支、资本结构或营运资本暂时不平衡，自己很难进入资本市场筹集资金以应付持续不断的财务需要。如果其通过和一个稳定的、有能力和现金充裕的企业合并，就能够提出一套合并的财务报告，使其地位进一步为潜在的投资者所接受，从而继续为它的发展计划注入资金。

同样，一家拖欠税款并预期将面临继续不能获利的企业，如果它的价值突然大增，其主要原因是它可能被有心发展业务、同时为了减少自身巨大税赋负担的企业看中。因为一家盈利多的企业并入一家目前亏损欠税但以后会变为盈利的企业，可以减少它应缴纳的所得税，以弥补并入企业的亏损，从而增加将来的利润。然而，必须指出的是，这种合并是需要进行充分、认真的论证的，必须有充足的理由保证组合之后被并入企业的财务状况会得到改善。

五、寻求企业的差异化

在企业的产品经营中，寻求产品的差异化、技术的差异化、市场的差异化、价格的差异化或顾客的差异化，都是企业在市场竞争中建立竞争优势的制胜法宝。但这种竞争优势能否有惊无险地长期维持下去，却不是绝对的，原因是惟妙惟肖的模仿能够打破差异化的优势，而基于产品、技术、价格、市场和顾客基础上的优势也会随技术的进步而烟消云散。企业要获得持续性的竞争优势，还需要利用资本运作的手段来加大企业之间的差异化。资本运作的过程及其精义所在就是差异化（differentiation）。当今世界许多企业之所以在商战中取得空前的成功，正是有赖于这些企业家独特的资本运作模式。

在资本运作理念中，强调集中稀有的宝贵资源，重点出击，使之用于某一关键性领域，这就是资本运作差异化思想的核心所在。一旦发现企业成功的要素并不足够，企业应采用资本运作的进攻性步骤和手段，寻求突破。我们只要不厌其烦地问为什么，我们一定可以发掘出很多打破常规、价值非凡的意念，把这些意念运用到资本运作的创意、设计上来，就能为企业带来差异化所产生的奇效；利用匠心独运的构思、先进的企业组织形式、独到的筹资手段、创新的金融工具和进入资本市场的方法，企业就可以设计出一种与众不同的运作方法，达到差异化的效果。所以说，资本运作的最精妙之处就是差异化。

【专栏】

孙子兵法与商业竞争①

中国古代无论是《孙子兵法》的"奇兵原则"，还是《史记·货殖列传》中所说的"富者必用奇胜"的道理，都强调以奇制胜的基本道理。而所谓的"奇"者，就是指出人意料的事与物。唯能"奇"才显得别出心裁、不落俗套，循此思路推敲资本运作的手法，则是寻求差异化之道也。

思考：列举我国传统文化对企业管理的作用？

第五节 资本运营的风险与管理

一、资本运营的风险

资本运营风险是指资本运营主体在资本运营中，外部环境的复杂性和易变性，以及运营主体对环境的认知能力的有限性，导致的资本运营未来收益与期望值的偏差。

人们通常认为，风险主要是指不利可能性的出现。但风险的定义与之有一些出入，要正确理解这一定义，需把握以下三个方面。

---

① 孙子兵法与商业竞争［EB/OL］. 个人图书馆.（2013-04-29）http://www.360doc.com/content/13/0429/22/479061_281804571. shtml.

（1）资本运营风险产生的主要原因来自运营环境的复杂性和不确定性。

（2）资本运营主体自身能力有限，其对环境的认知也是有限的，这最终会导致运营风险的产生。

（3）未来收益与期望值的偏差可能为正，也可能为负，都是风险。任何投资都有风险，资本运营风险与期望收益往往成正比关系，"高风险，高收益；低风险，低收益"，通常说的是风险越大，期望收益越大，大损失的机会也越多；风险越小，期望收益越小，大损失的机会也越少。

二、资本运营风险的类型

资本运营风险可以分为系统性风险和非系统性风险。系统性风险又称为不可分散风险，其特点是由共同的因素所致，影响到所有经济单位，不能通过组合投资来分散。系统性风险主要包括政策风险、体制风险、经济风险、社会风险等。非系统性风险，又称为可分散风险，其特点是由单个因素所致，影响到个别经济单位，能通过组合投资来分散。非系统性风险主要包括经营风险、行业风险、财务风险、管理风险、技术风险，如表 1-2 所示。

表 1-2　资本运营风险

风险类型	风险因素	
	外部环境	运营主体
政策风险	财政货币政策变化 内外贸易政策变化 资本运营的政府行为 产业结构调整	对国家当前的有关政策缺乏深入研究 对国家政策未来的变动趋势未作预测 对国家政策未来变动趋势预测不准确 对国家政策、法规理解有误
体制风险	政治体制改革未到位 经济体制改革未到位 社会保障体系不健全 就业环境变化	企业缺乏完全的经营决策权 资本运营的决策体制不完善及方法不恰当 下岗职工安置困难
经济风险	通货膨胀 金融危机 宏观经济衰退 资本市场利率（汇率）的变动	对目标企业的资产评估不准 跨国资本运营 过高估计自己的经济实力 目的只是改善当前的经营状况
社会风险	社会价值观念的改变 社会心态的不确定 社会信念改变	与目标企业文化有差异 新的规章制度与运营后的企业不配套 物质文化的整合
经营风险	宏观经济不景气 信息市场不发达	经营方向选择不当 市场预测错误 缺乏市场开发能力 战略规划脱离实际 管理模式选择失误
行业风险	行业内竞争激烈	所处的行业竞争激烈 所处行业竞争对手实力强大

表1-2(续)

风险类型	风险因素	
	外部环境	运营主体
财务风险	资本市场不完善 国家银根紧缩，资金缺乏 税收政策改变	资本过小 投资过大 信用降低 周转资金不足 目标企业的资产负债率过高 资金筹措困难，成本过高
管理风险	国家对企业资本运营的监控系统还未形成 政府主管部门过分干涉	资本运营主体的管理素质不高 对资本运营后目标企业的重整和再造不当 与目标企业管理部门的协调与交流不及时、不顺畅 对目标企业人才资源的处理不当
技术风险	国家科技政策的变化 技术转移和技术商品化速度变快 国家对知识产权的保护情况	对新技术开发方向判断有误 对技术开发投入过大 对投入目标企业的技术保护不力

三、资本运营的风险管理

资本运营的环境是变化的，企业必须根据外部环境的变化，进行风险的动态管理。风险管理的目标是通过防范和化解风险，尽量减少风险可能造成的损失，努力实现资本的价值增值。因此，资本运营主体要全面评估资本运营风险，根据对风险的评估和分析，制定风险管理对策，并全面执行风险管理的相关措施，将风险控制在可以承受的范围之内。资本运营风险管理的措施主要有以下四种。

1. 风险回避法

企业在实施资本运营方案时，可以选择风险较小的方案，一方面可以达到回避风险的目的，另一方面也可以通过放弃整个资本运营活动或放弃其中的一些项目，从根本上消除风险可能造成的损失。

2. 风险转移法

企业可以通过某些手段将部分或全部资本运营风险转移给他人承担，以减少风险可能造成的损失。

3. 风险分散法

借鉴组合投资理论，企业在资本运营过程中可以通过多元化经营、对外投资、与其他企业合资或联盟等方式分散风险。

4. 风险控制法

风险控制是指对已经发生的风险，通过采取一定的措施来降低风险可能造成的损失程度。企业可以建立风险控制系统，对风险进行预测、分析、监控，以便及时发现和化解风险。

本章小结

20 世纪 90 年代，资本运营这一新名词在我国出现。随着我国改革开放的不断深入，市场经济的不断完善，越来越多的企业认识到资本运营的重要性。资本运营已经成为企业实现快速增长、发展壮大的重要手段和途径。资本分为两类，一类是作为一种生产要素的资本，另一类是作为生产关系的资本。资本的特点有以下四个方面：资本的增值性、资本的流动性、资本的异质性、资本的风险性。

所谓资本运营，就是以资本的价值增值为目的，以价值管理为核心，对资本及其运动所进行的运作和经营活动。资本运营是市场经济条件下社会资源配置的重要方式之一，它是通过资本层次的资本品流动来实现资源优化配置的。资本运营是利用市场法则，通过资本的运作与经营，实现资本的价值增值的一种经营方式。

资本运营的含义，可以从广义和狭义两个角度来理解。广义的资本运营是指以价值化、证券化资本或者可以按价值化、证券化操作的物化资本为基础，通过兼并、收购、资产重组、战略联盟等途径，实现资本最大限度增值的运营管理方式。狭义的资本运营是从企业的层面来探讨的，与企业的生产经营相对，主要是指企业的外部交易型战略的运用，其核心战略就是兼并与收购。

资本运营的目标：利润最大化目标、股东权益最大化、企业价值最大化、资本运营的特点。

资本运营以资本的价值增值为目的，结合资本本身的特点，在运作和经营资本时注重价值管理。其特点可以概括为以下四个方面：资本运营注重价值管理、、资本运营注重资本流动、资本运营注重风险运营、资本运营注重开放经营。

资本运营的内容可以划分为以下四个方面：资本筹集、资本投资、资本运动与增值、价值增值分配。企业的战略选择可以有三条路径：一是扩张战略，二是收缩战略，三是内部调整。

按照资本运作的方向，我们可以把企业的资本运作分为资本扩张与资本收缩两种运营模式。

扩张型资本运作模式：横向型资本扩张、纵向型资本扩张、混合型资本扩张。

收缩型资本运作模式：资产剥离、公司分立、分拆上市、股份回购。

按资本运作的形式和内容，我们可以将资本运作分为实业（或实体）资本运作、金融资本运作、产权（股权）资本运作和无形资本（资产）运作。

按资本的运作状态，我们可以把资本运作分为存量资本运作和增量资本运作。

资本运作的动因：实现企业的经营战略、取得多种经营的效果、提高企业的发展速度、财务与税金的考虑、寻求企业的差异化

资本运营风险可以分为系统性风险和非系统性风险。系统性风险又称为不可分散风险，其特点是由共同的因素所致，影响到所有经济单位，不能通过组合投资来分散。系统性风险主要包括政策风险、体制风险、经济风险、社会风险等。非系统性风险，又称为可分散风险，其特点是由单个因素所致，影响到个别经济单位，能通过组合投资来分散。非系统性风险主要包括经营风险、行业风险、财务风险、管理风险、技术风险。

资本运营风险管理的措施主要有以下四种：风险回避法、风险转移法、风险分散法、风险控制法。

【案例分析】

【案例1】 广东恒健投资控股有限公司：探索国有资本运营新模式

【案例2】 滴滴出行高管团队及资本运作

【课后练习】

一、单项选择题

1. 资本的根本的特征是（　　）。

    A. 运动性   B. 增值性

    C. 运动性   D. 主体性

2、下列不属于资本运营和生产运营的区别的是（　　）。

    A. 运营目标不同   B. 运营对象不同

    C. 运营方式不同   D. 运营领域不同

3. 并购同一产业的企业产权或企业资产，进而实现资本扩张属于（　　）。

    A. 横向型资本扩张   B. 纵向型资本扩张

    C. 混合型资本扩张   D. 多元化资本扩张

二、多项选择题

1. 按照资本运营的形式划分，资本运营可以划分为（　　）。

    A. 实业资本运营   B. 增量资本运营

    C. 产权资本运营   D. 金融资本运营

    E. 无形资本运营

2、收缩型资本运营模式有（　　）。

    A. 借壳上市   B. 公司分立

    C. 分拆上市   D. 股份回购

    E. 资产剥离

3. 资本运营中的宏观性风险包括（　　　）。

    A. 经营风险　　　　　　　　　B. 社会风险

    C. 政治风险　　　　　　　　　D. 经济风险

    E. 管理风险

4. 资本运营中的微观性风险包括（　　　）。

    A. 自然灾害风险　　　　　　　B. 经营风险

    C. 违约风险　　　　　　　　　D. 商业风险

    E. 财务风险

三、判断题

判断下列说法是否正确，对的在后面的（　　　）内打√，错的在后面的（　　　）内打×。

1. 资本运营主要是在商品市场和技术市场上运作。　　　　　　　　　（　　　）

2. 资本运营和生产运营的目的是一致的，都是为了追求和实现资本的增值。
（　　　）

3. 横向型资本扩张是指企业利用资本运营的手段，并购与本企业产品有上下游关系的企业产权或企业资产，或直接投资与本企业产品有上下游关系的产品生产，从而实现资本扩张。　　　　　　　　　　　　　　　　　　　　　　　　（　　　）

四、简答题

1. 简述资本运营的目标。

2. 简述资本运营的特点。

3. 简述资本运营的内容。

4. 简述资本运营的模式。

5. 请列举资本运营的类别。

五、论述题

试论述资本运营的风险类型及管理措施。

第二章

资本市场的运行

■ **教学目标**

　　本章对资本市场的定义、分类、参与者和监管进行了介绍。资本市场的定义和分类有许多不同的观点，我们对主要的观点进行了介绍；资本市场参与者，我们主要介绍了筹资者、投资者、中介机构和监管体系。学生通过本章学习至少应该实现以下目标：掌握资本市场的概念、掌握资本市场的不同分类、熟悉资本市场各类参与者在资本市场中所扮演的角色和所起的作用、系统而全面地认识资本市场监管等知识目标。了解资本市场的定义、分类等，能够通过案例分析资本市场的参与者与监管体系等能力目标。认识到多层次资本市场形成与发展的重大意义；强化资本市场是企业融资的重要渠道，也是社会主义市场经济进行社会资源优化配置的重要平台的意识；理论上对我国资本市场监管的实践形成比较清醒的认识等思政目标。

【案例导入】

日本邮政上市：2015 年全球最大 IPO[①]

　　2015 年 11 月 4 日，日本邮政控股公司（日本邮政）及旗下日本邮政银行、简易生命保险（日本邮政保险）在东京证券交易所主板同时上市，这是日本近 30 年来最大的国营转民营资产。这三家企业首次公开募股融资达到 120 亿美元，使之成为 2015 年全球规模最大的 IPO，同时也是历史第二大 IPO，仅次于 2014 年阿里巴巴集团的 IPO。此次 IPO 也被日本首相寄予厚望，他希望能够借此释放日本国内庞大的家庭存款，并刺激民众投资。日本邮政集邮政服务、储蓄银行、保险业务于一身，仅其金融分支下辖资产就达 205 万亿日元（约合 1.7 万亿美元），相当于日本年均 GDP 的大约 1/3。日本邮政由日本政府支持，是全球第 38 大公司，总收入超过 1 260 亿美元，在日本拥有

---

　　① 赵晓明. 2015 年全球最大 IPO 诞生，日本邮政正式上市［EB/OL］.（2015-11-05）［2020-02-04］.https://www.guancha.cm/economy/2015-11-05-340215-s.shtml.

24 000个网点。日本邮储银行是日本最大的银行，2014 年存款高达 1.4 万亿美元，提供包括房贷、车贷、信用卡在内的一系列服务；而简易生命保险业务规模同样庞大，2014 年其核心利润高达 40 亿美元。和美国邮政、英国皇家邮政等西方邮政公司不同，日本邮政过去一直是典型的国营体制。随着民众投递邮件数量的锐减，过于巨大的体型和人力成本使其负重艰难。种种困境之下日本邮政开始寻求变革，但因其特殊的体制牵扯诸多敏感事项，私有化一拖再拖，直到 2015 年才登陆资本市场。尽管身处的大环境不同，但此次日本邮政成功上市，为未来中国邮政改革提供了有益经验

思考：何为资本市场？日本邮政是资本市场的筹资者还是投资者？日本邮政为何进入资本市场？

第一节　资本市场的定义与类型

一、跨国资本运营的含义

（一）资本市场的定义

资本理论一直是经济学中最有争议的一个领域。正如著名经济学家布利斯（Bliss）所说，"经济学如能在资本的理论方面取得一致意见，那么其他所有问题就将迎刃而解了"。

资本理论的争议性也表现在对资本市场的认识上。可能是由于对资本的理解存在严重分歧，也可能是由于资本工具的复杂性，或者可能是由于资本市场的强操作性和多变性，所以人们对资本市场的认识很不一致。这突出地表现在对资本市场定义和界定的不同，人们几乎可以在任何角度使用资本市场，并且在不同的场合赋予它不同的内涵。

从经济学原理的角度出发，美国著名经济学家斯蒂格利（Stiglits）认为，资本市场通常是指"取得和转让资金的市场，包括所有涉及借贷的机构"。单纯从期限层面，美国斯坦福大学教授詹姆斯范霍恩（James C. Van Home）等认为，资本市场是"长期（成熟期在 1 年以上）金融工具（股票和债券）的交易市场"。美国著名经济学家弗里德曼（Fhedman）从资本市场的功能出发，指出资本市场是"通过风险定价功能来指导新资本的积累和配置的市场"。

从最近几年国内发表的论著来看，人们对资本市场的把握同样存在很大的分歧。有些人认为资本市场就是指证券市场，甚至股票市场。有些人认为资本市场就是金融市场。但主流的观点或者说大多数人的意见还是将资本市场定义为期限在 1 年以上的各种资金融通活动的总和。本书接受最后一种定义。

（二）资本市场的分类

我们可以从不同的角度对资本市场进行分类，以下列举了几种主要的分类。

1. 一级市场和二级市场

按照金融产品是初次在资本市场上交易还是已经在市场上流通的再次交易，资本市场可以分为一级市场和二级市场。

一级市场又称发行市场。在一级市场中，资金筹集者按照一定的法律规定和发行程序通过发行新的金融产品来筹集资金，金融产品的发行者就是筹资者。一级市场上出售的金融产品都是新发行的金融产品，是金融产品的"新货市场"，一级市场的发行者主要是企业和政府。在一级市场上的发行收入才是严格意义上的通过资本市场筹集的资金，是储蓄向投资的转化额。在一级市场上，证券的出售主要是通过证券经营机构进行的。

二级市场是已经发行的金融产品的交易市场。在二级市场中，金融产品的持有者向有意愿参与的投资者转让其金融产品。二级市场上的交易只是不同投资者之间的交易，其交易量通常不被视作转化为投资的储蓄数量。

一级市场和二级市场是相辅相成的：一级市场的发展是整个资本市场发展的起源，是二级市场存在的基础前提。没有一级市场就没有金融产品，从而作为金融产品交易市场的二级市场也就无从谈起。另一方面，没有发达的二级市场，金融产品的流动性就差，一级市场上的金融产品就很难发行，一级市场的存在和发展也是不可能的。

2. 场内交易市场和场外交易市场

按照资本市场的组织形式和交易活动是否集中统一，资本市场可分为场内交易市场和场外交易市场。

场内交易市场是指有固定的交易场所和交易时间，有明确的交易方式、对交易活动进行集中统一组织和管理的市场，通常指证券交易所。场内交易市场的特点如下：①具有集中固定的交易场所和严格的交易时间，证券交易以公开的方式进行；②交易对象限定为符合特定标准的在交易所上市的证券；③交易者为具备一定资格的会员证券公司及特定的经纪人和证券商，一般投资者不能直接在交易所买卖证券，只能委托经纪商间接进行买卖。场内交易市场的这些特点使得场内交易市场在许多方面带有较多的"标准化"特点。这种"标准化"的特点使得场内交易具有较好的安全性和透明度。

场外交易市场是场内交易市场的补充。场外交易市场通常具有如下的特点：①没有固定的交易场所，也不一定有统一的交易时间，通常是交易双方通过电话、网络等现代信息工具谈判成交的；②交易对象众多，既包括上市证券，也包括大量未上市证券甚至信托计划、企业产权等，而且交易的数量和规模等可以根据交易双方的具体协商情况而定；③投资者可委托中介机构进行买卖，也可直接进行交易。相对于场内交易市场而言，场外交易市场在安全性、透明度和流通性方面不占优势，但在保密性、满足投资者特定需要方面的优势比较明显。

3. 有形市场和无形市场

按照交易活动的电子化程度，资本市场可分为有形市场和无形市场。有形市场是交易双方面对面进行交易的场所。在资本市场发展早期，交易都在有形市场进行，就如同大家熟知的商品市场一样，但随着计算机和电子通信技术的加速发展，现代资本市场已越来越无形化。证券的登记、交易、清算、交割各个环节都已经实现电子化，投资者不需要到交易所去进行交易，而是通过几乎无处不在的电子网络进行交易。过去，交易大厅把人聚在一起；今天，电信网络把人们连在一起。与有形市场相比，无形市场大大降低了交易成本和信息成本，大大扩张了市场范围。

4. 股票市场、债券市场、衍生证券市场等

按照所交易的金融产品不同，我们可以将资本市场分为股票市场、债券市场、衍生证券市场等。我们将在后面的章节对这些市场进行详细讲述，这里不再赘述。

第二节　资本市场的筹资者

筹资者和投资者是资本市场的主要参与者，加上中介机构和管理机构，它们互相制约、互相依存就构成了资本市场的完整内涵。

资本市场的筹资者就是通过发行某种金融工具来筹集资金的发行人或资金需求者。一般来说，筹资者包括企业和政府两类。

一、企业

现代经济中，企业的主要组织形式是公司，公司可以分为独资公司、有限责任公司、股份有限公司、合伙公司等。一般来说，独资公司、有限责任公司和合伙公司可以发行公司债券等债务类融资工具，而股份有限公司除可以发行债务类融资工具外，还可以发行股票、可转换债券等权益类融资工具。其中，通过发行公司债券所筹集的资金，是公司的债务，筹资者必须承担按时还本付息的义务；公司发行股票的责任是保障资本金的安全与增值；发行可转换债券所募集的资金，在债券未转化成股票之前是债务性资金，在债券成功转换成股票后则成为权益性资本。

（一）筹资目的

企业到资本市场进行筹资主要出于以下两方面目的：

第一，筹集资金用于自身的发展。企业的发展需要源源不断的资金，如用于设备更新、技术改造、新项目上马及科研投入等。企业发展的实践告诉我们，企业初期的快速扩展阶段需要大量资金支持，但往往在这个阶段企业的知名度较低，缺乏应有的关系网络，以及企业生产经营活动尚存在较多的不确定性因素，而投资者通常倾向于将大量资金投向增长较稳定、收益来源可以预计、处于相对成熟阶段、风险较小的行业或企业。因此，发展初期的企业获取资金的渠道不畅通其筹资成本也就相对较高，目前，也有一些具有战略眼光，风险承担能力较强的投资者专门将一些资金投向那些尚处于萌芽状态或发展初期的、风险较高但颇具发展潜力的企业，以寻求与高风险相对应的高收益，即从事所谓的风险投资或创业投资。但风险投资在我国尚处于起步阶段，有待于进一步规范发展。

第二，改善企业内部的财务结构。若一个企业的负债率较高，将严重影响其今后的筹资安排，导致筹资成本的增加，原因是较高的负债率意味着公司的债务偿还风险较大，可能导致企业的信用等级下降，从而影响到筹资的利率成本，若一个企业的权益性资本过高，也可能导致其筹资成本的增加，因为按照企业资本结构理论，通常债务筹资成本要小于权益筹资成本，同时，权益性资本过高还会影响到企业的净资产收益率，可能导致净资产收益率降低，企业今后的融资能力会受到一定影响。另外，企业的不同期限，数量及利率水平的债务之间也存在合理的匹配平衡问题。因此，企业

经营决策者们试图通过到资本市场进行筹资，来改善企业内部的财务结构使之能更好地为企业市场价值最大化的目标服务。此外，权益性筹资还可以改善企业的股本结构和法人治理结构，有利于企业经营机制朝着预期的方向发展。例如，我国国有企业通过发行股票上市来改变企业的股权结构，使投资主体多元化，从而最终达到完善公司法人治理结构、转变其经营机制与管理体制的目的。需要指出的是，不同的筹资方式对企业财务结构的影响是不同的，筹资者可以根据自身需要，通过对各种可能的筹资方式，包括债权融资、股权融资等进行综合分析，选择对自己最为有利的筹资模式。

（二）筹资方式与特点

企业筹资通常具有如下特点：

第一，筹集的资金额大。一项大的投资项目往往需要数千万元甚至上亿元的资金，因此企业投资需求的特点决定其筹资金额也是非常大的。

第二，筹资方式多样化。企业可以选择银行贷款、发行中长期债券及发行股票等方式来筹措所需要的资金，多样化的筹资方式可以增加企业在筹资选择方面的灵活性，但选择何种方式要根据企业的实际情况决定。企业在进行筹资决策时，通常可以从以下几方面来对各种筹资方式进行综合比较：筹资成本的高低、风险的大小、筹资的方便程度、企业财务结构的需要等。企业通过综合比较分析，最终选择最有利、最具有弹性的筹资方式，以形成最优的筹资结构。

第三，筹资期限结构多样化。企业筹资者可以根据自身发展的需要及财务结构状况，进行短期、中期及长期性的筹资安排。

（三）企业到国际资本市场筹资的动机

企业除了选择在国内资本市场融资，还可选择到国外市场进行筹资。选择到国际市场融资的主要动机有以下几个方面。

首先，企业筹集巨额资金的要求在国内无法得到满足，只能到国际市场进行筹资。发达国家资本市场资金充裕，市场准入条件相对宽松，因此许多发展中国家一直在利用国际资本市场筹集资金。目前，我国也有部分企业选择到发达国家和地区的资本市场筹集资金。

其次，国际资本市场的筹资成本可能比国内市场要低。尽管全球资本市场一体化的趋势不可阻挡，但目前尚未形成完全的一体化格局，这就为降低筹资成本提供了可能，并且各国关于股票上市和债券发行的规定有所差异，有些发达资本市场的股票上市条件相对宽松，融资成本相对较低，这就为欠发达国家的企业到发达资本市场筹资打开了通道。但是目前中国企业到海外筹资的成本总体上要高于国内，海外融资仍受到较大的制约。

再次，企业到国际资本市场筹资还可以使筹资企业适当分散其资金来源，减少对国内投资者的过分依赖，鼓励国外投资者对国内企业进行投资，达到改善公司的股权结构和投资群体结构的目的。

最后，到国际市场筹资有利于提高企业的国际知名度，树立企业的国际市场形象。由于国际上著名的证券交易所对上市公司的审查程序严格规范，股票获准上市无疑是对上市公司生产经营状况的肯定。另外，公司股票行情及信息资料的定期公告，也起到广告宣传的作用，扩大了企业的国际知名度与信誉度。

二、政府

政府（包括中央政府和各地方政府）作为筹资者，是通过在资本市场上发行政府债券筹集资金的。政府债券是指政府或者政府有关机构为筹集财政和建设资金而发行的债券。政府债券是中央政府、政府机构和地方政府所发行的债券的统称。按照其发行主体的不同，政府债券又可以具体划分为国债、地方政府债券和政府机构债券。

国债是一国中央政府所发行的债券，是政府以国家信用为后盾来筹措资金的一种方式，所筹资金一般用于弥补财政赤字或进行公共建设。中央政府通过财政部发行的是国债，包括国库券和公共债券，其特点首先是由于中央政府有征税的特权，所以一般不存在违约风险，其信用等级是最高的；其次是可以享受税收优惠，其利息收入可豁免所得税。不同国家的中央政府所发行的债券不完全相同。财政证券是美国财政部发行的，受到美国政府全部信誉的支持，因此被认为是不存在任何风险的债券，该债券的利率也是整个美国甚至国际资本市场的准利率。英国政府发行的金边债券通常是短期的，并且给予持有在几年内转换成一定数量的长期金边债券的权力；另外，英国政府还发行与指数相联系的金边债券。日本政府发行的债券有三种，即中期债券、长期债券、超长期债券，其中，长期和超长期债券是不可赎回的，但是政府可以在二级市场将它们进行回购。德国政府所发行的债券有三种，包括联邦国库券、联邦债务凭证或债券、政府债券。目前，全球规模较大的国债市场主要有美国、日本、意大利、德国、法国、英国等的债券市场。

地方政府债券也称为市政债券，是地方政府为了发展地方经济，兴办地方事业如交通运输、文教科研、卫生设施等而发行的债券。地方政府债券以地方政府信用为担保，它的信用等级仅次于国债，同时也具有税收豁免特征。市政债券按偿还的资金来源一般可分为两类：一类是一般债务债券，它是以发行人的一般征税能力来作为担保的，其偿还列入地方政府的财政预算。另一类被称为收入债券，它是为了给某一特定的盈利建设项目（如公用电力项目）筹资而发行的，其偿付依靠这些项目建成后的营运收入。

在我国，财政部代表中央政府，作为中国国债的发行者。目前，我国发行的国债类别主要包括：国库券、重点建设债券、财政债券、国家建设债券、特种国债、保值公债等。发行的国债品种主要有：①按国债保管方式划分，包括无记名国债、凭证式国债和记账式国债三种；②按国债付息方式分，包括零息国债、贴现国债和附息国债，其中1981—1993年我国发行的都是零息国债，1994年才开始发行贴现国债，1996年6月首次公开发行附息国债；③按国债利率方式，可以分为固定利率债券和浮动利率债券。

目前，我国省（区、市）地方政府还没有正式发行市政债券的权利，因此市政债券在我国还是一片空白。

政府作为筹资者，其筹资目的主要有：

第一，进行公共产品投资。一个国家提供或生产的产品可以划分为两大类，一类是由非政府部门即企业提供的产品，这些产品多数存在于一些竞争性行业，是由市场来进行调节和配置的；而另外一类非市场化产品，包括基础设施、学校、医院、军队及国家安全行业等公共产品。理论分析与实践经验均表明，公共产品必须由政府来投资建设，而这些产品项目往往具有投资金额大、投资回收期长、收益低甚至其收益无法计量等特点。对公共产品的投资，各国中央政府的资金来源主要有两个，即税收和财政赤字，当税收不能满足巨大的投资需求时，政府就会通过财政赤字的办法即依靠发行国债或进行中长期借款来进行筹措，即满足恒等式 $I=T+（D+L）$，其中 I 代表中央政府的投资，T 表示国家税收收入，D 表示国债发行额，L 表示银行借款，$D+L$ 表示中央政府的财政赤字。

第二，维持社会的稳定。当一个国家面临经济危机或其经济萧条时，许多人员会下岗失业，主要收入来源被截断，迫于生存压力，国家可能会出现各种违法和影响社会稳定的事件。而政府此时也可能处于财政紧张的境况，为了缓解暂时的社会矛盾，维持社会的稳定，政府只有通过发行债券筹集资金，增加对失业人员的补贴，以及增加投资、扩大总需求，从而拉动经济，增加全社会的就业机会。这种情况下，中央政府可能会选择到国外市场发行外国债券或全球债进行筹资，因为发行本国国债很可能会由于国内购买力有限而陷于无法顺利销售的局面。

第三，其他用途。政府有时候为了维持国内资本市场的稳定，会通过发行和购买证券来调节国内市场的供求状况，引导市场的其他投资者，其原理类似于公开市场操作。另外，政府还会因为战争的需要，由中央政府发行债券筹集资金用于备战。

第三节　资本市场的投资者

在现代市场经济中，投资活动是普遍存在的社会经济现象，人们通常把能够带来报酬的支出行为称为投资，它是以牺牲现在的消费来换取未来消费的行为，而资本市场的投资则是指对有价证券的购买行为。在理论上，这种行为会使得购买者在证券持有期限内获得与其所承的风险相对应的收益。按照证券投资主体的不同，资本市场的投资者分为个人、机构两种类型，它们构成了资本市场的投资主体。其中，机构投资者包括工商企业法人、金融机构，如证券公司、投资基金、养老基金、保险机构、商业银行以及各政府机构等。

与个人投资者相比，机构投资者拥有比较专业的投资管理人才，可以独立进行价值评估，从而大大降低了投资的盲目性，对于稳定整个证券市场起着十分关键的作用。机构投资者的资金实力比较雄厚，有条件进行组合投资，可以最大限度地降低非系统性风险；机构投资者有时间和资金技术进行国际证券投资。从国内外市场来看，机构投资者对市场的影响力巨大，机构投资者通常又是稳定证券市场的中坚力量。因此，机构投资者在国际资本市场投资者队伍中所占比重越来越高，地位越来越重要。

在成熟的证券市场中，机构投资者一般占有主导地位，它们持有的证券占证券总额的大半部分。例如，在美国证券市场，早在 1990 年年初，机构投资者就控制了美国大中型企业 40% 的普通股，拥有较大型企业 40% 的中长期债权。1997 年英国机构投资者持有的股票占上市股票总值的 79.5%。日本的机构投资者持股比率增长很快，1960年为 40.9%，1984 年为 64.4%，1989 年为 72.0%，1997 年即增加到 81.0%。由于德国的银行是全能银行，银行可以持有工商企业的股票，近年来德国银行等机构投资者持股比率增加的趋势也非常明显。

一、个人投资者

个人投资者，是指在资本市场进行投资的个人。从数量上讲，个人投资者在资本市场上占有举足轻重的地位，但在持有的金融资产总量方面个人投资者通常远远落后于机构投资者，这是由个人投资者的固有特征决定的。

（一）资金来源

个人投资者的资金来源主要是个人的储蓄、其他资产的变现及投资性收益甚至贷款融资等。其中，储蓄部分为个人投资的主要资金来源，如美国20世纪70年代的储蓄率为6%～7%，80年代接近5%，而日本和欧洲一些国家比美国的储蓄率高出1倍。目前，我国大量的个人储蓄存款还存放在银行里，这笔大的储蓄存款将成为未来我国证券市场投资的主要资金来源。其他资产主要包括个人的有价证券、房产、汽车、办公用具等可以通过变现转化成对证券的投资资金。其他投资性收益则主要包括企业债券、股票等所产生的收益流。一些国外的个人投资者被允许通过贷款方式来获取证券投资的资金，但以这种融资方式获得的投资资金具有较大的投机性和风险性，目前我国个人投资者一般被禁止通过商业银行的直接贷款来获得证券投资的资金来源。

（二）投资目的与动机

个人投资的总体目标是，在风险一定的条件下，追求尽可能大的收益，或者在收益既定的条件下，承担尽可能小的风险。个人投资者也不像政府企业和机构投资那样，具有稳定市场、调整投资结构等作用，并且还要承担相应的社会责任。

不同的个人投资者参与证券投资的目的也不尽相同，他们依据各自的收入水平、经济状况、年龄、健康状况、家庭负担、个人爱好、性格差异、心理素质、投资技巧与经验以及文化程度差异而有所侧重。因此，个人投资者的投资动机可能是多种多样的，概括起来主要有：

第一，获取相对稳定的投资收益。稳定的收入来源比不确定的未来收入更加富有吸引力，特别是对于一些低收者来说，他们更加需要投资收入来弥补一般收入来源的不足，因而更关心当前收入的可靠性和稳定性。一般地，要想获得相对稳定的收入，投资者多数选择购买债券和固定收益股票，以及行业前景好、稳定性高的公司股票。

第二，实现资本增值。资本增值是投资者的共同心愿，通常可以通过两种途径达到：其一，将投资所获得的股息、利息进行再投资，日积月累，促使资本的增值。这种办法比较适合于一般不靠经常的投资收入来维持家庭日常开支的高收入者。其二，投资于增长型股票，通过股息和股票价格的不断增长来增加资本价值。风险-收益计量关系表明，这种投资的风险往往较大，但收益性也较好，因此它比较适合于资本额较大、心理承受能力较强的投资者。一般来说，投资者短期内达不到的资本增值目标，可以通过长期投资来获得，例如，著名的世界级投资大师巴菲特，就是采取价值型的长期投资策略来达到资本增值目的，其管理的伯克夏基金的平均年收益率在30%，大大超过整个市场的平均收益水平。为满足投资者的资本保值增值、规避市场风险的需求，国际金融市场上还推出许多套期保值工具，这些工具主要包括股票期货、股票期权、股票指数期货、股票指数期权、利率期货、利率期权、外汇期货、外汇期权、债券期货与债券期权等。投资者可以根据实际需要选择合适的保值工具，构建合理的投资组合。

第三，保持资产的流动性。投资者在管理自己的资产时通常要考虑应急情况发生，在投资决策过程之中要充分虑资产的流动性。通常，证券的流动性与期限成正比，与收益率成反比，即短期证券的流动性较强但收益率较低。理性的投资者往往会为自己设计一种合理的证券期限结构，将不同期限结构和收益率的证券进行组合匹配，来保持合理的流动性与收益性。

第四，实现投资品种的多元化。投资于单一品种的证券，投资者可能会遇到两方面的困难：其一，单一证券的风险相对较大；其二，单一证券对投资者的边际效益递减。投资组合的分散化原理告诉我们，建立多样化的、合理的投资组合可以降低或消除非系统性风险，将资金按照一定的比例投资于多个证券品种可以增加投资者的效用。

第五，参与企业的决策管理。少数资本实力雄厚的私人投资者会通过大量购买某个公司的股票来取得控制权。但对于绝大多数中小股东来说，这种观念非常淡薄，购买股票只是将其作为投资一种金融品种，而不是作为所有权来看待。目前，我国大多数个人投资者将股票投资看成是买卖一种金融商品，真正实现对某个公司的控制权是非常少见的，但随着国内民营与私营经济的不断发展，个人投资者也将能通过购买股票来达到有效控制、管理上市公司的目的。

（三）投资特点

个人投资者具有以下几个主要特点：第一，投资活动不创造新的金融资产与金融工具，他们既不发行也不提供新证券，只是证券的净需求者。第二，投资活动具有较大的盲目性。由于个人投资者力量分散，资金有限，无法将有限资金分散于过多的证券品种进行投资，而且个人投资者获得和处理信息的时间和精力非常有限，因此投资活动的盲目性较大。第三，投资活动都是借助于证券中介机构进行，个人投资者相互之间很少进行证券买卖的直接交易。

美国证券市场是西方资本主义国家中最发达的证券市场，近年来，美国证券市场中个人投资者的持股比重呈现下降的趋势，而机构和外国投资者的持股比重在上升。在中国，截至 2000 年上半年，在证券市场上，从人数上看，个人投资者有 4 700 多万人，占总开户人数 99.7%，机构投资者只占 0.3%，但机构投资者拥有 80%左右的流通证券余额，个人投资者只拥有 20%左右的流通证券余额。对中国股票市场而言，这意味着 14 万多机构投资者拥有 600 多亿元的股票市值，一些大的机构投资者可以在相当程度上操纵股票的价格。因此，在这种背景下，我国要积极培育中国证券市场的机构投资者，增加机构投资者的数量，不断完善中国证券市场的投资者结构，提高机构投资者的比例，这对中国证券市场的持续、快速、健康发展具有深远的意义。

二、证券投资基金

证券投资基金是一种金融信托方式，它由众多不同的投资者出资汇集而成，然后由专业性投资机构（一般是基金管理公司）进行投资管理，专业投资机构再把集中起来的资金投资于各种产业和金融证券领域。证券投资基金将在第四章作专门的论述，在此不展开阐释。

三、养老基金

养老基金是一种用于支付退休收益的基金，建立养老基金计划的实体称为计划主办人，它是为其雇员服务的私营机构，如当地机构代表其雇员，工会代表其会员，个人代表自己实行养老金管理。养老基金的资金来源是公众为退休后的生活所准备的储蓄金，通常由资方和劳方共同缴纳，也有单独由资方缴纳的。养老金的缴纳一般是由政府立法加以规定的，因此其资金来源是有保证的

养老基金也是资本市场上的主要资金供应者之一。由于养老金在退休以前不能使用，甚至不能作为借款的抵押品，而雇主、雇员的出资和基金资产的收益有推迟税收的作用，即养老金在支取基金以前不必纳税，因此，养老基金是一种超长期的较为稳定的重要资金来源。投资于证券市场、实现资本的保值增值是管理养老基金的核心内容。除通过证券经纪公司买卖证券以外，养老基金持有机构通常委托共同基金、保险公司、银行代理为之进行资产管理。2010 年，中国全国社会保障基金的资金量约有1 300 亿美元，排名全球第 14 位。排名前五位的亚洲基金均由政府主办，占前十大基金资产的 60%，占基金资产总额的 18%。进入前十位的其他亚洲基金还有日本政府养老投资基金（第 1 名），韩国国民年金基金（第 4 名）和日本地方政府官员基金（第 7 名）。这三只基金的排名与前一年相比均无变动。由于养老基金能够较为精确地估计未来若干年它们应支付的养老金，所以其不太要求流动性，其资金运用主要投资于长期公司债券、质量较好的股票和发放长期贷款上。另外，由于养老基金不需要纳税，所以在免税的地方政府债券对它没有吸引力。

【案例】①

2019 年基本养老保险、失业保险、工伤保险三项社会保险基金收入合计 59 130 亿元，比上年增加 2 040 亿元，增长 3.6%；基金支出合计 54 492 亿元，比上年增加 5 285 亿元，增长 10.7%。

2019 年年末，全国参加基本养老保险人数为 96 754 万人，比 2018 年年末增加 2 461 万人。全年基本养老保险基金总收入 57 026 亿元，基金总支出 52 342 亿元。年末基本养老保险基金累计结存 62 873 亿元。年末全国参加城镇职工基本养老保险人数为 43 488 万人，比 2018 年年末增加 1 586 万人。其中，参保职工 31 177 万人，参保离退休人员 12 310 万人，分别比 2018 年年末增加 1 074 万人和 513 万人。

全国 5 978 万符合条件的建档立卡贫困人员参加基本养老保险，基本实现贫困人员基本养老保险应保尽保。全年城乡居民基本养老保险基金收入 4 107 亿元，基金支出 3 114 亿元。年末城乡居民基本养老保险基金累计结存 8 249 亿元。2019 年年末全国有 9.6 万户企业建立了企业年金，参加职工 2 548 万人。年末企业年金基金累计结存 17 985 亿元。

思考：我国养老保险基金投资的主要目的是什么？

---

① 佚名. 人社部：2019 年三项社会保险基金较 2018 年增长 [EB/OL].（2020-06-05）[2020-06-07]. https://baijiahao.baidu.com/s? id=1668627713052538897&wfr=spider&for=pc.

四、商业银行

商业银行是以经营存、贷款为主要业务，以盈利为目的的金融机构。商业银行的资金来源主要是存款（包括活期存款、储蓄存款和定期存款）、非存款性借款（如美国的联邦资金市场和联储贴现市场）和银行资本金与留存利润。商业银行作为一个存贷款机构，保护储户的资金安全是其首要职责，其盈利性资产必须具有较高的安全性和流动性。一般地，虽然证券投资的风险较大，但证券投资的盈利往往高于贷款的收益，而且证券投资的流动性较强，需要时可以随时脱手，因此证券投资可以作为银行资金运用的又一个途径，商业银行参与证券投资需要考虑以下因素：第一，商业银行的贷款中往往长期性贷款比例较大，若长期持有证券，则风险将进一步提高，因此它需要增加质地好、期限较短的投资品种来降低风险，优化资产的期限结构；第二，商业银行的投资活动会受到政府法律法规的限制，如许多国家规定商业银行只能投资于政府债券、地方政府债券和投资级企业债券，而不允许购买股票等；第三，商业银行可以考虑投资一些免税的地方政府债券。总之，商业银行的投资活动受到自身业务活动和政府有关法规的限制，因此其投资行为比较保守和谨慎，以安全为主，盈利为辅。

目前，西方国家商业银行的资产管理业务呈现两个比较明显的趋势：一是银行越来越重视有价证券的组合管理，通过投资证券组合来获取利；二是贷款业务的证券化。银行传统的资产管理方式是将资产进行组合，以降低风险。而现在银行将部分长期收益来源的贷款资产进行适当组合出售，并将其证券化。例如，美国银行把许多住房抵押贷款、汽车消费贷款、应收账款等都进行了证券化，并将有关证券出售给市场投资者，以降低银行的贷款风险并增强资产的流动性。美国商业银行的资金来源中，非存款负债从20世纪60年代的1%增长到1991年的12%，目前该比例还在不断提高，而商业银行最大的非贷款资金来源之一就是在回购协议下出售证券。商业银行的资产中，持有抵押证券在1992年就超过2 500亿美元，持有的美国财政部发行国债的比例也从1991年开始快速增长。

五、保险公司

保险公司是一种重要的金融中介机构，当某种特殊事件发生时，它以一定的金额对投保人进行赔偿，它是风险的承担者。在经济发达的国家，保险业一般都比较发达，各类保险公司成为经济中最主要的非银行金融机构，成为金融市场上最重要的机构投资者和交易主体。保险公司主要有两种类型，即人寿保险公司和财产与灾害保险公司。其中人寿保险公司是为人们因意外事故或死亡而造成的经济损失提供保险的金融机构；财产保险公司是为企业及居民提供财产意外损失保险的金融机构，例如提供汽车和住房保险等。

保险基金是一些西方国家证券市场上第二大机构投资者，全球每年的保费收入达2万亿美元，这其中的90%都再投出去了。例如，1990年，英、法、美、德、瑞典五国保险公司所拥有的资产总额已分别占金融机构总资产的16.37%、10.67%、13.75%、8.02%和7.55%，是非银行性金融机构中拥有资金量最大的。其中人寿保险公司资产总规模大致是财产保险的3倍。保险公司资产投资于有价证券的比重往往超过40%，居所有投资方式的首位。

保险公司进行证券投资活动通常是出于对本金的安全性、收入的稳定性以及较高的盈利性的综合考虑。保险公司对资产的流动性要求不高，可以进行中长期的证券投资活动。保险公司进行证券投资活动时需考虑以下因素：

第一，保险公司的收入主要来源为保险费、投资收益、房地产抵押定期贷款和所投资债券到期的本金，主要支出是公司的经营费用、支付赔偿金、公司准备金，因此其负债具有长期性，可以投资于期限较长、收益率较高的证券。其中来自保险费、投资收益的收入部分较稳定，足以应付保险赔偿金的支付，因此该部分资金可用于证券的长期投资。

第二，人寿保险金在时间、数量上有可预测性，并且具有只有当契约规定的事件发生时或者到约定的期限时才支付的特征，因此其可以降低对投资证券的流动性要求。这与财产和灾害保险公司不同，财产和灾害事故的发生具有偶然性和不确定性。所以人寿保险公司的资金运用以追求高收益为目标，主要投资于高收益的证券，比如股票等，而财产和灾害保险公司的资金主要运用于安全性高、流动性好的政府债券和绩优公司的债券等。

第三，准备金利率较低，证券投资成本较低，而且保险公司通常还可以免交所得税。

第四，各国政府对保险公司的证券投资活动实施严格管理，一般对政府债券的投资没有限制，但对其他证券投资限制较大，以防止其操纵证券市场。例如，日本的保险业法规定，保险公司用于股票、外国有价证券、贷款、不动产投资的资产分别不得超过公司总资产的30%、30%、20%、20%，对同一家公司的投资额（包括股票、公司债券、贷款等）不得超过保险公司总资产的10%等。目前，我国已明确规定保险公司可以参与证券投资活动，如购买国债、基金、股票等，但限制其投资金额不得超过其总资产的15%，并且允许外资保险公司投资国内股票，但其投资金额不得超过总资产的10%。从发展趋势来看，限制比例还将提高。

六、其他

（一）工商企业

工商企业可以将闲散的资金用于证券投资，以获取市场差价，并且还可以通过股票投资来实现对目标企业的参股和控股目的。事实上，企业通过购买股票进行参股或控股的例子在西方国家不胜枚举。近年来，国内企业通过股票二级市场来收购其他上市公司的股票，达到借壳上市目的的事例也频频发生，仅1997年沪、深交易所的719家市公司中就有202家进行了不同方式、不同内容的资产重组和并购活动，占全部上市公司的28%。

作为机构投资者之一，工商企业的投资具有以下特点：其一，投资的目的不单单是盈利，还有进行有效资产组合，回避投资风险，控制被投资公司，相互参股建立合作关系和充分利用闲置资金等目的；其二，投资的稳定性强，较少短期投资行为，即使投资各类债券也一般不会在短期内频繁转手，注重长期投资效应；其三，相对个人投资，其资金规模较大，如果经济不乐观和市场不稳定，企业的短期投资就变得明显，其交易资金量增大，会对市场造成较大的影响。

（二）证券经营机构

综合性证券公司、证券经纪公司、信托投资公司等证券经营机构是证券市场中实力雄厚的机构投资者，它们以自有资金和运营资本建立规模庞大的、风险分散能力较强的投资组合，由有理论水平和实践经验的专家进行管理，其投资行为会对市场产生重要影响，投资收益也普遍高于市场平均水平。

证券经营机构进行证券投资既注重资金的安全性，又兼顾盈利性和流动性，投资对象比较分散，股票、国债、公司债券以及各种套期保值衍生工具都是其投资组合的主要选择目标。它们既进行长期性的证券投资，又抓住机会进行短线的投机。由于其投资的资金巨大，信息灵通，操作便捷，其对证券市场的影响较大。

（三）政府机构

政府机构参与证券市场投资的目标与个人投资者以及其他机构投资者截然不同。中央政府不是单纯的投资者，更不是投机者，它是特殊的投资者，投资的主要目的除了盈利以外，还充当宏观调控和稳定整个市场的角色；而地方政府机构参与证券市场的投资，则可能是为了将闲散的财政、税收资金集中起来投资证券，以获取较高的回报。因此，地方政府与中央政府的投资目的是不完全一致的。

从美国证券市场的发展趋势来看，政府部门的证券投资比重在提高。在联邦政府债券的持有者之中，私营部门的比重下降，政府部门的比重上升。20 世纪 60 年代以前，私营部门包括商业银行、私营企业、保险公司以及个人（家庭）是联邦政府债券的主要购买者，但此后私营部门的比重已经下降到 20%，目前这一比重还在呈下降趋势。与此同时，各级政府部门购买联邦债券的数量相对增加，持有比重在不断提高。

第四节　资本市场的中介机构

资本市场的中介机构主要包括投资银行、会计师事务所、律师事务所、投资顾问咨询公司、证券评级机构。

一、投资银行

简单来说，投资银行是指主营业务为投资银行业务的金融机构，但读者很容易发现这其实是个无意义的循环定义，但是它至少给了我们这种启示，即如果我们定义了投资银行业务，也就定义了投资银行。

一般来说，投资银行业务由广到窄可以有四个定义：第一，投资银行业务包括所有的金融市场业务；第二，投资银行业务包括所有资本市场的业务；第三，投资银行业务只限于证券承销、交易业务和兼并收购业务；第四，投资银行业务仅指证券承销和交易业务。目前被普遍接受的是第二个定义，由此，投资银行可以定义为：投资银行是指主营业务为资本市场业务的金融机构。

根据这个定义可知，并不是所有经营资本市场业务（或投资银行业务）的企业都是投资银行，只有那些主营业务为资本市场业务的金融机构才是投资银行。另外，并不是经营全部资本市场业务的金融机构才是投资银行，只要主营业务是资本市场业务——无论是一项还是两项的金融机构就是投资银行。

当然，这个定义是动态的，因为随着资本市场业务的不断发展，投资银行的内涵也在不断发展。正如著名的投资银行家罗伯特·库恩（Robert Kuhn）所言："投资银行业务是一个有机的过程——经常在变化、发展、进化，任何书籍都无法精确而详尽地描述。"因此，我们不应该对上述投资银行的定义进行机械的理解。

二、会计师事务所

在资本市场中，会计师事务所是站在社会公正的立场上，对有关公司的资本状况、财务状况、资产状况、盈利状况等进行验资审计，出具有关的报告，会对投资者、企业以及整个资本市场产生重要的影响。因此，世界各国对会计师事务所都是非常重视的。

发达国家的会计师事务所一般实施合伙制，主要通过无限责任制度的约束，促使各注册会计师做到真正为投资者、受托人、社会公众的利益进行独立、公正的服务。为了规范国内资本市场的发展，我国从 1993 年起也建立了对从事证券业务的会计师事务所和注册会计师的资格确认制度。

在大多数国家里，会计师事务所的主要业职责就是验资、资产评估、财务审计、财务资信评价、财务顾问咨询和培训等。但在一个项目需要进行财务审计和资产评估时，每家会计师事务所只能从事其中一项工作，以保证各项工作的独立开展，并通过互相制约来维持工作报告的公正性。1995 年以后，我国实施了会计师事务所与资产评估业务的适当分离，规定有关证券业务的资产评估应该由专门性的资产评估事务所来进行，以此来形成会计师事务所和资产评估事务所在业务上的互相制约关系。

会计师事务所的主要业务活动包括以下几个方面：①各类企业注册登记时的资本金验收；②公司运行过程之中的财务顾问、财务调整、财务审计；③公司发行股票、债券前的资产评估、财务审计、财务资信评价、财务咨询等；④公司资产证券化过程中的财务运作策划；⑤企业并购活动中的财务分析、财务安排等。会计师事务所和资产评估事务所在接受客户委托进行验资、资产评估、财务审计、财务资信评价等工作后出具的相关报告书，具有法律效力。若有关报告有虚假，则出具报告书的机构应当承担法律责任。但它们在从事财务顾问、财务咨询方面向客户提供的意见不具有法律效力，只作为参考。

【案例】①

安达信与安永、德勤、毕马威、普华永道一起被公认为全球五大会计公司，在全球 84 个国家和地区拥有分支机构，为全球 10 万家客户服务，全球雇员达到 8.5 万人。2001 年安达信的业务收入达到 93 亿美元，它的财务审计业务客户包括 2 300 多家美国上市公司，占美国全部上市公司的 1/5。安达信的国际客户主要有法国巴黎银行，三井住友银行等。2002 年，受安然及世通财务丑闻的牵连，安达信公司整体分崩离析，各

---

① 王兵，刘峰. 安达信倒塌：研究发现了什么？[J]. 会计研究，2010（7）：73-78.

分支机构分别被另外四大会计师事务所购并。

思考：安达信之"死"，对资本市场中的会计师事务所有何启发？

三、律师事务所

资本市场之中的大量业务活动都涉及法律事务。律师事务所依据相关法律法规，站在公正的立场对有关契约文件、公司发行证券的有关文件是否完整和合法，公司行为是否合法、证券公司的行为是否合法等提供法律服务。因此，律师事务所的工作直接关系到投资者、公司和社会公众的利益，是资本市场的重要参与者。

在发达国家，律师事务所一般实施合伙制度，主要目的是通过无限责任制的约束，来有效促使律师为投资者、受托人和社会公众的利益而独立、公正地履行自己的职责。为了规范资本市场的发展，1993 年我国律师事务所逐渐转变成为合伙制度，同时国家建立了对从事证券业务的律师事务所和律师的资格进行专门性确认的制度。

律师事务所和律师的主要业务范围包括：①在公司进行注册登记时协助公司制作或审定有关文件的合法性，并使之合法化；②在公司运作过程中，协助公司制作或审定有关契约文件的合法性，并使之合法化；③在公司发行证券时，协助公司制作或审定有关文件的合法性，检查公司行为的合法性，并出具法律意见书；④在公司进行并购或重组或资产证券化的过程中，协助公司进行有关活动的策划，制作并审定有关文件的合法性，检查公司行为的合法性；⑤担任企业的法律顾问，向公司提供法律意见和其他服务；⑥提供法律咨询服务，帮助培训有关法律工作人员。

在现实的经济活动之中，由于有契约关系的双方均需要由自己的律师提供法律服务，为了保证律师活动的客观性、公正性，每家律师事务所只能担任一方的法律顾问。在证券的发行过程之中，筹资者的法律顾问和证券公司的法律顾问应该由不同的律师事务所来担任。律师事务所出具的法律意见书具有法律效力，若有虚假，律师事务所和签字的律师必须承担相应的法律责任。

四、投资顾问咨询公司

投资顾问咨询公司是为市场投资者提供咨询服务、接受投资委托、代理投资者管理资产的中介机构，是证券投资的职业的指导者。投资顾问咨询公司根据客户的要求，把咨询分析建立在科学的基础分析和现代的技术分析基础之上，通过对大量的信息资料进行加工处理，向投资者提供分析报告和投资建议，帮助客户建立有效的投资决策。

在我国，投资顾问咨询公司的业务范围主要包括以下几个方面：①接受政府、证券管理机构、有关业务部门和境外机构的委托，提供宏观经济和证券市场方面的研究分析报告和对策咨询建议；②接受境内外投资者的委托，提供投资分析、市场法规等方面的业务咨询服务；③接受公司委托，策划公司的证券发行与上市方案；④接受证券经营机构的委托，策划有关的重组事务方案，担任财务顾问；⑤编辑出版资本市场方面的资料、刊物和书籍等。

投资顾问咨询公司为投资者提供各种专业化的咨询服务，帮助投资者在资金运用和投资渠道等方面进行合理选择，降低投资风险，提高投资收益，最终促使投资者积极参与投资活动，形成和完善资本市场的功能，改善资本市场的投资结构。

五、证券评级机构

证券评级机构是指运用一系列科学的方法对企业或证券的信用等级进行评估的社会公正组织。它是一个中立性企业法人，独立、超脱于证券市场管理者、发行者和投资者之外，以保证其客观性、公正性、独立性、科学性和权威性。证券评级机构一般为独立的、非官方的机构，大多是私人企业，必须对自己的信誉负责。证券评机构的业务范围通常包括：债券信用评级企业信用评级和金融机构（包括保险企业）信用评级。在发达国家的资本市场中，除了中央政府所发行的债券之外，各种有价证券的发行都需要经过专门的证券信用评级机构予以评价。

进行证券信用评级，是通过对准备发行的债券还本付息的可靠程度进行客观公正和权威的评定，或对股票发行人的资信情况作客观的评价并通过明确其信用等级、投资风险的大小等，向投资者提供所需要的信息，以方便投资者决策。同时，证券评级机构对证券发行企业的评估可以使高等级证券的发行人以较低的成本优先获得资金，从而使整个社会的资金得到合理的配置，提高资金的利用效率。如在美国，证券等级低于 A 级的公司债券也可获得发行，但是 A 级公司债券比 B 级公司债券发行利率要低。评级公司在评级过程中主要考虑以下几个方面的内容：①证券发行公司的偿债能力，鉴别筹资者能否按期还本付息或分红；②证券发行公司的资信，即考察其在资本市场上的信誉，历年偿债或分红情况；③投资者承担的风险，主要是分析发行者破产的可能性大小；④公司债务状况。

证券评级公司主要起着揭示证券风险大小作用，具体体现在以下几方面：①证券承销商可以依据证券信用级别来定发行价格、发行方式、承销费用以及采取的促销手段等；②自营商可以根据各种证券的信用等级来评判其风险的大小，调整资产组合，进行有效的风险管理；③证券经纪人在从事信用交易时对不同信用等级的证券给出不同的证券代用率；④投资者根据证券信用等级状况来决定买卖多少数量的证券。

但必须指出的是，证券评级机构对其评定的结果只负道义上的责任，不负有法律上的责任。证券评级机构只评价证券的发行质量、筹资者的资信、投资者承担的风险，以帮助投资者在比较分析的基础上作出投资决策，而不具有向投资者推荐这些债券的含义，最终的投资选择仍然由投资者自己决定。对于债券筹资者来说，若其对信用评级结果不满意，可以要求重新评定或不公开发表，评级机构对筹资者所提供的资料负有绝对保密责任。

国外的证券评级机构以美国最为发达，早在 20 世纪初，美国就成立了数家评估公司，最著名的有穆迪公司、标准普尔公司和费奇公司。其中穆迪公司和标准普尔公司在全球范围内均有业务。由于我国资本市场的发展尚处于起步阶段，因此我国资信评估业务也刚刚开始。1998 年，经中国人民银行批准，中国设立了 9 家资信评级机构。这些机构的基本职能就是对工商企业的资信等级、发行的证券进行评定。在参考国际经验的基础上，结合中国的实际情况，从债券到期的还本付息能力和投资者购买债券的风险程度出发，中国已经形成了全国统一的证券信用级别标准。目前，中国债券的信用级别设置为三档，即第一档 AAA 级、AA 级和 A 级，第二档 BBB 级、BB 级和 B 级，第三档 CCC 级、CC 级和 C 级。

【案例】①

主权债务是指一国以自己的主权为担保向外（不管是向国际货币基金组织还是向世界银行，或者向其他国家）借来的债务。主权债务危机是指该国因不能到期偿还债务而面临的违约风险，是财政风险的一种。如 2009 年年底，希腊政府披露其公共债务高达 300 亿欧元，各大评级机构纷纷下调希腊的主权信用等级。2010 年 4 月，标准普尔将希腊主权信用评级降低到垃圾级别，就此希腊主权债务危机爆发，该事件成为全球经济领域最受关注的事件。

对于希腊而言，债务危机已经无情地抬高其融资成本，并进而可能削弱其未来的融资能力。数据显示，希腊 10 年国债相对欧洲基准利率、德国国债利率的溢价已达 3.7%，为欧元区创立以来的最大值。如果希腊债务问题在短时间内不能得到有效的解决，其国债的收益率还会提高，希腊政府未来的还债成本还会加大。投资者看淡欧元未来走势并导致该地区物价上行的压力，也是希腊债务危机的又一典型传递效应。对希腊主权债务可能恶化的担忧，极易引发人们对欧元区经济复苏前景的忧虑，进而导致避险资金回流美元等安全边际高的金融资产之上。数据显示，截至 2010 年 2 月，欧元兑美元汇率已经下跌至近 9 个月以来的最低水平。受此影响，1 月份欧元区 16 个国家的消费者物价指数较上年同期增长 1.0%。欧盟在感受到货币压力的同时更强烈感受到了物价上行的负担。

思考：希腊主权债务危机造成了什么"多米诺骨牌"效应？

第五节　资本市场监管

资本市场监管是一种政府监管，而政府监管并不是完美的，政府监管具有"有限性"。资本市场监管一般包括两个层次：一是政府对整个资本市场参与者的监管，二是构建对监管者自身的监管机制。

一、资本市场监管的定义

资本市场监管，是指政府、政府授权的机构或依法设立的其他组织，从保护投资者，确保市场的公平、高效和透明，降低系统风险的目的出发，根据国家的宪法和有关法律，制定相应的金融法律、法规、条例和政策，并依据它们对资本市场体系和各种活动进行的监督、管理、控制和指导的活动。

二、监管目标

（一）资本市场监管的终极目标

从一般经济学的意义上来说，人们进行经济活动所追求的目标无非是两个，即公

---

① 徐卫章，金钟范. 信用评级、市场波动与希腊主权债务：基于有向无环图的分析 [J]. 国际金融研究，2017（9）：57-66.

平与效率。资本市场就是人们在经济活动中追求公平和效率的产物，因此公平和效率就成为资本市场运作的两大终极目标。但是市场并不是十全十美的，而监管的存在就是为了弥补市场的不足，从而更好地促进公平和效率的实现，因此，公平和效率也就成为资本市场监管的终极目标。

1. 资本市场监管的效率目标

下述几个理由的存在，说明资本市场并不能满足完全竞争的要求，因此政府有必要对资本市场进行监管，从而弥补资本市场的不足，促进资本市场的效率。

第一，如果没有监管，市场就没法保证每一个市场主体（参与者）都拥有完全的、真实的信息，从而没法实现市场的有效。因为有些信息并不会被自动披露，而那些披露的信息也不都是真实的，因此，有必要存在有关信息披露方面的监管。

第二，有些市场主体要比其他市场主体更有力量通过自己的行动来影响价格。第二个理由跟第一个并不是完全无关的，因为很多市场主体之所以比其他市场主体更有力量影响价格，很大的一个原因就是他们拥有的信息相对更多。对于信息披露的监管有助于消除这种影响价格力量的不均等。

第三，进入和退出市场并不是无成本的。事实上，资本市场具有系统崩溃的内在倾向，一家企业的倒闭会影响其他企业从而导致一系列的连锁效应。这样，一家企业的失败将使其他市场主体产生成本。为了尽量避免这种情况的发生，政府就有必要对资本市场进行监管，对企业资本规模、风险管理机制等作出强制性的规定。

一般来说，人们认为无监管的市场最有效的理由是监管往往是不精确和不灵活的。另外，监管还需要执行成本。然而，监管确实能够提高市场运作的效率。例如对一级市场的监管，有助于解决由于证券缺乏一致性所引起的信息问题，证券间的区别之所以重要，是因为它决定证券的收益和风险，如果不披露充分的信息来区分这些区别，证券的发行者就有动力把低质量的证券"包装"（或"伪装"）成高质量的证券，我国证券市场出现的"红光事件"、"大庆联谊事件"和"东方锅炉事件"就很好地说明了这一点。如果这个问题不解决，那么证券市场就有可能出现"劣券驱逐良券"的危险，那些高质量的证券就会被低质量的证券驱逐出证券市场。如果投资者不能区分哪些证券是高质量、哪些证券是低质量的话，他们就只会愿意支付较低的价格来购买高质量证券，以弥补这个选择的风险。可是谁愿意以低于高质量证券的价格来出售高质量证券呢？因此，这就会使那些高质量证券的发行者不愿意在市场上发行他们的证券。其结果就是证券市场上最后只剩下质量最差的证券，而市场对它根本就不会有需求。

2. 资本市场监管的公平目标

上面主要是从监管弥补市场效率方面的不足的角度进行了分析，正是因为资本市场并不能满足完全竞争的要求，所以有必要对其进行监管从而弥补资本市场的不足。但监管的存在更大程度上是为了保证市场的公平，它要比促进市场的效率来得更为重要。如果资本市场不能做到公平，就很少有人愿意进入这个市场，其结果就是导致整个市场规模变小和流动性缺乏，那么也就无法实现市场的效率。

公平可以分为起点公平、规则公平和终点公平三个方面。所谓起点公平，一般是要求人们在经济过程开始之时，所拥有的禀赋（包括信息、能力等）相同，没有优劣的差别。

规则公平则是要求经济活动的规则对于任何人、任何集团都应该一致而不是区别对待，但是西方经济学和马克思主义经济学对于规则的认定是不同的。西方经济学中的古典经济学和新古典经济学强调的是市场规则，即只要起点公平，那么通过市场对资源的配置就足以达到终点公平。而凯恩斯主义和新凯恩斯主义认为有必要对市场进行必要的监管，以弥补市场的缺陷。马克思主义经济学则认为按劳分配和按需分配体现了规则的公平。

对于终点公平（结果公平），西方经济学和马克思主义经济学也都有自己的主张。西方经济学中的效用主义认为，为了促进社会的公平程度，必须提高社会福利水平，即社会成员的效用之和，因而如果社会中某一部分人的所得能补偿另外那部分的人的所失还有余，则这种改进就是好的，是有利于终点公平的。马克思主义经济学在相当程度上追求终点公平，而如前所述，这必须通过起点公平以及规则公平才能达到。

资本市场的公平主要是规则公平，它所强调的是对资本市场中的每个参与主体都应该实施相同的、不偏不倚的规则，并保证他们在这一规则制约下的充分的经济权利，了解这一点，对我们明确资本市场的监管目标是及其重要的。虽然我们有时候也要兼顾终点公平，但这主要还是通过税收等手段来进行，证券监管的最重要目标是对规则公平的追求，认识到这一点非常重要，在我国尤其如此，否则，对分配结果过多的干预不仅损害了规则的公平，也损害了经济效率，建立资本市场的努力就可能白白浪费。

（二）资本市场的具体监管目标

具体来说，资本市场监管的三个核心目标是：保护投资者；确保市场的公平、高效和透明；降低系统风险。

这三个目标是紧密相关的，在某些方面会有重叠。如许多有助于确保市场公平、高效和透明的要求也能起到保护投资者、降低系统风险的作用。同样，许多降低系统风险的措施也有利于保护投资者。更进一步，很多做法，如全面的监管和遵守程序、有效的实施等，对于实现上述三个目标都是必需的。

1. 保护投资者

投资者应当受到保护以免被误导、操纵或被欺诈，如内幕交易、插队交易和滥用客户资产等。

对在投资者决策中具有重要意义的信息进行充分披露是保护投资者的最重要的方法。这样，投资者才能更好地评价潜在的风险和投资收益，从而能够保护自己的利益。采取国际公认的高标准建立会计和审计准则，是信息披露要求的重要组成部分。

只有正式注册或得到授权的人士才可以为公众提供投资服务，比如市场中介机构或交易所的经营者。这些得到批准和授权的人士应力求创造这样一种公平、透明的环境。在此环境中证券公司应能够满足行业需求，而且在有必要关闭业务时不会使其客户受损。

政府应该通过制定市场参与者的最低标准来达到保护投资者的目的。证券行业行为准则中应写明中介机构的服务标准，中介机构应该遵照该标准为所有投资者提供公平和公正的服务。对此应当有一个检查、监督和贯彻遵守的综合体系。

资本市场的投资者特别容易被中介机构或其他人的违法行为侵害，而个人投资者采取行动的能力是有限的。而且，证券交易与欺诈阴谋的复杂性要求严格有力的执法行为。当有违法事件发生时，监管机构必须严格执行有关的证券法律以保护投资者利益。

投资者受到不良行为侵害时应当可以寻求一个中立机构（如法院或其他争议仲裁机构）解决或运用其他补救和补偿手段。另外，有效的监管和执法还有赖于国内国际各方面监管机构之间的密切合作。

2. 确保市场的公平、高效和透明

监管机构对于交易所、交易系统的经营者及交易制度的审批有助于确保市场的公平。

保证市场公平与保护投资者、禁止不当交易紧密相关。合理的市场结构不会导致一些市场使用者优于另外一些市场使用者的不公现象出现。监管机构应发现、阻止市场操纵或其他的不公平交易行为。

监管活动应当确保投资者公平地利用市场设施、市场信息和价格信息；同时也应当促进公平的指令处理和可靠的价格形成。在一个有效的市场中，有关信息的发布是及时和广泛的，并且反映在价格形成过程中。监管活动应当提高市场效率。

透明度可以定义为交易信息（包括交易前与交易后的信息）能够及时地被公众获知的程度。交易前信息是指公司买卖报价的公布，由此投资者可以较为确切地知道他们能否或在什么价位上可以成交；交易后信息是关于每笔已实现交易的成交价格和数量。监管活动应当确保市场最高的透明度。

3. 降低系统风险

虽然监管本身不能阻止市场中介机构的破产，但监管活动应致力于降低破产风险（包括设置资本金和内部控制方面的要求）。一旦破产真的发生，监管活动就应力求降低它的影响，特别是应努力隔离这种风险。因此，市场中介机构必须遵守资本充足规定和其他谨慎性要求。如果必要，一家中介机构应当能停止经营但不造成其客户和同行的损失或引起其他的系统风险。

承担风险对一个活跃的市场来说必不可少，监管活动不应不必要地遏制合理的风险承担。相反，监管当局应当促进和加强对风险的有效管理，资本充足和其他谨慎性要求应足以保证合理的风险承担。另外，一个适当监管、运用有效风险管理工具的高效准确的清算、结算过程也是极为重要的。

处理违约行为必须有一个有效的、法律上安全的制度安排，这已经超越了证券法范畴而牵涉到一国司法制度中的破产条款。

发生在其他某个或某几个司法管辖区域的事件可能会导致本国市场的不稳定，因此面对市场动荡，各监管机构应当通过加强合作和信息共享努力谋求本国和全球市场的稳定。

【案例】

郁金香泡沫①

"郁金香泡沫"是人类历史上第一次有记载的金融泡沫。16世纪中期，郁金香从

---

① 宗和. 郁金香泡沫：最早的投机狂热 [J]. 齐鲁周刊, 2017 (24): 51-53.

土耳其被引入西欧，不久，人们开始对这种植物产生了狂热。到 17 世纪初期，一些珍品卖到了不同寻常的高价，而富人们也竞相在他们的花园中展示最新和最稀有的品种。到 17 世纪 30 年代初期，这一时尚导致了一场经典的投机狂热。人们购买郁金香已经不再是为了其内在的价值或作观赏之用，而是期望其价格能无限上涨并因此获利（这种总是期望有人会愿意出价更高的想法，长期以来被称为投资的博傻理论）。

1635 年，一种叫 Childer 的郁金香品种单株卖到了 1 615 弗罗林（Florins，荷兰货币单位）。如果你想搞清楚这样一笔钱在 17 世纪早期荷兰的经济中是什么价值，你只需要知道 4 头公牛（与一辆拖车等值），只要花 480 弗罗林，而 1 000 磅（约 454 千克）奶酪也只需 120 弗罗林。可是，郁金香的价格还是继续上涨，第二年，一株稀有品种的郁金香（当时的荷兰全境只有两株）以 4 600 弗罗林的价格售出，除此以外，购买者还需要额外支付一辆崭新的马车、两匹灰马和一套完整的马具的价格。

但是，所有的金融泡沫正如它们在现实世界中的名称所喻示的一样脆弱，当人们意识到这种投机并不创造财富，而只是转移财富时，总有人会清醒过来，这个时候，郁金香泡沫就该破灭了。在某个时刻，当某个无名小卒卖出郁金香——或者更有勇气些，卖空郁金香时，其他人就会跟从，很快，卖出的狂热将与此前购买的狂热不相上下。于是，价格崩溃了，成千上万的人在这个万劫不复的大崩溃中倾家荡产。

思考：证券市场为什么需要监管？

三、监管体制与监管模式

（一）资本市场监管体制

从世界范围来看，各国的资本市场监管体制大可以分为：政府主导型监管体制、自律型监管体制以及综合型监管体制。之所以采取不同的监管模式，是因为各国之间的历史文化传统、经济制度、市场发育完善程度等都是不相同的，而这种不同的选择也势必影响资本市场的发展。资本市场监管体制并不是一成不变的，随着国家经济模式、政治模式等条件的改变，资本市场监管体制也应该随之发展、完善，这样才能够促进证券市场的更好发展。

1. 政府主导型监管模式

政府主导型监管模式是由政府通过制定专门的管理法律，并设立全国性的监管机构来实现对全国资本市场的统一监管。实行这类管理模式的国家有美国、日本、加拿大、韩国、中国等。

政府主导型监管模式有三个显著特点：一是有系统的资本市场专门法律；二是有权力高度集中统一的全国性专设的资本市场监管机构；三是对市场违规行为依照有关法律进行处罚。

在管理模式上，美国成立证券交易管理委员会（SEC）作为全国统一管理证券活动的最高管理机构，同时成立"联邦交易所"和"全国证券交易协会"，分别对证券交易所和场外证券业进行管理，形成了以集中统一管理为主，辅以市场自律的较为完整的证券管理模式。

政府主导型监管模式有如下两个优点：一是具有专门的法律，使证券市场有法可依，所有活动（包括监管本身）均纳入法治的轨道；二是有个超脱于市场参与者的监管机构，能公正、客观地发挥监管作用，保护投资者权益。政府主导型监管模式的缺点是，由于证券市场监管涉及面广、技术性强，仅靠监管机构难以有效达成监管目标。此外，由于监管机构与市场保持距离，有时可能会出现监管机构对市场的意外事件反应较慢、处理危机不及时的问题，从而降低监管的效率。

2. 自律型监管模式

自律监管模式是指国家除了某些必要的立法之外，较少干预证券市场，对证券市场的监管主要由证券交易所、投资银行等自律组织进行自我监管。实行自律型监管模式的国家和地区有英国、荷兰、爱尔兰、新加坡、中国香港特别行政区等。

自律型监管模式有两个显著特点：一是通常没有专门规范证券市场的法律，而是通过一些间接的法律来进行必要的法律调整；二是没有专门的政府性监管机构，而是由证券交易所、自律组织、证券机构实行自我管理。

英国没有相关的政府部门对证券市场进行监管，但下列政府部门与证券监管关系比较密切：英格兰银行负责商业银行证券部的监管，证券投资委员会（SIB）负责证券公司的注册和监管。英国的证券自律管理系统主要由"证券交易所协会""股权转让与合并专业小组"和"证券业理事会"组成，其中，"证券交易所协会"是英国证券市场的最高管理机构，主要依据该协会制定的《证券交易所管理条例和规则》来运作。自律管理的主要内容有：①市场参与者规定。证券交易所对其成员经纪商和自营商实行广泛的监督，包括会计监督、财务监督、审计和定期检查。②上市规定。证券交易所规定了批准证券上市和在证券交易所买卖的条件，主要是"批准要求"和"上市协议"两个规定。③持续的信息公开规定。按"上市协议"规定，在证券交易所上市的证券应广泛遵守持续公示规定。

自律型监管模式的优点有三：一是既可提供投资保护，又可发挥市场的创新和竞争意识；二是证券机构参与制定管理规则，不仅使这些规则较国家制定的证券法更有灵活性和效率，而且使监管更符合实际；三是自律组织对现场发生的违规行为能够作出迅速而有效的反应。这种模式的缺点是监管重点常放在保证市场运转和保护会员利益上，对投资者的保障往往不充分。此外，监管者的非超脱性也难以保证监管的公正，监管者的权威性不强致使监管手段较弱。

3. 综合型监管模式

综合型监管模式是政府主导型监管模式和自律监管模式相结合的模式，这种模式既设有专门性立法和政府监管机构，又设有自律性组织进行自我管理。采用综合型模式的国家有德国、意大利、泰国等。

以德国为例，其对证券市场的管理实行联邦政府制定和颁布证券法规、各州政府负责实施监管与交易所委员会、证券审批委员会和公职经纪人协会等自律管理相结合的证券管理模式。该模式比较强调行政立法监管，也相当注意证券从业者的自律管理。德国对证券业的监管，主要通过地方政府组织实施。但州政府尽可能不采取直接的控制和干预，很大程度上依靠证券市场参与者的自我约束和自律管理。德国有一个比较完整的监管模式，但侧重于强调自律和自愿的方式。

目前，世界上大多数实行政府主导型或自律型监管模式的国家都逐渐向综合型监管模式过渡，如美国也开始注重发挥证券交易所、自律组织和证券机构内部的作用；

英国则通过了《1986年金融服务法》，这标志着其首次以立法形式对证券业进行直接管理，并于1997年设立了单一金融监管机构——金融管理局，提出了"立足业者依靠法律"的口号。只是由于国情的不同，各国在实行综合型监管模式时，有的倾向于集中监管，有的侧重于自律监管，但都是为了同时发挥集中监管和自律监管各自的优势。

（二）资本市场监管模式

资本市场的监管模式可以分为分离模式和混合模式两种。中国以及20世纪90年代以前的美国和日本是分离模式的代表，而德国以及20世纪90年代后的美、日两国是混合模式的代表。

分离模式，就是严格限制投资银行、商业银行的业务，投资银行不能吸取贷款，而商业银行也不能从事有价证券的买卖、中介、承销等业务，两者之间存在着严格的业务界限。其优点主要是能有效地降低整个金融体制运行中的风险，业务分离弱化了金融机构之间的竞争，客观上降低了金融机构因竞争被淘汰的概率，从而有利于金融体系的稳定，金融行业的专业化分工可以提高其在各自独立领域内的效率。

而混合模式对两者的业务没有任何的限制，一个金融机构可以同时经营银行业务和证券业务，至于具体选择经营什么业务，则由各个金融机构根据自身优势、发展目标和各种主客观条件自行决定，市场监管机构一般不予干预。其优点在于全能银行可以充分利用其有限资源，实现金融业的规模效益，降低成本，提高盈利，一种业务的收益下降，可以用另一种业务的收益来弥补，这样就保障了利润的稳定性。银行业之间的竞争加强了，而竞争在经济学意义上会有利于优胜劣汰，提高效益，促进社会总效用的上升。

分离模式有益于金融市场的安全和稳定，混合模式却更注重提高市场的效率，大多数情况下两者不可兼得。分离模式在长期的运作过程中，越来越限制了银行的业务活动，从而制约了本国银行的发展壮大。由于各国保护主义的兴起，为了加强本国金融机构的国际竞争力，各资本市场20世纪90年代在世界范围内出现了混合化（或全能化）的趋势。比如美国在1999年通过的《金融服务现代化法案》的核心内容就是废止1933年通过的《格拉斯—斯蒂格尔法案》以及其他一些相关法律中有关限制商业银行、证券公司和保险公司三者混合经营的条款，允许银行、保险、证券在经营范围上互相渗透并参与彼此的市场竞争，在法律上重新确立了金融混业监管和混业经营的模式，彻底打破了过去几十年美国金融业分割经营的局面。可以预见，集商业银行、证券业务和保险业务于一身的金融超级市场将会诞生，企业和消费者将来在一家公司内就可以办妥所有的金融交易。

四、中国证券市场的监管

目前为止，中国资本市场尚未形成一个系统的监管体系，所以此处只对中国证券市场监管的目标、原则和模式进行介绍。

（一）监管目标

中国证券市场监管的目标在于：运用和发挥证券市场机制的积极作用，限制其消极作用；保护投资者利益，保障合法的证券交易活动，监督证券中介机构依法经营；防止人为操纵、欺诈等不法行为，维持证券市场的正常秩序；根据国家宏观经济管理的需要，运用灵活多样的方式，调控证券市场与证券交易规模，引导投资方向，使之与经济发展相适应。

（二）监管原则

中国证券市场监管原则包括：依法管理原则、保护投资者利益原则、"三公"原则、监管与自律相结合的原则。

1. 依法管理原则

这一原则是指证券市场监管部门必须加强法制建设，明确划分各方面的权利与义务，保护市场参与者的合法权益，即证券市场管理必须有充分的法律依据和法律保障。

2. 保护投资者利益原则

由于投资者是拿出自己的收入来购买证券，且大多数投资者缺乏证券投资的专业知识和技巧，政府只有在证券市场管理中采取相应措施，使投资者得到公平的对待，维护其合法权益，才能更有力地促使人们增加投资。

3. "三公"原则

"三公"原则是指证券市场的公开、公平、公正原则，具体内容包括：

①公开原则。公开原则的核心要求是实现市场信息的公开化，即要求市场具有充分的透明度。公开原则通常包括两个方面，即证券信息的初期披露和持续披露。信息的初期披露是指证券发行人在首次公开发行证券时，应完全披露有可能影响投资者作出是否购买证券决策的所有信息；信息的持续性披露是指在证券发行后，发行人应定期向社会公众提供财务及经营状况的报告，以及不定期公告影响公司经营活动的重大事项等。信息公开原则要求信息披露应及时、完整、真实、准确。公开原则是公平、公正原则的前提。

②公平原则。证券市场的公平原则，要求证券发行、交易活动中的所有参与者都有平等的法律地位，各自的合法权益能够得到公平的保护。这里，公平是指机会均等，平等竞争，所有市场参与者都能进行公平竞争。按照公平原则，发行人有公平的筹资机会，证券经营机构在证券市场有公平的权利和责任，投资者享有公平的交易机会。证券市场的所有参与者不能因为其在市场中的职能差异、身份不同、经济实力不同而受到不公平的待遇，而是要按照公平统一的市场规则进行各种活动。

③公正原则。公正原则是针对证券监管机构的监管行为而言的，它要求证券监管部门在公开、公平原则基础上，对一切被监管对象给以公正待遇。公正原则是实现公开、公平原则的保障。根据公正原则，证券立法机构应当制定体现公平精神的法律、法规和政策，证券监管部门应当根据法律授予的权限公正履行监管职责，在法律的基础上，对一切证券市场参与者给予公正的待遇；对证券违法行为的处罚，对证券纠纷事件和争议的处理，都应当公正进行。

4. 监督与自律相结合的原则

这一原则是指在加强政府、证券主管机构对证券市场监管的同时，也要加强从业者的自我约束、自我教育和自我管理。国家对证券市场的监管是管好证券市场的保证，而证券从业者的自我管理是管好证券市场的基础。国家监督与自我管理相结合的原则是世界各国共同奉行的原则。

（三）政府主导型的监管体制

我国以前实行的是典型的政府主导型监管体制，对证券市场进行集中统一监管。实行这种监管体制的原因有如下两点：

第一，证券市场是一个参与者众多、投资性强、敏感度高、风险大的市场，证券市场的风险突发性强、影响面广、传导速度快、破坏力大，因此，政府必须建立由高素质专家组成的专业监管机构对证券市场进行有效监管，以及时发现和处理市场的各种异常情况，防范和化解证券市场的风险。第二，证券市场是矛盾和利益冲突聚集的市场，同时存在各种欺诈和其他违法违规行为，因此，政府必须建立强有力和具有超脱性的专门性监管机构进行统一监管，以规范证券市场主体的行为，维护证券市场的正常秩序，协调各个主体之间的矛盾和利益冲突。

（四）中国现行金融市场监管体系

中国现行金融市场监管体系的特征是分业监管。中国金融体系由银保监会、证监会监管。我国现行的监管机制主要是集中型监管体制，在分业集中监管的基础上，财政部、中国人民银行实行适度的统一监管。资本市场监管机构分为中央监管机构和地方证券监管机构。在我国资本市场监管体制中，地方政府在本地区证券管理中占有重要的地位，尤其是上海、深圳市政府和证监会一起管理沪、深证券交易所，其对证券市场的影响是巨大的，在公司上市、股票交易流程上都有可能影响其正常操作。

中国证监会是国务院直属正部级事业单位，其依照法律、法规和国务院授权，统一监督管理全国证券期货市场，维护证券期货市场秩序，保障其合法运行。国务院在《期货交易管理条例》中规定，"中国证监会对期货市场实行集中统一的监督管理"。在证监会内部，专门设有期货监管部，该部门是中国证监会对期货市场进行监督管理的职能部门。中国证监会设在北京，机关内设 21 个职能部门、1 个稽查总队、3 个中心；根据《中华人民共和国证券法》第十四条规定，中国证监会还设有股票发行审核委员会，委员由中国证监会专业人员和所聘请的会外有关专家担任。中国证监会在省、自治区、直辖市和计划单列市设立 36 个证券监管局，以及上海、深圳证券监管专员办事处。

在 1992 年以后，人民银行不再是证券市场的主管机关，但它仍然负责审批金融机构。这意味着证券机构在审批和经营管理上受人民银行和证监会的双重领导。中国人民银行还负责管理债券交易、投资基金。财政部负责国债的发行以及归口管理注册会计师和会计师事务所。

2016 年 2 月 26 日发布的《中华人民共和国证券法》第一百二十二条规定：设立证券公司，必须经国务院证券监督管理机构审查批准。未经国务院证券监督管理机构批准，任何单位和个人不得经营证券业务。

《证券公司监督管理条例》（国务院令第 522 号）第八条规定：设立证券公司，应当具备《中华人民共和国公司法》《中华人民共和国证券法》和本条例规定的条件，并经国务院证券监督管理机构批准。

本章小结

出于不同的角度，人们对资本市场给予不同的定义。我们认为资本市场是期限在 1

年以上的各种资金融通活动的总和。

按照不同的标准，资本市场可以进行不同的分类。按照金融产品是初次在资本市场上交易还是已经在市场上流通的再次交易，资本市场可以分为一级市场和二级市场。按照交易活动是否集中统一，我们可以将资本市场区分为场内交易市场和场外交易市场。按照金融产品的发行对象范围，我们可以将资本市场分为内部市场和外部市场。按照交易活动的电子化程度，我们可以将资本市场区分为有形市场和无形市场。按照所交易的金融产品不同，我们可以将资本市场分为股票市场、债券市场、衍生证券市场等。

资本市场的筹资者就是通过发行某种金融工具以筹集资金的发行人或资金需求者。一般来说，筹资者包括企业和政府。

证券市场的投资者包括个人、机构两种类型，他们构成证券市场的投资主体。其中，机构投资者包括工商企业法人、金融机构如证券公司、投资基金、养老基金、保险机构、商业银行以及各政府机构等。

资本市场的中介机构主要包括投资银行、会计师事务所、律师事务所、投资顾问咨询公司、证券评级机构。

资本市场监管是一种政府监管，包括两个层次：一是政府对整个资本市场参与者的监管，二是构建对监管者自身的监管机制。

资本市场监管，是指政府、政府授权的机构或依法设立的其他组织，从保护投资者，确保市场的公平、高效和透明，降低系统风险的目的出发，根据国家的宪法和有关法律，制定相应的金融法律、法规、条例和政策，并依据它们对资本市场体系和各种活动进行的监督、管理、控制和指导的活动。

【案例分析】

【案例1】沪伦通启动仪式与资本市场国际化

【案例2】证券法修订获通过

【课后练习】

一、名词解释

1. 资本市场
2. 场内交易市场
3. 场外交易市场
4. 一级市场
5. 二级市场
6. 政府主导型监管模式
7. 自律型监管模式
8. 综合性监管模式

二、简答题

1. 资本市场有哪些分类?

2. 资本市场的主要参与者有哪些，它们在资本市场中各自扮演的角色是什么，各自所起的作用有哪些?

3. 试述投资银行在资本市场运作中的作用。

4. 试述筹资的目的。

第三章

股票市场

■教学目标

　　股票的发行上市融资已成为现代企业资本运营的主要方式之一。学生通过本章的学习，要达到以下目标：了解股票的基本概念和特征；掌握普通股股票和优先股股票的特点；了解股票市场的基本概念；掌握股票发行市场的运作方式；掌握股票交易市场的运作方式；理解上市的主要方式；了解股票退市的基本情形等知识目标。理解股票价值的衡量方式；掌握股票估值方法等能力目标。结合股票的上市和退市，揭示企业家精神和市场风险，更为深刻地理解企业和个人的社会责任等的思政目标。

【案例导入】

顺丰借壳上市回顾①

　　2016 年 2 月 18 日，一直低调声称"不上市"的顺丰发布《上市辅导公告》，顺丰控股（集团）股份有限公司拟在国内证券市场首次公开发行股票并上市（IPO），目前正在接受券商辅导。按照常规路径，顺丰控股要实现最终挂牌上市，正常情况下需要 3 年左右的时间。鉴于目前 IPO 排队时间过长，顺丰果断放弃 IPO，选择借壳上市。而在当下，借壳上市成为在竞争日趋激烈的快递行业迅速完成资本扩张和资源整合的最优路径。

　　2016 年 5 月 30 日，停牌 1 个多月的上市公司鼎泰新材（002352）发布公告，顺丰控股拟借壳上市。2016 年 5 月 22 日，顺丰控股全体股东（明德控股、嘉强顺风、招广投资、元禾顺风、古玉秋创、顺信丰合、顺达丰润）与鼎泰新材、刘冀鲁及其一致行动人刘凌云签订《重大资产置换及发行股份购买资产协议》，顺丰借壳鼎泰新材正式拉开序幕。5 月 23 日，A 股上市公司鼎泰新材发布公告，拟以全部资产和负债与顺丰控

---

① 佚名. 借壳上市回顾. https：//quba. eastmony. com/news. 002352.

股全体股东持有的顺丰控股100%股权的等值部分进行置换。鼎泰新材作价8亿元，顺丰控股作价433亿元，而433亿元的作价超过了申通借壳艾迪西（002468）169亿元和圆通借壳大杨创世（600233）175亿元作价之和。所有交易完成后，顺丰总裁王卫将持有明德控股99.9%的股份，将成为顺丰借壳上市公司实际控制人。

思考：顺丰通过上市进一步提高了我国快递企业的竞争力，目前我国快递行业步入健康快速发展阶段，请总结其原因。

第一节 股票

股票，是证券市场的基础性证券。在中国和一些发达国家中，股票又是具有典型性特征的资本市场工具。这不仅是因为通过发行股票所筹集的资金属于公司资本的范畴，也是因为与公司债券、政府债券一样，股票也是一系列证券类金融衍生产品的重要基础，而且更重要的还在于，上市公司的信息公开披露，给研究上市公司治理结构提供了连续性基础资料。要了解和把握股票市场，首先要了解股票。

一、股票和股票的特点

（一）股票的定义和性质

股票，是股份有限公司发给股东，以证明其向公司投资并拥有所有者权益的有价证券。这一定义有三层含义：其一，股票是由股份有限公司发行的，非股份有限公司不能发行股票；其二，股票是投资者向公司投资入股的凭证，因此，持有股票，以向公司投资为前提；其三，股票是投资者拥有的所有者权益并承担对应法律责任的凭证。《中华人民共和国公司法》第一百二十五条规定，股份有限公司的资本划分为股份，每一股的金额相等。公司的股份采取股票的形式。股票是公司签发的证明股东所持股份的凭证。

股票是股本、股份和股权的纸面化表现方式，但股份、股权和股票并非等价概念。其区别主要表现在以下几个方面。第一，股份和股权是股票的实质性内容，而股票只是股份和股权的一种纸面化表现方式。股份和股权确定了股东和股份公司之间的法定权利和义务关系，股票只是通过有价凭证方式把这些关系表现出来。在股票不存在的条件下，股份和股权的关系依然存在；但在股份和股权关系不存在的条件下，股票就失去了有价证券的意义。因此，它们是一种内容与形式的关系。第二，在股市交易中，股票价格随着股市行情的变化而波动，但其中载明的股份和股权数量并不因此而发生同样的变化。例如，一张面值100股、每股1元的股票价格，在股市交易中可能价格达到500元，但它所载明的股份和股权并不因此也变动为500股。这表明，股票的价格变动与股份和股权的变动并不对称。第三，股票作为一种有价证券，其面额可以根据具体需要划分为若干等级，如可有面额为100元、200元、500元、1 000元和10 000元等的股票，但股份和股权却不能分等级，只能按照一股一权、同股同权的法定原则处置相关事项。这决定了在每张股票上都必须载明股数和每股金额。

从法律的角度看，股票具有如下性质：

1. 股票是一种有价证券

有价证券是财产价值和财产权利相统一的表现形式。持有有价证券，既表示拥有一定价值量的财产，又表明有价证券持有人可以行使该证券所代表的权利。

从股票来看：其一，它不仅表示股东拥有股份公司一定价值量的资产，而且表示股东拥有要求股份公司按规定分配股息和红利的权利；其二，股票表示股东拥有《中华人民共和国公司法》《公司章程》等法律文件所规定的权利。股东权利的转让应与股票的转移同时进行，不可分割。

2. 股票是一种要式证券

股票的内容应完整真实，必要事项一般通过法律形式加以规定。如果缺少法律规定的要件，股票就没有法律效力。《中华人民共和国公司法》第一百二十九条规定，股票采用纸面形式或者国务院证券监督管理部门规定的其他形式。股票应当载明下列主要事项：①公司名称；②公司成立日期；③股票种类、票面金额及代表的股份数；④股票的编号。股票由法定代表人签名，并由公司盖章；发起人的股票，应当标明发起人股票字样。

3. 股票是一种证权证券

证券可以分为设权证券和证权证券。设权证券，是指证券所代表的权利本来不存在，它随着证券的发行交易而产生，即权利的发生是在证券的制作和发行之后。证权证券，是已经存在的法定权利的证明凭证。股票代表的是股东权利，只不过是把已存在的股东权利以证券的形式表现出来，因此，股票属于证权证券的范畴。

4. 股票是一种资本权利证券

首先，股票不属于物权证券。在物权证券下，证券持有者对证券所代表的财产有直接支配和处理的权利；股票持有者虽然是公司财产的所有者，但不能直接支配和处置财产。换言之，股东拥有公司财产的所有权，却不直接拥有财产的经营权、处置权等，所以股票不是物权证券。其次，股票不是债权证券。在债权证券下，证券持有者是公司的债权人。股东虽然向公司注入资金、购买了公司股票，但注入的资金在性质上是公司资本的构成部分，不属于债权债务资金，所以股票不是债权证券。

股票的持有者是对应股份公司的股东。他享有法律文件规定的股东权利，这些权利包括参与公司决议权、获取收益权等，包括出席股东大会、投票表决、分配股息红利等权利。从这个意义上说，股票是一种综合性权利证券。

（二）股票的特点

股票作为资本性金融工具，主要有下列特点：

1. 收益的风险性

获取收益，是股东的基本权利。股东的收益来源主要有两个：一是公司资产收益的分配，其中包括公司税后利润、公司资产增值等；二是股票交易所得。既然公司经营存在盈亏，股票交易也就会存在盈亏。因此，这些收益的实现存在一定风险。

2. 决策的参与性

公司运营的风险最终由股东投入的资本来承担，股东就必然会从资本安全和收益水平的角度出发来关心公司的运作。有鉴于此，各国公司法都赋予了股东参与公司决策的权利。这些权利具体表现在，股东会议是公司的最高权力机构，股东会议做出的决议对公司行为具有法律效力；股东有权出席股东会议，对公司经营发展和财务分配等重大事项进行审议表决，并选举公司的董事会和监事会成员；公司的董事长和经理必须向股东报告公司的经营状况、财务状况、分配方案等，并接受股东的审查或咨询。

3. 投资的永久性

投资者一旦投资入股，在公司的存续期间，就不能直接向公司退股抽资，因此，股票是一种无偿还期限的有价证券（除非公司清算或核减股本），股票的有效期与股份公司的存续期相同。如果股东要收回入股资本，就只能通过股份交易转让来实现，但股票交易转让只意味着公司股东的变化，并不减少公司的资本。

股东不能直接退股抽资的内在原因是，任何公司运作的资本都是由众多股东投入的，公司业务有明确的产业定位、规模界限和客户联系。若股东可以随意退股抽资，则一个或几个股东的这类行为将打乱公司的正常业务活动，给公司的客户和其他股东造成损失，使市场经济运行秩序和资本市场的融资关系受到损害。

为此，各国公司法都规定，通过股票进行的投资是一种永久性投资。股票作为永久性投资的法律凭证，反映着股东与公司之间长期稳定的经济关系。对股票持有者来说，只要持有股票，他的股东身份和股东权益就不能改变；对公司来说，任何人只要持有股票，就是股东。

4. 转让的市场性

各个投资者在不同的时期对资金需求、投资收益、风险评价等诸多问题的要求不尽相同，如果受永久性投资机制制约而使其在需要资金时、有更好的投资机会时或发现风险过大时，不能抽回投资于股票上的资金，则人们宁愿将资金存入银行或投入其他流动性较高的证券，而不投资股票。这样，股份公司就难以生存。为了满足投资者的要求，同时，也为了保障公司的存在与发展，股票的可转让特性就自然产生了。

所谓可转让，是指股票可以依法自由地进行交易的特性。股票持有人虽然不能直接从股份公司退股，但可以在股票交易市场上按一定的价格将股票卖给愿意购买该股票的人。在转让过程中，股票持有者通过卖出股票收回了投资及预期收益，并将股票所代表的股东身份及相应权益让渡给了股票购买者。在历史发展过程中，随着股票转让现象的增多，股票交易市场逐步形成，由此，股票转让成为一种市场化行为。《中华人民共和国公司法》第一百三十七条规定："股东持有的股份可以依法转让。"第一百三十八条规定："股东转让其股份，应当在依法设立的证券交易场所进行或者按照国务院规定的其他方式进行。

除上述特点外，股票还具有可质押性、可赠送性、可继承性等特点，甚至具有某种艺术价值和文物价值。

二、股票的分类

根据不同的划分标准，股票可分为不同的类别。例如，根据股东权益的不同，股票可分为普通股与优先股；根据票面是否记载股东姓名，股票可分为记名股与无记名股；根据票面是否标有金额，股票可分为面额股与无面额股；根据发行时间的先后，股票可分为老股与新股；根据载体的不同，股票可分为有纸化股票与无纸化股票；根据其他标准，股票还分为库存股、流通股、授权股等。

在股票市场中，除特别指出外，股票、股份和股权一般都是指普通股股票、股份和股权；股票市场一般也都是指普通股股票的发行市场和交易市场。

中国目前发行的股票均为记名式普通股。但受体制机制制约，中国股票的分类有自己的特点，主要有三种情形：

1. 根据持有人的身份不同，我们可将股票分为国家股、法人股、个人股和外资股

国家股，是指有权代表国家进行投资的部门或机构以国有资产向股份公司投资并由这些部门或机构持有的股份，其中包括国有企业在改制为股份公司过程中以其存量国有资产折算的股份。

法人股，是指由公司法人或具有法人资格的事业单位和社会团体以其依法拥有的资产向股份公司投资并由其持有的股份。按照法人股的特征，我们又可将法人股进一步分为境内发起法人股、外资法人股和募集法人股。

个人股，是指由中国境内的社会个人和股份公司内部职工个人以其合法财产投资购股并由个人持有的普通股。

外资股，是指国内公司发行的由中国的香港、澳门、台湾地区和外国投资者用外币购买的以人民币标明面值的记名式普通股。

从20世纪90年代初期开始，在中国的股票市场上，国有股和法人股就长期不能上市流通。国家股东和法人股东要转让股权，可以在法律允许的范围内，经证券主管部门批准，与合格的机构投资者签订转让协议，进行大宗股权的转让。在2005年4月份以后，中国开展了股权分置改革，此后逐步实现了上市公司股票的全流通。

2. 根据发行和上市地区的不同，我们可将股票分为A股、B股、H股、N股和S股

A股的正式名称是人民币普通股股票，是由中国境内发行，供境内投资者（以身份证为准）用人民币认购和交易的记名式普通股股票。

人民币特种股票，是指在中国境内公司发行，由境外投资者用外币购买并在境内或境外证券交易所上市交易的以人民币标明面值的记名式普通股股票。根据股票上市地区的不同，人民币特种股票又分为B股、H股和N股等。

B股，是以人民币标明面值，以外币认购和交易，在境内（上海和深圳）证券交易所上市交易的记名式普通股股票。B股公司的注册地和上市地都在中国境内。B股最初只限于境外的投资者买卖，但在2002年6月以后已对境内投资者开放。自1991年年底中国第一只B股——上海电真空B股发行上市以后，中国的B股市场已由地方性市场发展为由中国证监会统一管理的全国性市场。同时，中国还在B股衍生品方面进行了有益的探索。如1995年深圳南坡公司成功地发行了B股可转换债券；蛇口招商港务在新加坡进行了第二次上市；沪、深两地的4家上市公司将B股转为一级ADR在美国柜台市场上进行交易。2001年2月19日证监会宣布B股向境内投资者开放。由此，B股市场由离岸市场转变为离岸和在岸并存的市场。B股市场今后的发展前景是中国股市众多投资者关心的一个问题。它既取决于方案和政策的选择，也取决于时机的选择。

H股，是指由中国境内公司在境外发行，由境外投资者用外币购买并在香港证券联合交易所上市交易的以人民币标明面值的记名式普通股股票。

N股，是指由中国境内公司在中国境外发行，由境外投资者用外币购买并在美国

纽约证券交易所或美国的其他证券交易场所（如 Nasdaq）上市交易的以人民币标明面值的记名式普通股股票。

S 股，是指由中国境内公司在中国境外发行，由境外投资者用外币购买并在新加坡证券交易所上市交易的以人民币标明面值的记名式普通股股票。

3. 根据是否进入交易市场，我们将股票分为流通股和不流通股

流通股，是指可进入交易市场公开交易的股票，如在上海和深圳证券交易所交易的股票；不流通股，是指不可进入交易市场公开交易的股票，如《中华人民共和国公司法》规定，"发起人持有的本公司股份，自公司成立之日起 3 年内不得转让"，这些股票在规定的期限内属于不流通股。此外，在 2005 年 4 月之前，中国的国有股、法人股也属于不流通股的范畴；在 2005 年 5 月以后，中国开展了上市公司股份全流通的改革（股权分置改革），由此在制度上实现了上市公司的股份平等。

三、普通股股票和优先股股票

（一）普通股股票的特点

普通股股票，是指在公司的经营管理、盈利及财产分配上享有普通权利的股份，代表满足所有的债权偿付要求及优先股的收益权与求偿权要求后对企业盈利和剩余财产的索取权。普通股的每一股份对公司财产都拥有平等的权益，它构成了公司资本的基础，是公司资本运营中风险最大的股份，也是发行量最大、最常见、最典型的股票种类。目前，在中国上海和深圳证券交易所上市交易的股票都是普通股。

普通股股票具有以下几个特点：

第一，享有公司决策的参与权。拥有普通股股票的股东，是公司资本的所有者，可以行使所有者应有的权利，如出席股东会议、行使议决权和选举权（被选举权）、监督检查权等，也可以委托他人代表其行使股东权利。

第二，收益的不固定性。普通股股东有权从公司利润分配中得到股息和红利（股利），但是股利是非固定的，随公司利润水平及分配政策的变动而变动，因而，在各类股票中，普通股的收益最高，风险也最大。

第三，收益权的次后性。在优先股东取得固定股息以后，普通股东才有权享受股利的分配权；在公司解散清算时，普通股分取公司剩余资产的次序，排在优先股之后，因此，若公司剩余资产有限，普通股股东是最终的损失者。

第四，优先认股权。当公司需要扩张而增发普通股票时，现有普通股股东有权按其持股比例，以低于市价的某一特定价格优先购买一定数量的发行股票，从而保持其对公司所有权的原有比例。

第五，普通股股票可以进入证券交易所上市交易。

（二）优先股股票的特点

1. 优先股的特点

优先股股票，又称特别权股票，是指在分取股息和公司剩余资产方面拥有优先权的股票。它具有四个特点：

第一，股息率固定。优先股在发行时就约定了固定的股息率，无论公司的经营状况和盈利水平如何变化，该股息率不变。

第二，派息优先。在股息分配中，优先股排在普通股之前，在优先股的股息未分配之前，普通股不得分配股利。但在公司已将优先股应得股息全额留存时，公司可以先分配普通股股利。

第三，剩余资产分配优先。当公司破产或解散进行清算时，在对剩余财产的分配次序上，优先股排在债权人之后、普通股之前。

第四，无表决权。优先股股东不能够参加股东大会行使其表决权，不拥有普通股股东所拥有的议决权和选举权。但在特殊条件（如优先股股息多年未发放）下，优先股股东可以根据法律规定或公司章程规定出席股东会议，与普通股股东一样行使股东权利。

优先股股票和股东权益的具体规定，在没有法律规定的条件下，一般由公司章程予以规定。公司章程对优先股股票的规定主要包括：优先股股份的数量，优先股股份的种类，优先股股份的持有人资格，优先股股东的权利和义务，优先股股票的股息率和分配次序，优先股股东分取公司剩余资产的顺序和数量规定，优先股股东行使表决权的条件、顺序和限制，优先股股东转让股份的条件，优先股股票赎回的条件等。

2. 优先股股票种类

优先股股票根据不同的标准，可分为不同的种类：

（1）根据股息是否积累，优先股股票可分为积累优先股和非积累优先股。

积累优先股，是指任何一年未支付的股息都可以积累下来，与后一年的股息一并付清的优先股股票。其主要特点是按固定股息率计算的股息可以积累合计。实行积累优先股时，若公司的盈利不足以分派股息，可暂不分配股利，待经营状况好转时，再合并分配。当公司存在积累优先股时，公司只有将积欠的积累优先股股息全部付清以后，才能进行普通股的股利分配；如果公司长期（一般为3年）拖欠积累优先股股息，优先股的股东就可具有与普通股股东一样的权利，或按有关规定，将优先股转换为普通股。

非积累优先股，是指每年按固定股息率获取股息的优先股股票，股息不能积累，如果当年盈利不足以支付全部优先股股息，股东对不足部分不得要求公司在以后年度内予以补足。

（2）根据是否参与剩余利润分配，优先股股票可分为参与优先股和非参与优先股。

参与优先股不仅按固定股息率分得股息，而且可以与普通股股东一起参加剩余利润分配。其主要特点是，在公司盈利增加时，这类股东既可按固定股息率分取股息，又可通过参加剩余利润的分配获取红利。根据参与的程度不同，参与优先股又分为完全参与优先股和部分参与优先股。完全参与优先股股东与普通股股东共同等额分享公司当年的剩余利润。部分参与优先股股东只能按规定的限度与普通股股东共同分享公司当年的剩余利润，其股利率有一个最高限额的规定，一般低于普通股的收益水平。

非参与优先股只能按固定股息率获取股息，不能参与公司剩余利润的分配。其主要特点是不论公司利润增加多少和普通股的股利率多高，这类股东都无权要求参与公司剩余利润的分配。

（3）根据其是否可以转换为普通股或公司债券，优先股股票可分为可转换优先股和不可转换优先股。

可转换优先股可以按事先规定的转换比例等条件转换成普通股或公司债券。其主要特点是，在转换条件成熟时，这类股票与公司普通股或公司债券的关系逐步加强，市场价格也受普通股或公司债券的价格影响而变动。

不可转换优先股在任何条件下都不能转化为公司的普通股或债券。

（4）根据优先股是否可赎回，优先股股票可分为可赎回优先股和不可赎回优先股。可赎回优先股是指公司按事先的约定条件在股票发行一段时间后以一定价格购回的优先股股票。可赎回优先股通常附有赎回条款，规定了赎回期限、赎回价格和赎回方式等，它使公司在能够以较低股息的股票取代已发行的优先股，因此公司只有在减少股息时才实施赎回。赎回方式主要有三种：其一，溢价赎回，即根据事先规定的价格，按优先股股票面值再加一笔"溢价"予以赎回；其二，基金补偿，即公司在发行优先股后，从所得到的股金或公司盈利中，拿出一部分资金，设立补偿基金，用作赎回优先股的补偿资金；其三，转换赎回，即公司以转换为普通股的方式，赎回优先股。在现代经济中，转换赎回方式被普遍使用。

不可赎回优先股是指公司在任何条件下都不能购回的优先股股票。

（5）根据股息率是否可调整，优先股股票可分为股息率可调整优先股和股息率固定优先股。

股息率可调整优先股票是指股票发行后股息率可以根据情况按规定进行调整的优先股票。

股息率固定优先股是指发行后股息率固定不变的优先股股票。大多数优先股的股息率是固定的。

（6）根据股息支付是否有第三者担保，优先股股票可分为担保优先股和非担保优先股。

担保优先股是指所支付的股息是由其他公司提供担保的优先股股票。在实行担保优先股的安排时，股东虽然拥有公司的股份和股权，但其股息支付是由其他公司提供担保的，如果发行股票的公司不能支付股息，提供担保的公司就应支付股息。

非担保优先股是指股息的支付没有第三者担保的优先股股票。

在 2008 年美国的金融危机中，美国政府为了有效防范和化解金融危机的进一步蔓延，选择了以优先股的方式由美国财政部向相关的金融机构（如 AIG、花旗银行等）投入资本（注入资本金）。美国乃至国际上的一些人将此称为"美国走向社会主义"。（实际上，一国经济制度是否属于社会主义，不能简单地由政府是否拥有股份公司的股权来界定。）美国政府所持有的金融机构优先股期限，在金融危机初期是 4 年期、在金融危机中期是 7 年期，即这些金融机构应在规定的时间内偿付优先股的本息，此后，美国政府的持股就随之结束。显然，美国政府以优先股的方式注资于陷入困境的金融机构，并非属于"社会主义"之举，而只是为了挽救这些金融机构，避免由于它们的倒闭而引致金融危机更加恶化。

第二节　股票市场概述

股票市场，是通过发行和交易股票来推动资本性资源配置的市场。它可分为发行市场和交易市场两部分，其中，交易市场居于中心地位，它通过股票交易推动着股权投资、资产定价、公司并购和资本性资源的配置优化。与债券市场不同，股票市场以有形市场为主，无形市场只在个别场合发生，因此通常所讲的股票市场都暗含有形市场的含义。要把握股票市场，必须了解股票发行市场和股票交易市场。

一、股票发行市场

（一）股票发行机制

股票发行制度主要有三种，即审批制、核准制和注册制，每一种发行监管制度都对应一定的市场发展状况。在市场逐渐发育成熟的过程中，股票发行制度也应该逐渐地改变，以适应市场发展需求。其中审批制是完全计划发行的模式，核准制是从审批制向注册制过渡的中间形式，注册制则是目前成熟股票市场普遍采用的发行制度。

审批制是一国在股票市场的发展初期，为了维护上市公司的稳定和平衡复杂的社会经济关系，采用行政和计划的办法分配股票发行的指标和额度，由地方政府或行业主管部门根据指标推荐企业发行股票的一种发行制度。公司发行股票的首要条件是取得指标和额度，也就是说，如果取得了政府给予的指标和额度，就等于取得了政府的保荐，股票发行仅仅是走个过场。因此，审批制下公司发行股票的竞争焦点主要是争夺股票发行指标和额度。证券监管部门凭借行政权力行使实质性审批职能，证券中介机构的主要职能是进行技术指导，但这样无法保证发行公司不通过虚假包装甚至伪装、做账达标等方式达到发行股票的目的。

注册制是在市场化程度较高的成熟股票市场所普遍采用的一种发行制度，证券监管部门公布股票发行的必要条件，只要达到其公布的条件要求的企业即可发行股票。发行人申请发行股票时，必须依法将公开的各种资料完全准确地向证券监管机构申报。证券监管机构的职责是对申报文件的真实性、准确性、完整性和及时性做合规性的形式审查，而将发行公司的质量留给证券中介机构来判断和决定。这种股票发行制度对发行人、证券中介机构和投资者的要求都比较高。

核准制则是介于注册制和审批制之间的中间形式。它一方面取消了政府的指标和额度管理，并引进证券中介机构来判断企业是否达到股票发行的条件；另一方面，证券监管机构同时对股票发行的合规性和适销性条件进行实质性审查，并有权否决股票发行的申请。在核准制下，发行人在申请发行股票时，不仅要充分公开企业的真实情况，而且必须符合有关法律和证券监管机构规定的必要条件，证券监管机构有权否决不符合规定条件的股票的发行申请。证券监管机构对申报文件的真实性、准确性、完整性和及时性进行审查，还对发行人的营业性质、财力、素质、发展前景、发行数量和发行价格等进行实质性审查，并据此作出发行人是否符合发行条件的价值判断和是否核准申请的决定。三种发行制度比较如表3-1所示。

表 3-1　审批制、核准制和注册制比较

比较内容	审批制	核准制	注册制
发行指标和额度	有	无	无
发行上市标准	有	有	有
主要推（保）荐人	政府或行业主管部门	中介机构	中介机构
对发行做出实质判断的主体	证监会	中介机构、证监会	中介机构
发行监管性制度	证监会实质性审核	中介机构和证监会分担实质性审核职责	证监会形式审核，中介机构实质审核
市场化程度	行政体制	逐步市场化	完全市场化

（二）股票发行条件

股份公司发行股票，需要具备一定的条件，其中包括：股份公司的独立法人资格是合法的，业务经营运作是真实的，资产负债关系是清晰的，在商业往来中没有违法现象等。除中国以外的其他各国和地区的公司法和证券法等相关法律对股份公司发行股票的条件并无专门的规定。其内在机理是，在其他各国和地区的股票市场中，发行股票与股票上市交易是两个相互独立的市场过程，二者虽然在一些场合有相连接的现象，但在另一些场合则并无连接（股票发行后，并不直接上市交易）。因此，发行股票并不直接意味着这些股票需要上市交易。由于其他各国和地区的股票交易市场是一个多层次的体系，每一股票交易市场的上市条件和交易规则不尽相同，所以，证券监管部门不可能直接界定某家股份公司股票发行的具体条件。

但在中国，股票发行与股票上市交易直接连接，几乎所有公开发行的股票均由证券监管部门直接安排在证券交易所上市交易，并在《招股说明书》中明确列示了在哪家证券交易所上市交易，由此形成了一种有别于世界其他国家和地区的股票发行市场与交易市场的特殊制度安排，即股票上市的具体条件成为股票发行的最低条件，而且这些条件被纳入了《中华人民共和国公司法》和《中华人民共和国证券法》中。

1. A 股发行条件

对在公司设立时的股份发行，《中华人民共和国公司法》第七十七条规定，股份有限公司的设立，可以采取发起设立或募集设立的方式。在发起设立时，发起人应认购公司发行的全部股份；在募集设立时，发起人可以只认购公司发行的一部分股份，其余股份向社会公开募集或者向特定对象募集。第七十八条规定，设立股份有限公司，应当有二人以上二百人以下为发起人，其中须有半数以上的发起人在中国境内有住所。第八十条规定，股份有限公司采取发起设立的，注册资本为在公司登记机关登记的由全体发起人认购的股本总额。在发起人认购的股份缴足前，不得向他人募集股份。股份有限公司采取募集方式设立的，注册资本为公司在登记机关登记的实收股本总额。《中华人民共和国公司法》第八十四条规定，在以募集方式设立公司的，发起人认购的股份不得少于公司股份总数的百分之三十五。

关于股份发行，《中华人民共和国公司法》第一百二十五至一百三十六条规定，股份有限公司的资本应划分为股份，每一股的金额相等。公司的股份采取股票的形式。股份的发行，实行公平、公开的原则，同种类的每一股份应当具有同等权利。同次发行的同类股票，每股的发行条件和价格应当相同。股票发行价格可以按票面金额，也可以超过票面金额，但不得低于票面金额。公司发行的股票，可以为记名股票，也可以为无记名股票。公司向发起人、法人发行的股票，应当为记名股票。股份有限公司成立后，应立即向股东正式交付股票，公司成立前不得向股东交付股票。

关于向社会公开募集股份，《中华人民共和国公司法》第八十五至八十九条规定，发起人向社会公开募集股份，必须公告招股说明书，并制作认股书，其中应载明发起人认购的股份数、每股票面金额和发行价格、无记名股票的发行总数、募集资金的用途、认股人的权利和义务、募股起止期限及逾期未募足时认股人可以撤回所认股份的说明；向社会公开募集股份，并应当由依法设立的证券公司承销，应当同银行签订代收股款协议；发行股份的股款缴足后，发起人应当在30日内主持召开公司创立大会，创立大会由发起人、认股人组成。

关于新股发行，《中华人民共和国公司法》第一百三十三至一百三十六条规定，在公司发行新股前，股东大会应对新股种类及数额、新股发行价格、新股发行的起止日期、向原有股东发行新股的种类及数额等事项做出决议；公开发行新股的，必须公告新股招股说明书和财务会计报告，制作认股书；发行新股募足股款后，必须向公司登记机关办理变更登记并公告。

《中华人民共和国证券法》第九条规定：公开发行证券，必须符合法律、行政法规规定的条件，并依法报经国务院证券监督管理机构或者国务院授权的部门注册；未经依法注册，任何单位和个人不得公开发行证券。第十二条规定，公司首次公开发行新股，应当符合下列条件：①具备健全且运行良好的组织机构；②具有持续经营能力；③最近三年财务会计报告被出具无保留意见审计报告；④发行人及其控股股东、实际控制人最近三年不存在贪污、贿赂、侵占财产、挪用财产或者破坏社会主义市场经济秩序的刑事犯罪；⑤经国务院批准的国务院证券监督管理机构规定的其他条件。

2004年5月17日，经国务院批准，中国证监会正式批复，同意在深圳证券交易所（简称"深交所"）的A股中设立中小企业板块。2004年6月25日，深交所举行了中小企业板首次上市仪式，新和成等8家公司在顺利发股后挂牌上市。中小企业板除了在股份公司首次公开发行的股票被限定在5 000万股以下外，其他的发行条件均与A股相同。因此，中小企业板只是在A股范畴内的一种数量划分。

2. B股发行条件

B股的正式名称是"境内上市外资股"。1995年12月25日，国务院《关于股份有限公司境内上市外资股的规定》中第八条规定，申请发行B股的，应当符合下列条件：①所筹资金用途符合国家产业政策；②符合国家有关固定资产投资立项的规定；③符合国家有关利用外资的规定；④发起人认购的股本总额不少于公司拟发行股本总额的35%；⑤发起人出资总额不少于1.5亿元人民币；⑥拟向社会发行的股份达公司股份总数的25%以上（拟发行的股本总额超过4亿元人民币的，其拟向社会发行股份的比例达15%）；⑦改组设立公司的原有企业或者作为公司主要发起人的国有企业，在最近3

年内没有重大违法行为；⑧改组设立公司的原有企业或者作为公司主要发起人的国有企业，最近3年连续盈利；⑨国务院证券委员会规定的其他条件。

【案例】

B股市场改革探索①

B股市场起步于1991年，因特定历史原因而创设，初衷是吸引外资，开拓上市公司融资渠道。但伴随H股的发行、海外其他融资渠道拓展等，资本市场开放程度大大提高，B股对外资的吸引力不再。2000年以后，B股不再有新上市公司。目前，B股公司仅有99家，舜喆B于2000年10月27日上市，是这些公司中最迟上市的。

目前B股市场一共有99家公司，其中纯B股公司仅有十多家，其余为"B+A""B+H"公司。余洋称："其实目前真正要解决的问题，也是这些纯B股公司的问题，流动性差、缺乏融资渠道，又欠缺转板实力。"

记者了解，这些纯B股公司处境确实尴尬。近期，舜喆B、东沣B两家公司就因为股价连续十多个交易日低于1元/股，经历了"面值退市风险"的冲击。而早在2012年，纯B股闽灿坤B在连续18个交易日跌破面值后，最终依靠缩股方式才维持了上市地位。

围绕B股改革的讨论一直存在。实务中，B股改革的途径主要有三种：回购B股，B转A，B转H。目前均有案例。2012年，中集集团开B股转板先河，成功B转H。此后，纯B股公司转板也出现了一些案例，如东电B、新城B、阳晨B的"B转A"方案先后获通过。

2014年5月，国务院出台的《新国九条》中明确提出，要"稳步探索B股市场改革"，B股改革的身影首次出现在证券业的顶层设计中。

2015年，东沣B、舜喆B和粤华包B等纯B股公司曾尝试股权重构改革。东沣B宣布启动解决公司B股历史遗留问题，于2015年1月23日起停牌；舜喆B因筹划重大资产重组于2015年4月3日开始停牌；粤华包B因拟筹划重大事项自2015年6月23日起停牌。最终，3家公司在历经两年左右的长时间停牌后，均终止了相关事项。其中，舜喆B最早复牌，理由是相关政策尚未明确。东沣B与粤华包B则于2017年8月21日同日复牌，两家公司终止理由均表述为"市场变化以及相关政策尚不明确，目前推进该重大事项条件尚不成熟。"

长久以来，对市场上的纯B股公司来说，虽然纯B股改革不乏成熟案例，但对相当一部分公司来说。自谋出路并非易事。除了市场变化与政策因素外，影响其改革进程的主要因素还包括：改革意愿与自身实力。

思考：我国是如何一步一步引导B股改革的？

3. H股发行条件

H股的发行条件，与A股、B股有所不同，它受到中国境内和香港特别行政区的有关法律法规的双重界定和制约。

1994年8月4日，国务院出台的《股份有限公司境外募集股份及上市的特别规定》

---

① 王基石，李曼宁. 停滞不前的B股市场［N］. 证券时报，2018-12-25.

第三条指出，境外上市外资股，应采取记名股票形式，以人民币标明面值，以外币认购；这种股票在境外上市，可以采取境外存股证形式或者股票的其他派生形式。第五条强调，公司向境外投资人募集股份并在境外上市，应当按照国务院证券委员会的要求提出书面申请并附有关材料，报经国务院证券委员会批准。第十条规定，公司增资发行境外上市外资股与前一次发行股份的间隔期可以少于 12 个月。

内地企业在香港发行 H 股上市应当按照中国证监会的要求提出书面申请并附有相关材料，报经证监会批准。证监会对 H 股主板上市的主要条件为：①符合我国有关境外上市的法律、法规和法则；②筹资用途符合国家产业政策、利用外资政策和国家有关固定资产投资立项的规定；③发股募资前，公司净资产不少于 4 亿元人民币，前 1 年的税后利润不少于 6 000 万元人民币，并有增长潜力，按合理预期市盈率计算，筹资额不少于 5 000 万美元；④有较为规范的法人治理结构及较完善的内部管理制度，有较稳定的高级管理层及较高的管理水平；⑤上市后分红派息有可靠的外汇来源，符合国家外汇管理的有关规定；⑥中国证监会规定的其他条件。

4. N 股发行条件

与 H 股发行相类似，N 股发行条件同样受到中、美两国有关法律法规的双重界定和制约。

对公司发行 N 股所应达到的条件，中国的要求与发行 H 股的条件基本一致。在近年实践中，中国方面只是要求，到欧美发行并上市的企业，其募集前的股本面值应在 10 亿元人民币以上，募集的外资股股票面值应在 8 亿元人民币以上。与中国不同，美国的资本市场比较成熟，有关股票发行和上市的法律相当完备，因此，它的各项规定更为复杂。

（三）股票发行方式

1. 公开发行和私募

发行人在发行股票时，可以选择不同的投资者作为发行对象，由此，我们可以将股票发行分为公开发行（public offering）和私募（private placement）。

公开发行又称公募，是指发行人通过中介机构向不特定的社会公众广泛地发售股票。在公开发行的情况下，所有合法的社会投资者都可以参加认购。为了保障广大投资者的利益，各国对公开发行都有严格的要求。

采用公开发行方式发行股票的好处在于：第一，公开发行以众多的投资者为发行对象，筹集资金潜力大，适合于股票发行数量较多、筹资额较大的发行人；第二，公开发行投资者范围大，可避免屯积股票或被少数人操纵；第三，只有公开发行的股票方可申请在交易所上市，因此这种发行方式可增强股票的流动性，有利于提高发行人的社会信誉。然而，公开发行也存在某些缺点，如发行过程比较复杂，注册核准所需时间较长，发行费用也较高。

私募又称非公开发行或内部发行，是指面向少数特定的投资人发行股票的方式。私募发行的对象大致有两类，一类是个人投资者，例如公司老股东或发行人自己的员工；另一类是机构投资者，如大的金融机构或与发行人有密切往来关系的企业等。私募发行有确定的投资人，发行手续简单，可以节省发行时间和费用。私募发行的不足之处是投资者数量有限，流通性较差，而且也不利于提高发行人的社会信誉。

公开发行和私募各有优劣，一般来说，公开发行是股票发行中最基本、最常用的方式。然而在西方成熟的股票市场中，随着养老基金、共同基金和保险公司等机构投资者数量的迅速增长，私募近年来呈现逐渐增长的趋势。目前，我国境内上市外资股（B 股）的发行几乎全部采用私募方式进行。

2. 溢价发行、平价发行和折价发行

根据股票发行价格和股票面额的关系，我们可以将股票发行分为溢价发行、平价发行和折价发行三种形式。

平价发行也称为等额发行或面额发行，是指发行人以股票的面额作为发行价格。目前，平价发行在发达股票市场中用得很少，多在股票市场不发达的国家和地区采用。

溢价发行是指发行人按高于面额的价格发行股票。溢价发行又可以分为时价发行和中间价发行两种方式。时价发行也称市价发行，是指以同类股票的流通价格为基准来确定股票发行价格；中间价发行是指以介于面额和时价之间的价格来发行股票。

折价发行是指以低于面额的价格出售新股，即按面额打一定折扣后发行股票。

（四）股票公开发行的运作

股票的公开发行，是指发行人通过中介机构向不特定的社会公众广泛地发售股票。股票公开发行的运作主要包括：发行公司与承销商的双向选择、组建发行工作小组、尽职调查、制定与实施重组方案、制定发行方案、编制募股文件与申请股票发行、路演、确定发行价格、组建承销团、稳定价格。

1. 股票发行公司与主承销商的双向选择

主承销商（投资银行）选择股票发行公司时，一般考虑如下几方面：是否符合股票发行条件；是否受市场欢迎；是否具备优秀的管理层；是否具备增长潜力。而股票发行公司选择主承销商时，所依据的几条常见标准是：投资银行的声誉和能力、承销经验和类似发行能力、股票分销能力、造市能力、承销费用。

2. 组建发行工作小组

股票发行公司与承销商双向选定以后，就开始组建发行工作小组。发行工作小组除承销商和发行公司以外，还包括律师、会计师和行业专家等。

3. 尽职调查

尽职调查是指中介机构（包括投资银行、律师事务所和会计师事务所等）在股票承销时，以本行业公认的业务标准和道德规范，对股票发行人及市场的有关情况及有关文件的真实性、准确性、完整性进行的核查、验证等专业调查。

4. 制定与实施重组方案

发行工作小组成立之后，就开始对发行人进行重组，以符合公开发行的条件或在公开发行时取得更好的效果。制定重组方案应尽量做到：发行人主体明确，主业突出，资本债务结构得到优化；财务结构与同类上市公司比较，具有一定优越性；使每股税后利润较大，从而有利于企业筹集到尽可能多的资金；有利于公司利用股票市场进行再次融资；减少关联交易；避免同业竞争；等等。

5. 制定发行方案

股票公开发行是一个相当复杂的过程，需要许多中介机构及相关机构的参与，准备大量的材料。主承销商必须协调好各相关机构的工作，以保证所有材料在规定时间内完成。因此，制定发行方案就成为股票承销中的重要步骤。

6. 编制募股文件与申请股票发行

股票发行的一个实质性工作是准备招股说明书，以及作为其根据和附件的专业人员的结论性审查意见，这些文件统称为募股文件，其主要包括招股说明书、审计报告、法律意见书和律师意见报告。

在准备完募股文件后，发行人将把包括这些文件在内的发行申请资料报送证券监管机构，证券监管机构的专家组（包括律师、会计、财务分析者、行业专家）将对此进行审查。专家组通过文件审查来确定这些文件是否进行了充分且适当的披露，尤其注意是否有错误陈述或对重大事件的遗漏，这些错误陈述或遗漏会影响投资者作出投资决策。在注册制下（如美国），证券监管机构不对预期发行的质量进行评价或评估，这一结论由市场作出。而在核准制下（如中国），证券监管机构则将对发行质量作出判断，并将决定是否允许公开发行。

7. 路演

路演是股票承销商帮助发行人安排的发行前的调研与推介活动。一般来讲，承销商先选择一些可能销出股票的地点，并选择一些可能的投资者（主要是机构投资者），然后带领发行人逐个地点去召开会议，介绍发行人的情况，了解投资人的投资意向。

路演是决定股票发行成功与否的重要步骤，成功的路演可以达到下述三个目的：①让投资者进一步了解发行人；②增强投资者信心，创造对新股的市场需求；③从投资者的反应中获得有用的信息。

8. 确定发行价格

确定发行定价是股票发行中最复杂的一件事。要成功地对公开发行的股票进行定价，要求作为承销商的投资银行有丰富的定价经验，对发行人及其所属行业有相当的了解，对一级市场和二级市场上的各类投资者都有深刻的认识。

9. 组建承销团

一般来说，主承销商会组建一个由承销辛迪加和销售集团组成的承销团队来进行股票的出售。承销辛迪加中的每一个成员都有权承销一部分股票，而销售集团的成员不承担任何承销风险。

主承销商选择承销辛迪加成员时，主要参考以下标准：其一，应有不错的客户基础和销售渠道；其二，愿意且有能力担任做市商；其三，分销商能在股票上市交易后对它进行分析研究。

10. 稳定价格

在股票承销中，投资银行通常会对其承销的股票进行稳定价格策略，通常有如下三种稳定价格的技巧：一是联合做空策略；二是绿鞋期权策略；三是提供稳定报价策略。

【案例】

小米香港路演①

2018 年 6 月 21 日中午十二点刚过，香港港岛香格里拉酒店 5 层就已经热闹非凡——数百位机构投资者陆续聚集于此，登记进入"重兵把守"的会议室。

中午 12 点 45 分，备受瞩目的小米集团（下称"小米"）IPO 路演将在这里举行。

这是香港交易所修订后的新股《上市规则》4 月 30 日生效后，同股不同权架构企业 IPO 的首单破冰，也是 2018 年以来香港资本市场最大的 IPO 盛事。

小米路演现场座无虚席，他们大约邀请了三百位机构投资人。不少未被邀请的投资人无奈地被挡在门外，间或询问门口的工作人员是否有进场的机会。

受邀出席路演的理享家海外资产配置 CEO 朱超是幸运的一位。"这次机构投资者抢（投资小米）得很疯狂，香港市场的大家族企业都在里面，散户机会可能会少一些。"朱超在路演现场对经济观察报记者表示，"今天进场的人大多数已经投过小米的了。我们一开始就是小米老股的投资人，现在基石投资和锚定投资我们都有参加。"

路演启动，身穿深蓝色西服，脸上带着招牌式微笑的雷军准时步入会场，带着他的高管团队亮相于一众投资者面前。

这一次，他对"做中国的苹果"的小米故事提出了升级版。"小米这样的公司是独一无二的。"雷军称过去一个星期终于想明白了这个令无数投资人都深感困惑的问题。他对小米定位的概括是：全球罕见的同时能做电商、硬件、互联网的全能型公司。

除此之外，在路演现场，雷军频频爆出他"发明"的小米概念词："小米应该是腾讯乘苹果的估值""小米是新物种"……投资人笑声不断。

思考：我国的路演与西方成熟市场有何不同？

（五）股票私募的运作

1. 股票私募的特征

股票私募一般具有如下特征：

第一，因为股票私募的对象是特定的数量有限的投资者，投资者对发行者的情况比较了解，所以股票私募时不需要办理发行注册手续。

第二，因为股票私募有确定的投资人，所以一般不会出现发行失败的情况。

第三，股票私募一般采取直接销售方式，并且私募的股票不允许转让。但也有些国家规定，股票私募一段时间后，可以自由转让，但有一定的限制条件。

第四，由于私募股票的转让受到限制，股票的发行条件由发行人与投资者直接商定，在此种情况下，投资者往往要提出一些特殊的要求，致使发行者要向投资者提供高于市场平均条件的特殊优厚条件。

2. 采取私募进行股票筹资的原因

一般来说，能够在公开市场上发行的股票也都可以私募发行，但在某些时候，由于发行者发行规模或财务制度等方面达不到公开发行的标准，只能通过私募发行。

具体来说，企业利用私募市场进行股票筹资的原因有以下几种：

---

① 老盈盈. 小米香港路演最完整还原［N］. 经济观察报，2018-06-23（10）.

第一，企业需要的资金规模没有达到公开发行的"规模经济"的要求。因为公开发行时，相关文件的编制手续、中介机构的费用、公司负责人及经办人员为准备发行所花费的时间和费用，并不会因发行金额的减少而同比例减少。利用私募方式可以免去向证券监管机构申请所花费的时间和精力，因而能显著缩短自开始准备至筹到资金的时间，还能节省可观的发行费用。

第二，有些企业虽然目前经营情况顺利，但过去曾有过经营危机或异常的波动，这时采取私募发行更加合适。因为市场和一般投资者对该企业有不良的印象，所以难以依赖公开发行来筹集资金。

第三，那些组织结构和契约关系复杂的企业适合私募发行。因为涉及非常复杂而又专业化的法律、金融等问题，一般投资者难以判断投资的价值及安全性。但拥有各类专家的机构投资者，尤其是基金公司、保险公司等具备充分的审核能力，对于私募的股票，只要条件好，他们是很愿意投资的。

第四，所需的资金规模太大而难以通过公开发行达到目的。不论发行公司情况怎样优良，如果一次的发行量非常大，就很可能对发行市场造成较大冲击，使发行条件不利于发行公司。如果采取短期内分次在公开市场上发行的方式，则不但不受评级机构和投资者的欢迎，而且手续费还会随着发行次数的增加而增加。在这种情况下，如果公司利用私募方式，只要通过投资银行的出色安排联系到合适的机构投资者，就能够在短期内调动资金完成发行。

（六）影响股票发行价格的因素

股票发行价格，是指公司在发行市场上出售股票时所采用的价格。股票按票面金额发行，称为面值发行；按超过票面的金额发行，称为溢价发行。各个国家和地区的公司法等法律均规定，股票不得低于面值发行。面值发行的好处在于，大多数投资者从直观出发乐于接受这种方式，公司一般能够将拟发行的股票充分售出，募集到与此对应的资本；溢价发行的好处在于，公司所能得到的资金数量将高于股票面值，这不仅有利于展示公司的优势、增强公司的资金实力、提高资本利润率等，而且有利于股票市场价值的提高。例如，在股票面值为1亿元的条件下，若采用面值发行，公司只能获得1亿元的资金，当资金利润率为10%时，公司税前利润为1 000万元，减去25%的所得税，则税后利润为750万元，然后留存法定公积金（10%）75万元，最后，公司可分配利润只有675万元，股利率仅为6.75%；若采用溢价发行，溢价比例为1:5，则公司可得资金5亿元，资金利润率仍为10%，公司税前利润为5 000万元，减去25%的所得税，税后利润为3 750万元，由于4亿元的溢价款所形成的资本公积金已超过法定公积金的要求，所以，公司可以不提取法定公积金，这样，股利率将达到37.5%。但是，溢价发行的风险比面值发行要大，若发行价格过高，投资者不愿接受，公司将面临募股不成功甚至发行失败的危险，因此，溢价发行应审时度势、溢价适当。

股份公司发行股票，选择何种价格，取决于一系列因素，其中主要有：

（1）公司的每股净资产。

股份公司发行股票，原则上，股票价格不得低于已有股份的每股净资产。其原因是，如果股票发行价格低于每股净资产，则意味着新持股的股东侵犯了原有股东的利益。

（2）公司的盈利水平。

税后利润综合反映了一个公司的经营能力和获利水平，在总股本和市盈率已定的前提下，税后利润越高，发行价格也越高；反之，税后利润越低，发行价格越低。反映公司盈利能力的指标，在时间上分为两类：募股前已实现的和募股后预测的。对投资者来说，这两类指标都是重要的，而前三年的盈利状况尤为重要。

（3）股票交易市场态势。

股票交易价格直接影响发行价格。一般来说，在股指上扬、交投活跃的条件下，受交易价格上升的影响，股票发行价格高些，投资者也能够接受；在股指下落、交投减少的条件下，受交易价格下降的影响，股票发行价格不宜过高，否则投资者不愿接受。另外，公司在选择发行价格时，也要注意给股票二级市场的运作留有适当的余地，否则，股票上市后的定位将发生困难，并影响公司的声誉。对上市公司而言，在配股、增发新股等场合，已上市股票的交易价格对股票发行价格的决定有至关重要的影响。

（4）本次股票的发行数量。

股票发行受到购股资金数量的严格制约。一次发行股票的数量较大，在确定的时间内，受资金供给量的限制，若发行价格过高，将面临发股失败的风险，因此，一般采取低价策略；一次发行股票的数量较少，受资金供求关系影响较小，发行价格可能提高。

（5）公司所处的行业特点。

不同的公司处于不同的产业部门中，各产业部门受技术进步速度、产品成熟状况、市场竞争程度、政府政策支持等因素影响，有不同的增长态势和发展前景。高科技、高效农业、新型材料、基础设施和公用事业等产业部门，具有技术进步快、国际竞争力较强、市场前景较好、得到政策支持等特点，在这些产业中的公司，发展前景较好，股票的发行价格可能高些；而一些技术进步缓慢、产品难以创新、国际竞争力较弱、市场已经饱和或供过于求的传统产业，其增长和发展的后劲相对有限，在这些产业中的公司，股票发行价格通常较低。

（6）公司所处的地区特点。

一般来说，经济较发达地区（如中国的沿海地区）的居民有较强的投资意识和投资热情，经济增长的社会环境较好，因此，位于这些地区的公司，其股票发行价格可能高些；而经济较不发达地区（如中国的内陆地区）的居民的投资意识和投资热情相对弱些，经济增长的社会环境相对差些，所以，位于这些地区的公司，其股票发行价格可能低些。

（7）公司的知名度。

公司知名度，对吸引投资者的投资购股有重要意义。一般来说，知名度高的公司，股票发行价格较高，反之则可能较低。

（8）公司的历史表现。

其中包括：股份公司在发展历史中是否有过违法违规行为（是否受到法律制裁等），是否受到过媒体的道德谴责，是否发生过经营业绩在年度之间的大幅变动，是否有过侵犯他人知识产权的现象，是否有过侵害消费者权益的现象等。

二、股票交易市场

股票交易市场，又称股票流通市场，是指由交易已发行的股票形成的各种市场的总和。在多层次资本市场体系中，多层次股票市场是由多层次股票交易市场决定的，因此，有多少层次的交易市场，就有多少层次的股票市场。股票交易市场按照交易规则的不同而划分，在同一交易场所内，按照不同的交易规则可以划分为若干层次的股票市场（如美国纳斯达克市场中的全球精选市场、全球市场和资本市场，日本东京证券交易所的一部和二部）；在不同交易场所之间，如果交易规则相同，则可以是单一层次的股票市场（如中国的沪、深股市）。各层次股票交易市场之间并无高低贵贱之分，也无功能优劣之别，它们的区别只在于，按照交易规则的界定，它们能满足不同种类公司的股票交易需要。

（一）股票的多层次交易市场

股票交易市场在结构上大致可分为以下几类：

1. 二级市场

二级市场，又称场内交易市场，是指在证券交易所内展开的股票交易活动及关系。它的主要特点是，有固定的交易场所和交易活动时间，股票交易数量大且相当集中，资料完备、设备先进且服务质量较高，组织机构健全、交易程序清晰且管理严格，在交易所内挂牌的上市股票，通常是信誉好、收益稳定、交投活跃的股票。各国法律都规定，在交易所内买卖的股票必须是经过批准挂牌的上市股票；只有证券交易所的会员才能在交易所内代客或自行买卖股票，投资者或股东如果不是交易所会员，就只能通过证券经纪商进行股票的买卖、成交、结算和交割；股票买卖的佣金应按有关规定执行，不能随意改变，因此，二级市场对股票买卖活动有一定的限制。目前，中国的二级市场是指上海证券交易所和深圳证券交易所内的市场。

证券交易所（或股票交易所）并非某种股票交易市场的专有名称，更不是划分股票交易市场层次高低的标准尺度。美国《证券交易法》规定：交易所，指任何组织、协会或者数人组成的小组，无论其是否实行股份有限制，它们是为了把证券买卖双方聚合在一起，或者为发挥其他与证券有关的、众所周知的股票交易所正常发挥的那些作用，而组成、维持或者提供的一个市场或者设施（还包括由这样的交易维持的市场和市场设施）。根据这一定义，股票交易所实际上只是股票交易场所的简称。

2. 场外交易市场

场外交易市场，又称柜台市场或店头市场，是指投资者、股东和证券经纪商在证券交易所之外展开的买卖非上市股票的活动及关系。场外市场最初情形大致有两种：其一，证券经纪商们分别作为买方（投资者的委托方）和卖方（股东的委托方）在酒吧（或咖啡馆）的柜台上进行股票买卖的交易活动，股票的交易价格由证券经纪商分别与股东或投资者协商确定，证券经纪商通过买卖差价获得收益，不收取交易佣金。欧美早期的场外市场，基本属于这种情形。其二，证券经纪商作为投资者与股东的交易中介，在自己的平台上接受买卖双方的委托进行股票的交易，股票的交易价格由投资者和股东根据市场状况确定，证券经纪商只收取交易佣金，例如证券做市商就属于这一类。在中国，上海证券交易所和深圳证券交易所建立前的股票交易市场大致属于这种情形。

鉴于场外交易分散在各个证券经纪商的柜台上，交易价格差别甚大，交易活动受到地理条件的严重制约，美国在1971年利用现代电子计算机技术，建立了全国证券交易商协会自动报价系统（NASDAQ，即纳斯达克），实现了全国证券经纪商网点的联网，形成了全国统一的场外交易市场；1975年，美国又通过立法确定了这一系统在股票交易市场中的地位。2006年7月3日，纳斯达克将其原有的市场体系进行重新调整，建立了全球精选市场体系。该体系由纳斯达克全球精选市场（NASDAQ-GS）、纳斯达克全球市场（NASDAQ-GM）和纳斯达克资本市场（前身为纳斯达克小型资本市场）三个主要层次构成（此外，还有OTCBB市场和粉单市场）。

20世纪90年代以后，许多国家或地区都采取自动报价系统来建立统一的场外交易市场，其中包括中国香港的创业板市场、韩国的KASDAQ市场、欧洲的EASDAQ、AIM等市场。中国于1992年7月建立了全国证券交易自动报价系统（STAQ），中国证券交易系统有限公司的全国电子交易系统（NET系统或NETS）1993年4月投入运行，到1997年年底，全国已有26个证券交易自动报价系统，分别开展股票、国债、基金证券等交易的有关业务。但在1998年，为了防范金融风险，这26个证券交易自动报价系统均被强制取消。

3. 三级市场

三级市场，又称第三市场，是指由上市股票在场外交易形成的市场。三级市场形成的原因主要有二：其一，二级市场是通过证券经纪商进行交易活动，这会使投资者和股东在股票交易中的选择机会和买卖行为受到限制，他们随行就市的要求常常不能得到充分满足，因而，他们要求有一种比二级市场更自由的交易市场存在；其二，二级市场由于有最低佣金的规定，一些投资者和股东感到交易费用过高，他们自发地寻求一种交易成本较低的渠道。三级市场本属于场外市场范畴，但20世纪60年代以后，随着股份小额化、交易分散化、买卖多样化和成交额的增大，它在美国有了重要发展，地位也日渐重要，因此三级市场被认为已达到独立成为一个市场的程度。

4. 四级市场

四级市场，又称第四市场，是指由机构投资者和股东直接进行股票买卖形成的市场。第四市场形成的主要原因在于，20世纪60年代以后，各种机构投资者（如投资公司、保险公司、基金公司等）在股票市场上的投资比重明显上升、交易数量日益扩大。若这些交易都委托证券经纪商来进行，不但交易费用高昂，而且有诸多不便。为此，一些机构投资者和股东利用电子自动报价系统提供的联络便利，选择了直接交易的方式。不过，20世纪90年代以后，中国定向募集公司的法人股转让以及2003年以后在沪、深交易所内开展的大宗交易，虽与第四市场的交易有相似之处，但其产生的原因与第四市场不尽相同。

（二）股票交易机制种类

1. 概述

股票交易体制的核心是股票交易机制，或者说是股票交易市场的微观结构，即直接或间接使买卖双方的订单匹配成交的方法和方式，其核心是价格决定机制。

股票交易机制的分类标准通常有两种，一是从时间角度（根据股票交易在时间上是否连续的特点）把股票交易机制分为间断性交易机制和连续性交易机制，二是从价格决定的角度把股票交易机制分为做市商交易机制和竞价交易机制。

间断性交易市场也称集合交易市场。在集合交易市场，股票买卖具有分时段性，即投资者作出买卖委托后，不能立即按照有关规则执行并成交，而是在某一规定的时间，由有关机构将在不同时点收到的订单集中起来，进行匹配成交。

与集合交易相反，在连续性市场，股票交易是在交易日的各个时点连续不断地进行的。只要根据订单匹配规则，存在两个相匹配的订单，交易就会发生。在连续性市场，股票价格的信息连续提供，交易在订单匹配的瞬间进行。

做市商市场也叫报价驱动市场。在一个典型的做市商市场，股票交易的买卖价格均由做市商给出（双向报价），股票买卖双方并不直接成交，而是从做市商手中买进或卖出股票，做市商在其所报的价位上接受投资者的买卖要求，以其自有资金或股票与投资者进行交易，即做市商将自己持有的股票卖给买方，或用自有资金从卖方手中买进股票。股票的买卖价差就是做市商的收入来源。做市商制度的基本特征是：股票成交价格的形成由做市商决定，且投资者无论买进或卖出股票，都只同做市商进行交易，与其他投资者无关。

竞价市场也叫订单驱动市场。与做市商市场相反，在竞价交易中，买卖双方直接进行交易，或委托给各自的股票经纪商，由股票经纪商将投资者委托的股票投入交易市场，在市场的交易中心以买卖双向价格撮合，达成交易。竞价交易的基本特征是：股票成交价格的形成由买方直接决定，投资者买卖股票的对象是其他投资者。

2. 集合竞价市场

在集合竞价市场，所有的股票交易订单不是在收到之后立刻予以竞价撮合，而是由交易中心（如证券交易所的电脑撮合中心）将在不同时点收到的订单积累起来，到一定的时刻再进行集中竞价成交。

集合竞价也称单一成交价格竞价，竞价方法是：根据买方和卖方在一定价格水平的买卖订单数量，计算并编制供需表，当表上供给数大于需求数时，则调低价格，以调节供求量；反之，当表上的供给数小于需求数时，则调高价格，以调节供求量，最终实现在某一价格水平上的供求平衡，并形成均衡价格。

集合竞价有三方面的优点：一是由此形成的价格可使市场成交数量达到最大；二是结算手续在技术上也非常简便，成本也较低，因此市场交易不活跃的股票，很多采取集合竞价交易方式；三是计算错误的可能性较小，投资者能得到最佳保护。许多股票市场每日交易的开盘价格都是由集合竞价决定的，此外，一些市场交易不活跃的股票（如巴黎证券交易所的 FA、FB 类股票）也采取集合竞价交易方式。

3. 连续竞价市场

连续竞价市场也叫复数成交价格竞价市场。在连续竞价市场，股票交易可在交易日的各个时点连续不断地进行。投资者在作出买卖决定后，向其经纪商作出买卖委托，经纪商再将该买卖订单输入交易系统，交易系统即根据市场上已有的订单情况进行撮合，一旦按照有关竞价规则有与之相匹配的订单，该订单即刻得以成交。

在连续竞价过程中，若干买卖订单中，当出价最低的卖出订单价格等于或小于买进价格最高的买进订单价格时，即可达成交易。每笔交易构成一组买卖，交易依买卖组连续进行，每买卖组形成不同的价格。所以连续竞价市场的价格具有连续性。

连续竞价的主要优点是，投资者在交易时间内随时有买卖股票的机会，并且能根据市场的瞬息变化进行决策调整。

纽约、巴黎、东京、多伦多证券交易所以及中国香港特别行政区、新加坡等大多数新兴证券市场都采用连续竞价交易机制，伦敦证券交易所金融时报 100 指数股票也采用连续竞价交易方式。

4. 做市商市场

在做市商市场，做市商进行双向报价，投资者可以在做市商所报出的价位上向做市商买进或卖出。

做市商市场的基本特点是：

第一，做市商对某只特定股票做市，就该股票给出买进或卖出报价，且随时准备在该价位上买进或卖出股票。

第二，投资者的买进订单和卖出订单不直接匹配，相反，所有投资者均与做市商进行交易。

第三，做市商从其买进价格和卖出价格之间的差额中赚取差价。买卖差价是衡量市场流动性、价格连续性（每笔交易之间的价格变化）和市场深度（每一定数量的证券交易所引起的价格变化）的重要指标。

第四，如果市场波动过于剧烈，做市商觉得风险过大，也可以退出做市，不进行交易。在理论上，由于存在大量的做市商，且做市商之间相互竞争，个别做市商的退出不会影响市场的正常运作。

第五，在大多数做市商市场，做市商的报价和投资者的买卖订单都是通过电子系统进行传送的。

第六，做市商市场的组织形式有多种，可以是分散在各地的做市商通过电子系统报价（如美国纳斯达克），也可以是做市商集中在交易所的交易大厅进行买卖报价（如 20 世纪 80 年代下半期和 90 年代上半期的英国伦敦证券交易所）。

美国的纳斯达克是一个典型的做市商市场。纳斯达克的做市商是自由进入的，每一只股票均有若干做市商（1999 年年底平均约 11 家，个别股票做市商多达 70 家），投资者可在这些相互竞争的做市商报价之间选择最有利的报价。

伦敦证券交易所传统上也是一个竞争的做市商市场，但在 1986 年"大爆炸"改革和 1997 年的改革之后，竞价市场和做市商市场并存，目前约 80%的股票（包括英国国内股票和国外股票）通过做市商系统进行交易，大宗交易（每笔数额在 5 万英镑以上的订单）也通过做市商进行。

5. 混合模式

大多数股票市场并不仅仅只采取上述三种交易机制中的一种形式，而是采取这三种形式的不同程度的混合模式。如纽约证券交易所采取了辅之以专家的竞价制度，伦敦证券交易所部分股票由做市商交易，另一部分股票则采取电子竞价交易，巴黎、布鲁塞尔、阿姆斯特丹证券交易所对交易活跃的股票采取连续竞价交易，对交易不活跃的股票采取集合竞价方式。

在亚洲新兴证券市场，各交易所普遍采取的是电子竞价方式，但一般均结合集合竞价和连续竞价两种形式，通常开盘价由集合竞价方式决定，然后采取连续竞价。有些市场采取集合竞价方式产生收盘价，另一些市场则采取连续竞价方式产生收盘价。

（三）股票交易过程

股票交易过程，是指投资者（或股东）从开户、买卖股票到股票与资金交割完毕的全过程。以 A 股为例，它大致可分为开户、委托、成交、清算和交割五个阶段。

1. 开户

任何投资者或股东要进入股市，其首先应在证券经纪商处开立委托买卖股票的有关账户。在世界许多国家或地区，开户主要是指投资者（或股东）在股票经纪人处开立资金账户的行为；但在中国，开户包括开立股东账户和资金账户等行为。开立股东账户时，投资者须携带自己的身份证、填写有关表格并交纳少量的费用。

由于上海和深圳两股市的清算交割系统是分离的，所以，投资者要同时进入这两个市场交易，必须分别开立上海和深圳的股东账户。资金账户主要在各个证券公司的证券营业部办理（资金账户的功能是，投资者在买卖股票时，他在银行账户上的资金须转入此账户才可交易）；在办理资金账户时，投资者应提交有效证件、股东卡等。开户后，投资者或股东就具有了进入股市的资格，可以委托证券公司的经纪商买卖股票。

2. 委托

委托，是指投资者或股东在办理规定的手续后让证券经纪商代理股票买卖的行为。在委托中，股东应将所委托卖出的股票，投资者应将委托购股的资金，交付给证券经纪商。不论是对委托人还是对被委托人来说，委托都是展开股票买卖的关键行为，委托的时间、内容、方式是否恰当，直接关系到交易的成败和利益的增减，为此，委托人须注意如下事项。

（1）股市行情表。

在进行委托之前，投资者和股东应弄清股市行情表，选择适合自己意向的股票、价格和数量。股市行情表根据统计时间的长短，可分为即时动态行情表、每日行情表、每周行情表、每月行情表，等等。委托人进入股市，不仅要根据每日、每周和每月行情表提供的交易信息和其他信息，在充分分析的基础上，确定自己的意向，而且要根据股市的即时行情，作出具体的决断。

即时动态行情表，反映的是股市的即时动态，通常由股票代码、股票名称、前市收盘价、开盘价、最高价、最低价、最新价、买入价、卖出价、成交量、股价指数等项目组成。其中，股票代码，是由股票交易市场为了便于计算机处理和委托报单而编制的代表特定股票的数字；股票名称，是入市公司名称和股票种类的简称，它通常可为投资者提供上市公司的所在地、主营业务、股票种类等信息。

前市收盘价，是指该只股票在前一天股市收盘前最后一笔成交的价格；开盘价，是指该只股票在今日开盘时第一笔成交的价格；最高价，是指该只股票在今日开盘后的最高成交价格；最低价，是指该只股票在今日开盘后的最低成交价格；最新价，是指该只股票即时前一笔成交的价格；买入价，是指该只股票即时已申报的买入价格；卖出价，是指该只股票即时已申报的卖出价格；成交量，是指该只股票在今日股市开盘到目前为止的成交总量；股价指数，是指根据即时股价和成交状况计算出的股指数值。

（2）委托方式。

委托的方式，按形式划分，可分为柜台委托、电话委托、电传委托、口头委托、上网委托等；按权益划分，可分为全权委托、市价委托、限价委托等；按时间划分，可分为当日委托、多日委托和无限期委托等。

柜台委托，是指投资者或股东在证券经纪商的营业柜台上，委托证券经纪商代理买卖股票的方式；当采取纸面凭证时，投资者或股东应填写委托单；当采取磁卡凭证时，投资者或股东应输入自己的代码（密码）和相关指令，在确认无误后，按下"确定"键。在采取电话委托、电传委托和口头委托的场合，投资者或股东在实施委托时，可以不填写委托单，但在成交前或交割时，应补填委托单。由于口头委托容易发生委托纠纷，所以，中国不予采用；在国际股市中，这种方式也已很少采用。

全权委托，是指投资者或股东将买卖股票的权利完全委托给证券经纪商的方式。在这种方式中，证券经纪商全权代表投资者或股东买卖股票，其结果无论如何，投资者或股东都必须接受。

市价委托，是指投资者或股东委托证券经纪商按当时的市场价格买卖股票的方式。在这种方式中，买卖必须成交，但其价格不论高低，委托人都必须接受，证券经纪商不负任何责任。

限价委托，是指投资者或股东委托证券经纪商按限定的价格买卖股票的方式。在这种方式中，若委托人限定的是最高价，则证券经纪商只能在此价格之下寻求成交机会，否则，高于限价的成交，委托人可以不接受；若委托人限定的是最低价，则证券经纪商只能在此价格之上寻求成交机会，否则，低于限价的成交，委托人可以不接受。由于价格限定限制了成交机会，所以，在采取限价委托时，证券经纪商不负买卖不成交的责任。

在中国1992年以后的股票买卖中，投资者一般采用限价委托方式，很少采用市价委托方式，不准采用全权委托方式。

当日委托，是指投资者或股东委托证券经纪商代理股票买卖的契约当日有效。与此相应，多日委托，是指这种契约多日有效；无限期委托，是指这种契约长期有效。中国不允许采取无限期委托。在1993年以前，我国曾实行过当日委托和多日委托，但1993年以后，随着股票交易电子网络的完善，多日委托方式被取消了，因而，目前只能采取当日委托。在国际股市中，一般采取当日委托和多日委托，无限期委托已大大减少。

委托，应签订委托契约。委托单是委托契约的重要形式。委托单的内容，通常包括股票代码、股票名称、买入或卖出、股票价格、股票数量、委托方式（如限价、市价、全权，当日、多日、无限期等）和交易方式等。在中国目前的条件下，由于不存在多日、无限期和全权等委托方式，所以，在委托单中，若不填市价委托，则视为限价委托。委托单应经证券经纪商审定并加盖印鉴，才能构成有效的委托契约。

（3）交易方式。

股票交易方式大致上有四种：现货交易、信用交易、期货交易和期权交易。

现货交易，又称现金交易，是指买卖双方在成交后立即交割的交易方式。2010年7月16日，中国启动了股指期货交易，此后，股票交易既有现货交易也有期货交易。

信用交易，又称保证金交易或透支交易，是指投资者或股东通过交付一定数量的保证金得到经纪人的信用而进行股票买卖的交易方式。在信用交易中，经纪人仅要按成交金额收取佣金，而且要按利率规定，向委托人收取垫付资金的利息。信用交易可分为信用买长交易（或称"买涨交易"）和信用卖短交易（或称"买跌交易"）。

信用买长交易，是指在预期股价将上涨或继续上涨时，投资者通过交付一部分保证金而由经纪人垫付其余的资金，买入股票的交易方式。例如，投资者 A 预期某只股票将由 30 元上涨到 35 元，他打算买入 1 000 股，需投资 30 000 元，但手边一时没有这么多的资金，因此，选择信用买长交易；在保证金率为 25%时，他只需交付 7 500 元的保证金，其余的 22 500 元资金由经纪人垫付。若预期准确，在股价上升到每股 35 元时卖出，则投资者 A 可获得 5 000 元的差价收益。在实行信用买长交易中，经纪人通常要将投资者购入的股票作为借款的抵押，以防委托人不支付垫款本息。

信用卖短交易，是指在预期股价将下跌或继续下跌时，委托人通过交付一部分保证金，由经纪人借入某种股票并同时卖出该种股票的交易方式。例如，投资者 A 预期某只股票将由 35 元下降到 30 元，他手中没有股票但又想从中获利，由此，选择了信用卖短交易。假定，他打算卖出 1 000 股，在保证金率为 25%时，他将 8 750 元的保证金交付经纪人，经纪人代他从股东 B 那里借入该只股票 1 000 股，按每股 35 元卖出；若预期准确，在股价下落到 30 元时，经纪人再以每股 30 元的价格买入 1 000 股，并将这些股票归还股东 B。这样，通过一卖一买，投资者 A 获得了 5 000 元的差价收益。

信用交易方式在国际股市中时常可见，但在 2006 年以前的中国股市中是被禁止的；2006 年以后，随着证券公司融资融券业务的展开，信用交易开始启动。

（4）委托审核。

委托审核，是指证券经纪商对投资者和股东提出的委托买卖股票要求进行审核的行为。委托审核包括合法性、同一性和真实性三方面内容。

合法性主要审核委托人是否具有买卖股票的身份资格，是否已按规定开立了股东账户和资金账户，是否填写了委托单，委托单的内容是否正确等；同一性主要审核委托人提供的各类证件是否相符，这些证件与委托单上的签字是否相符，委托单的各联是否相符等；真实性主要审核委托人买卖股票数量与账户中的库存股票或资金的数量是否相适应。只有在委托审核无误的条件下，证券经纪商才能签字盖章，接受买卖股票的委托；也只有在证券经纪商签字盖章后，委托单才成为有效的委托契约。

（5）报单方式。

报单，是指证券经纪商将委托人的委托内容报给证券交易所的行为。报单方式可分为直接报单、间接报单、场内报单、场外报单等。

直接报单，是指证券经纪商在接受了委托人的委托后直接进入证券交易所报单的现象；这一般发生在证券经纪商本身是证券交易所会员的场合。间接报单，是指证券经纪商在接受了委托人的委托后，委托给其他证券经纪商进入证券交易所报单的现象；这通常发生在接受委托的证券经纪商本身不是会员的场合。场内报单，是指证券经纪商在证券交易所内进行报单的现象；场外报单，是指证券经纪商在证券交易所外进行报单的现象。20 世纪 90 年代，上海证券交易所实行的是场内报单方式，即证券经纪商在接受了买卖委托后，须先将委托的内容报给他们在上海证券交易所内的场内交易员

（红马甲），然后，由场内交易员报入电脑主机。深圳证券交易所实行的是场外报单方式，即证券经纪商在接受了委托后，可通过与深圳证券交易所电脑主机联网的终端，在自己的证券营业部直接将委托内容报入电脑主机。2000年前后，上海证券交易所和深圳证券交易所均实行了电子直接报单方式，投资者可在证券营业部的终端上输入买卖股票的信息，通过电子系统，直接将这些信息输入交易所的电脑主机。

证券经纪商将委托契约的内容报给证券交易所后，交易就进入了"成交"阶段。

3. 成交

成交，是指股票买卖双方达成交易契约的行为。由于买卖股票是交易双方的直接目的，而且股票一旦成交，在正常情况下，买卖双方不可违约，所以，这一阶段是股票交易过程的核心所在。股票成交方式大致有"竞价拍卖"和"电子撮合"两种。

竞价拍卖方式，是指通过买方或卖方的竞争性报价达成股票交易契约的方式。在竞价中，若卖方为一人，买方为多人，通过各个买方的竞争性报价，卖方与申报最高买入价的买方成交，这一过程称为"拍卖"；若卖方为多人，买方仅一人，通过各个卖方的竞争性报价，买方与申报最低卖出价的卖方成交，这一过程称为"标购"。竞价成交方式，自股市形成起就存在，迄今大部分国家和地区仍在沿用。

电子撮合方式，是指由证券经纪商将买方和卖方的竞争性报价分别输入电脑主机，电脑主机按照价格优先、时间优先的原则进行排序并撮合成交的方式。在电子撮合成交中，买卖各方的各次报价，首先由经纪人分别输入电脑主机；电脑主机按照各次报价、价格优先，同一价格报价、时间优先的原则，将卖方报价以由低到高的顺序进行排序、买方报价以由高到低的顺序进行排序，然后，撮合处于第一位的买方和卖方成交。在撮合中，若买卖双方的价格不一致，通常取它们的中间价作为成交价；若买卖双方的申报数量不一致，通常由后位补上。目前，中国沪、深交易所的股票交易都采用电子撮合方式，世界上也有一些股市采用这种方式。

4. 清算

清算，是指在股票成交后买卖各方通过证券交易登记清算系统进行的股票和资金的清理结算。清算的基本程序是，对同一个入市者在一个交易日所发生的各笔买卖，进行清理，然后将对同一股票的买入数量及价格和卖出数量及价格进行对冲，求出应交割的股票种类、数量和资金。1867年，德国法兰克福建立了世界上最早的证券清算制度，此后，各地证券交易市场分别建立了自己的清算系统。清算一般分为两个层次。第一层次，是证券经纪商相互之间通过交易所系统进行的清算。每个证券经纪商在每个交易日不断地进行成交活动，买卖股票的种类、数量、笔数、次序等既相当复杂又数额巨大，为了便于交割，他们通过证券交易市场建立的清算系统，先进行各笔交易的对冲和抵消，然后交付清算后的差额（股票和资金）。在这一过程中，各个证券经纪商首先必须在证券交易的清算机构开立清算账户，并将自营账户和代理账户严格分开；其次，必须将一定数量的资金存入清算账户（有些国家还规定，应将卖出的股票存放于清算机构），以保证清算的正常进行；再次，必须与清算机构核对每一笔成交记录，确认无误；最后，进行清算。第二层次，是证券经纪商（或经纪人）与委托人之间的清算，由于委托人每日进行的股票买卖笔数较少，所以这一过程相对简单。

在中国，各地情况有所差异，清算系统大致可分为两级清算和三级清算两种。两级清算，是指证券经纪商之间通过证券交易所清算系统进行的清算和证券经纪商与委托人之间的清算。三级清算，是指中国证券登记结算有限责任公司与证券交易所登记结算系统之间的清算、证券经纪商之间通过证券交易所登记结算系统进行的清算和证券经纪商与委托人之间的清算。2001 年 3 月 31 日，中国证券登记结算有限责任公司成立，此后，中国 A 股市场均实行了三级清算。

同时，由于中国的股票交易采取电子化系统，所以，清算和股票过户是同时完成的。

5. 交割

交割，是指股票买卖双方相互交付资金和股份的行为。在交割中，买方将购股资金交付给卖方，称为资金过户；卖方将售出的股份交付给买方，称为股票过户。在过户时，买卖双方应认真核对股票名称、证券交易所名称、成交日期及时间、成交数量、成交价格、成交金额、税收、佣金、交割时间等事项是否正确。交割程序一般与清算程序相对应，分为两个层次，在中国则分为两级交割或三级交割。

根据交割日期划分，交割可分为当日交割、次日交割、例行交割等多种方式；若以 T 代表当日，以 1，2，3，…，n 分别代表往后各日，则交割方式可分为 T+0，T+1，T+2，T+3，等等。

当日交割，是指股票买卖双方在成交当日办理交割事宜的方式。这是常见的交割方式，它对满足买方的股票运作、卖方的资金需求和提高股票成交量等都有重要作用。纽约证券交易所规定，在下午 2：00 以前成交的股票，应在下午 2：30 以前办理完交割手续；中国在实行 T+0 方式时规定，当日买卖的股票，在成交后可进行逆向交易，待闭市后进行清算，并在次日开市前交割完毕。

次日交割，是指买卖双方应在股票成交后的下一个营业日办理交割事宜的方式。有些国家规定，采取次日交割，买卖双方应在股票成交后的下一个营业日的中午 12：00 以前办理完交割手续。中国目前实行的 T+1 方式规定，当日成交的股票，不可进行逆向交易，交割在次日开市前办理完毕。T+3 交割，是指买卖双方应在股票成交后的第三个营业日办理完交割事宜的方式。中国目前的 B 股交易采用这种交割方式。

例行交割，是指买卖双方应在股票成交后的第五个营业日办理交割事宜的方式。在这种方式中，买卖双方应于第五日中午 12：00 以前办理完交割手续。

此外，还有例行递延交割、卖方有选择权交割、发行日交割等方式。

第三节　股票的价值

一、股票价值

股票作为投资者投资入股的凭证，具有能够用货币予以计量的价值。股票的价值通常可以如下五种形式予以衡量。

（一）票面价值

股票的票面价值，又称股票面值，是指在股票票面所标明的股票货币金额。股票票面价值，具有三重意义：

（1）股票票面价值是确定股东持有的公司股份数量、享有股东权益的法定根据。由于股份有限公司的全部资本分为等额的股份，每一股份的货币金额都是相等的并表现为对应数量的公司股份。所以，持有一定面值的股票，也就持有了对应数量的公司股份。

例如，某股东持有 1 000 元面值的股票，当公司每一股份的货币金额为 10 元时，他就持有了公司 100 个股份；当公司每一股份的货币金额为 1 元，他就持有了公司 1 000个股份。另外，股东享有其权益，是由其持有的股份数量决定的，即同股同权、不同股不同权，所以，股票面值又表明了股东所能享有的股东权益的数量。

（2）股票票面价值是确定股东向公司投入的真实资本数量的法定根据。在购买公司股票时，投资者可能按等于、高于或低于股票面值的金额付出资金，但因其对公司投资从而拥有的股份数量和股东权益却只能按股票面值计算，不能按其实际付出的资金数量计算。例如，在交易市场上，某投资者付出 3 000 元购买了某公司面值 1 000 元的股票，他的股份数量和股东权益只能按 1 000 元面值计算。同样，若他付出 800 元资金购买了某公司面值 1 000 元的股票，他所拥有的股份数量和股东权益便应按 1 000 元面值计算。所以，股票面值，对投资者的投资选择有重要意义。

（3）股票票面价值是确定股份有限公司资本总量的法定根据，股份有限公司的注册资本数量与股票面值总量必须相等。在股票面值总量小于注册资本量时，公司向社会（主要是客户）公开的其商务能力和所能承担的债务能力就是不真实的。这不符合市场经济原则，也为各国法律所禁止。在股票面值总量大于注册资本量时，将有一部分股份由于缺乏法律根据而不能享有权益，这将侵害股东权益，同样也为法律所禁止。

（二）账面价值

股票账面价值，又称股票账面价格，是指每一普通股所拥有的公司账面净资产数量。股票账面价值可用公式表示为：

普通股每股账面价值＝（公司资产总量−负债总额−优先股总值）/普通股股份总数

对投资者和股东来说，股票账面价值反映了每一股份所拥有的公司财产价值，反映了股东投资（从而公司价值）的增值状况。正因为如此，它也反映了每一股份可能得到的收益率状况：在公司资产盈利率不变的条件下，账面价值的上升，意味着每一普通股可能得到的收益率上升，反之则相反。对公司的债权人来说，公司账面价值的上升，意味着公司的信用能力提高。在此基础上，公司显然能够获得更多的债务资金。因此，账面价值的变化成为监控公司资产运作状况的重要指标。

（三）内在价值

股票的内在价值，是指由公司的未来收益所决定的股票价值。投资者购买股票的最终目的在于获得公司的未来收益，这种收益可以表现为公司盈利水平的提高，也可以表现为公司净资产的增长或股票账面价值的提高。公司未来收益高，则股票未来的实际价值就高，因而股票现期的内在价值就高，反之则相反。由于从现在到未来，公司的营运活动受众多因素影响，所以，公司的未来收益一般是不确定的。这样，投资者对公司未来收益以及股票内在价值的判断，通常全面而综合地反映了投资者根据已有的各方面信息所作出的预期。正因为如此，股票的内在价值又常常称为根据公司未来收益所预期的股票价值。

在投资中，股票内在价值的意义有三：

（1）合理判断股票内在价值，是投资者进行股票投资的重要前提。股票内在价值的高低，直接关系着投资者的收益水平。当内在价值趋向上升时，投资者购股或持有的股票，将获得满意的收益，反之，则可能蒙受损失。

（2）对于宏观经济管理当局来说，合理判断股票内在价值，是正确判断股市走势，从而采取适当的宏观经济措施的重要前提，例如，当新一轮的经济高涨到来之前，提前6~8个月通过股价上扬作出反应，此时，若不能清醒地把握股票内在价值，仅仅根据上市公司的现期营运状态来衡量股市价格，并采取抑制股价上升的政策，可能发生失误；反之，在经济步入萧条期之前，股市也会通过股价下降提早作出反应，此时若不能有效把握股票内在价值的走势，简单采取刺激股价上扬的政策，也可能发生失误。

（3）合理判断股票内在价值，是企业展开购并活动的重要前提。股票内在价值常常受经济周期变化的影响。在经济萧条时期，某一公司股票的内在价值下降，市场价格下落，可能与公司本身的素质无关。此时，若能正确判断该公司股票在经济复苏或经济高涨期的内在价值，若能正确预测实现购并后该企业的内在价值，及时对该公司实行收购或合并，可能获取较高的收益。

（四）市场价值

股票市场价值，又称股票市场价格，指的是股票在股票市场上买卖的价格。它包括股票的发行市场价值和股票的交易市场价值。

股票市场价值受到众多因素的影响。从最广的方面来说，它包括经济、政治、法律、军事、文化（宗教）、自然等因素。从经济方面来看，它包括宏观经济态势、经济增长走势、财政货币政策取向、物价变动状况、就业状况、产业结构状况、技术进步状况、资金供求状况、利率状况、市场供求状况、国际收支状况、经济体制状况、经济秩序状况和企业营运状况等。从企业营运上说，它包括公司股东权益落实状况、内部管理、产品开发、技术进步、市场竞争力、资产结构、社会信誉、收益走势、发展前景、股利分配政策等。如此众多的因素，在不同的时期，分别从不同的角度、以不同的力度影响着股票的市场价值。这决定了，要准确判断股票市场价值是否合理是相当困难的。鉴于此，人们常常借用股票的票面价值、账面价值、内在价值及其他指标（如市场盈利率、市场利率等）来讨论股票市场价值的合理性问题。

股票市场价值也有多方面意义。对公司来说，股票发行的市场价值高低，直接影响着公司筹集的资本性资金的数量多寡和股票账面价值的高低；股票交易的市场价值高低，则直接影响着公司的声誉和市场形象，同时，间接地影响着公司的新股发行（包括送股、配股）价格。对投资者或股东来说，股票市场价值的高低，直接关系着购股资金与投资资金（以票面价值计算）的差额，从而直接影响到股权的多少、投资收益大小和投资风险的高低。对公司购并来说，股票市场价值的高低，直接决定了购并时机的选择和购并价格高低，从而影响着购并行为的展开和成功率。对政府调控部门来说，股票市场价值的高低，它与股票账面价值及内在价值的偏离程度，是判断股市走势是否稳妥和股市泡沫是否发生的基本依据，因而其关系到调控措施的合理性。

（五）清算价值

股票清算价值，又称股票清算价格，是指公司终止并清算后股票所具有的价值。股票清算价值通常与股票的账面价值和市场价值有很大差距。这首先是因为，存续着的公司的资产是由"硬件"（如生产资料、技术、劳动力等）和"软件"（如管理、组织、信息、声誉等）两大部分构成的，但是，在公司进入非存续状态亦即进入清算过程时，"软件"资产的价值将随着公司的解散而消失。这样，可供清算的资产就只有"硬件"资产了，公司的净资产自然明显减少。进一步说，在公司"硬件"资产的拍卖中，有些是不可能买卖的（如员工），有些则是无人购买的（如破旧设备、载公司标识的办公用品等），还有一些是很难卖出的（如专用设备、专用零部件等），即便是能够成交的那一部分"硬件"资产，其成交价格也会因各种原因而低于其账面价值。另外，公司清算是一项相当复杂的工作，需要耗费相当数量的清算费用，这样，减去清算费用后，公司"硬件"资产的价值量将更趋减少。

二、股票价值评估

股票投资是公司进行证券投资的一个重要方面，随着我国股票市场的发展，股票投资已变得越来越重要了。股票投资过程中产生的主要现金流入量包括每期的预期股利和股票出售时的预期价格两部分。股利是股份有限公司以现金的形式从公司净利润中分配给股东的投资报酬，也称为"红利"或者"股息"。但也只有当公司有利润并且管理层愿意将利润分配给股东，而不是将其进行再投资的时候，股东才有可能获得股利。而股票出售的预期价格一方面取决于投资者的主观意愿，另一方面也受制于市场行情。

（一）短期持有、未来准备出售的股票的价值

从理论上讲，通过发行股票筹集的资金属于公司的永久性资金，也就是说是无期限的，然而并非所有的投资者都会持有股票到公司清算，因此，这里的短期并非是指一般而言的一年之内的短期，而是以股票的投资目的来区分的。一般而言，投资者购入股票是出于获得股票低买高卖差价的资本利得收入的目的，我们称之为短期持有；而如果投资者投资股票是为了获得发行股票公司股权，则属于长期持有。

短期持有、未来准备出售的股票投资的未来所有现金流入量包括持有期间预计的股利收入和股票出售的预期价格，其计算公式如下：

$$V_0 = \sum_{t=1}^{n} \frac{d_t}{(1+k)^t} + \frac{Vn}{(1+k)^n}$$

式中：V_0 表示股票的内在价值；d_t 表示预计的第几期的股利收入；V_n 表示未来股票出售的预期价格，k 表示市场利率或者投资者要求的必要报酬率；n 表示股利支付的总期数。

根据以上公式，股票价值可根据未来预期股利和投资者要求的必要报酬率求得。那么如何评价一种从未支付过股利的股票的价值呢？在实务中，许多盈利公司很少支付现金股利，而是将所有的收益都用于再投资。公司股东虽然未得到股利，但可通过出售股票（股价上涨时）获得资本利得。当有利的投资机会缩小，公司持有的资本超过投资需要时，公司就会开始支付股利（或回购其股份）。通常，公司通过扩大投资所

获得的收益，至少和持股人接受股利所获得的收益相等。因此，再用该公式评估股票价值时，通常假设公司会在未来某一时候支付股利，或者说，当公司清算或被并购时会支付清算股利或回购股票而发生现金支付。

【例3-1】投资者购买了某股票，预计该股未来3年每年每股可获现金股利3元，3年后该股票的预期售价为每股20元，要求的必要报酬率为18%，则该股票的内在价值是多少？

解：$V_0 = \sum_{t=1}^{n} \frac{d_t}{(1+k)^t} + \frac{Vn}{(1+k)^n}$

$= \frac{3}{1+18\%} + \frac{3}{(1+18\%)^2} + \frac{3}{(1+18\%)^3} + \frac{20}{(1+18\%)^3}$

$= 18.7$（元）

即根据以上预期，只有在股价低于18.7元时，该投资者才能购买这种股票。

（二）长期持有的零增长股票的价值评估

若长期持有某公司股票，该公司每年均发放固定的股利给股东，即预期股利增长率为零，这种股票被称为零增长股。此时，这项投资的未来所有现金流入量就是各年相等的股利，也就是一固定常数d，其股票价值可按永续年金折现公式计算，即：

$$V_0 = \frac{d}{k}$$

式中符号含义同前。

【例3-2】投资者购买了某股票，预计该股采取固定股利政策，每年每股发放现金股利2元，必要报酬率为12.5%，则该股票的内在价值是多少？

解：$V_0 = \frac{2}{12.5\%} = 16$（元）

（三）长期持有的固定增长股票的价值评估

若长期持有某公司股票，该公司发放的股利在已经发放过的基期股利d_0的基础上，按照一个速度g（常数）不断增长，那么该项投资的未来所有现金流入量就是每年稳定增长的股利，则其计算公式为

$$V_0 = \frac{d_0(1+g)^2}{(1+k)^2} + \cdots + \frac{d_0(1+g)^n}{(1+k)^n} + \cdots$$

由此可以推导出：

$$V_0 = \frac{d_1}{k-g}$$

式中符号含义同前。

【例3-3】凯乐集团准备购买某实业公司的股票，去年该公司支付的每股股利是2元，投资者预期未来几年公司的年股利增长率是10%。集团要求的报酬率为15.25%，试计算该公司股票的价格为多少的时候才可以投资。

解：$V_0 = \frac{2 \times (1+10\%)}{15.25\% - 10\%} = 41.9$（元）

即只有该公司的股票价格在每股41.9元以下时，凯乐集团才能够投资。

（四）长期持有的非固定增长股票的价值评估

根据公司未来的增长情况，非固定增长股可分为两阶段模型或三阶段模型。现以两阶段模型加以说明。该模型将增长分为两个阶段，即股利高速增长阶段和随后的稳定增长阶段。在这种情况下，公司价值由两部分构成，即高速增长阶段股利现值和稳定增长阶段股票价值的现值。其计算公式为

$$V_0 = \frac{d_t}{(1+k)^t} + \frac{v_n}{(1+k)^n}$$

其中：

$$Vn = \frac{d_{n+1}}{k-g}$$

式中：d_t 为第 t 期的股利收入；V_n 为第 n 期期末股票价值（后面稳定增长阶段价值）；k 为投资者要求的必要报酬率；g 为第 n 期以后股利稳定增长率。

【例3-4】一个投资人持有 ABC 公司的股票，他的投资最低报酬率为15%。预计 ABC 公司未来3年股利将高速增长，增长率为20%。在此以后转为正常增长，增长率为12%。公司最近支付的股利是2元。要求计算该公司股票的内在价值。

解：$V_0 = d_1 \times (PVIF_{15\%}, 1) + d_2 \times (PVIF_{15\%}, 2) + d_3 \times (PVIF_{15\%}, 3) + \dfrac{d_3(1+g)}{15\% - g} \times$

$(PVIF_{15\%}, 3)$

$= 2 \times (1+20\%)^1 \times 0.870 + 2 \times (1+20\%)^2 \times 0.756 + 2 \times (1+20\%)^3 \times 0.658$

$+ \dfrac{2 \times (1+20\%)^3 \times (1+12\%)}{15\% - 12\%} \times 0.658$

$= 91.44$（元）

即该公司股票的内在价值为91.44元。

第四节 股票的上市、交易

一、股票上市概述

前面我们讲到，股票市场由发行市场和交易市场构成，发行市场是交易市场的基础和前提，交易市场又为发行市场的进一步壮大创造条件。连接发行市场和交易市场的一个桥梁就是上市，因为只有上市的股票才能在股票交易所挂牌交易。

股票上市，是指已经发行的股票经证券交易所批准后，在证券交易所公开挂牌交易。上市和证券交易所息息相关。证券交易所的诞生是股票市场划时代的变革，从此，股票交易市场分为场内市场和场外市场两大块。场内市场具有高度集中、秩序井然的优势，这种有组织的交易场所的形成极大地提高了交易的效率，使交易规模和交易参与者迅速增加。股票从发行市场转移到场内交易市场，或者从场外市场转移到场内市场，都需要上市这个必不可少的环节。

二、公司股票首次公开发行与上市的程序

公司股票发行与上市必须符合法定的程序，并遵守《中华人民共和国证券法》《中华人民共和国公司法》和中国证监会于 2018 年 6 月 6 号修改公布的《首次公开发行股票并上市管理办法》和《首次公开发行股票并在创业板上市管理办法》的相关规定。股票发行与上市的一般程序分为四个阶段，分别是上市前辅导、筹备和发行申报、促销和发行、上市。

（一）上市前辅导

在取得营业执照之后，股份公司依法成立。按照《证券发行上市保荐业务管理办法》（中国证券监督管理委员会【第 63 号令】）的有关规定，拟公开发行股票的股份有限公司在向中国证监会提出股票发行申请前，发行人应当聘请具有保荐资格的证券公司（保荐机构）履行保荐职责。保荐机构在推荐发行人首次公开发行股票并上市前，应当对发行人进行辅导。保荐机构辅导工作完成后，应由发行人所在地的中国证监会派出机构进行辅导验收。上市前辅导程序如下：

（1）聘请证券公司，签订协议开始辅导。

（2）向当地证监局提交申请，出具辅导评估申请。

（3）辅导监管报告。

（4）公告准备发行股票。

辅导内容包括：

（1）对发行人进行辅导，对发行人的董事、监事和高级管理人员、持有 5% 以上股份的股东和实际控制人（或者其法定代表人）进行系统的法规知识、证券市场知识培训。

（2）督促股份公司按照有关规定初步建立符合现代企业制度要求的公司治理基础。

（3）核查股份公司在设立、改制重组、股权设置和转让、增资扩股、资产评估、资本验资等方面是否合法、有效，产权关系是否明晰，股权结构是否符合有关规定。

（4）督促股份公司实现独立运营，做到业务、资产、人员、财务、机构独立完整，主营业务突出，形成核心竞争力。

（5）督促股份公司规范与控股股东及其他关联方的关系。

（6）督促股份公司建立和完善规范的内部决策和控制制度，形成有效的财务、投资以及内部约束和激励制度。

（7）督促股份公司建立、健全公司财务会计管理体系，杜绝会计造假。

（8）督促股份公司形成明确的业务发展目标和未来发展计划，制定可行的募股资金投向及其他投资项目的规划。

（9）对股份公司是否达到发行上市条件进行综合评估，协助开展首次公开发行股票的准备工作。

（二）筹备和发行申报

1. 准备工作

（1）聘请律师和具有证券业务资格的注册会计师分别着手开展核查验证和审计工作。

（2）和保荐机构共同制订初步发行方案，明确股票发行规模、发行价格、发行方式、募集资金投资项目及滚存利润的分配方式，并形成相关文件以供股东大会审议。

（3）对募集资金投资项目的可行性进行评估，并出具募集资金可行性研究报告；需要相关部门批准的募集资金投资项目，要取得相关部门的批文。

（4）对于需要环保部门出具环保证明的设备、生产线等，应组织专门人员向环保部门申请环保测试，并获得环保部门出具的相关证明文件。

（5）整理公司最近三年的所得税纳税申报表，并向税务部门申请出具公司最近三年是否存在税收违规的证明。

2. 申报股票发行所需主要文件

主要文件包括：

（1）招股说明书及招股说明书摘要；

（2）公司最近3年审计报告及财务报告全文；

（3）股票发行方案与发行公告；

（4）保荐机构向证监会推荐公司发行股票的函；

（5）保荐机构关于公司申请文件的核查意见；

（6）辅导机构报证监会备案的《股票发行上市辅导汇总报告》；

（7）律师出具的法律意见书和律师工作报告；

（8）企业申请发行股票的报告；

（9）企业发行股票授权董事会处理有关事宜的股东大会决议；

（10）本次募集资金运用方案及股东大会的决议；

（11）有权部门对固定资产投资项目建议书的批准文件（如需要立项批文）；

（12）募集资金运用项目的可行性研究报告；

（13）股份公司设立的相关文件；

（14）其他相关文件，主要包括关于改制和重组方案的说明、关于近三年及最近的主要决策有效性的相关文件、关于同业竞争情况的说明、重大关联交易的说明、业务及募股投向符合环境保护要求的说明、原始财务报告及与申报财务报告的差异比较表及注册会计对差异情况出具的意见、历次资产评估报告、历次验资报告、关于纳税情况的说明及注册会计师出具的鉴证意见、大股东或控股股东最近三年及最近一期的原始财务报告等。

3. 核准程序

申报时，发行人应当按照中国证监会的有关规定制作申请文件，由保荐人保荐并向中国证监会申报；中国证监会收到申请文件后，在5个工作日内作出是否受理的决定；中国证监会受理申请文件后，由相关职能部门对发行人的申请文件进行初审；中国证监会在初审过程中，将征求发行人注册地省级人民政府是否同意发行人发行股票的意见；发行人申请首次公开发行股票的，在提交申请文件后，应当按照国务院证券监督管理机构的规定预先披露有关申请文件，发行人可以将招股说明书（申报稿）刊登于其企业网站，但披露内容应当与中国证监会网站发布的内容完全一致，且不得早于在中国证监会网站的披露时间；发行审核委员会审核，发行审核委员会由国务院证券监督管理机构的专业人员和所聘请的该机构外的有关专家组成，以投票方式对股票发行申请进行表决，提出审核意见；中国证监会依照法定条件对发行人的发行申请作出予以核准或者不予核准的决定，并出具相关文件。

自中国证监会核准发行之日起，发行人应在6个月内发行股票；超过6个月未发行的，核准文件失效，须重新经中国证监会核准后方可发行。此外，发行申请核准后、股票发行结束前，发行人发生重大事项的，应当暂缓或者暂停发行，并及时报告中国证监会，同时履行信息披露义务。影响发行条件的，应当重新履行核准程序。股票发行申请未获核准的，自中国证监会作出不予核准决定之日起6个月后，发行人可再次提出股票发行申请。

根据《首次公开发行股票并在创业板上市管理办法》，企业在创业板上市不需要征求发行人注册地省级人民政府是否同意发行人发行股票的意见。

（三）促销和发行准备

1. 询价

首次公开发行股票，可以通过向线下投资者询价的方式确定股票发行价格，也可以通过发行人与主承销商自主协商直接定价等其他合法可行的方式确定发行价格。发行人和主承销商应当在招股意向书（或招股说明书）和发行公告中披露本次发行股票的定价方式。

发行申请经中国证监会核准后，发行人应公告招股意向书和发行公告，开始进行推介和询价，并通过互联网向公众投资者进行推介。询价分为初步询价和累计投标询价两个阶段。发行人及其主承销商应当通过初步询价确定发行价格区间，在发行价格区间内通过累计投标询价确定发行价格。首次发行的股票在中小企业板上市的，发行人及其主承销商可以根据初步询价结果确定发行价格，不再进行累计投标询价。

初步询价结束后，公开发行股票数量在4亿股以下、提供有效报价的询价对象不足20家的，或者公开发行股票数量在4亿股以上、提供有效报价的询价对象不足50家的，发行人及其主承销商不得确定发行价格，并应当中止发行。

2. 路演推介

在发行准备工作已经基本完成，并且发行审查已经原则通过（有时可能是取得附加条件通过的承诺）的情况下，主承销商（或全球协调人）将安排承销前的国际推介与询价工作，此阶段的工作对于发行、承销成功具有重要的意义。这一阶段的工作主要包括以下几个环节：

（1）预路演。预路演是指由主承销商的销售人员和分析员去拜访一些特定的投资者，通常为大型的专业机构投资者，对他们进行广泛的市场调查，听取投资者对于发行价格的意见及看法，了解市场的整体需求，并据此确定一个价格区间的过程。为了保证预路演的效果，主承销商必须从地域、行业等多方面考虑抽样的多样性，否则询价结论就会比较主观，不能准确地反映出市场供求关系。

（2）路演推介。路演是在主承销商的安排和协助下，主要由发行人面对投资者公开进行的、旨在让投资者通过与发行人面对面的接触更好地了解发行人，进而决定是否进行认购的过程。通常在路演结束后，发行人和主承销商便可大致判断市场的需求情况。

（3）簿记定价。簿记定价主要是统计投资者在不同价格区间的订单需求量，以把据投资者需求对价格的敏感性，从而为主承销商（或全球协调人）的市场研究人员对定价区间、承销结果、上市后的基本表现等进行研究和分析提供依据。

以上环节完成后，主承销商（或全球协调人）将与发行人签署承销协议，并由承销团成员签署承销团协议，准备公开募股文件的披露。

（四）上市

1. 拟定股票代码与股票简称

股票发行申请文件通过发审会后，发行人即可提出股票代码与股票简称的申请，报证券交易所核定。

2. 上市申请

发行人股票发行完毕后，应及时向证券交易所上市委员会提出上市申请，并需提交下列文件：①上市申请书；②中国证监会核准其股票首次公开发行的文件；③有关本次发行上市事宜的董事会和股东大会决议；④营业执照复印件；⑤公司章程；⑥经具有执行证券、期货相关业务资格的会计师事务所审计的发行人最近三年的财务会计报告；⑦首次公开发行结束后，发行人全部股票已经由中国证券登记结算有限责任公司托管的证明文件；⑧首次公开发行结束后，具有执行证券、期货相关业务资格的会计师事务所出具的验资报告；⑨关于董事、监事和高级管理人员持有本公司股份的情况说明和《董事（监事、高级管理人员）声明及承诺书》；⑩发行人拟聘任或者已聘任的董事会秘书的有关资料；⑪首次公开发行至上市前，按规定新增的财务资料和有关重大事项的说明（如适用）；⑫首次公开发行前已发行股份持有人，自发行人股票上市之日起1年内的持股锁定证明；⑬相关方关于限售的承诺函；⑭最近一次的招股说明书和经中国证监会审核的全套发行申报材料；⑮按照有关规定编制的上市公告书；⑯保荐协议和保荐人出具的上市保荐书；⑰律师事务所出具的法律意见书；⑱交易所要求的其他文件。

3. 审查批准

证券交易所在收到发行人提交的全部上市申请文件后7个交易日内，作出是否同意上市的决定并通知发行人。

4. 签订上市协议书

发行人在收到上市通知后，应当与证券交易所签订上市协议书，以明确相互间的权利和义务。

5. 披露上市公告书

发行人在股票挂牌前3个工作日内，将上市公告书刊登在中国证监会指定报纸上。

6. 股票挂牌交易

申请上市的股票将根据证券交易所安排和上市公告书披露的上市日期挂牌交易。一般要求，股票发行后7个交易日内挂牌上市。

7. 后市支持

后市支持即券商等投资机构提供企业融资咨询服务、行业研究与报道服务、投资者关系沟通等。

三、买壳上市

由于国内上市核准程序非常繁杂，拟上市的企业众多，等待时间过长，一些企业采用间接上市的方式，通过在境内股市寻找壳公司，走捷径运作上市，其实质是通过一系列的资本运作和审批核准，将非上市公司资产及其经营业务注入壳公司而实现上市。与一般企业相比，上市公司最大的优势是能在证券市场上大规模筹集资金，以此促进公司规模的快速增长。因此，上市公司的上市资格已成为一种"稀有资源"，所谓"壳"就是指上市公司的上市资格。由于有些上市公司机制转换不彻底，不善于经营管理，其业绩表现不尽如人意，丧失了在证券市场进一步筹集资金的能力，要充分利用上市公司的这个"壳"资源，就必须对其进行资产重组，买壳上市和借壳上市就是更充分地利用上市资源的两种资产重组形式。

（一）买壳上市的含义

买壳上市又称"后门上市"或"反向收购"，是指非上市公司股东通过收购一家壳公司（上市公司）的股份控制该公司，再由该公司反向收购非上市公司的资产和业务，使之成为上市公司的子公司，从而实现间接上市的资本运作行为。原非上市公司的股东一般可以获得上市公司 70%~90% 的控股权。

壳的价值，不是有形资产，而是上市公司所具有的系列优势以及这种优势可能产生或带来的现实收益。

它主要来源于两个部分，一是政府赋予上市公司的特有权利和优惠，包括增发新股、配售股票，还是税收、信贷等方面的优势，这等于政府"签发"给上市公司的"特权"；二是来自上市公司极高的社会知名度和规范的运作。由此可见，壳资源价值，实质上是一种无形资产价值，是公司上市后新增的一部分无形资产价值。

【案例】

中国农业银行 IPO 案例分析[①]

一、公司背景

中国农业银行（农行）是我国四大国有商业银行之一，在国民经济和社会发展中扮演着十分重要的角色。虽然在 1951 年，中国农业银行已经成立，当时称为农业合作银行，但是由于中国农业银行长期担负着中国"三农"发展问题，各种政策性业务制约着其发展。

因此，农行真正的商业化道路起步很晚，至今为止也不过十几年的时间。2010 年，农业银行在完成政策性业务及不良资产的剥离以及股份制改造后，在 A 股和 H 股同时成功上市。

二、农行 IPO 前的准备

农行上市前的准备可以分为商业化改革过程、对不良资产的剥离过程、补充资本金的过程和公司治理改革四个过程。

---

① 佚名. 中国农业银行 IPO 案例分析报告. https://www.renrendoc.com/paper.

1. 商业化改革过程

1980 年，农行开始进行商业化改革。1994 年，中国农业发展银行成立。农行把农业政策性贷款和负债余额向中国农业发展银行进行划转。1997 年，农行确立以利润为核心的经营目的，从此农行正式步入现代商业银行的行列。

2. 对不良资产的剥离过程

1998 年，农行开始在政府的指导下，逐渐剥离其不良资产给四大资产管理公司，除此之外，农行还通过对外打包出售、资产证券化、提取呆账准备金等方式，对其不良资产进行处置。截至 2009 年年底，农行不良贷款率已经降低到 2.91%，已经低于国有银行上市要求的 10%。

3. 补充资本金的过程

除了政府向农行注资外，农行还通过其他途径来补充资本金。2008 年，中央汇金投资公司向农行注资 1 300 亿元。2009 年，农行发行了 500 亿元次级债，以此来提高资本充足率，增强营运能力，提高抗风险能力。

4. 公司治理改革过程

2009 年 1 月 15 日，中国农业银行整体改制为中国农业银行股份有限公司，注册资本为 2 600 亿元人民币，此时中央汇金投资有限责任公司和财政部代表国家各持有中国农行股份有限公司 50% 的股权。中国农业银行股份有限公司按照国家有关法律法规，制定了新的公司章程，以"三会分设、三权分开、有效制衡"为原则，形成"三会一层"（股东大会、董事会、监事会和高级管理层）的现代公司法人治理架构。

2009 年 11 月，中国农业银行股份有限公司在中国香港特别行政区成立农银国际控股有限公司，成为其全资附属机构，注册资本近 30 亿港元。

三、农行上市情况

农行上市可分为上市策划、承销商选择、上市定价和最终上市四个过程。

1. 上市策划

农行的主要业务是立足于中国大陆本土的，且肩负了支持"三农"这样的政策性任务，在国内进行募股融资也将是一个必然的选择。在国际化方面，周边地区如中国香港特别行政区、东南亚等将是农行走向国际的重点区域。选择在香港联交所上市将是必然选择。之前上市的国有银行积累的 A 股和 H 股上市经验使得农行在克服上市过程中可能出现的在不同市场同股、同权、同价等技术问题有了一定的应对准备。在充分考虑了这些因素之后，农行选择了同时在 A 股和 H 股 IPO 上市融资的上市策划方案。

2. 承销商选择

在农行 IPO 开始遴选承销商的时候，预计超过 200 亿美元募资额将使得农行 IPO 成为世界上最大的 IPO 案例之一，若按 2.5% 的费率计算，参与的投资银行将可分享约 5 亿美元的佣金，因此，争夺农行 IPO 承销商的大战在农行上市之前便显得异常激烈。最后，高盛、中金公司、摩根士丹利、摩根大通、德意志银行、麦格理和农银证券等机构将承销农行 H 股。中金公司、中信证券、国泰君安以及银河证券入选为农行 A 股承销商。

3. 上市定价

农行上市时机并不是很好。2010 年，中国市场不景气，相应的各大银行的市盈率都不是很高，因此在定价时，农行的股票价格比当年中国银行、中国建设银行以及中国交通银行都要低。但是，由于农行有其自身的优势，在路演推介阶段，农行以"中国网点最多的商业银行""盈利增长最快的商业银行"为卖点，最终，在市场和承销商的博弈之下，A 股首次公开募股价定在每股人民币 2.68 元，同时 H 股首次公开募股价定在每股 3.2 元港币。

4. 最终上市

2010 年 7 月 15 日，中国农业银行 A 股在上海证券交易所挂牌上市，7 月 16 日 H 股在香港证券交易所上市。另外，由于农行首次公开发行股票数量远远超过 4 亿股，因而农行及其主承销商可以在发行方案中采用"超额配售选择权"，即"绿鞋机制"，用来稳定大盘股上市后的股价走势，防止股价大起大落。

最终，农行 A 股和 H 股两股的新股集资总额合共为 221 亿美元，成为当时全球最大的集资记录。

四、上市后农行经营情况

总体来说，农行上市后的经营情况是非常好的，主要体现在两个方面：经营业绩大幅提升和资产质量显著提高。

1. 经营业绩大幅提升

截至 2010 年年底，中国农业银行实现营业收入 2 904 亿元，同比增长 30.7%，实现净利润 949 亿元，同比增长 46%，增速位居四大国有银行之首。农行 2010 年实现归属于母公司股东的净利润 948.7 亿元，高于招股说明书中预测的 829.1 亿元，为公司股东创造了超出预期的利润，保持了强劲的增长势头。

2. 资产质量显著提高

农行的资产质量不断提高，风险抵御能力不断增强，为其以后的成长打下坚实的基础。

五、农行上市成功原因分析

（1）农行在中国经济不是很景气的时候上市成功的原因之一是因为它是中国国有商业银行，有国家的支持。除此之外，农行独特的优势也是其成功上市的原因之一。

（2）外部条件，如中国经济快速增长，中国银行业具有良好的成长性和发展前景等。

（3）科学的发行方案的设计是农行上市成功的关键。农行上市发行的股份配售采取了科学、合理的发行机制和分配模式。在发行机制方面，农行在股票发行过程中还引入了"绿鞋机制"，为稳定发行价格保驾护航。

（4）高密度且全面覆盖的 IPO 预路演和科学合理的定价也为农行成功上市奠定了基础。

思考：我国是如何通过改革开放，鼓励国有企业改革的？

（二）买壳上市与首次公开发行上市的比较

1. 上市操作时间

买壳上市需要 3~9 个月的时间，收购仍有股票交易的壳公司需要 3 个月，收购已停止股票交易的壳公司至恢复其股票市场交易需 6~9 个月，而做首次公开发行上市所需时间一般为一年。

2. 上市手续

首次公开发行上市有时会因承销商认为市场环境不利而导致上市推迟，或由于上市价格太低而被迫放弃，而前期上市费用如律师费、会计师费、印刷费等也将付之东流。买壳上市在运作过程中不受外界因素的影响，不需承销商的介入，只要找到合适的壳公司，操作得当，就可能一步到位。

3. 上市费用

反向收购的费用要低于首次公开发行上市的费用，这要视壳公司的种类不同而定。

4. 运作与融资

首次公开发行一般先由承销商组成承销团介入，并且首次公开发行一旦完成，公司可立即实现融资。而买壳上市要待公司成为上市公司后，通过有效运作推动股价，然后才能以公募或私募形式增发新股或配股，进行二次融资，承销商在公司二次发行融资时才开始介入。

（三）买壳上市的主要程序

一个典型的买壳上市的运作路径可以概括为：选壳，买壳，价款支付，资产置换，挂牌（复牌），其中最重要的两个交易步骤是买壳和资产置换。买壳交易是指非上市公司股东以收购上市公司股份的形式，绝对或相对地控制一家已经上市的股份公司。资产置换交易是指公司收购非上市公司而控制非上市公司的资产及营运。

买壳上市涉及上市公司的重大购买、出售与资产置换等运作，必须符合《中华人民共和国公司法》《中华人民共和国证券法》《上市公司收购管理办法》《上市公司重大资产重组管理办法》《公开发行证券的公司信息披露内容与格式准则第 26 号——上市公司重大资产重组申请文件》等有关规定，履行信息披露义务和申报程序，并经中国证监会批准。买壳上市的具体步骤如下。

1. 选择目标壳公司

首先，挑选目标壳公司最重要的一条就是选择一些比较干净的壳。所谓比较干净的壳是指那些没有任何债务，公司经营历史比较清楚，没有任何法律纠纷和其他遗留问题的壳公司。其次，目标壳公司的股本规模要小。小盘股具有收购成本低、股本扩张能力强等优势。特别是流通盘小的壳公司，易于二级市场炒作，成功机会较大。再次，股权相对集中。由于二级市场收购成本较高，而且目标公司较少，因此大都采取股权协议转让方式。股权相对集中易于协议转让，而且保密性好，从而为二级市场的炒作创造了条件。最后，目标壳公司有配股资格。证监会规定，上市公司只有连续三年平均净资产收益率在10%以上（最低为6%）时，才有配股资格。买壳上市的主要目的就是配股融资，如果失去配股资格，也就没有买壳上市的必要了。

2. 买壳

买壳，即收购或受让股权。收购股权有以下两种方式：

一种方式是场外协议收购上市公司大股东持有的股权或受让上市公司的新定向增发股份，这是我国买壳上市行为的主要方式。这种收购方式成本较低，但操作困难较大，其原因是同时要得到股权原持有人和主管部门的同意，以及中国证监会的批准。

另一种方式是在二级市场上直接购买上市公司的股票。这种方式在西方流行，但是由于中国的特殊国情，其只适合于流通股占总股本比例较高的公司或者"三无公司"。二级市场的收购成本太高，除非有一套详细的操作计划，才能从二级市场上取得足够的投资收益来抵消收购成本。

获得合适的壳公司之后，公司便可对壳公司进行接管，改组上市公司的董事会、监事会和管理层等。

3. 价款支付

目前，市场上有六种价款支付方式，包括现金支付方式、资产置换支付方式、债权支付方式、混合支付方式、零成本收购方式、股权支付方式。前三种是主要支付方式，但是现金支付对于买壳公司是一笔较大的负担，其很难一下子拿出数千万元甚至数亿元现金，所以目前倾向于采用资产置换支付方式和债权支付方式或者加上少量现金的混合支付方式。

4. 资产置换

一是净壳。对于不太干净的壳公司，如不良资产较大、效益不佳的壳公司，公司需要将其原有的不良资产剥离出来，卖给关联公司，从而将不干净的壳公司变成"净壳"公司。如果原有的壳公司较为干净，也可以考虑在买壳后逐步剥离不良资产。

二是换壳。公司将优质资产注入壳公司，提高壳公司的业绩，从而达到配股资格，实现融资目的。

5. 复牌

在买壳上市期间，为避免股价异常波动，按照中国证监会的规定，上市公司应停牌。买壳上市完成并披露信息后再复牌交易。

【案例】

浪莎集团买壳上市案例分析①

一、背景介绍

自 2001 年起，浪莎管理层就一直有意进入资本市场，以壮大发展自己。而作为一家濒临退市边缘的上市公司，＊ST 长控也致力于寻找重组合作者。1998 年 4 月上市的＊ST 长控，上市仅 2 年零 10 天，就被冠上 ST 的头衔，成为当时沪、深两市 1 000 多家公司中从上市到 ST 历时最短的一家。而与四川泰港实业（集团）有限责任公司、西藏天科实业（集团）有限责任公司的第一次重组宣告失败后，ST 长控又被加上星号，这使其寻觅重组者的愿望更加强烈，可以说＊ST 长控是一个很典型的壳公司，具有被收购的潜力，这也是浪莎所看中的。

二、浪莎集团买壳上市过程

2006 年 9 月 1 日，＊ST 长控发布公告称，四川省国资委授权宜宾国资公司与浙江浪莎控股有限公司签署了《股权转让协议》，浪莎控股受让四川省国资委持有的全部 34 671 288 股国家股（占总股本的 57.11%），成为＊ST 长控控股方，从浪莎买壳上市的方式来看，其采用的主要是股权的有偿转让。2007 年 2 月 8 日，中国证监会正式核准＊ST 长控向浪莎控股定向增发 10 106 300 股，每股 6.79 元，用以购买浪莎控股持有的浙江浪莎内衣有限公司100% 股权，这样就意味着浪莎买壳＊ST 长控从而间接上市获得了成功。

---

① 佚名. 浪莎集团买壳上市. https://ishare.iask.sina.com.cn/f/5cqitnjiwvr.html.

三、浪莎集团买壳上市操作流程分析

买壳上市一般模式的操作流程包括三个步骤：买壳、清壳和注壳。但浪莎集团买壳上市的案例中，并不包括清壳这个步骤。

步骤一：买壳。买壳即非上市公司通过收购等方式获得上市公司的控制权，即买到上市公司这个壳。四川省国资委授权宜宾国资公司与浪莎控股签署了《股权转让协议》，浪莎控股受让四川省国资委持有的全部 34 671 288 股国家股（占总股本的 57.11%），从而成为 *ST 长控的控股方。

步骤二：注壳。注壳是指上市公司向非上市公司收购其全部或部分资产，从而将非上市公司的资产纳入上市公司，实现上市。在浪莎集团买壳上市的案例中，*ST 长控先向浪莎控股定向增发股票，获得资金，并用以购买浪莎控股持有的浙江浪莎内衣有限公司 100% 股权，从而实现了浪莎集团非上市资产 A 注入上市公司 *ST 长控，从而实现非上市资产的上市，即浪莎 *ST 买壳长控从而间接上市获得了成功。

买壳上市后，上市公司更名为"ST 浪莎"，2008 年 6 月 12 日正式更名为浪莎股份。

思考：举例说明我国企业 IPO 现状如何？

四、借壳上市

（一）借壳上市的含义

借壳上市是指非上市公司通过将其主要资产注入已上市的子公司中，实现母子公司的整体上市。借壳上市实质上是企业集团或大型公司先将其子公司或部分资产改造后上市，然后再将其他资产注入上市公司以实现上市，进而达到整体上市的目的，通常该壳公司会被改名。

（二）借壳上市的程序

借壳上市的一般做法是：第一步，集团公司先剥离优质资产上市；第二步，上市公司向其母公司定向增发股票作为支付对价，或通过上市公司增发、大比例的配股筹集资金收购母公司资产，将集团公司的重点项目注入上市公司；第三步，通过配股将集团公司的非重点项目注入上市公司，实现借壳上市。

借壳上市相对容易成功，风险也较小。借壳上市对于不同情况的企业可采取不同的方法：①如果母公司已有子公司在境内上市，子公司可通过换股并购方式或现金收购母公司资产方式直接操作借壳上市；②如果子公司没有上市，母公司先运作使其上市，子公司上市后再将母公司资产注入子公司实现借壳上市；③如果没有子公司，母公司可以先剥离或分拆一块优质资产成立子公司并运作其上市，然后将其他非上市公司资产注入上市公司实现借壳上市。

借壳上市一般都涉及大宗的关联交易，为了保护中小投资者的利益，这些关联交易的信息都需要根据有关的监管要求，充分、准确、及时地予以公开披露。

（三）买壳上市与借壳上市的比较

借壳上市和买壳上市的共同之处在于，它们都是一种对上市公司壳资源进行重新配置的活动，都是为了实现间接上市。

它们的不同点在于，买壳上市的企业首先需要获得对一家上市公司的控制权，买壳上市可分为买壳、借壳两步，即先收购控股一家上市公司，然后利用这家上市公司，将买壳者的其他资产通过配股、收购等机会注入进去。而借壳上市的企业本身就是这家上市公司的控股股东，已经拥有了对上市公司的控制权，不需要进行净壳处理。借壳上市后上市公司与母公司同属一个管理体系，融资与资产注入容易协调，而买壳上市则没这个优势。

第五节　股票退市

一、退市的含义

（一）退市的概念

退市是上市公司由于未满足交易所有关财务等其他上市标准而主动或被动终止上市的情形，终止上市是彻底取消上市公司的上市资格，或者取消上市证券挂牌交易资格的制度。退市可分主动性退市和被动性退市，退市的程序非常复杂。

【案例】

＊ST博元因重大违法被强制退市①

2016年3月21日，上海证券交易所（上交所）发布关于终止＊ST博元（珠海市博元投资股份有限公司）股票上市的公告称，＊ST博元是证券市场首家因触及重大信息披露违法情形被终止上市的公司。

因涉嫌连续4个年度虚增利润、资产，构成违规披露、不披露重要信息罪和伪造金融票证罪，追溯后4年净资产为负的＊ST博元，成为了2014年11月16日退市新规实施后首家启动退市机制的公司；同时，也成为A股首家因重大信息披露违法而被退市的公司。

从最初的沪市"老八股"之一，到如今首例重大违法退市，＊ST博元一步步沦为资本市场的"反面典型"，绝非公司一时不察，实为主观故意，持续违法、违规，且涉及金额巨大，情节严重，违法行为事实清楚。因此，终止上市是其必然结局。

思考：通过不断发展，现行我国上市公司退市机制如何？

（二）几个相关概念：暂停上市、恢复上市、终止上市和重新上市

证监会于2002年发布的《亏损上市公司暂停上市和终止上市实施办法（修订）》明确规定，上市公司三年亏损即暂停上市，公司股票暂停上市后，符合一定条件的，可以在第一个半年度报告披露后的五个工作日内向证券交易所提出恢复上市。申请暂停上市后第一个半年度仍未扭亏，交易所将直接作出终止上市的决定。从风险警示角度来看，以深圳证券交易所（深交所）为例（上交所类似），风险警示分为两种：

第一种：退市风险警示（公司股票代码前加标志＊ST，俗称"戴星戴帽"）。退市风险警示（＊ST）的主要情形有以下几种：

---

① 赵一蕙. A股首例！＊ST博元因重大违法被强制退市［N］. 上海证券报，2016-03-22.

①连亏两年（大部分被＊ST的个股都是这个原因）；

②近一年期末净资产为负；

③近一年营业收入低于1 000万元；

④近一年的财务会计报告被出具无法表示意见或者否定意见的审计报告（如＊ST霞客）；

⑤财务报告重大会计差错或者虚假记载，被中国证监会责令改正但未在规定期限内改正，且公司股票已停牌两个月（如＊ST烯碳）；

⑥因欺诈发行受到中国证监会行政处罚，或者因涉嫌欺诈发行罪被依法移送公安机关（如＊ST欣泰）；

⑦因重大信息披露违法受到中国证监会行政处罚，或者因涉嫌违规披露、不披露重要信息罪被依法移送公安机关（如＊ST博元）。

第二种：其他风险警示（公司股票代码前加标志ST，俗称"戴帽"）。其他风险警示（ST）的主要情形有以下几种（因为不是业绩原因，很多个股可随时摘帽）：

①公司生产经营活动受到严重影响且预计在三个月内不能恢复正常（如ST明科主营业务盈利能力弱，所以2016年仅摘星不摘帽）；

②公司主要银行账号被冻结（如ST狮头公司控股子公司太原狮头中联水泥有限公司，银行账户被冻结）；

③公司董事会无法正常召开会议并形成董事会决议；

④公司向控股股东或者其关联人提供资金或者违反规定程序对外提供担保且情形严重的（如ST亚太，公司控股股东兰州亚太工贸集团有限公司非经营性间接占用公司资金，深交所对公司股票实行"其他风险警示"的特别处理）。

1. 暂停上市

公司在被实施退市风险警示（＊ST）之后，如果出现以下几种情况，将被暂停上市：

①继续亏损（绝大部分＊ST就是这样被暂停上市的，包括前两年的＊ST超日、＊ST凤凰）；

②期末净资产继续为负值；

③营业收入继续低于1 000万元；

④财务报告继续被出具无法表示意见或者否定意见的审计报告；

⑤因欺诈发行被＊ST交易满三十天（欣泰电气由于是创业板，无暂停上市制度而直接退市）；

⑥因重大信息披露违法被＊ST交易满三十天。

上市公司被暂停上市后，其后续有以下两种可能：恢复上市与终止上市（退市）。

2. 恢复上市

暂停上市后，如果上市公司恢复了盈利能力且达到以下条件，可向交易所提交恢复上市的申请：

①净利润及扣除非经常性损益后的净利润均为正；

②期末净资产为正；

③具备持续经营能力且营业收入不低于1 000万元；

④财务报告未被出具保留意见、无法表示意见或者否定意见的审计报告。

3. 终止上市（退市）

暂停上市后，如果上市公司未能恢复盈利能力，即达不到上述恢复上市的条件，则将面临终止上市（退市）。如果公司股票被终止上市，公司将申请其股份进入股份转让系统中转让（俗称老三板），股东大会授权董事会办理公司股票终止上市以及进入股份转让系统的有关事宜。

4. 重新上市

上市公司在其股票终止上市后，达到交易所规定的重新上市条件的，可以申请重新上市。但事实上，目前没有任何一家已经退市的公司重新上市成功过。唯一一家粤传媒（股票代码：400003）走的是 IPO 通道，并没有直接重新上市。

二、退市的类型

（一）主动退市和被动退市

（1）主动退市。一般来说，上市公司营业期满，或因发展需要进行重组或调整结构，抑或股东会决定解散时，公司可根据股东会和董事会决议，向相关监管部门主动申请退市，得到批准后，即可进入退市流程。

（2）被动退市。被动退市也被称为强制退市。上市公司存在重大违法、违规行为，或因经营不善造成较大风险，而被交易所强制终止上市的，就属于被动退市。以我国的 A 股市场为例，如果上市公司连续两年亏损，交易所将发出退市风险警告。若该公司第三年仍然亏损，则会被交易所暂停上市。此时公司需在相关部门监督下进行整改，若一年后仍无起色，就会被交易所强制退市。

（二）私有化退市、换股退市和亏损、违法退市

（1）私有化退市。上市公司"私有化"，是资本市场一类特殊的并购操作。与其他并购操作的最大区别，就是它的目标是令被收购上市公司除牌，由公众公司变为私人公司。通俗来说，就是控股股东把小股东手里的股份全部买回来，扩大已有份额，最终使这家公司退市。私有化退市一般以主动退市完成，如辽河油田（000817）和锦州石化（000763）。

（2）换股退市，也叫换股并购，即并购公司将目标的股权按一定比例换成本公司的股权，目标公司被终止，换股退市一般也是主动退市。换股退市后，原股东成为另一家公司的股东。例如，山东铝（600205）、兰铝（600296）和中国铝业（601600）换股后，原山东铝（600205）、兰铝（600296）的股东就变成了中国铝业（601600）的股东。

（3）亏损、违法退市。亏损、违法退市一般是被动退市。如果上市公司连续 3 年亏损或有违法行为，就会暂停上市，若在规定期限内还是达不到恢复上市的条件，就会被退市。例如，*ST 精密（600092）、*ST 龙昌（600772）因为暂停上市后依然无法在规定时间内公布年报而被退市，*ST 博元因重大违法被强制退市。

三、我国上市公司的退市制度

（一）退市制度简介

退市制度是资本市场一项基础性制度，是指证券交易所制定的关于上市公司暂停、终止上市等相关机制以及风险警示板、退市公司股份转让服务、退市公司重新上市等退市配套机制的制度性安排。

在成熟市场，上市公司退市是一种常态现象。数据显示，自2001年4月PT水仙被终止上市起，沪、深两市随后退市公司超过70家。其中，因连续亏损而退市的有近50家，其余公司的退市则因为被吸收合并。退市比例占整个A股挂牌家数的1.8%，而美国纳斯达克每年大约有8%的公司退市，美国纽约证券交易所的退市率为6%；英国AIM的退市率更高，大约12%。这些国家的证券市场"有进有退"，其退市机制起到了较好的资源优化配置的效果。

（二）我国退市制度的相关法律法规

在我国证券市场制度建设中，退市制度的建立和实施是其中极为重要的环节之一。退市制度的完善有利于提高上市公司整体质量、净化市场，从而使证券市场的资源得到充分利用，提高对投资者的保护，并且利于不同层次的融资者有效地获取资金。我国关于上市公司退市的正式立法为1994年7月1日起施行的《中华人民共和国公司法》，但其只是对上市公司股票暂停上市和终止上市的法定条件进行了初步规定。1998年中国第一部《证券法》也对此进行了相应的规定，此时期所有法律法规对退市制度只做了原则性的规定，不具有可操作性。1998年证监会推出了特别处理ST制度，用于对财务状况或其他状况出现异常的上市公司的股票交易进行"特别处理"。此后，沪、深交易所公布并开始实施《股票暂停上市相关事宜的规则》，规则决定对连续3年亏损的公司暂停上市，并对其股票实施"特别转让服务"，即PT制度。在此基础上，中国证监会于2001年2月22日发布《亏损上市公司暂停上市和终止上市实施办法》（证监发〔2001〕25号），并于2001年11月22日进行修订，发布《亏损上市公司暂停上市和终止上市实施办法（修订）》（证监发〔2001〕147号）。2001年6月中国证券业协会发布了《证券公司代办股份转让服务业务试点办法》以及《股份代办转让公司信息披露实施细则》。《上海证券交易所股票上市规则》和《深圳证券交易所股票上市规则》同时也对终止上市进行了较为详细和全面的规定。新修订的《中华人民共和国证券法》第五十五条和第五十六条分别对暂停股票上市和终止股票上市进行规制，新修订的《中华人民共和国公司法》不再规定相关内容。

1. 2012年退市制度的修改

2012年3月18日，国务院转批发改委《关于2012年深化经济体制改革重点工作的意见》的通知，提出深化金融体制改革，健全新股发行制度和退市制度，强化投资者回报和权益保护。2012年4月20日，深交所发布《深圳证券交易所创业板股票上市规则》（2012年修订），自5月1日起施行。创业板退市制度正式出台，其中规定创业板公司退市后统一平移到代办股份转让系统挂牌，将不支持上市公司通过借壳恢复上市。2012年6月28日，上交所和深交所公布新退市制度方案，连续三年净资产为负，或者连续三年营业收入低于1 000万元，或连续20个交易日收盘价低于股票面值的公司应终止上市。

2. 2014 年退市制度的修改

2014 年 10 月 15 日，《关于改革完善并严格实施上市公司退市制度的若干意见》（中国证券监督管理委员会令第 107 号）发布，明确上市公司因欺诈发行、重大信息披露违法暂停上市、终止上市的具体情形，及相应的终止上市例外情形、恢复上市、重新上市的规定。

为进一步完善退市工作机制，沪、深交易所分别对《退市公司重新上市实施办法》《退市整理期业务实施细则》《风险警示板股票交易暂行办法》三项退市配套规则进行了修订，并于 2015 年 1 月 30 日对外发布实施。修订后的《退市公司重新上市实施办法》针对不同情形退市公司，在重新上市的申请程序、申请文件等方面进行了差异化安排：一是根据不同的退市情形，规定不同的重新上市申请间隔期；二是对重大违法退市公司申请重新上市，特别规定了严格前置条件；三是对于主动退市公司申请重新上市和被"错判"重大违法的退市公司恢复上市地位，《退市公司重新上市实施办法》在申请文件、审核程序、重新上市后的交易安排等方面进行了一定的简化和差异化安排。

3. 2018 年退市制度的修改

2018 年 7 月 27 日，证监会发布《关于修改〈关于改革完善并严格实施上市公司退市制度的若干意见〉的决定》（中国证券监督管理委员会令第 146 号），这次修改主要包括三个方面：一是完善重大违法强制退市的主要情形，明确上市公司构成欺诈发行、重大信息披露违法或者其他涉及国家安全、公共安全、生态安全、生产安全和公众健康安全等领域的重大违法行为的，证券交易所应当严格依法作出暂停、终止公司股票上市交易的决定的基本制度要求；二是强化证券交易所的退市制度实施主体责任，明确证券交易所应当制定上市公司因重大违法行为暂停上市、终止上市实施规则；三是落实因重大违法强制退市公司控股股东、实际控制人、董事、监事、高级管理人员等主体的相关责任，强调其应当配合有关方面做好退市相关工作、履行相关职责的要求。

2018 年 11 月 16 日，上海证券交易所和深圳证券交易所双双正式发布实施各自的上市公司重大违法强制退市实施办法，并修订完善了《股票上市规则》和《退市公司重新上市实施办法》。

上交所正式发布实施的《上海证券交易所上市公司重大违法强制退市实施办法》，明确此类情形的规范逻辑主要包括三个方面：第一，出现社会公众安全类重大违法行为，表明上市公司生产经营价值取向与其应当承担的社会责任发生严重背离；第二，社会公众安全类重大违法行为，不仅损害资本市场投资者的利益，更直接影响整个社会的公共利益乃至国家利益，为资本市场立法和监管的价值本位所不容；第三，上市公司存在社会公众安全类重大违法行为，往往会被剥夺生产经营的资格许可，丧失持续经营能力，客观上不应也无法再维持其上市地位。在社会公众安全类重大违法强制退市的具体情形方面，主要有三种情形：其一，上市公司或其主要子公司被依法吊销营业执照、责令关闭或者被撤销；其二，上市公司或其主要子公司依法被吊销主营业务生产经营许可证，或者存在丧失继续生产经营法律资格的；其三，交易所根据上市公司重大违法行为损害国家利益、社会公共利益的严重程度，结合公司承担法律责任类型、对公司生产经营和上市地位的影响程度等情形，认为公司股票应当终止上市的。

深交所正式发布实施的《深圳证券交易所上市公司重大违法强制退市实施办法》，在"重大违法强制退市"的定义和情形列举中纳入了"五大安全"（涉及国家安监事、高级管理人员等主体的相关责任，强调其应当配合有关方面做好退市相关工作、履行相关职责的要求）。

本章小结

股票是股份有限公司在筹集资本时向出资人发行的股份凭证。股票具有以下基本特征：不可偿还性、参与性、收益性、流通性、价格波动性、风险性。

股票市场是股票发行和交易的场所。根据市场的功能划分，股票市场可分为发行市场和交易市场。

股票发行制度主要有三种，即审批制、核准制和注册制。

股票发行分为公开发行和私募。公开发行又称公募，是指发行人通过中介机构向不特定的社会公众广泛地发售股票。私募又称非公开发行或内部发行，是指面向少数特定的投资人发行股票的方式。

股票交易市场可以分为场内交易市场和场外交易市场两种形式。场内交易市场又称证券交易所市场，是指由证券交易所组织的集中交易市场，有固定的交易场所和交易活动时间。场外交易市场是指在交易所外进行股票买卖的市场，它没有固定的场所，也没有正式的组织。

股票作为投资者投资入股的凭证，具有能够用货币予以计量的价值。股票的价值通常可以用账面价值、票面价值、内在价值、市场价值、清算价值形式予以衡量。

股票交易程序是指投资者在证券交易所买进或卖出已上市股票的过程。在目前电子化交易的情况下，股票交易的基本过程包括开户、委托、价格确定与成交、结算四个阶段。

退市是上市公司由于未满足交易所有关财务等其他上市标准而主动或被动终止上市的情形，终止上市是彻底取消上市公司的上市资格，或者取消上市证券挂牌交易资格的制度。退市可分主动性退市和被动性退市，退市的程序更为复杂。

【案例分析】

ST 九州退市的案例思考

【课后练习】

1. 注册地在中国内地、上市地在新加坡的境外上市的外资股是（　　）。
  A. A 股　　　　　　　　　　　B. S 股
  C. B 股　　　　　　　　　　　D. N 股

2. 股票发行之前，发行人必须按法定程序向监管部门提交有关信息，申请注册，并对信息的完整性、真实性负责的市场主导型股票发行制度是（　　）。
  A. 保荐制　　　　　　　　　　B. 注册制
  C. 核准制　　　　　　　　　　D. 审批制

3. 优先股股东权利是受限制的，最主要的是（　　）限制。
  A. 表决权　　　　　　　　　　B. 查阅权
  C. 转让权　　　　　　　　　　D. 分配权

4. 一般来说，股票的实际清算价值（　　）账面价值。
  A. 高于　　　　　　　　　　　B. 低于
  C. 等于　　　　　　　　　　　D. 不确定

5. 公司破产后，对公司剩余财产的分配顺序下列为最后的是（　　）。
  A. 普通股票　　　　　　　　　B. 优先股票
  C. 银行债权　　　　　　　　　D. 普通债权

二、多选题

1. 下列关于股票性质的说法中，正确的是（　　）。
  A. 股票是有价证券、要式证券
  B. 股票是证权证券、资本证券
  C. 股票是资本权利证券
  D. 股票是物权证券、债权证券

2. 按照流通受限与否分类，属于已上市流通股份的是（　　）。
  A. 优先股　　　　　　　　　　B. A 股
  C. B 股　　　　　　　　　　　D. H 股

3. 根据股东权益的不同，股票可分为（　　）。
  A. 普通股　　　　　　　　　　B. 记名股
  C. 优先股　　　　　　　　　　D. 无记名股

4. 下列选项属于股票的特征有（　　）。
  A. 收益性　　　　　　　　　　B. 市场性
  C. 永久性　　　　　　　　　　D. 流动性

5. 目前，我国的外资股有（ 　　 ）。

    A. H 股 　　　　　　　　　　　　　B. N 股

    C. B 股 　　　　　　　　　　　　　D. P 股

6. 股权分置是指 A 股市场上的上市公司股份按能否在证券交易所上市交易，被区分为（ 　　 ）。

    A. 流通股 　　　　　　　　　　　　B. 非流通股

    C. 普通股 　　　　　　　　　　　　D. 优先股

7. 根据持有人的身份不同，股票分为（ 　　 ）。

    A. 国家股 　　　　　　　　　　　　B. 法人股

    C. 个人股 　　　　　　　　　　　　D. 外资股

三、判断题

判断下列说法是否正确，对的在后面的（ 　　 ）内打√，错的在后面的（ 　　 ）内打×。

1. 优先股是指分配股息优先的股票。　　　　　　　　　　　　　　　　（ 　　 ）

2. 股票是一种债权证券。　　　　　　　　　　　　　　　　　　　　　（ 　　 ）

3. H 股是指用美元购买的股票。　　　　　　　　　　　　　　　　　　（ 　　 ）

4. 股票发行是借助流通市场网络进行的。　　　　　　　　　　　　　　（ 　　 ）

5. 只要是有足够资金的法人都可以申请进入证券交易所。　　　　　　　（ 　　 ）

四、计算题

1. 甲计划购买某股票，预计该股票未来 3 年每年每股可获现金股利 5 元，3 年后该股票的预期售价为每股 15 元，要求的必要报酬率为 15%，请问该股票的股价低于多少时，投资者才能购买该股票？

2. 某投资者购买了一只股票，预计该只股票采取固定股利政策，每年每股发放现金股利 3 元，假设必要报酬率为 10%，那么该股票的内在价值是多少？

3. 某投资者计划购买股票，其要求的报酬率是 12%，该股票去年支付的每股股利是 3.5 元，投资者预期未来几年该股票公司的年股利增长率是 10%。那么该公司股票的价格为多少的时候，投资者才能选择进行投资？

五、简答题

1. 什么是股票？主要有哪些种类？

2. 试比较审批制、核准制和注册制。

3. 试比较公开发行和私募。

4. 试述公开发行的一般流程。

5. 试述股票价值的 5 种形式。

6. 试说明股票退市的情形。

第四章

债券市场

■教学目标

　　债券市场是发行和买卖债券的场所，债券市场是资本市场的一个重要组成部分，随着我国资本市场的日益成熟，债券融资已经成为企业融资的重要渠道之一。教师通过本章教学至少应该实现下列目标：使学生掌握债券的定义和特征、债券的构成要素和分类，了解债券交易市场的概念、发展沿革等知识目标；了解中国国债市场的发行运作方式，掌握企业资产证券化运作流程等能力目标；了解债券融资证监会的相关规定，杜绝资本市场违法、违规、失信行为等思政目标。

【案例导入】

苏州高新公司债券融资[①]

　　苏州新区高新技术产业股份有限公司是一家上市公司，股票简称：苏州高新，股票代码：600736。苏州高新经营范围为：高新技术产品的投资、开发和生产，能源、交通、通信等基础产业、市政基础设施的投资，工程设计、施工，科技咨询服务。苏州高新主要从事包括商品房开发、动迁房建设、商业地产开发、房产租赁在内的房地产业务和污水处理等基础设施经营以及旅游服务三大业务，业务区域主要集中在苏州高新区。

　　2009年11月9日，苏州高新成功发行规模为10亿元的公司债券。

　　（一）公司债券的基本情况

　　此次公司债券的基本情况见表4-1。

---

　　① 笔者根据"清算网"整理。详见百度贴吧. 苏州高新公司发行10亿元公司债 ［EB/OL］. （2009-11-17）. https://tieba.baidu.com/p/669849009? red_tag＝1351878105.

表 4-1　苏州高新公司债券的基本情况

债券名称	2009 年苏州新区高新技术产业股份有限公司公司债券
债券简称	09 苏高新
债券代码	122035
发行总额	人民币 10 亿元
面值	人民币 100 元
期限	存续期限为 5 年，第 3 年年末附发行人上调票面利率选择权和投资者回售选择权
债券发行批准	经中国证监会证监许可〔2009〕976 号文核准公开发行
发行价格	按面值平价发行
债券利率	本次债券票面利率为 5.5%，在债券存续期限前三年固定不变；如发行人行使上调票面利率选择权，未被回售部分债券存续期限后两年票面年利率为债券存续期限前三年票面年利率加上调基点，在债券存续期限后两年固定不变。本次债券采用单利按年计息，不计复利
债券形式	实名制记账式公司债券
信用级别	AA
评级机构	中诚信证券评估有限公司
交易流通	上海证券交易所

（二）募集资金运用

苏州高新将本次债券募集的资金全部用于偿还商业银行贷款，该资金使用计划将有利于调整并优化公司负债结构。截至 2009 年 9 月 30 日，发行人母公司短期借款为 24.9 亿元，长期借款为 2.5 亿元，考虑到募集资金实际到位时间无法确切，估计公司将本着有利于优化公司债务结构、尽可能节省公司利息费用的原则灵活安排偿还公司所借银行贷款。

（三）公司债券发行对苏州高新的积极意义

此次公司债券的发行，在以下两个方面对苏州高新有积极意义：

第一，改善苏州高新的负债结构。本次债券发行完成且募集资金运用后，苏州高新合并报表的资产负债率水平将由 2009 年 9 月 30 日的 74.03% 保持不变。长期负债占总负债的比例由 2009 年 9 月 30 日的 21.26% 增至 32.36%。由于长期债权融资比例有较大幅度的提高，苏州高新的债务结构将逐步得到改善。

第二，增强苏州高新的短期偿债能力。本次债券发行完成且募集资金运用后，苏州高新合并报表的流动比率及速动比率将分别由 2009 年 9 月 30 日的 1.45 及 0.37 增加至 1.68 及 0.43。流动比率和速动比率均有了较为明显的提高，流动资产对于流动负债的覆盖能力得到提升，苏州高新的短期偿债能力增强。

第一节　债券市场概述

一、债券的定义和特征

（一）定义

债券是政府、金融机构、工商企业等机构直接向社会借债筹措资金时，向投资者发行，并且承诺按一定利率支付利息并按约定条件偿还本金的债权债务凭证。

债券的本质是债的证明书，具有法律效力。债券购买者与发行者之间是一种债权债务关系，债券发行人即债务人，投资者（或债券持有人）即债权人。

（二）特征

债券作为一种重要的融资手段和金融工具具有如下特征。

第一，偿还性。债券一般都规定有偿还期限，发行人必须按约定条件偿还本金并支付利息。

第二，流通性。债券一般都可以在流通市场上自由转让。

第三，安全性。与股票相比，债券通常规定有固定的利率，与企业绩效没有直接联系，收益比较稳定，风险较小。此外，在企业破产时，债券持有者享有优先于股票持有者对企业剩余资产的索取权。

第四，收益性。债券的收益性主要表现在两个方面：一是投资债券可以给投资者定期或不定期地带来利息收入；二是投资者可以利用债券价格的变动，买卖债券赚取差额。

二、债券的构成要素

（一）债券的票面价值

债券的票面价值是券面注明的以某种货币表示的票面金额，它是到期偿还本金和计算利息的基本依据，包含面值数额和面值币种两个内容。

债券面值数额都是整数面值，大小从一个货币单位到上百万个货币单位不等，取决于债券的性质和发行对象。面向个人的债券面值较小，面向机构的面值较大。

债券面值币种的确定，取决于债券发行人的需要、发行地点及债券的种类等因素。一般在国内发行的债券，币种为本国货币，在国外发行的债券，币种为国际通货或所在国货币。

（二）债券的价格

债券的价格包括债券的发行价格和债券的市场价格。债券作为一种可以买卖的有价证券，其价格的决定受多种因素影响，其中决定债券价格的主要因素是市场收益率、债券的偿还期和债券的利息率。

一般情况下，债券的发行价格与债券的面值是一致的，而债券的市场价格是经常变化的，往往偏离债券面值，有时高于面值，有时低于面值。

（三） 债券的偿还期限

债券的偿还期限是指发行人清偿债务所需要的时间。债券期限一般可以分为三类：期限在 1 年以内的为短期债券；期限在 1~10 年的为中期债券；期限在 10 年以上的为长期债券。

债券期限的确定，通常是债券发行人根据市场利率变动趋势、投资者心理偏好、偿还期限、资金供求情况等因素来决定的。

（四） 债券的票面利率

债券的票面利率是指债券利息与债券票面价值的比率，通常用百分数表示年利率。

债券的票面利率对于债券发行人和债券投资者具有不同的意义。对于债券发行人来说，它是融资成本，对于债券投资者来说，它是投资收益。

三、债权投资的优缺点

（一） 债券投资的优点

公司进行债券投资的优点主要表现在以下三个方面。

（1） 本金安全性高。与股票相比，债券投资风险比较小。政府发行的债券有国家财力做后盾，其本金安全性非常高，通常视为无风险证券。公司债券的持有者拥有优先求偿权，即当公司破产时，优先于股东分得公司资产，因此，其本金损失的可能性较小。

（2） 收入比较稳定。债券票面一般都标有固定利息率，发行人有按时支付利息的法定义务，因此，在正常情况下，投资于债券都能获得比较稳定的收入。

（3） 许多债券都具有较好的流动性。政府其他公司发行的债券一般都可在金融市场上迅速出售，流动性很好。

（二） 债券投资的缺点

公司进行债券投资的缺点，主要表现在以下三个方面。

（1） 购买力风险比较大。债券的面值和利息率在发行时就已确定，如果投资期间的通货膨胀率比较高，则本金和利息的购买力将不同程度地受到侵蚀，在通货膨胀率非常高时，投资者虽然名义上有报酬，但实际上却遭受了损失。

（2） 没有经营管理权。投资于债券只是获得报酬的一种手段，无权对债券发行单位施以影响和控制。

（3） 需要承受利率风险。市场利率随时间上下波动，市场利率的上升会导致流通在外的债券价格下降。由市场利率上升导致的债券价格下降的风险称为利率风险。假如以 100 元的价格购买面值为 100 元的 A 公司债券，期限为 5 年，票面利率为 10%，第二年市场利率升至 15%，则债券的价格会下跌到 85.73 元，因此，每张债券将损失 14.27 元，上升的市场利率导致了债券持有者的损失。因此，投资债券的个人或公司承受着市场利率变化的风险。

四、债券的分类

债券是各种不同债务凭证的总称。随着人们对资金融通需求的多样化，新的债券形式不断出现。目前，债券的种类大致有如下几种。

（一）政府债券、金融债券、企业债券和国际债券

按发行主体的不同，债券分为政府债券、金融债券、企业债券和国际债券。

政府债券又可以分为中央政府债券和地方政府债券。中央政府债券即国债，指由中央政府直接发行的债券；地方政府债券又称市政债券，指由地方政府及其代理机构或授权机构发行的一种债券。

金融债券是由银行或非银行金融机构发行的债券。在英、美等欧美国家，金融机构发行的债券归类于企业债券。在我国及日本等国家，金融机构发行的债券称为金融债券。

企业债券通常又称公司债券，是企业依照法定程序发行，约定在一定期限内还本付息的债券。

国际债券是由外国政府、外国法人或国际机构发行的债券，它包括外国债券和欧洲债券两种。外国债券是指在某个国家的债券市场上，由外国的政府、法人或国际机构在其国内发行的债券，该债券的面值货币是债券发行市场所在国的货币；欧洲债券是指专门在债券面值货币国家之外的境外市场上发行的债券。

（二）付息债券和贴现债券

按利息支付方式不同，债券分为附息债券和贴现债券。

付息债券是指按照债券票面载明的利率或票面载明的方式支付利息的债券，分为固定利率债券和浮动利率债券。固定利率债券指在发行时规定利率在整个偿还期内不变的债券；浮动利率债券是指发行时规定债券利率随市场利率定期浮动的债券。

贴现债券是指在发行时按规定的折扣率，以低于债券面值的价格发行，到期按面值支付本息的债券。

（三）记名债券和不记名债券

按是否记名，债券分为记名债券和不记名债券。

记名债券是指在债券上注明债权人姓名，同时在发行公司的名册上作出同样登记的债券，一般大面额的债券均采用记名的形式。记名债券在转让时，要办理转让手续，原持有人要背书，并在发行公司的名册上更换债权人姓名，所以流通性较差。

不记名债券是指在债券上不注明债权人姓名，也不在公司名册上登记的债券。不记名债券在转让和买卖时无须背书，也无须在发行公司的名册上更换债权人姓名，因此，流动性较强。

（四）担保债券和信用债券

按有无担保，债券分为担保债券和信用债券。

担保债券是指以抵押财产为担保而发行的债券。

信用债券又称无担保债券，指仅凭债券发行者的信用而发行的，没有抵押财产作担保的债券。

（五）公募债券和私募债券

按募集方式的不同，债券分为公募债券和私募债券。

公募债券是指公开向社会公众投资者发行的债券。

私募债券是指向少数特定的投资者发行的债券。

（六）上市债券和非上市债券

按是否流通上市，债券分为上市债券和非上市债券。

上市债券是指在证券交易所内买卖的债券。

非上市债券是指不在证券交易所上市，只能在场外交易的债券。

五、债券交易市场

（一）债券交易市场概述

目前，中国债券交易市场由全国银行间债券市场、证券交易所债券市场和商业银行柜台债券市场三个市场构成，见图4-1。

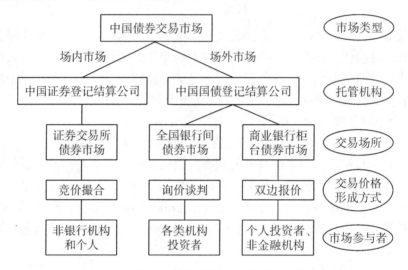

图 4-1　中国债券市场架构

1. 银行间债券市场

银行间债券市场市值是依托于中国外汇交易中心及全国银行间同业拆借中心和中国国债登记结算公司，商业银行、农村信用联社、保险公司、证券公司等金融机构，进行债券买卖和回购的市场。经过近几年的迅速发展，银行间的债券市场目前已经成为我国债券市场的主体部分。

在银行间债券市场的债券交易中，投资机构者以询价和双边报价的方式进行大宗批发交易，全国银行间同业拆借中心为债券交易提供报价服务，中央结算公司办理债券登记、托管和结算业务。

2. 证券交易所债券市场

证券交易所债券市场是指各类投资者（包括机构和个人）通过交易所撮合成交系统进行零散债券集中交易的场内市场，中国证券登记结算公司上海、深圳分公司分别负责上交所和深交所的债券托管和结算业务。

证券交易所债券市场包括上海证券交易所和深圳证券交易所两个债券市场，投资者实行会员制，市场参与者主要包括证券公司、基金公司、保险公司、企业和个人投资者。

3. 商业银行柜台债券市场

商业银行柜台债券市场是指利用银行营业网点的优势，设立在营业柜台面向社会公众（投资者个人或企业投资者）办理债券交易的市场。目前，其主要包括凭证式国债市场和记账式国债柜台交易市场。

个人和中小企业、事业单位按照商业银行柜台挂出的债券买入价和卖出价进行债券买卖，商业银行总行为投资者办理债券的登记、托管和结算业务。

（二）债券交易市场发展沿革

中国债券交易市场的发展主要经历了三个阶段：

第一，以柜台市场为主的阶段（1988—1992年）。1988年年初7个城市金融机构柜台进行国债流通的试点，随后在全国61个城市进行推广，这是我国债券流通市场的正式开端。1991年年初，国债实现在全国400个地、市级以上的城市进行流通转让。

第二，以场内市场为主的阶段（1992—1997年）。1992年，国债现货开始进入交易所交易，国债回购、国债期货相继出现。20世纪90年代初各地交易中心虚假交易盛行，风险突出，1995年进行整顿后债券交易主要在交易所进行

第三，以场外市场为主的阶段（1997年至今）。1997年6月商业银行退出交易所市场，全国银行间债券市场形成。2002年，我国推出了商业银行柜台记账式国债交易业务。发展至今，银行间债券市场已覆盖各类机构投资者，交易规模不断扩大，交易品种不断增加，以场外市场为主的债券市场格局已基本形成。

（三）市场监管分工

中国债券交易市场的市场监管分工主要分为功能监管和机构监管。

功能监管方面：人民银行主要负责监督管理银行间债券市场（发行活动和交易活动）、协调国债发行管理、授权交易协会对非金融企业债务融资工具注册进行管理；证监会主要负责监督管理交易所债券市场、公司债券的发行管理；发改委主要负责企业债券的发行管理。

机构监管方面：银保监会、证监会对所监督机构的债券发行、交易行为进行监管。

（四）交易主体

银行间债券市场的交易主体涵盖了主要的投资者，包括：商业银行及其授权分行、城乡信用社，境内外资金融机构、境外合格机构投资者、证券公司、基金管理公司、各类证券投资基金、保险公司、信托公司、财务公司、租赁公司等其他非银行金融机构，社保基金、住房公积金、企业年金等其他债券投资主体，企事业单位。

交易所债券市场的交易主体包括：除商业银行、信用社以外的机构投资者和个人投资者。

柜台债券市场的交易主体主要包括：个人、企事业单位和中小投资者。

（五）可流通债券品种

在债券交易市场中，三个市场可流通债券的品种各不相同。

银行间债券市场的交易品种包括：国债、央行票据、政策性金融债券、金融债券、短期融资券、中期票据、企业债券、国际开发机构债、资产支持证券。

交易所债券市场的交易品种包括：国债、企业债券、可转换债券、公司债券。

柜台债券市场的交易品种包括：储蓄国债、记账式国债。

（六）交易工具种类

在债券交易市场中，三个市场的交易工具种类也各不相同。

银行间债券市场的交易工具包括：现券买卖、质押式回购、买断式回购、远期交易、利率互换、债券借贷、远期利率协议。

柜台债券市场的交易工具主要是现券买卖。

交易所债券市场的交易工具包括：现券买卖、标准券回购、买断式回购。

第二节　国家债券与发行

一、国债概述

（一）国债的定义及特点

1. 定义

国债是国家债券（又叫国家公债）的简称，是指中央政府为筹集资金而发行的债券，是中央政府向投资者出具的、承诺在一定时期支付利息和到期偿还本金的债权债务凭证。

2. 特点

国债作为中央政府的债务凭证，一般具有如下几个特点。

第一，自愿性。国家在举借国债的过程中，投资者的购买行为完全是出于自愿，国家不凭借权力强制其购买。

第二，安全性。由于国债是由中央政府发行的，因而它是属于国家信用级别的，这样它就具有最高的信用地位，风险也最小。

第三，流动性。国债具有最高的信用地位，对投资者的吸引力很强，又容易变现。一般来说，国债市场的流动性要高于其他同样期限的资本市场。

第四，免税待遇。大多数国家都规定，购买国债的投资者与购买其他有价债券的投资者相比，可以享受优惠的税收待遇，甚至免税。

（二）国债的种类

如同债券分类一样，国债按照不同标准可以分为不同种类，如分为付息国债和贴现国债、固定利率国债和浮动利率国债等。这里我们分别介绍美国和中国最为常见的国债种类。

1. 美国国债种类

美国国债按照偿还期限的不同，可以分为短期国债、中期国债和长期国债。我们用表4-2来概括美国国债的种类。

表 4-2　美国国债的种类

种类	内容	期限	投标日期	发行日期	票面额
短期国债 （Treasury Bill）	发行不足1年的贴现债券	3 个月	每周星期一	该周星期四	1 万美元以上，5 000 美元为单位
		6 个月	每周星期一	该周星期四	
		1 年	每月第 4 周的星期四	下周星期四	
中期国债 （Treasury Note）	发行一年以上、10年以下的付息债券	2 年	每月下半月	该月月末	5 000、1 万、10 万、100 万、1 亿、5 亿美元
		3 年	2 月、5 月、8 月、11 月各月第 2 周的星期二	2 月、5 月、8 月、11 月各月的 15 日	
		5 年	每月月末	每月月末	1 000、5 000、10 万、100 万美元
		7 年	1 月、4 月、7 月、10 月各月的第 2 周的星期三	1 月、4 月、7 月、10 月 15 日	
		10 年	2 月、5 月、8 月、11 月各月第 2 周的星期三	2 月、5 月、8 月、11 月各月的 15 日	
长期国债 （Treasury Bond）	发行超过10年的付息债券	30 年	2 月、5 月、8 月、11 月各月第 2 周的星期四	2 月、5 月、8 月、11 月各月的 15 日	1 000、5 000、10 万、100 万美元

2. 中国国债种类

我国的国债可分为凭证式国债、无记名（实物）国债和记账式国债三类。

（1）凭证式国债。这是一种国家储蓄债，可记名、挂失，以"凭证式国债收款凭证"记录债权，不能上市流通，从购买之日起计息。在持有期内，持券人如遇特殊情况需要提取现金，可以到购买网点提前兑取。提前兑取时，除偿还本金外，利息按实际持有天数及相应的利率档次计算，经办机构按兑付本金的 2‰ 收取手续费。

（2）无记名（实物）国债。这是一种实物债券，以实物券的形式记录债权，面值不等，不记名，不挂失，可上市流通。发行期内，投资者可直接在销售国机构的柜台购买。在证券交易所设立账户的投资者，可委托证券公司通过交易系统申购。发行期结束后，实物券持有者可在柜台卖出，也可将实物券交证券交易所托管，再通过交易系统卖出。

（3）记账式国债。其以记账形式记录债权，通过证券交易所的交易系统发行和交易，可以记名、挂失。投资者进行记账式国债买卖，必须在证券交易所设立账户。由于记账式国债的发行和交易均是无纸化，所以其效率高、成本低、交易安全。

（三）国债市场的主要功能

一般来说，国债市场有如下三大功能。

1. 弥补财政赤字

这是国债的原始功能。弥补财政赤字通常有三种做法，即增加税收、向中央银行透支或借款、发行国债。作为弥补财政赤字的国债，通常在如下情形下发行：第一，弥补财政收支不平衡引起的资金缺口；第二，由于一些突发事件引起的政府收入的减少或支出的增加，从而造成政府的收支不平衡；第三，有些国家多年积累的收支缺口较大，一些到期的旧债很难一下还清，这时政府往往通过发新债的办法，用新筹资金偿还原有债务。

2. 筹集建设资金

政府在建设一些大型基础设施时，如果这些费用以税收来支付，则对当期纳税者来说不符合公平负担原则，而通过发行国债把这些费用转嫁至将来实际享受这些福利的人身上是比较合理的。而且，由于政府安排一些大型建设项目所需资金数目巨大，很难完全以正常分配的财政支出资金解决，所以政府需要通过一个发债计划来筹集部分资金，支持该项目的建设。

3. 宏观调控功能

国债在调控宏观经济方面的作用首先表现为，它作为国家宏观经济的调控杠杆，对社会总供求平衡、经济结构优化、经济稳定增长等目标的实现起到积极作用。中央银行在公开市场业务中买卖国债，可以调节流通中的货币供应量，从而引起利率的变化。

二、中国国债市场的运作

1. 概述

我国的国债在 20 世纪 50 年代曾发行过，后停顿，于 1981 年又开始发行国债，并逐渐形成规模且日趋完善，充分发挥了支持国家财政有效运转和国家重点项目建设的作用。

我国的国债发行规模由财政部在每年的第四季度根据国家财政预算收入和支出情况、国家重点建设资金需求情况及社会资金的承受能力，提出国债的发行条件，经国家计委、中国人民银行进行综合平衡后，上报国务院，正式确定国债的年度发行额，报送全国人民代表大会讨论通过后确定。一般在发行前半个月，财政部发出公告，并在各大新闻媒体上予以刊登。

自 1981 年以来，我国债券市场取得了很大的发展，主要表现在如下方面。

第一，规模逐年扩大。国债发行额从 1981 年的 48.66 亿元猛增到 2001 年的 2 500 亿元，呈现逐步上升趋势。

第二，品种多样化。国债品种的多样化首先体现在国债形式的多样化，我国发行有记账式无纸化券、无记名实物券和凭证式储蓄券；其次，自 1996 年以来国债的期限也呈现出长、中、短期相结合的发展趋势，短至 3 个月，长至 10 年，共 9 个期限品种。

第三，市场体系不断完善。国债市场初步形成了以一级自营商及银行和证券机构为主体，以国债服务部、其他金融机构和机构投资者为基础的市场中介体系；建立了以一级自营商为主体的承销组织，形成了交易所内挂牌和场外协议相结合的国债交易方式，并通过银行和证券公司等中介机构的柜台形成了全国性的交易网络；发展了以个人投资者为主，以金融机构、企业和其他机构投资者为辅的投资人体系，大大提高了国债市场的效率。

2. 国债的发行方式

自 1981 年恢复发行国债以来，我国国债的承销方式在 1991 年以前是采用行政分配的方式，其后发行方式有承购包销、招标竞价、定向发行等，总的变化趋势是以低成本、高效率为目标，使之发行向规范化、市场化发展。

（1）行政分配方式。这种发行方式是财政部将当年国债发行任务，按一定的标准和分配比例，将国债分配给各级政府、各级财政及认购人的所在单位和开户银行，逐级分配认购，并在规定期限内逐级上划款项。

（2）承购包销。此种国债发行方式的实施与国债一级自营商制度紧密相关，主要用于不可流通的凭证式国债。承购包销是指由大型金融机构组成承购包销团，按一定条件向财政部承购国债，并由其负责在市场上转售，未销售出的余额由承销商包销。由于发行条件由发行人和承销商通过协商确定，因而带有一定的市场因素，从而被世界上大多数国家采用。

（3）招标发行。公开招标发行是指财政部通过招标方式向有资格的承销商发标，投标者中标后，视同投资购买性质，可按一定价格向社会再行出售。这是从1995年起我国在国债发行上的一次重大改革，财政部在1年期记账式国债的发行中首次采用了"交款优先"的拍卖国债方式。招标发行与承购包销方式相比，公开招标发行可以使国债的发行人与投资者直接见面，减少了中间环节，而且使竞争机制和市场机制得以表现，有利于形成公平合理的发行条件，缩短发行期限，提高发行效率，降低了发行成本。

（4）定向发售。此种发行方式是指向养老保险基金等特定机构发行国债的方式，主要用于国家重点建设债券、财政债券及特种国债等的发行。

3. 国债的发行程序

现阶段我国国债的发行程序是以国债一级自营商为主的承购包销。这里所称的国债一级自营商是指具备一定资格条件并经财政部、中国人民银行和中国证监会共同审核确认的银行、证券公司和其他金融机构。国债一级自营商可直接向财政部承购和投标国债，并通过开展分销、零售业务，促进国债发行、维护国债市场顺畅运转。当然，根据不同国债的不同形态，具体的发行程序也不同，具体来说，有如下几种。

（1）无记名（实物）券的发行程序。其是以一级自营商为主的承购包销。此种发行程序是先由一级自营商或与一级自营商组织的承销团同财政部签订承销协议，承购一定数额的国债，然后承销商在规定的期限内将款项划到财政部国债司在中国人民银行总行国库司的账户上，并到国债司或国债司在各省（区、市）设的托管库领取实物券或办理托管凭证，然后国债司将手续费划到一级自营商的账户。

（2）凭证式国债的发行程序。目前，凭证式国债主要由银行承销。具有国债一级自营商资格的银行同财政部签订承销协议，然后各承销银行利用自己的系统分销凭证式国债券。所有凭证式国债在规定的期限出售后，银行迅速将款项划到国债司的账户，国债司将手续费划到各承销银行的账户上。

（3）记账式国债的发行程序。记账式国债主要通过证券交易所来发行，其发行程序如下：首先，取得该项国债承购包销资格的承销商向交易所申请取得交易席位，或者委托交易所的会员公司参与发行交易；分销期内，承销商在该交易所分别挂牌卖出国债；在挂牌买卖时，成交一栏实时显示该承销商的销售债券的数量。投资者可利用在交易所开立的"股票账户"来办理认购国债手续，以减少开户数量；投资者买入国债以后，认购的国债数量自动过入其账户，由此完成债券的认购登记手续。当日闭市后，客户的认购款被划入承销商在交易所内的账户，并且在规定的日期内，将该款项并入交易所在中国人民银行的专户。发行结束后，如果被财政部认为符合承销合同的一切规定，其承销手续费由交易所付给承销商。

（4）招标发行。国债承销机构根据不同的招标方式获得中标权利后，采取在交易所挂牌分销和在证券经营机构柜台委托购买的方式向社会公开发行。个人等社会投资者可以用证券账户或在证券经营机构开立证券二级账户的方式购买国债。

4. 国债的上市

国债是国家信用等级，因此，只要国家在发行时规定准许上市，其均可在规定时间上市，无须经过审批。当然，国家规定不准许上市的国债（如记名凭证式国债）除外。

第三节　公司债券与发行

一、公司债券的内涵

（一）公司债券的定义

债券是政府、金融机构、工商企业等直接向社会借债筹措资金时，向投资者发行，承诺按一定利率支付利息并按约定条件偿还本金的债权债务凭证。债券是现代经济中主要信用形式之一，也是各国经济和金融发展不可缺少的金融工具。按照发行主体划分，债券可分为政府债券、金融债券和企业（公司）债券。

在《新帕尔格雷夫经济学大辞典》中，债券被定义为一种契约，规定当约定的某些事件或日期来到时，其发行者须给予持有人或受益人一定的报酬。在当代经济学用语中，债券一般被理解为一种债务工具，通常由政府或公司发行，先接受一笔借款，并承诺将来按载明日程支付本息。米什金在《货币金融学》中将债券定义为一种承诺在一个特定的时间段中进行定期支付的债务性证券。滋维·博迪在《金融学》中将债券定义为以借贷协议形式发行的证券，借者为获取一定量的现金而向贷者发行（如出售）债券，债券是借者的"借据"。

由此，公司债券可以认为是由股份制公司发行的一种债务契约，公司承诺在未来的特定日期偿还本金并按事先规定的利率支付利息。公司债券包含以下四层含义：①债券的发行人是股份制公司，是资金的借入者；②购买债券的投资者是资金的借出者；③发行人（借入者）需要在一定时期还本付息；④债券是债务证明书，具有法律效力。债券购买者与发行者之间是一种债权债务关系，债券发行人即债务人，投资者（或债券持有人）即债权人。

（二）公司债券的特征

公司债券具有债券的一般特征，即到期还本付息。作为债券的一种，与政府债券和金融债券相比，公司债券还具有一些特别之处。

1. 风险性

公司债券与政府债券或金融债券相比较，风险较大。公司债券的还款来源是公司的经营利润，但是任何一家公司的未来经营都存在很大的不确定性，因此公司债券持有人承担着损失利息甚至本金的风险。

2. 收益率较高

按照风险与收益成正比的原则，风险较高的公司债券需提供给债券持有人较高的投资收益，公司债券利率通常高于国债和地方政府债券。

3. 优先性

公司债券反映的是债权关系，不拥有对公司的经营管理权，但是可以优先于股东享有索取利息和优先要求补偿和分配剩余资产的权利。债券持有者是公司的债权人，有权按期取得利息，且利息分配顺序优于股东。公司破产清理资产时，债券持有者也优先于股东收回本金。

二、公司债券的理论

（一）资本结构理论

按照现代资本结构理论的观点，公司的融资选择问题从本质上来说就是公司资本结构的选择问题。1958 年，莫迪格利安尼和米勒（Modigliani and Miller）共同发表了著名的《资本成本、公司财务和投资理论》一文，提出了最初的资本结构理论——MM 理论，认为在资本市场高度完善、充分竞争、没有税收的理想状态下，任何企业的市场价值与其资本结构无关，即企业选择怎样的融资方式不会影响企业的市场价值。1963 年他们在《公司所得税与资本结构：一项修正》一文中，将企业所得税引入了 MM 理论，形成了修正的 MM 理论，由此而得出的结论为：企业的资本结构影响企业的总价值，负债经营将为公司带来税收节约效应。1977 年，米勒在发表的《负债与税收》一文中，通过把个人所得税的因素加入到修正的 MM 理论中而建立了回归的 MM 理论——米勒模型。该模型把企业所得税和个人所得税的因素都考虑进去了，它认为个人所得税的存在会在某种程度上抵减负债的税盾效应，但是在正常的税率水平下，负债的税盾效应不会被完全抵消，因此企业的负债水平和企业的价值仍然呈正相关。米勒模型是对 MM 定理的最后总结和重新肯定，数理逻辑比较严密，但是它的研究前提仍然没有改变，在实践中难以得到验证。

（二）权衡理论

20 世纪 70 年代中期詹森和麦克林等提出了权衡理论，也称为企业最优资本结构理论，认为企业会在负债的税收利益与破产成本现值之间进行权衡，以达到最优资本结构。而企业的最优资本结构就是使债务资本的边际成本和边际收益相等时的比例。权衡理论通过放宽 MM 理论完全信息以外的各种假定，认为在税收、财务困境成本、代理成本分别或共同存在的条件下，资本结构会影响企业市场价值。

权衡理论指出，企业利用债权融资方式进行融资既有优点也有缺点。优点为：一是负债利息可作为企业的费用成本在税前扣除，而股息则必须在税后支付，因此，负债具有税收的屏蔽作用；二是企业采用债权方式进行融资，有利于提高企业管理者的工作效率、降低在职消费，更为重要的是可以使企业的自由现金流量减少，从而可以使低效或非盈利项目的投资减少，也就是说可以降低企业的权益代理成本。缺点为：一是当企业举借债务达到一定的程度后，企业的财务危机成本也在不断上升；二是个人所得税对负债的税盾效应有抵消的作用。因此，负债经营企业的价值等于无负债经营企业的价值加上赋税的节约，减去与其财务危机成本的现值和权益代理成本的现值。

当企业赋税成本的节约与企业的财务危机成本和代理成本达到平衡时，企业的资本结构达到最优。

（三）优序融资理论

1977 年，罗斯（Ross）首次将信息不对称引入资本结构理论。在此基础上，梅耶斯和梅勒夫（Mayers & Majluf, 1984）研究了在信息不对称状态下，融资工具的选择行为传递公司类型的信号机制，提出了优序融资理论。优序融资理论放宽 MM 理论中完全信息的假定，以不对称信息理论为基础并考虑到交易成本的存在，认为外部融资要多支付各种成本，权益融资会传递企业经营的负面信息，而内源融资由于不需要和投资者签订契约，也无须支付各种费用，所受限制少，因而是企业首选的融资方式；其次可选低风险债券，因为其信息不对称的成本可以忽略；再次可选高风险债券；最后在不得已的情况下企业才可通过发行股票融资。这是因为，上市公司通过发行股票进行融资，会稀释股权，降低对公司的控制力，被迫让别人参与自身公司的经营，这是上市公司所有者所不愿意见到的情况；而且，上市公司股票融资的成本要高于债券融资的成本。因此，优序融资理论的结论是：从融资方式的优劣排序来看，内源融资优于债权融资，而债权融资又优于权益融资，企业融资一般会遵循内源融资、债权融资、权益融资这样一种先后顺序。

三、公司债券的基本分类

债券是债务人为筹集债务资本而发行的，约定在一定期限内向债权人还本付息的有价证券。发行债券是企业筹集债务资本的重要方式。我国非公司企业发行的债券称为企业债券。按照《中华人民共和国公司法》和国际惯例，股份有限公司和有限责任公司发行的债券称为公司债券，有时简称公司债。公司发行债券通常是为其大型投资项目一次筹集大笔长期资本与可转换债券进行区别，这里主要讲述公司债券的基本问题以及一般的或普通的债券。

（一）公司债券按有无记名分类，可分为记名债券与无记名债券

（1）记名债券是指在券面上记载持券人的姓名或名称的债券。对于这种债券，公司只对记名人偿付本金，持券人凭印鉴支取利息。记名债券的转让由债券持有人以背书等方式进行，并由发行公司将受让人的姓名或名称载于公司债券存根簿。

（2）无记名债券是指在券面上不记载持券人的姓名或名称，还本付息以债券为凭证，一般实行剪票付息的债券。债券持有人将债券交付给受让人后即发挥转让效力。

（二）公司债券按有无抵押担保分类，可分为抵押债券与信用债券

（1）抵押债券又称有担保债券，是指发行公司有特定财产作为担保品的债券。其按担保品的不同又可分为不动产抵押债券、动产抵押债券、信托抵押债券。信托抵押债券是指公司以其持有的有价证券为担保而发行的债券。

（2）抵押债券还可按抵押品的先后担保顺序分为第一抵押债券和第二抵押债券。公司解散清算时，只有在第一抵押债券持有人的债权已获清偿后，第二抵押债券持有人才有权索偿剩余的财产，因此后者要求的利率相对较高。

（3）信用债券又称无担保债券，是指发行公司没有抵押品作为担保，完全凭信用发行的债券。这种债券通常是由信誉良好的公司发行，利率一般略高于抵押债券。

（三）公司债券按利率是否变动分类，可分为固定利率债券与浮动利率债券

（1）固定利率债券的利率在发行债券时即已确定并载于债券券面。

（2）浮动利率债券的利率在发行债券之初不固定，而是根据有关利率，如银行存贷款利率等加以确定。

（四）公司债券按是否参与利润分配，可分为参与债券与非参与债券

（1）参与债券的持有人除可获得预先规定的利息外，还享有一定程度参与发行公司收益分配的权利，其参与利润分配的方式与比例必须事先规定。实践中这种债券一般很少。

（2）非参与债券的持有人则没有参与利润分配的权利。公司债券大多为非参与债券。

（五）公司债券按债券持有人的特定权益，可分为收益债券、可转换债券和附认股权债券

（1）收益债券是指只有当发行公司有税后利润可供分配时才支付利息的一种公司债券。这种债券对发行公司而言不必承担固定的利息负担；对投资者而言，风险较大，收益亦可能较高。

（2）可转换债券是指根据发行公司债券募集办法的规定，债券持有人可将其转换为发行公司的股票的债券。发行可转换债券的公司，应规定转换办法，并应按转换办法向债券持有人换发股票。债券持有人有权选择是否将其所持债券转换为股票。发行这种债券，既可为投资者增加灵活的投资机会，又可为发行公司调整资本结构或缓解财务压力提供便利。

（3）附认股权债券是指所发行的债券附带允许债券持有人按特定价格认购股票的一种长期选择权。这种认股权通常随债券发放，具有与可转换债券相类似的属性。附认股权债券的票面利率与可转换债券一样，通常低于一般的公司债券。

（六）公司债券按是否上市交易，可分为上市债券与非上市债券

按照国际惯例，公司债券与股票一样，也有上市与非上市之分。

（1）上市债券是经有关机构审批，可以在证券交易所买卖的债券。

债券上市对发行公司和投资者都有一定的好处：

①上市债券因其符合一定的标准，信用度较高，能卖较好的价钱；

②债券上市有利于提高发行公司的知名度；

③上市债券成交速度快，变现能力强，更易吸引投资者；

④上市债券交易便利，成交价格比较合理，有利于公平筹资和投资。

发行公司欲使其债券上市，需要具备规定的条件，并提出申请，遵循一定的程序。

（2）非上市债券是指不在证券交易所上市，只能在场外交易的债券。其流动性较差。

四、公司债券的发行

（一）公司债券发行条件

根据《中华人民共和国证券法》规定，公开发行公司债券应当符合下列条件：①股份有限公司的净资产不低于人民币 3 000 万元，有限责任公司的净资产不低于人民币

6 000 万元；②累计债券余额不超过公司净资产的 40%；③最近 3 年平均可分配利润足以支付公司债券 1 年的利息；④筹集的资金投向符合国家产业政策；⑤债券的利率不超过国务院限定的利率水平；⑥国务院规定的其他条件。

存在下列情形之一的公司，不得再次公开发行公司债券：①前一次公开发行的公司债券尚未募足；②对已公开发行的公司债券或者其他债务有违约或者延迟支付本息的事实，仍处于继续状态；③违反本法规定，改变公开发行公司债券所募资金的用途。

（二）公司债券发行方式

按照公司债券的发行对象，公司债券发行方式可分为公募发行和私募发行两种。

1. 公募发行

公募发行是指公开向不特定的投资者发行债券。在发行过程中，公募债券须按法定手续，经证券主管机构批准，然后在市场上公开发行。任何投资者均可购买公募债券，也可以在证券市场上转让。由于发行对象是不特定的广泛分散的投资者，因此一般私营企业必须符合规定的条件才能发行公募债券。而且证券主管部门会要求发行者必须遵守信息公开制度，向投资者提供各种财务报表和资料，并提交有价证券申报书，以保护投资者的利益。

2. 私募发行

私募债券是指向与发行者有特定关系的少数投资者募集的债券，其发行和转让均有一定的局限性。私募债券的发行相对公募而言有一定的限制条件，私募的对象是有限数量的专业投资机构，如银行、信托公司、保险公司和各种基金会等。一般发行市场所在国的证券监管机构对私募的对象在数量上并不作明确的规定，但在日本则规定不超过 50 家。这些专业投资机构一般都拥有经验丰富的专家，对债券及其发行者具有充分调查研究的能力，加上发行人与投资者相互都比较熟悉，所以没有公开展示的要求，即私募发行不采取公开制度。

私募发行的优点有：发行成本低；对发债机构资格认定标准较低；可不需要提供担保；信息披露程度要求低；有利于建立与业内机构的战略合作。但其缺点也比较明显：流动性低，只能以协议转让的方式流通，只能在合格投资者之间进行。

公募债券与私募债券在欧洲市场上区分并不明显，可是在美国与日本的债券市场上，这种区分却是很严格的，并且也是非常重要的。在日本发行公募债券时，企业必须向有关部门提交《有价证券申报书》，并且还要在新债券发行后的每个会计年度向日本政府提交一份反映债券发行有关情况的报告书。在美国，企业在发行公募债券时必须向证券交易委员会提交《登记申报书》，其目的是向社会上广泛的投资者提供有关债券的情况及其发行者的资料，以便于投资者监督和审评，从而更好地维护投资者的利益。

五、债券的收益率计算

为了精确衡量债券收益，人们一般使用债券收益率这个指标。债券收益率是债券收益与其投入本金的比率，通常用年率表示。债券收益不同于债券利息。债券利息仅指债券票面利率与债券面值的乘积。但是，由于人们在债券持有期内还可以在债券市场进行买卖，以赚取价差，因此债券收益除利息收入外，还包括买卖差价。

决定债券收益率的主要因素有债券的票面利率、期限、面值和购买价格。最基本的债券收益率计算公式为

$$债券收益率 = \frac{到期本息和 - 发行价格}{发行价格 \times 偿还期限} \times 100\%$$

由于债券持有人可能在债券偿还期内转让债券，因此债券的收益率还可以分为债券出售者的收益率、债券购买者的收益率和债券持有期间的收益率。各自的计算公式如下：

$$债券出售者的收益率 = \frac{卖出价格 - 发行价格 + 持有期间的利息}{发行价格 \times 持有期限} \times 100\%$$

$$债券购买者的收益率 = \frac{到期本息和 - 买入价格}{发行价格 \times 剩余期限} \times 100\%$$

$$债券持有期间的收益率 = \frac{卖出价格 - 买入价格 + 持有期间的利息}{发行价格 \times 持有期限} \times 100\%$$

如某人于 2014 年 1 月 1 日以 102 元的价格购买了一张面值为 100 元、利率为 10%、每年 1 月 1 日支付一次利息的 2010 年发行的 5 年期国库券，并持有到 2015 年 1 月 1 日到期，则：

$$债券购买者的收益率 = \frac{100 + 100 \times 10\% - 102}{102 \times 1} \times 100\% = 7.8\%$$

$$债券出售者的收益率 = \frac{102 - 100 + 100 \times 10\% \times 4}{100 \times 4} \times 100\% = 10.5\%$$

再如，某人于 2012 年 1 月 1 日以 120 元的价格购买了一张面值为 100 元、利率为 10%、每年 1 月 1 日支付一次利息的 2011 年发行的 10 年期国库券，并在 2015 年 1 月 1 日以 140 元的价格卖出，则

$$债券持有期间的收益率 = \frac{140 - 120 + 100 \times 10\% \times 3}{120 \times 3} \times 100\% = 13.9\%$$

以上计算公式没有考虑把获得的利息进行再投资的因素。把所获利息的再投资收益计入债券收益，据此计算出来的收益率就是复利收益率。

人们投资债券时，最关心的就是债券的收益有多少。债券收益必须考虑货币的时间价值。

我们知道，在今天的 100 元与 1 年后的 100 元之间进行选择时，我们都愿意今天拿到 100 元，这实际上就是货币的时间价值。如何准确地计算出货币的时间价值呢？我们首先要明确两组概念：终值与现值，单利与复利。

终值是指现在的资金在未来某个时刻的价值，现值是指未来某个时刻的资金在现在的价值。单利与复利是利息的两种计算方式。按照单利计息，是指无论时间多长，只按本金计算利息，上期的利息不计入本金内重复计算利息。按照复利计息，是指除本金计算利息外，要将期间所生利息一并加入本金计算利息，即所谓的"利滚利"。

（一）终值的计算

1. 单利终值的计算

设 FV 为单利终值，P 为本金，r 为每期利率，n 为计息的期数，则单利终值为

$$FV = P\ (1 + nr)$$

2. 复利终值的计算

设 FV 为复利终值，P 为本金，r 为每期利率，n 为计息的期数，那么

第 1 期末的复利终值：

$$FV_1 = P(1+r)$$

第 2 期末的复利终值：

$$FV_2 = FV_1(1+r) = P(1+r)(1+r) = P(1+r)^2$$

第 3 期末的复利终值：

$$FV_2 = FV_1(1+r) = P(1+r)^2 = P(1+r)^3$$

依此类推，第 n 期末的复利终值

$$FV_n = FV_{n-1}(1+r) = P(1+r)^{n-1}(1+r) = P(1+r)^n$$

【例 4-1】投资者将 10 000 元本金存入银行，一年定期存款利率为 2.5%，每年年底将本息再转存一年期定期存款，5 年后本息共有多少？

解：按复利计算资金终值：

FV = 10 000 × (1+2.5%)^5 = 11 314.08（元）

【例 4-2】投资者将 30 000 元本金投资 5 年零 3 个月，年利率为 4.5%，每年按复利付息一次。求投资期末的本息和。

解：3 个月相当于 0.25 年，则 n = 5.25，所以：

FV = 30 000 (1+4.5)$^{5.25}$ = 37 799.13（元）

在现实经济生活中，一笔投资每年可能多次收到利息，利息可以半年付、季付、周付，甚至日付。在我们给出的复利终值计算公式中，需要指出的是，r 是每期率，要用年利率除以每年付息的次数；n 是计息的期数，要用投资年数乘以每年付息的次数。

3. 年金终值的计算

年金是指在相同的间隔时间内连续收到或付出相同金额的款项，例如分期付款买房、分期偿还贷款、发放养老金等，都属于年金收付的形式。按照收付的时间，年金可以分为普通年金和预付年金。其终值的计算如下所示。

（1）普通年金终值的计算。

普通年金（后付年金）是指在各期期末收入或付出的年金。若 A 表示每期期末收付的金额，F_k 为金额 A 在 k 期后的终值，n 为复利期数，则年金终值为

$$FV = F_0 + F_1 + F_2 + \cdots + F_{n-2} + F_{n-1}$$

设 r 为每期利率，根据复利终值公式：

$$F_k = F_0(1+r)^k \quad k = 0, 1, 2, 3, \cdots, n-1$$

而 $F_0 = A$，所以：

$$FV = F_0 + F_1 + F_2 + \cdots + F_{n-1}$$
$$= A + A(1+r) + A(1+r)^2 + \cdots + A(1+r)^{n-1}$$
$$= A[(1+r)^n - 1] \div r$$

【例 4-3】投资者购买面值为 5 000 元的 10 年期债券，年利率为 6%，每年年末付息一次，第一次付息在一年之后。如果投资者持有该债券直至到期日，将每年得到的利息以年利率 4% 进行再投资，10 年后他一共将获得多少资金？

解：这是一个求普通年金终值的问题。每年末的利息收入为 300（5 000×6%）元，

构成一笔 10 年期的普通年金，将利息进行再投资的终值就是普通年金的终值：

$$FV = 300 \times [(1+4\%)^{10}-1] \div 4\% = 3\ 601.83 \text{（元）}$$

投资者 10 年后获得的本息和一共为

$$5\ 000 + 3\ 601.83 = 8\ 601.83 \text{（元）}$$

（2）预付年金终值的计算。

预付年金是在每期期初收入或付出，它的终值与普通年金终值的推导过程大同小异。若 A 表示每期期初收付的金额，F_k 为金额 A 在 k 期后的终值，n 为复利期数，设 r 为每期利率，预付年金的终值是：

$$\begin{aligned}
FV &= F_1 + F_2 + \cdots + F_{n-1} + F_n \\
&= A(1+r) + A(1+r)^2 + \cdots + A(1+r)^{n-1} + A(1+r)^n \\
&= A\{[(1+r)^n - 1]/r\}(1+r)
\end{aligned}$$

【例 4-4】在上例中，债券若改为每年年初付息一次，从投资者购买时开始支付，重新求 10 年后投资者获得的本息和。

解：每年年初获得的利息构成一笔 10 年期的预付年金，运用预付年金公式求出利息再投资的终值：

$$\begin{aligned}
FV &= 300 \times \{[(1+4\%)^{10}-1] \div 4\%\} \times (1+4\%) \\
&= 3\ 601.83 \times (1+4\%) \\
&= 3\ 745.90 \text{（元）}
\end{aligned}$$

第 10 年年末获得的本息和一共为

$$5\ 000 + 3\ 745.9 = 8\ 745.90 \text{（元）}$$

（二）现值的计算

1. 复利现值

求现值的过程与求终值的过程正好相反。根据复利终值的计算公式：

$$FV = P(1+r)^n$$

得到复利现值为：

$$P = FV \div (1+r)^n$$

【例 4-5】投资者在思考是否购买这样一种付息债券，它的面值为 1 000 元，票面利率为 10%，每年年末付息，从一年后开始支付，5 年后到期，市场价格是 1 170 元。如果投资者要求的年收益率为 6.2%，则他购买该债券是否值得？

解：首先应该按照投资者要求的收益率计算出该债券未来一系列支付的现值：

第×年	支付的终值	支付的现值（$r=6.2\%$）
1	100 元	94.16 元
2	100 元	88.66 元
3	100 元	83.49 元
4	100 元	78.61 元
5	1 100 元	814.27 元
		现值的总和 = 1 159.19 元

该付息债券的利息与本金支付按要求的收益率贴现的现值小于它的市场价格，因

此，如果投资者按市场价格购买该债券，他获得的实际收益率将会小于要求的收益率，投资会得不偿失。

2. 年金现值。

（1）普通年金现值的计算。

普通年金现值是指一定时期内每期期末收付的等额款项的复利现值之和。若 A 表示每期期末收付的金额，P_k 为第 k 期金额 A 的现值，n 为复利期数。普通年金的现值为

$$PV = P_1 + P_2 + \cdots + P_{n-1} + P_n$$

设 r 为每期利率，根据复利现值公式，有

$$P_k = A(1+r)^{-k} \quad k = 1, 2, 3, \cdots, n-1, n$$

$$PV = A(1+r)^{-1} + A(1+r)^{-2} + \cdots + A(1+r)^{-(n-1)} + A(1+r)^{-n}$$

$$= A[1 - (1+r)^{-n}] \div r$$

【例4-6】在例4-5中，债券的利息支付构成了一笔5年期的普通年金，它的现值等于：

$$1\,000[1 - (1+6.2\%)^{-5}] \div 6.2\% = 418.95 \text{（元）}$$

本金的复利现值等于：

$$1\,000 \div (1+6.2\%)^5 = 740.25 \text{（元）}$$

两者之和是 1 159.20 元，这与上例中按每期复利现值求和得到的结果是近似相等的，之所以存在差别是因为我们在保留小数点位数时进行了四舍五入。

【例4-7】银行同意向某人提供一笔 200 000 元的住房贷款，期限30年，每月的还款额相等。贷款收取的年利率为12%，银行每月应当向客户收取多少还款？

解：银行希望获得的普通年金现值为 200 000 元，每月收取还款意味着每年收取12次，年金收入的次数 n 为 $30 \times 12 = 360$，调整后的每期利率 r 为 $12\% \div 12 = 1\%$。运用普通年金现值的计算公式：

$$200\,000 = A[1 - (1+1\%)^{-360}] \div 1\%$$

$$A = 2\,057.23 \text{（元）}$$

因此，银行每月应当向客户收取还款 2 057.23 元。

（2）预付年金现值的计算。

在普通年金现值推导的基础上稍作修改，我们可以推出预付年金现值的计算公式。

预付年金的现值是：

$$PV = P_0 + P_1 + P_2 + \cdots + P_{n-1}$$

设 r 为每期利率，根据复利现值公式，有

$$PV = A + A(1+r)^{-1} + A(1+r)^{-2} + \cdots + A(1+r)^{-(n-1)}$$

$$= A\{[1 - (1+r)^{-n}] \div r\}(1+r)$$

【例4-8】在例4-5中，把利息支付时间改为每年年初，从购买时开始支付，其他条件不变。重新判断该债券是否值得投资。

解：该债券的利息支付成为一笔5年期的每年100元的预付年金，其现值等于：

$$100 \times \{[1 - (1+6.2\%)^{-5}] \div 6.2\%\} \times (1+6.2\%)$$

$$= 418.95 \times (1+6.2\%)$$

= 444.92 （元）

第 5 年年末收回 1 000 元本金，其复利现值等于：

1 000÷（1+6.2%）$^{-5}$ =740.25 （元）

两者之和是 1 185.17 元，高于该债券现行的市场价格（1 170 元）。因此，如果投资者购买该债券，获得的实际收益率将会高于要求的收益率，值得投资。

（3）永续年金现值的计算。

永续年金是无限期定额支付的年金，它没有终止的时间，也就没有终值。永续年金现值的计算可以由普通年金现值的计算公式推导出来。

普通年金的现值为

$$PV=A\left[1-（1+r）^{-n}\right]÷r$$

当 n 趋近于无穷大时，（1 + r）$^{-n}$ 趋近于 0。因此，永续年金的现值是：

$$PV=A÷r$$

【例4-9】一种面值 1 000 元的永续债券，票面利率是 9%，每年年末付息一次，一年后开始支付，市场价格是 988 元。投资者要求的年收益率为 10%，则购买该债券是否值得？

解：该债券的支付是一笔永续年金，按要求的收益率贴现的现值为

PV = 90÷10% = 900 （元）

900 元小于当前的市场价格。因此，投资该债券的实际收益率必将小于 10%，该债券不具有投资吸引力。

资金现值的计算是确定金融产品价格的基础，任何金融产品的定价都相当于求解投资产生的预期现金流的现值。

【例4-10】某投资者在市场上购买了一种 10 年期债券，债券面值为 1 000 元，息票率为 8%，一年付息一次，当前市场利率为 12%。投资者决定一年后将该债券售出。

（1）如果一年后市场利率下降到 10%，求这一年中投资者的实际持有收益率。

（2）如果投资者在第一年末没有出售债券，并在以后两年继续持有，债券所支付的利息全部以 10% 的利率进行再投资。那么，当两年后投资者将该债券卖出时，投资者的持有期收益率为多少？

（1）持有第 1 年的收益。

期初价格 $P_0 = \sum_{n=1}^{10} \frac{80}{（1 + 12\%）^n} + \frac{1\ 000}{（1 + 12\%）^{10}} = 773.99$ （元）

第 1 年年末价格 $P_1 = \sum_{n=1}^{9} \frac{80}{（1 + 10\%）^n} + \frac{1\ 000}{（1 + 10\%）^9} = 884.82$ （元）

持有第 1 年的收益率 $= \frac{P_t - P_{t-1} + D_t}{P_{t-1}} \times 100\% = \frac{884.82 - 773.99}{773.99} \times 100\% = 24.66\%$

（2）持有 3 年的收益。

第 3 年年末价格 $P_3 = \sum_{n=1}^{7} \frac{80}{（1 + 10\%）^n} + \frac{1\ 000}{（1 + 10\%）^7} = 902.63$ （元）

利息及利息再投资 $= 80 \times （1+10\%）^2 + 80 \times （1+10\%）^1 + 80 = 264.80$ （元）

若采取复利方式计算，3 年期的持有期收益率为：

$773.99 \times (1+R)^3 = 902.63 + 264.80$

解得 $R = 14.68\%$（R 为年持有期收益率）。

若采取单利方式计算，3 年期的持有期收益率为

$$R = \frac{902.63 + 264.80}{773.99} \cdot \frac{1}{3} = 16.94\% \quad （R \text{ 为年持有期收益率}）$$

注：对于附息债券的持有期收益率计算，因为涉及票面利息的再投资收益，所以我们可以选择单利或复利的形式来计算。

【例 4-11】某面值 1 000 元的 5 年期一次性还本付息债券，票面利率为 6%，某投资者在市场必要收益率为 10% 时买进该债券，并且持有 2 年正好到期，请问该投资者在此期间的投资收益率是多少？

$$3 \text{ 年后的买入价} = \frac{Par \cdot (1+i)^n}{(1+r)^m} = \frac{1\,000 \times (1+6\%)^5}{(1+10\%)^2} = 1\,105.97 \text{（元）}$$

$$\text{债券终值} = Par \cdot (1+c)^n = 1\,000 \times (1+6\%)^5 = 1\,338.23 \text{（元）}$$

$$2 \text{ 年的投资收益率} = \frac{1\,338.23 - 1\,105.97}{1\,105.97} \times 100\% = 21\%$$

或经代数变换后，投资收益率 $= (1+r)^m - 1 = (1+10\%)^2 - 1 = 21\%$

年投资收益率 $= 21\% / 2 = 10.5\%$

注：收益率、贴现率等利率形式均是以年周期表示，即年利率。

六、公司债券发行价格

公司债券的发行价格是发行公司（或其承销机构代理，下同）发行债券时所使用的价格，亦即债券投资者向发行公司认购其所发行债券时实际支付的价格。公司在发行债券之前，必须依据有关因素，运用一定的方法，确定债券的发行价格。

（一）决定债券发行价格的因素

公司债券发行价格的高低，主要取决于以下四个因素：

（1）债券面额。债券的票面金额是决定债券发行价格的最基本因素。债券发行价格的高低，从根本上取决于债券面额的大小。一般而言，债券面额越大，发行价格越高。但是，如果不考虑利息因素，债券面额是债券的到期价值，即债券的未来价值，而不是债券的现在价值，即发行价格。

（2）票面利率。债券的票面利率是债券的名义利率，通常在发行债券之前即已确定，并在债券票面上注明。一般而言，债券的票面利率越高，发行价格越高；反之，发行价格越低。

（3）市场利率。债券发行时的市场利率是衡量债券票面利率高低的参照系数，两者往往不一致，因此共同影响债券的发行价格。一般而言，债券的市场利率越高，债券的发行价格越低；反之，越高。

（4）债券期限。同银行借款一样，债券的期限越长，债权人的风险越大，要求的利息报酬越高，债券的发行价格就可能较低；反之，发行价格可能较高。

债券的发行价格是上述四项因素综合作用的结果。

（二）确定债券发行价格的方法

在讨论债券定价之前，我们必须清楚这样一个事实：资金具有时间价值。投资者

在今天的 100 元与 1 年后的 100 元之间进行选择时，都愿意今天拿到 100 元，为什么？这就是资金的时间价值。那么，投资者愿意支付多少钱换取一年后的 100 元？这就涉及固定收益证券或债券的定价问题，债券的价值实质是债券未来所有现金流的现值总和，在计算中要根据已知的票面利率、时间、折现率等条件具体计算债券的价值。

结合上述四项因素，根据货币时间价值的原理，债券发行价格由两部分构成：一部分是债券面额以市场利率作为折现率折算的现值，另一部分是各期利息（通常表现为年金形式）以市场利率作为折现率折算的现值。

1. 债券定价的现金流折现法

公司债券的发行价格是指发行公司或其承销机构发行债券时所采用的价格，也是债券原始投资者购入债券时应支付的市场价格。

经典的债券定价是采用现金流折现法。债券产生的现金流是由息票 C（通常是固定的）和本金 F（通常由债券契约事先规定）构成。另外，付息的期限和偿还本金的到期日 t 通常也由契约决定。债券的当前价格或估值公式为

$$P_b = \sum_{t=1}^{n} \frac{C}{(1 + k)^t} + \frac{F}{(1 + k)^n}$$

其中，P_b 表示债券的价格；息票 C 表示每期支付的利息（等于面值乘以票面利率）；F 表示本金；t 表示发行日至到期日这一期间内的某一时刻；n 表示发行日至到期日的周期数；k 表示市场利率。

2. 公司债券发行价格的等价、溢价和折价

在发行债券时，债券的发行价格通常有三种：等价发行、溢价发行和折价发行。等价发行又叫平价发行，是指以债券的票面金额作为发行价格，溢价发行是指以高于债券面额的价格发行债券，折价发行是指以低于债券面额的价格发行债券。溢价发行和折价发行主要是由债券的票面利率与市场利率不一致造成的。票面利率标明在债券票面上，无法改变，而市场利率经常波动。因此，在债券发行时，如果市场利率与票面利率一致，则按等价发行；如果市场利率高于票面利率，则按折价发行；如果市场利率低于票面利率，则按溢价发行。

【例 4-12】某公司发行面额为 100 元、票面利率 10%、期限 10 年的债券，每年末付息一次。其发行价格可分下列三种情况来分析测算。

（1）如果市场利率为 10%，与票面利率一致，该债券属于平价发行。其发行价格为

$$\sum_{t=1}^{10} \frac{10}{(1 + 10\%)^t} + \frac{100}{(1 + 10\%)^{10}} = 100 （元）$$

（2）如果市场利率为 8%，低于票面利率，该债券属于溢价发行。其发行价格为

$$\sum_{t=1}^{10} \frac{10}{(1 + 8\%)^t} + \frac{100}{(1 + 8\%)^{10}} = 113.4 （元）$$

（3）如果市场利率为 12%，高于票面利率，该债券属于折价发行。其发行价格为

$$\sum_{t=1}^{10} \frac{10}{(1 + 12\%)^t} + \frac{100}{(1 + 12\%)^{10}} = 88.7 （元）$$

由此可见，在债券的票面金额、票面利率和期限一定的情况下，发行价格因市场

利率不同而有所不同。

在实务中，根据中国证监会发布的《公司债券发行试点办法》等有关规定，公司债券发行可以采取向上市公司股东配售、网下发行、网上资金申购、网上分销等方式中的一种或几种方式的组合发行，发行利率或发行价格通过询价方式确定。

【例4-13】某公司发行面值1 000元、票面利率为8%的2年期债券（票息每年支付两次）。若市场必要收益率为10%，请计算该债券的价格。

解1（用附息债券定价公式计算）：

该债券的价格 $= \sum_{n=1}^{4} \dfrac{40}{1.05^n} + \dfrac{1\,000}{1.05^4} = 964.54$（元）

解2（用普通年金现值公式简化计算）：

该债券的价格 $= 1\,000 \times 4\% \times \dfrac{1 - 1 \div 1.05^4}{10\%/2} + \dfrac{1\,000}{1.05^4} = 964.54$（元）

【例4-14】某机构持有三年期附息债券，年息8%，每年付息一次。2年后该债券的价格为每百元面值105元，市场利率为10%，问该机构应卖掉债券还是继续持有，为什么？

2年后的理论价值 $= 108 \div (1+10\%)^{3-2} = 98.18$ 元

而市场价格为105元，高估，应卖出。

【例4-15】面值是1 000美元，年利率10%的3年期国债，债券每年付息一次，该债券的内在价值是多少？假设当前市场利率为12%。

该债券的内在价值 $= \dfrac{100}{1 + 0.12} + \dfrac{100}{(1 + 0.12)^2} + \dfrac{100 + 1\,000}{(1 + 0.12)^3} = 951.96$（元）

【例4-16】某债券的价格1 100美元，每年支付利息80美元，三年后偿还本金1 000美元，当前市场利率7%，请问该债券值得购买吗？

该债券的内在价值 $V = \dfrac{80}{1 + 0.07} + \dfrac{80}{(1 + 0.07)^2} + \dfrac{1\,080}{(1.0.07)^3} = 1\,026.24$（元）

$NPV = V - P = 1\,026.24 - 1\,100 = -73.76$

因为净现值小于0，所以该债券不值得购买。

【例4-17】小李2年前以1 000美元的价格购买了A公司的债券，债券期限5年，票面利率是10%。小李打算现在卖掉这张剩余到期时间还有3年的债券，请问小李能以多少价格出售这张债券？现在市场利率是8%。

两年后的卖价 $P = \dfrac{C}{(1 + r)^1} + \dfrac{C}{(1 + r)^2} + \dfrac{C}{(1 + r)^3} + \dfrac{Par}{(1 + r)^3}$

$= \dfrac{100}{1.08} + \dfrac{100}{1.08^2} + \dfrac{1\,100}{1.08^3}$

$= 1\,051.54$（元）

注：①债券的面值通常都是单位整数，如100元、1 000元。即使题目未明确说明，其面值都是隐含已知的。

②低于面值的交易价格被称为折价交易；高于面值的交易价格被称为溢价交易；等于面值的交易价格被称为平价交易。

（三）公司债券定价原则

1962 年，麦尔齐在对债券价格、债券利息率、到期年限以及到期收益率进行了研究后，提出了债券定价的五个定理。至今，这五个定理仍被视为债券定价理论的经典。

定理一：债券的市场价格与到期收益率呈反比关系。到期收益率上升时，债券价格会下降；反之，到期收益率下降时，债券价格会上升。

定理二：当债券的收益率不变，即债券的息票率与收益率之间的差额固定不变时，债券的到期时间与债券价格的波动幅度之间成正比关系。到期时间越长，价格波动幅度越大；反之，到期时间越短，价格波动幅度越小。

定理三：随着债券到期时间的临近，债券价格的波动幅度减少，并且是以递增的速度减少；反之，到期时间越长，债券价格的波动幅度增加，并且是以递减的速度增加。

定理四：对于期限既定的债券，由收益率下降导致的债券价格上升的幅度大于同等幅度的收益率上升导致的债券价格下降的幅度。

定理五：对于给定的收益率变动幅度，债券的息票率与债券价格的波动幅度之间成反比关系。息票率越高，债券价格的波动幅度越小。

（四）公司债券发行程序

公司债券发行程序如图 4-2 所示。

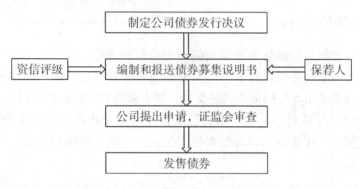

图 4-2　公司债券发行程序

1. 制定公司债券发行决议

根据《公司债券发行与交易管理办法》，申请发行公司债券，应当由公司董事会制订方案，由股东会或股东大会对下列事项进行决议：发行债券的数量；向公司股东配售的安排；债券期限；募集资金的用途；决议的有效期；对董事会的授权事项以及其他需要明确的事项。

2. 编制和报送债券募集说明书

发行公司债券，应当由保荐人保荐，并向中国证监会申报。保荐人应当按照中国证监会的有关规定编制和报送募集说明书和发行申请文件。公司全体董事、监事、高级管理人员应当在债券募集说明书上签字，保证不存在虚假记载、误导性陈述或者重大遗漏，并声明承担个别和连带的法律责任。

债券募集说明书所引用的审计报告、资产评估报告、资信评级报告、法律意见书，应当由有资格的证券服务机构出具。为债券发行出具专项文件的注册会计师、资产评估人员、资信评级人员、律师及其所在机构，应当按照依法制定的业务规则、行业公认的业务标准和道德规范出具文件，并声明对所出具文件的真实性、准确性和完整性承担责任。

3. 公司提出申请，证监会审查

中国证监会依照下列程序审核发行公司债券的申请：①收到申请文件后，五个工作日内决定是否受理；②中国证监会受理后，对申请文件进行初审；③发行审核委员会按照《中国证券监督管理委员会发行审核委员会办法》规定的特别程序审核申请文件；④中国证监会作出核准或者不予核准的决定。

4. 发售债券

公司应当在发行公司债券前的 2~5 个工作日内，将经中国证监会核准的债券募集说明书摘要刊登在至少一种中国证监会指定的报刊中，同时将其全文刊登在中国证监会指定的互联网网站。

发行公司债券，可以申请一次核准，分期发行。自中国证监会核准发行之日起，公司应在 6 个月内首期发行，剩余数量应当在 24 个月内发行完毕。超过核准文件限定的时效未发行的，须重新经中国证监会核准后方可发行。首期发行数量应当不少于总发行数量的 50%，剩余各期发行的数量由公司自行确定，每期发行完毕后 5 个工作日内报中国证监会备案。

七、债券的估值方法

任何金融资产的估值都是资产预期创造现金流的现值，债券也不例外。债券的现金流依赖于债券的主要特征。对于一只典型的公司债券而言，如中国铝业公司发行的企业债券，其现金流由 5 年的债券利息支付，加上债券到期时需偿还的本金（100 元面值）组成。如果是浮动利率债券，则利息支付随时间变化而变化。如果是零息债券，则没有利息支付，只在债券到期时按面额支付。对有固定票面利率的债券而言，其现金流如图 4-3 所示。

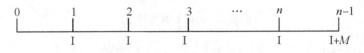

图 4-3　债券现金流量示意图

债券价格计算公式表示为

$$V_B = \frac{I}{(1+R_d)^1} + \frac{I}{(1+R_d)^2} + \cdots + \frac{I}{(1+R_d)^n} + \frac{M}{(1+R_d)^n}$$

$$= \sum_{t=1}^{n} \frac{I}{(1+R_d)^t} + \frac{M}{(1+R_d)^n}$$

$$= I \times \text{PVIF}_{R_d,\,n} + M \times \text{PVIF}_{R_d,\,n} \tag{式 4-1}$$

式中，R_d 表示债券的市场利率，这是计算债券现金流现值的折现率，亦即投资者投资债券所要求的必要报酬率。

n 为债券的到期期限。债券发行以后，n 逐年减少。如果债券按年支付利息，n 以年为单位来衡量，则发行到期年限为 15 年的债券（初始到期时间=15），一年以后 $n =$

14，两年以后 $n=13$，以此类推。后面会提到半年付息债券，这些债券每 6 个月支付一次利息。

$I=$ 每年的利息额 $=$ 票面利率×面值。如果债券为半年付息债券，则 I 为年利息额的一半；如果公司发行的是零息债券，那么 I 为 0；如果是浮动利率债券，则 I 也是变动的。

M 为面值，该数额是到期时必须支付的。

式（4-1）可用于计算任何债券的价值。

【例4-18】A 公司拟购买另一家公司发行的公司债券，该债券面值为 100 元，期限 5 年，票面利率为 10%，按年计息，当前市场利率为 8%，求该债券市场价格为多少时，A 公司才能购买？

由式（4-1）可知：

$V=100×10\%×PVIFA_{8\%,5}+100×PVIF_{8\%,5}=107.99$（元）

即只有在债券价格低于或等于 107.99 元时，公司才能购买。

【例4-19】B 公司计划发行一种两年期带息债券，面值为 100 元，票面利率为 6%，每半年付息一次，到期一次偿还本金，债券的市场利率为 7%，求该债券的价格为多少时，投资者才会购买？

该债券半年付息一次，利息为 3 元（100×6%÷2），半年期的市场利率为 3.5%（7%÷2）。

由式（4-1）可知：

$V=100×3\%×PVIFA_{3.5\%,4}+100×PVIF_{3.5\%,4}=98.16$（元）

即只有在债券价格低于或等于 98.16 元时，投资者才会购买。

【例4-20】面值为 100 元，期限为 5 年的零息债券，到期按面值偿还，当时市场利率为 8%，求其价格为多少时，投资者才会购买？

由式（4-1）可知：

$V=100×PVIF_{8\%,5}=100×0.681=68.1$（元）

即只有在债券价格低于或等于 68.1 元时，投资者才会购买。

【例4-21】假定某种贴现债券的面值是 100 万元，期限为 10 年，当前市场利率是 10%，它的内在价值是多少？

债券的内在价值 $V=\dfrac{100}{(1+0.1)^{10}}=38.55$（万元）

【例4-22】某零息债券面值为 1 000 元，期限 5 年。某投资者于该债券发行的第 3 年末买入，此时该债券的价值应为多少？假定市场必要收益率为 8%。

第 3 年末购买该债券的价值 $=\dfrac{1\ 000}{(1+0.08)^{5-3}}=857.34$（元）

注：①零息债券期间不支付票面利息，到期时按面值偿付。

②一次性还本付息债券具有名义票面利率，但期间不支付任何票面利息，只在到期时一次性支付利息和本金。

③无论是零息债券还是一次性还本付息债券，都只有到期时的一次现金流，所以在给定条件下，终值是确定的，期间的买卖价格，需要用终值来贴现。

④无论时间点在期初、还是在期间的任何时点，基础资产的定价都是对未来确定现金流的贴现。

八、公司债券信用评级

（一）公司债券信用评级的内涵

公司债券评级，是评级机构根据发行债券的公司提供的有效信息和自身搜集的信息，对该债券是否能按照约定支付本金和利息的可靠程度进行评价，并用简单的符号表示不同的级别，进而给投资者提供有关信用风险方面的陈述意见。有时随着公司经营的变化或者外部客观情况的变化，评级机构会变更评级结果。

信用评级有狭义和广义两种定义。狭义的信用评级指独立的第三方信用评级中介机构对债务人如期足额偿还债务本息的能力和意愿进行评价，并用简单的评级符号表示其违约风险和损失的严重程度。广义的信用评级则是对评级对象履行相关合同和经济承诺的能力和意愿的总体评价。

信用评级的内涵主要包括以下几方面：

首先，信用评级的根本目的在于揭示受评对象违约风险的大小。信用评级是基于资本市场中债务人的违约风险作出的，评价债务人能否及时偿付利息和本金的活动。

其次，信用评级所评价的目标是经济主体按合同约定如期履行债务或其他义务的能力和意愿，而不是企业本身的价值或业绩。

再次，信用评级是独立的第三方利用其自身的技术优势和专业经验，就各公司债券的信用风险大小所发表的一种专家意见，不能代替资本市场投资者本身进行投资选择。

最后，评级结果用专业的、简单明了的符号表示，以反映不同风险等级。

（二）我国公司债券信用评级

信用评级机构主要提供被评主体的风险信息，在对公司债券的评级中，债券评级指标体系是评级机构开展评级调查的指南，是决定被评对象信用等级的标准。我国的资信评级业发展历史不长，国内的专业评级机构采用的技术与方法大多都是学习和借鉴国际著名的评级机构的经验，再充分结合我国资本市场的状况、相应的政策法规、公司会计准则等多方面的因素，构建出了我国公司债券评级的指标体系。本书以中诚信国际信用评级有限公司为例说明我国公司债券信用评级体系。

中诚信国际信用评级有限公司（以下简称"中诚信国际"）始创于1992年10月，是经中国人民银行总行批准成立的中国第一家全国性的从事信用评级、金融债券咨询和信息服务的股份制非银行金融机构。中诚信国际是国内规模最大、全球第四大评级机构。中诚信国际的通用信用评级分析框架如图4-4所示。

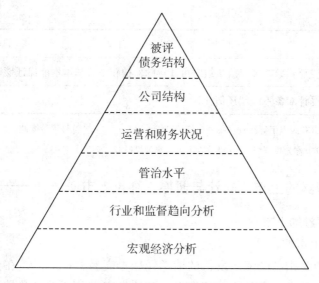

图4-4 中诚信国际的通用信用评级分析框架

中诚信国际的评级体系具有以下特征：

（1）定性分析和定量分析相结合；

（2）历史考察、现状分析与长期展望相结合（平抑经济周期的扰动）；

（3）侧重于对评级对象未来偿债能力的分析和评价；

（4）注重现金流的水平和稳定性；

（5）以同类企业作为参照，强调评级的一致性和可比性；

（6）"看透"不同准则下的会计数字。

评级机构按照上述指标体系计算出公司债券的分数以后，就可以确定公司债券的级别。根据国际上通用的表达方式，评级机构一般采用ABC来表示公司债券的信用级别。结合我国评级机构的特点，公司债券信用评级主要侧重两方面：一方面是债券到期还本付息的能力，即债券的违约风险，同时还包括公司债券抵御经济环境变化带来的冲击、经济政策和形势变化造成影响的能力；另一方面是投资者对债券的投资风险。公司债券的信用级别、表达符号及含义如表4-3所示。

表4-3 公司债券的信用级别、表达符号及含义

等级符号	含义
AAA	受评对象偿还债务的能力极强，基本不受不利经济环境的影响，违约风险极低
AA	受评对象偿还债务的能力很强，受不利经济环境的影响较小，违约风险很低
A	受评对象偿还债务的能力较强，较易受不利经济环境的影响，违约风险较低
BBB	受评对象偿还债务的能力一般，受不利经济环境的影响较大，违约风险一般
BB	受评对象偿还债务的能力较弱，受不利经济环境的影响很大，有较高违约风险
B	受评对象偿还债务的能力较大地依赖于良好的经济环境，违约风险很高
CCC	受评对象偿还债务的能力极度依赖于良好的经济环境，违约风险很高

表4-3(续)

等级符号	含义
CC	受评对象在破产或重组时可获得的保护较小，基本不能保证偿还债务
C	受评对象不能偿还债务

注：除 AAA 级和 CCC 级以下等级外，每一个信用等级可用"+""-"符号进行微调，表示略高或略低于本等级级别。通常 BBB 级以上称为投资级，BB 级及以下级别称为投机级。

九、公司债券的上市、转让与暂停、终止上市

(一) 公司债券的上市

1. 公司债券上市的含义

公司债券上市是指已经依法发行的债券经证券交易所批准后，在交易所公开挂牌交易的法律行为。债券上市是连接债券发行和债券交易的桥梁。凡是在证券交易所内买卖的债券就称之为上市债券；相应的，债券发行人称为上市公司。证券交易所承认并接纳公司债券在交易所市场上交易，债券上市必须符合证券交易所和政府有关部门制定的上市制度。与股票不同，公司债券有一个固定的存续期限，而且发行人必须按照约定的条件还本付息，因此，债券上市的条件与股票有所差异。为了保护投资者的利益，保证债券交易的流动性，证券交易所在接到发行人的上市申请后，一般要以相关法规来对公司债券的上市资格进行审查。

2. 公司债券上市条件

根据《中华人民共和国证券法》规定，公司申请公司债券上市交易，应当符合下列条件：①公司债券的期限为一年以上；②公司债券实际发行额不少于人民币 5 000 万元；③公司申请债券上市时仍符合法定的公司债券发行条件。

具体的上市规则以上海证券交易所颁布的《上海证券交易所公司债券上市规则》(2015 年修订) 为例，申请上市的公司债券必须符合下列条件：①符合《中华人民共和国证券法》规定的上市条件；②经有权部门核准并依法完成发行；③申请债券上市时仍符合法定的债券发行条件；④债券持有人符合本所投资者适当性管理规定；⑤本所规定的其他条件。

同时债券符合以上条款规定上市条件的，上交所根据其资信状况实行分类管理。债券符合下列条件且面向公众投资者公开发行的，公众投资者和符合本所规定的合格投资者可以参与交易：①发行人最近三年无债务违约或者延迟支付本息的事实；②发行人最近三个会计年度实现的年均可分配利润不少于债券一年利息的 1.5 倍；③债券信用评级达到 AAA 级；④中国证监会及本所根据投资者保护的需要规定的其他条件。

(二) 公司债券的转让

公司债券在证券交易所上市交易的，按照证券交易所的交易规则转让。

记名公司债券，以背书方式或者法律、行政法规规定的其他方式转让；转让后由公司将受让人的姓名或者名称及住所记载于公司债券存根簿。

无记名公司债券的转让，债券持有人将债券交付给受让人后即发生转让的效力。

（三）公司债券的暂停、终止上市

《中华人民共和国证券法》规定，公司债券上市交易后，公司有下列情形之一的，由证券交易所决定暂停其公司债券上市交易：①公司有重大违法行为；②公司情况发生重大变化不符合公司债券上市条件；③公司债券所募集资金不按照核准的用途使用；④未按照公司债券募集办法履行义务；⑤公司最近两年连续亏损。

《中华人民共和国证券法》规定，公司债券终止上市有下列三种情况：①公司有重大违法行为或未按照公司债券募集办法履行义务，经查实后果严重的；②公司情况发生重大变化不符合公司债券上市条件，或者公司债券所募集资金不按照核准的用途使用，或者公司最近两年连续亏损三种情形之一，在限期内未消除；③公司解散、依法被责令关闭或者被宣告破产。在这些情形下，应由证券交易所终止债券上市，并由相关各方办理善后事宜。

【案例】

E 公司公募债券违约及处置案例①

E 公司 2012 年 4 月发行了 4.8 亿元的公司债（以下简称"12E 债"），存续期为 5 年，附第 3 年年末投资者回售选择权，发行利率为 6.78%，每年的 4 月×日为债券付息日。

2015 年 4 月，因公司无法按时、足额筹集资金用于偿付"12E 债"本期债券应付利息及回售款项，构成对本期债券的实质违约。

一、发行人及债券基本情况

E 公司于 2009 年 11 月在交易所上市，实际控制人为 M。公司原主营业务为高档餐饮，是国内第一家在 A 股上市的民营餐饮企业，后经多次转型，主营业务涉及餐饮服务与管理、环保科技、网络新媒体及大数据处理。

2012 年 4 月，公司发行了 4.8 亿元存续期为 5 年、附第 3 年（2015 年 4 月）末投资者回售选择权的公司债，发行利率为 6.78%，每年的 4 月×日为债券付息日。

二、风险暴露过程

公司 2013 年全年亏损 5.64 亿元，2014 年上半年亏损 659 万元，经营风险增大，业务转型困难，并存在业绩真实性等质疑。

2014 年 10 月，P 资信公司披露对"12E 债"的不定期跟踪评级报告，将其主体及债项评级均由 A 下调至 BBB，触发交易所风险警示条件。交易所于 10 月×日对债券进行停牌处理，并于复牌后实行风险警示处理，债券更名为"STE 债"。

2015 年 4 月，因公司无法按时、足额筹集资金用于偿付"12E 债"本期债券应付利息及回售款项，构成对本期债券的实质违约。

因公司 2013 年、2014 年净利润分别为 -5.6 亿元、-6.8 亿元，连续两年亏损，"STE 债"于 2015 年 6 月暂停上市。

① 笔者根据"中国证券监督管理会"整理（详见中国证券监督管理会. 债券典型案例：E 公司公募债券违约及处置案例［EB/OL］.（2017-12-01）. http://www.csrc.gov.cn/heilongjiang/c105403/c1268792/content.shtml.）。

三、违约风险事件处置情况

"12E 债"违约处置难度大。从经营角度来看，一是公司传统餐饮业务继续亏损，且公司转型的新业务发展停滞；二是公司前期形成的大额应收及预付款项约 1.5 亿无法收回；三是因涉及房屋合同纠纷等情况，公司 7 个银行账号被冻结，日常经营无法正常进行。从重组角度来看，一是公司市值约为 60 亿元，估值较高，增加了借壳重组的难度；二是公司被证监会立案调查未有明确结论，重组存在障碍；三是实际控制人 2014 年国庆期间出国后迄今未归，更为重组增添难度。

鉴于上述原因，公司于 2015 年 6 月启动债务重组有关事项。因涉及相关利益方较多，涉及相关法律法规复杂，公司需同相关各方多次沟通协调。通过 2015 年下半年公司重大资产出售和债务重组，公司完成"12E 债"债券兑付资金的筹集工作，2016 年 3 月×日，偿债资金划入结算公司分公司的指定银行账户，结算公司于 2016 年 3 月×日完成派发工作。其中，本金为 2.92 亿元，利息为 353 万元，违约金为 1 722.95 万元，合计 3.13 亿元。至此，"12E 债"违约事件处置完毕。

四、案例启示

一是"12E 债"的违约风险出现离不开上市公司主营业务经营环境的巨大变化及转型新业务的不顺利，若投资者在项目投资过程中能对行业的发展趋势进行准确的预判，预先采取行动规避风险，可减少损失。二是"12E 债"违约事件为我国资本市场首例公募债券本金违约案例，打破了刚性兑付的预期，揭示了债券投资天然信用风险的属性。

第四节　可转换债券与发行

一、可转换债券的含义与特性

（一）可转换债券的含义

可转换债券，又称为可转换公司债券、可转债，是一种可以在特定时间、按特定条件转换为普通股股票的特殊公司债券。我国《上市公司证券发行管理办法》明确定义，可转换债券是指发行公司依法发行、在一定期间内依据约定的条件可以转换成股份的公司债券。

可转换债券是一种兼具债务性、股权性和期权功能的混合型融资工具。可转债持有人可以选择持至债券到期，要求发行人还本付息；也可以选择在约定的时间内转换成股票，享受股利分配或资本增值。可转换债券对于投资者来说，是多了一种投资选择机会。其实质是由普通债券与认股权证组成的混合金融衍生工具。因此，即使可转换债券的收益比一般债券收益低些，但在投资机会选择的权衡中，这种债券仍然受到投资者的欢迎。可转换公司债券在国外债券市场上颇为盛行。早在 1843 年美国 New York Erie 铁路公司就发行了世界上第一只可转债。

（二）可转换债券的特性

可转换债券也是一种混合融资工具，具有以下几个特性。

1. 债权性

与其他债券一样，可转换债券也有规定的利率和期限。投资者可以选择持有债券到期，收取本金和利息；也可以在未到期时在二级市场上抛售债券，获取本金和价差收益。

2. 股权性

可转换债券在转换成股票之前是纯粹的债券，但在转换成股票之后，原债券持有人就由债权人变成了公司的股东，可参与企业的经营决策和红利分配。

3. 可转换性

可转换性是可转换债券的重要标志，债券持有者可以按约定的条件将债券转换成股票。转股权是持有可转换债券的投资者享有的、一般债券所没有的选择权。可转换债券在发行时就明确约定债券持有者可按照发行时约定的价格将债券转换成公司的普通股股票。对投资者来说，其转换前为债权人，享受利息；转换后为股东，可获得红利或资本收益。对发行人来说，可转债转换前属于债务，转换后属于股权资本。可转债的价值在涨势中与股价联动，在跌势中可收息保本。

4. 可赎回性

赎回是指发行人在可转债发行一段时期后，当标的股票市价持续一段时间高于转股价格且达到某一幅度时，发行人有权按照契约约定的价格从投资者手中买回尚未转股的可转债，一旦公司发出赎回通知，可转债持有者必须立即在转股或卖出可转债之间进行选择。因此，赎回条款最主要的功能是强制可转债持有者行使其转股权，从而加速转换，因此它又被称为加速条款。

5. 可回售性

可转换债券的投资者还享有将债券回售给发行者的权利。一些可转换债券附有回售条款，规定当公司股票的市场价格持续低于转股价（按约定可将债券转换成股票的价格）达到一定幅度时，债券持有人可以把债券按约定条件回售给债券发行人。

6. 风险中性

当发行人的风险水平提高时，随着发行人违约率的提高，可转债价值中纯债券的部分价值降低；但与此同时，发行人标的股票的价格波动率也会相应提高，则可转债的转换期权价值会升高。这样，可转债纯债券价值的下降与转换期权价值的上升会相互抵消，从而导致可转债的价值对发行人风险水平的变化相对不太敏感。布伦南和施瓦茨（Bremian & Schwartz，1988）把可转债的这种特征称为"风险中性"。

（三）分离交易的可转换债券

1. 分离交易的可转换债券的内涵

分离交易可转债的全称是"认股权和债券分离交易的可转换债券"，它是债券和股票的混合融资品种。分离交易可转债由两大部分组成，一是可转换债券；二是股票权证。股票权证是指在未来规定的期限内，按照规定的协议价买卖股票的选择权证明。根据买或卖的不同权利，其可分为认购权证和认沽权证。

从概念上说，可分离交易可转债属于附认股权证公司债的范围。附认股权证公司债指公司债券附有认股权证，持有人依法享有在一定期间内按约定价格（执行价格）认购公司股票的权利，也就是债券加上认股权证的产品组合。

2. 分离交易可转债与普通可转债的区别

（1）分离交易可转债与普通可转债的本质区别在于债券与期权可分离交易。也就是说，分离交易可转债的投资者在行使了认股权利后，其债权依然存在，仍可持有到期归还本金并获得利息的债权；而普通可转债的投资者一旦行使了认股权利，其债权就不复存在了。

（2）分离可转债不设重设和赎回条款，有利于发挥发行公司通过业绩增长来促成转股的正面作用，避免了普通可转债发行人往往不是通过提高公司经营业绩，而是以不断向下修正转股价或强制赎回方式促成转股而带给投资人的损害。同时，分离交易可转债持有人与普通可转债持有人同样被赋予一次回售的权利，从而极大地保护了投资人的利益。

（3）普通可转债中的认股权一般是与债券同步到期的，分离交易可转债则并非如此。《上市公司证券发行管理办法》中规定，分离交易可转债"认股权证的存续期间不超过公司债券的期限，自发行结束之日起不少于 6 个月"，认股权证分离交易可能导致市场风险加大、缩短权证存续期，有助于减少投机。

二、可转换债券的基本要素

（一）标的股票

标的股票是指可转换债券持有人将债券转换成发行公司的股票。发行公司的股票可以有多种形式，如普通股、优先股。确定了标的股票之后，投资者就可以进一步推算转换价格。

（二）票面利率

可转换债券的票面利率是指可转换债券作为一种债券时的票面利率，是发行人根据当前市场利率水平、公司债券资信等级和发行条款确定的，一般低于相同条件的不可转换债券。在其他条件相同的情况下，较高的票面利率对投资者的吸引力较大，因而有利于发行，但较高的票面利率会对可转换债券的转股形成压力，发行公司也将为此支付更高的利息。由此可见，票面利率的大小对发行者和投资者的收益和风险都有重要的影响。

（三）面值

我国《上市公司证券发行管理办法》规定，我国可转换债券面值是 100 元。

（四）期限

1. 债券期限

可转换债券的有效期限与一般债券相同，是指债券从发行之日起至偿清本息之日止的存续期间。可转换债券发行公司通常根据自己的偿债计划、偿债能力以及股权扩张的步伐来确定可转换债券的期限。我国可转换债券的期限最短为 1 年，最长为 6 年。

2. 转换期限

转换期限是指可转换债券转换为普通股票的起始日至结束日的期间。我国可转换债券自发行结束之日起 6 个月后方可转换为公司股票，转股期限由公司根据可转换债券的存续期限及公司财务状况确定。债券持有人对转换股票或者不转换股票有选择权，并于转股的次日成为发行公司的股东。

（五）转股价格

转股价格，是指募集说明书事先约定的可转换债券转换为每股股份所支付的价格。转股价格应不低于募集说明书公告日前20个交易日该公司股票交易均价和前一交易日的均价。与转股价格相关的一个概念是转换比例。转换比例是指一定面额可转换债券可转换成普通股票的股数。用公式表示为

$$转换比例 = 可转换债券面值/转换价格$$

（六）转股价格调整条款

发行可转换债券后，因配股、增发、送股、派息、分立及其他原因引起上市公司股份变动的，应当同时调整转股价格。

当股票价格表现不佳时，一般是股票价格连续低于转股价一定水平时，该条款允许发行公司在约定的时间内将转股价格向下修正。转股价格修正方案须提交公司股东大会表决，且须经出席会议的股东所持表决权的2/3以上同意。股东大会进行表决时，持有公司可转换债券的股东应当回避。修正后的转股价格不低于股东大会召开日前20个交易日该公司股票交易的均价和前一交易日的均价。

（七）赎回条款

赎回是指在一定条件下，发行公司按事先约定的价格买回未转股的可转换债券。发行公司设立赎回条款的主要目的是降低发行公司的发行成本，避免因市场利率下降而给自己造成利率损失，同时也出于加速转股过程、减轻财务压力的考虑。通常该条款可以起到保护发行公司和原有股东的权益的作用。

赎回条款一般包括以下几个要素：①赎回保护期。这是指可转换债券从发行日至第一次赎回日的期间。赎回保护期越长，股票增长的可能性就越大，赋予投资者转换的机会就越多，对投资者也就越有利。②赎回时间。赎回保护期过后，便是赎回期。按照赎回时间的不同，赎回方式可以分为定时赎回和不定时赎回。定时赎回是指公司按事先约定的时间和价格买回未转股的可转换债券；不定时赎回是指公司根据标的股票价格的走势按事先的约定以一定价格买回未转股的可转换债券。③赎回条件。在标的股票的价格发生某种变化时，发行公司可以行使赎回权利，这是赎回条款中最重要的要素。按照赎回条件的不同，赎回可以分为无条件赎回（硬赎回）和有条件赎回（软赎回）。无条件赎回是指公司在赎回期内按事先约定的价格买回未转股的可转换债券，它通常和定时赎回有关；有条件赎回是指在标的股票价格上涨到一定幅度，并且维持了一段时间之后，公司按事先约定的价格买回未转股的可转换债券，它通常和不定时赎回有关。④赎回价格。赎回价格是事先约定的，它一般为可转换债券面值的103%~106%，对于定时赎回，其赎回价一般逐年递减，而对于不定时赎回，通常赎回价格除利息外是固定的。

（八）回售条款

回售条款是为投资者提供的一项安全性保障，当可转换债券的转换价值远低于债券面值时，持有人必定不会执行转换权利。回售一般是指发行公司标的股票市价在一段时间内连续低于转股价格，达到某一比例时，可转换债券持有人就可以按事先约定的价格将所持转债卖给发行人的行为。回售实质上是一种卖权，是赋予投资者的一种权利，投资者可以根据市场的变化而选择是否行使这种权利。

回售条款一般包括以下几个要素：①回售价格。回售价格是以面值为基础，加上一定回售利率。回售利率是事先规定的，一般低于市场利率，但高于可转换债券的票面利率。②回售时间。回售时间是事先约定的，具体的回售时间少则数天，多则数月。③回售选择权。其指的是若达到回售时间时，标的股票市价无法达到所约定的价格，从而导致转换无法实现的情况下，发行方承诺投资者有按照约定利率将可转换债券回售给发行方的权利，而发行方将无条件接受可转换债券。

三、可转换债券发行动机理论

在本章的第一节介绍了公司债券的资本结构理论、权衡理论和优序融资理论。可转换债券具有公司债券的特性，上述理论也适用于可转换债券。但可转换债券作为一种混合型融资工具，需要用一些相对应的理论来解释。

（一）后门权益假说

斯坦（Stein，1992）在 Myers 和 Majluf（1984）债券与股权融资选择模型的基础上，提出了后门融资假说。该理论认为，可转换债券是基于信息不对称导致的逆向选择成本太高而使得权益融资受阻时的一种间接权益融资工具，即发行权益的后门。斯坦认为，当公司采用普通债务融资会导致极大的财务危机，且由于信息不对称所产生的逆向选择成本太高从而导致传统的股票发行没有吸引力时，公司应该选择发行可转换债券。所以他预测，公司发行可转换债券是为了获得延迟的股权融资，即可转债是权益证券的替代品，对于存在明显信息不对称及财务成本高的公司尤其如此。

（二）连续融资假说

梅耶斯（Mayers，1998）提出了连续融资假说。他认为，可转换债券具有配合投资支出现金流的功能，因此可以在企业长期投资中扮演重要的角色。对于某些公司，其可以通过可转换债务的设计减轻权益及债务融资过程中的财务问题，即解决阶段性融资的信息不对称所引起的高发行成本以及委托代理引起的过度投资问题。

（三）风险转移假说

格林（Green，1984）提出的风险转移假说也称为资产替换假说（the asset substitution hypothesis）。格林认为，可转换债券融资可以减少代理问题中的资产转换问题。公司代理问题越严重，则公司越倾向于通过发行可转换债券来筹集资金，公司发行可转换债券的动机在于减少债权人与股东之间的代理成本。可转换债券利用公司剩余求偿的报酬结构，可以改变股东投资高风险方案的动机，即投资者可以在未来通过转换权利而成为股东，并稀释原有股东从风险性投资中获得的报酬，而经理人则可以通过调整债券转化后的股权比例来控制代理问题。

（四）税收抵减假说

加兰和巴罗·德斯（Jalan & Barone-desi，1995）采用一个合作博弈模型来分析可转换债券具有的税收优势。该模型认为，在对利息和股利征收不同税率的市场环境中，发行可转债具有明显的税收优势。由于利息在税前支付，而股利在税后支付，为了减少公司的纳税额，老股东和可转换债券持有人具有合作的动机，以更多地减少政府从公司中提取的税额。因此，这种合作将增加公司的价值。

（五）堑壕假说

泽维贝尔（Zweibel，19％）从管理者追求自身利益最大化，而不是股东利益最大化的角度解释了管理者如何选择融资工具。当存在敌意收购时，管理者应该通过发行债券，增加收购成本，来消除潜在的敌意收购。但与此同时，负债的增加也增加了公司破产的可能性。伊萨加瓦（Isagawa，2002）基于泽维贝尔模型，提出了可转债发行的堑壕假说。他以公司管理者的堑壕观点解释了为什么公司经理决定发行可赎回可转换公司债券。由于可转债具有转股期权，公司通过发行可赎回可转债，可以有效消除恶意收购和破产的威胁。

四、可转换债券的优缺点

（一）可转换债券的优点

1. 可转换债券通过出售看涨期权可降低融资成本

可转换债券发行相当于投资者投资了一份买入期权，其票面利率低于其他普通债券，也就是说在投资者转股之前，发行公司需要支付的利息低于其他普通债券的利息，减轻了企业的负担。

2. 可转换债券可使发行公司获得长期稳定的资本供给

可转换债券的发行可看作未来的发行股票或配股，可转换债券在转换前作为公司的负债，而转换后则成为公司所有者权益的一部分，本来需要还本付息的债务转变为永久性的资本投入，这样就增强了发行公司日后运营的举债能力。

3. 可转换债券可改善发行公司资本结构

发行可转换债券，公司的原本资产负债比率提高了，有利于优化公司的资本结构，有利于发挥财务杠杆作用和税盾效应，进而提高了股权资本的收益率。借助可转换债券这种工具，公司在资本结构的调整上就有了一定的弹性，能够适应日趋复杂多变的理财环境。

（二）可转换债券的缺点

1. 可转换债券的定价难题

对于发行公司来说，可转换债券虽然票面利率低于其他普通债券，但降低的幅度难以确定。制定的票面利率高，会增加成功发行的可能性；制定的票面利率低，成本固然降低了，但很可能丧失债券的投资吸引力，导致债券不能成功发行。

2. 公司的财务风险

如果标的股票价格长期达不到约定的转换价格，公司将被迫以较高的代价来提前赎回，这样就会造成公司流动资金紧张。另外，若可转换债券不能按期转换成股票，势必会提高企业资产负债率。这样便加大了企业的财务风险，造成了发行公司在资本市场上再融资的困难。

3. 公司稀释股权风险

可转换债券实现转股后，流通在外的股权数增加了，稀释了原有的股权结构，摊薄了每股净收益，损害了原有股东的利益。同时，发行公司丧失了原有债券利息抵税的好处。

4. 投资者的收益存在风险

对于投资者来说，持有可转换债券也是存在风险的。如果公司经营不善，其股价长期低迷，达不到转换价格，投资者就只能选择长期持有。由于其利率低于其他普通债券，投资者得到的利息收入十分有限。另外，当市场利率发生改变时，如利率升高时，投资者得到的收益则相对变得更低。

五、可转换债券的价值构成

可转换债券具有转换为普通股的权力，是债券与股票期权的混合证券。因此，其价值构成主要由债券价值、转换价值和期权价值构成。可转换债券实质是一种集股票和债券为一体的混合证券，以公司债的形式发行，持有者可在到期前以一定的条件转换成公司的股票。人们通常用二叉树定价方法计算可转换债券的价值。

（一）可转换债券的债券价值

债券部分通常采用现金流贴现方法，即根据转债条款的规定估算各期的现金流，然后选用合适的收益率水平进行贴现。投资者采用不同到期收益率来对各期现金流进行贴现时，存在着差异。目前多数人仍然采用同种期限结构的国债的到期收益率来进行贴现。

（二）可转换债券的转换价值

可转债持有者将其按规定的转换价格转换成股票并按市场价格计算的价格，就是可转债的转换价值，其计算公式为

$$V_C = F_0 S \div X$$

其中，V_C 是可转债的转换价值，F_0 是每张可转债的面值，S 是股票市价，X 是转换价格。

（三）可转换债券的期权价值

期权价值部分通常采用经典的布莱克-斯科尔斯（Black-Scholes）模型和二叉树模型期权定价模型，而又以布莱克-斯科尔斯模型应用得更为广泛。

可转换债券的价值构成可以表示为可转换债券的债券价值与转换价值两者中的最大值，再加上期权价值。因此，可转换债券的价值可表示为

$$可转换债券价值 = Max（转换价值，债券价值）+ 期权价值$$

第五节　资产证券化

资产证券化业务，是为解决债务融资需求应运而生的。证券化的资产是指债权资产而非股权资产，资产化证券亦为债券化证券，而非股权化证券。因此，结合本章债券市场的内容，本文将资产证券化与资产债券化作为具有同一含义的概念通用。

一、资产证券化的概念

资产证券化，是一种流行的融资性金融工具，被誉为20世纪70年代以来世界最伟大的金融创新之一。资产证券化是以特定资产组合或特定现金流为支持，发行可交易

证券的一种融资方式。资产证券化的实质是发起人出售低流动性资产未来可回收的现金流以获得融资。一项或多项基础资产能够被证券化的首要条件，是该项资产能够产生稳定、可预期的现金流，从而为基于该基础资产发行的证券还本和付息提供保障。因此，资产证券化虽然在形式上是以资产为基础，但实际上是以资产所产生的现金流为支撑。基础资产的现金流分析是资产证券化的关键。资产证券化依托基础资产而非企业信用进行债务融资，是对传统融资方式的突破。按监管机构划分，我国的资产证券化分为企业资产证券化和信贷资产证券化两大类型。

二、资产证券化的发展情况

资产证券化起源于 20 世纪 70 年代的美国，随着"金融脱媒"逐步深化与住房需求的日渐旺盛，主要用以满足大量从事住房贷款业务的商业银行的融资需求，此后逐渐成为一种被广泛使用的金融创新工具而得到了迅猛发展，现已成为全球主要经济体和新兴市场国家金融市场中的重要金融工具。资产证券化可采取多种不同的方式来实现，但无不包含和体现着"一个核心（资产现金流分析）与三个基本点（资产重组、风险隔离和信用增级）。

我国对于资产证券化的论证与研究起步于 20 世纪 80 年代，业务实践始于 2005 年的试点，通过"立法与试点"并行的方式，大致经历了试点、停滞、重启和加速发展四个阶段。尤其是 2014 年 11 月以来，监管部门先后出台规定，资产证券化开始施行注册制、备案制，发行效率大幅提高。同时，随着信托型资产支持票据的落地发展，以及保险资产证券化有了正式规则和统一规范，我国资产证券化形成完整业务模式体系，总体进入加速发展阶段。

三、证券化基础资产

根据相关法规，证券化基础资产是指符合法律法规规定，权属明确，可以产生独立、可预测的现金流且可特定化的财产权利或者财产。基础资产可以是单项财产权利或者财产，也可以是多项财产权利或者财产构成的资产组合。此处的财产权利或者财产，其交易基础应当真实，交易对价应当公允，现金流应当持续、稳定。此处的基础资产，必须是原始权益人合法所有。另外，我国对证券化基础资产实行负面清单管理，并不是所有符合基础资产定义的资产都可以成为证券化基础资产。

实务中，从不同角度，证券化基础资产存在若干种分类方法。根据证券化基础资产的属性，我们一般将基础资产分为四大类。一是金融机构信贷资产。其通常是指银行类金融机构所持有的信贷债权资产，包括住房抵押贷款、汽车销售贷款、个人消费贷款、商业地产抵押贷款、企业贷款、不良贷款、住房公积金贷款、信用卡应收账款等。二是企业债权资产。其通常是指非金融机构或企业在生产经营过程中形成的各类债权，包括保理应收款、企业应收款、小额贷款、委托贷款、信托收益权等。三是企业收益权资产。其通常是指非金融机构或企业因过去的生产经营投入而形成的可以带来未来收益的各项收益权，包括楼宇、设备、交通工具、机械租赁收益权、市政水电气、公用基础设施收费权、路桥、经营场所收益权、票款收益权、PPP 收益权等。四是企业不动产。其通常是指各类商业地产、工业地产、保障房、养老地产和医疗地产等。

四、资产证券化的参与主体

资产证券化参与主体包括发起人、发行机构、特殊目的载体（SPV）、服务机构、信用评级机构、托管人、投资者。

1. 发起人（原始权益人）

发起人也称原始权益人（卖方），是基础资产的原所有者，是所融资金的最终使用者。其职能是和发行机构一起筛选拟证券化的资产池，并转让给特殊目的载体（SPV）。商业银行、汽车财务公司、航空公司、制造企业、保险公司、金融和融资租赁公司、小额贷款公司等都可以成为发起人。在多数证券化交易中，发起人往往是信用较好、资产质量优秀的金融机构或企业。

2. 发行机构（投资银行、券商、资产管理公司等）

在资产证券化中，发行机构起到牵头人角色，原始权益人和发行机构共同工作来确保发行机构符合法律、规章、财务、税务的要求。发行机构作为专业机构，设立和管理SPV，协调和协助信用增级机构、信用评级机构及托管机构等，促进整个工作的顺利进行。信托公司、券商和资产管理公司等发行机构一般还是受托管理人。

3. 特殊目的载体

特殊目的载体是指证券公司、基金管理公司子公司为开展资产证券化业务专门设立的资产支持专项计划（以下简称专项计划）或者中国证监会认可的其他特殊目的载体。SPV在资产证券化运行中起到承上启下的作用，如与原始权益人签订资产转让合同，将拟证券化的资产转移到其名下，然后以此资产的现金流为支持向投资者发行资产支持证券。

4. 服务机构

服务机构一般由原始权益人或其子机构承担。发起人也可以委托同业公司来承担资产证券化的服务职能。服务机构负责管理应收账款的催收、采集、汇总统计、到期本息的收取。服务机构有义务向受托管理人、投资者提供包括资产（应收账款）组合、债务余额、费用支出状况等财务数据的定期（月份或季度）和年度报告。

5. 信用评级机构

作为"标准化"的一部分，信用评级机构在证券化的发行和交易中起着重要的作用，既帮助发行人确定信用增级的方式和规模，又为投资者设立一个明确的、可以被理解和接受的信用标准。正是由于评级机构在证券化交易中的这种不可替代的作用，因此评级机构的权威性和客观性必须得到保障。

6. 托管人

托管人是承担资金管理和偿付职能的证券化中介机构。托管人从服务商、担保人和其他第三方收取对应收款本息的偿付资金，再按协议的规定将其偿付给证券的投资者。具体来说，托管人的主要职责包括：定期（如每周或每月）监察相关合约的遵守情况；向投资者偿付本金和利息；将闲余现金进行投资；定期向投资者提供报告等。

7. 投资者

投资者包括机构投资者和个人投资者。在我国资产证券化实践中，资产支持证券的投资者主要是机构投资者，包括银行、保险公司、共同基金等。机构投资者成为资产证券化市场的主要参与者，是资产证券化市场发展的客观需要。以机构投资者作为需求主体，不仅能降低证券的发行成本，而且由于其在资金运用上具有的长期性，因而有助于资产证券化市场的长期稳定及证券化产品期限结构的合理化。

【案例】

财面儿｜美凯龙拟开展商业物业资产证券化业务，募资 11.6 亿元①

财经网讯 9 月 17 日，美凯龙发布关于拟开展商业物业资产证券化业务的公告。公告显示，美凯龙拟开展商业物业资产证券化业务。本次拟设立的浙商—红星美凯龙商业物业资产支持专项计划拟由美凯龙担任原始权益人，浙商资管担任计划管理人，公司的全资子公司银红家居作为基础债务人。本次专项计划发行的规模不超过 11.6 亿元（以本次专项计划实际成立时的规模为准），发行期限拟不超过 18 年。专项计划成立后，资产支持证券将在上海证券交易所上市交易。

此外，本次资产支持专项计划向资本市场发行的证券将分为优先级资产支持证券和次级资产支持证券，其中优先级资产支持证券发行规模为不超过 11 亿元、次级资产支持证券发行规模为不超过 0.6 亿元，优先级、次级资产支持证券规模占比等项目相关要素可能因监管机构要求或市场需要进行调整。

公告指出，通过开展商业物业资产证券化业务，可以更好地盘活存量资产，有效缓解公司短期现金流压力，拓宽融资渠道，优化负债结构，助力公司业务发展。

思考：资产证券化对于提高金融市场效率，充分利用闲置资金，促进经济发展功效显著。其核心问题是要监管到位，规范操作。这样才能最大限度降低投资者的风险。

五、资产证券化的一般运作流程

1. 确定基础资产并组建资产池

资产证券化的发起人（资产的原始权益人）在分析自身融资需求的基础上，通过发起程序确定用来进行证券化的资产。

2. 设立特殊目的载体

特殊目的载体（SPV）是专门为资产证券化而设立的一个特别法律实体，它是结构性重组的核心主体。SPV 被称为是没有破产风险的实体，对这一点可以从两个方面理解：一是指 SPV 本身的不易破产性；二是指发起人将基础资产转移给 SPV，必须满足真实出售的要求，从而实现了破产隔离。SPV 可以是由证券化发起人设立的一个附属机构，也可以是专门进行资产证券化的机构。设立的形式可以是特别目的信托、特别目的公司以及有限合伙。从已有的证券化实践来看，为了逃避法律制度的制约，有很多 SPV 是在有"避税天堂"之称的百慕大群岛、开曼群岛等地方注册。

3. 资产转移

基础资产从发起人的地方转移给 SPV 是结构性重组中非常重要的一个环节。这个环节会涉及许多法律、税收和会计处理问题。资产转移的一个关键问题是，这种转移

① 财经网. 美凯龙拟开展商业物业资产证券化业务，募资 11.6 亿元. [EB/OL]. (2020-09-17) [2021-12-27]. https://baijianao.baidu.com/s? id.

必须是真实出售，其目的是为了实现基础资产与发起人之间的破产隔离，即发起人的其他债权人在发起人破产时对该基础资产没有追索权。真实出售的资产转移要求做到以下两个方面：第一，基础资产必须完全转移到 SPV 手中，这既保证了发起人的债权人对已转移的基础资产没有追索权，也保证了 SPV 的债权人对发起人的其他资产没有追索权；第二，资产控制权已经从发起人转移到了 SPV，因此这些资产将从发起人的资产负债表上剔除，从而使资产证券化成为一种表外融资方式。

4. 信用增级

为吸引投资者并降低融资成本，发起人必须对资产证券化产品进行信用增级，以提高所发行证券的信用级别。信用增级可以使证券在信用质量、偿付的时间性与确定性等方面能更好地满足投资者的需要，同时满足发行人在会计、监管和融资目标方面的需求。信用增级可以分为内部信用增级和外部信用增级两类，具体手段有很多种，如内部信用增级的方式有：划分优先/次级结构、建立利差账户、开立信用证、进行超额抵押等。外部信用增级主要通过担保来实现。

5. 信用评级

在资产证券化交易中，信用评级机构通常要进行两次评级：初评与发行评级。初评的目的是确定为了达到所需要的信用级别必须进行的信用增级水平。在按评级机构的要求进行完信用增级之后，评级机构将进行正式的发行评级，并向投资者公布最终评级结果。信用评级机构通过审查各种合同和文件的合法性及有效性，给出评级结果。信用等级越高，表明证券的风险越低，从而使发行证券筹集资金的成本越低。

6. 发售证券

信用评级完成并公布结果后，SPV 将经过信用评级的资产支持证券交给证券承销商去承销，他们可以采取公开发售或私募的方式来进行。由于这些证券一般具有高收益、低风险的特征，所以主要由机构投资者（如保险公司、投资基金和银行机构等）来购买。这也从另一个角度说明，一个健全发达的资产证券化市场必须要有一个成熟的、达到相当规模的机构投资者队伍。

7. 向发起人支付资产购买价款

SPV 从证券承销商那里获得发行现金收入，然后按事先约定的价格向发起人支付购买基础资产的价款，此时要优先向其聘请的各专业机构支付相关费用。

8. 管理资产池

SPV 要聘请专门的服务商来对资产池进行管理。一般地，发起人会担任服务商，这种安排有很重要的实践意义。因为发起人已经比较熟悉基础资产的情况，并与每个债务人建立了联系。而且，发起人一般都有管理基础资产的专门技术和充足人力。当然，服务商也可以是独立于发起人的第三方。这时，发起人必须把与基础资产相关的全部文件移交给新服务商，以便新服务商掌握资产池的全部资料。

9. 清偿证券

按照证券发行时说明书的约定，在证券偿付日，SPV 将委托受托人按时、足额地向投资者偿付本息。利息通常是定期支付的，而本金的偿还日期及顺序要因基础资产和所发行证券的偿还安排的不同而异。当证券全部被偿付完毕后，如果资产池产生的现金流还有剩余，那么这些剩余的现金流将被返还给交易发起人，资产证券化交易的全部过程也随即结束。

六、资产证券化的基本特点

1. 破产隔离

资产证券化在法律制度上的创新在于，通过把证券化资产与发起人"破产隔离"，实现证券化投资者的权益与发起人的信用状况的分离，从而避免了发起人破产对证券持有的影响，以保护投资者的权益。破产隔离是证券化交易的特征之一，也是影响交易是否成功的主要因素之一。它要求当原始权益人破产清算时，证券化资产的权益不作为清算财产，证券化资产所产生的收入现金流仍能按照交易契约规定支付给投资者，从而达到保护投资者的目的。实现破产隔离决定于两个主要因素：一是证券化资产的真实销售；二是在交易结构中设立 SPV。

为了避免破产可能对证券化资产产生的不利影响，原始权益人需要将证券化资产以真实销售的方式出售给为证券化交易而特别设立的公司。判断真实销售的主要标准是出售后的资产在原始权益人破产时不作为法定财产参与清算。这取决于各国法规的解释和法庭判例。如果转让在法律上不能确立为真实销售，而是抵押融资的话，特定目的实体将难以利用证券化资产所产生的现金收益及时支付投资者本息，使投资者对证券化资产的请求权受到发起人破产的影响。

2. 需进行信用增级

SPV 在接收了资产池中的资产后，往往要对资产池中的资产采取信用增级措施，这一方面是为了使将要发行的资产支持证券达到一定的投资等级，另一方面是为了保护投资者的利益。信用增级包括内部增级和外部增级两大类。外部信用增级是指由外部第三方提供的信用增级工具，其常见的形式包括第三方提供的担保、流动性支持、差额补足等。内部信用增级是用基础资产中所产生的部分现金流来提供的，其常见的方式有建立优先/次级结构、超额抵押和利差账户等。

七、资产证券化的市场监管

我国的资产证券化市场发展较晚，相应的监管制度也比较落后。近年来，我国在资产证券化市场的监管方面取得了一些新突破。首先，在信息披露方面，2018 年 5 月，沪深交易所、中证报价系统发布了《资产支持证券存续期信用风险管理指引（试行）》和《资产支持证券定期报告内容与格式指引（试行）》，进一步明确了各市场参与人的相关责任，强化了产品存续期信息披露和信用风险管理。

《风险管理指引》建立了覆盖资产支持证券存续期全过程和市场参与各方的持续性、常态化信用风险管理机制：落实信用风险管理职责，强调以管理人为核心，各市场参与机构积极配合，主动进行信用风险管理；以尽早防范化解信用风险为目标，更加注重信用风险的事前、事中监测、排查和预警；以信用风险为导向对资产支持专项计划进行分类，并做出差异化的风险管理制度安排；要求管理人每半年提交信用风险管理定期报告，以及不定期提交临时信用风险报告，以便监管机构及时了解和掌握资产支持证券的风险状况。

《定期报告指引》以帮助投资者有效投资决策和强化风险揭示为导向，明确了资产支持证券各信息披露义务人的职责，规定了资产支持证券定期报告的总体披露原则、编制要求及主要内容格式，聚焦披露重点，着力提高信息披露的及时性、针对性和有效性，将为管理人、托管人编制和披露定期报告提供便利，为投资者进行投资决策提供更加丰富的参考信息。

《定期报告指引》及《风险管理指引》的发布实施，对于落实市场参与机构的主体责任，增强各方信息披露和风险管理的意识，督促市场参与主体归位尽责，具有重要意义。落实指引要求，有利于进一步提高信息披露质量，实现信用风险控制重心前移，健全市场化、法治化的信用风险化解处置机制，深化落实交易所一线监管与风险防控职责，切实保护投资者合法权益，促进资产证券化市场健康有序发展。

本章小结

债券是政府、金融机构、工商企业等机构直接向社会借债筹措资金时，向投资者发行，并且承诺按一定利率支付利息并按约定条件偿还本金的债权债务凭证。债券具有如下特征：偿还性；流通性；安全性；收益性。

国债是国家债券（又叫国家公债）的简称，是指中央政府为筹集资金而发行的债券，是中央政府向投资者出具的、承诺在一定时期支付利息和到期偿还本金的债权债务凭证。

公司债券可以认为是由股份制公司发行的一种债务契约，公司承诺在未来的特定日期偿还本金并按事先规定的利率支付利息。

可转换债券，又称为可转换公司债券、可转债，是一种可以在特定时间、按特定条件转换为普通股股票的特殊公司债券。我国《上市公司证券发行管理办法》对可转换债券的定义为：可转换债券是指发行公司依法发行、在一定期间内依据约定的条件可以转换成股份的公司债券。

资产证券化是指将缺乏即期流动性，但具有可预期的、稳定的未来现金流的资产进行组合和信用增级，并依托该基础资产的未来现金流在金融市场上发行可以流通的有价证券的结构性融资活动。

资产证券化是一种流行的融资性金融工具。按监管机构划分，我国的资产证券化分为企业资产证券化和信贷资产证券化两大类型。证券化基础资产是指符合法律法规规定，权属明确，可以产生独立、可预测的现金流且可特定化的财产权利或者财产。资产证券化的参与主体包括发起人、发行机构、特殊目的载体（SPV）、服务机构、信用评级机构、托管人及投资者。资产证券化的一般流程，即确定基础资产并组建资产池，设立特殊目的载体，资产转移，信用增级，信用评级，发售证券，向发起人支付资产购买价款，管理资产池，清偿证券，按时、足额地向投资者偿付本息。

【案例分析】

【案例1】万科发行可转换公司债券

【案例2】欢乐谷主题公园入园凭证专项资产管理计划资产证券化案例

【课后练习】

一、单项选择题

1. 甲公司在 2008 年 1 月 1 日发行 5 年期债券，面值 1 000 元，票面年利率 6%，于每年 6 月 30 日和 12 月 31 日付息，到期时一次还本。ABC 公司欲在 2011 年 7 月 1 日购买甲公司债券 100 张，假设市场利率为 4%，则债券的价值为（　　）元。

　　A. 1 000　　　　　　　　　　B. 1 058. 82

　　C. 1 028. 82　　　　　　　　D. 1 147. 11

2. 某企业于 2011 年 6 月 1 日以 10 万元购得面值为 1 000 元的新发行债券 100 张，票面利率为 8%，2 年期，每年支付一次利息，则 2011 年 6 月 1 日该债券到期收益率为（　　）。

　　A. 16%　　　　　　　　　　B. 8%

　　C. 10%　　　　　　　　　　D. 12%

3. 下列有关债券的说法中，正确的是（　　）。

　　A. 当必要报酬率高于票面利率时，债券价值高于债券面值

　　B. 在必要报酬率保持不变的情况下，对于连续支付利息的债券而言，随着到期日的临近，债券价值表现为一条直线，最终等于债券面值

　　C. 当必要报酬率等于票面利率时，随着到期时间的缩短，债券价值一直等于债券面值

　　D. 溢价出售的债券，利息支付频率越快，价值越低

4. 投资者李某计划进行债券投资，选择了同一资本市场上的 A 和 B 两种债券。两种债券的面值、票面利率相同，A 债券将于一年后到期，B 债券到期时间还有半年。已知票面利率均小于市场利率，为便于分析，假定两债券利息连续支付。下列有关两债券价值的说法中正确的是（　　）。

　　A. 债券 A 的价值较高

　　B. 债券 B 的价值较高

　　C. 两只债券的价值相同

　　D. 两只债券的价值不同，但不能判断其高低

5. 对于分期付息债券而言，下列说法不正确的是（　　）。

    A. 随着付息频率的加快，折价发行的债券价值降低

    B. 随着付息频率的加快，溢价发行的债券价值升高

    C. 随着付息频率的加快，平价发行的债券价值不变

    D. 随着付息频率的加快，平价发行的债券价值升高

6. 某 5 年期债券，面值 1 000 元，发行价 1 100 元，票面利率 4%，到期一次还本付息，发行日购入，准备持有至到期日，则下列说法不正确的是（　　）。

    A. 单利计息的情况下，到期时一次性收回的本利和为 1 200 元

    B. 复利计息的情况下，到期的本利和为 1 200 元

    C. 单利计息的情况下，复利折现下的债券的到期收益率为 1.76%

    D. 如果该债券是单利计息，投资者要求的最低收益率是 1.5%（复利按年折现），则可以购买

二、多项选择题

1. 甲企业现在发行到期日一次还本付息的债券，该债券的面值为 1 000 元，期限为 5 年，票面利率为 10%，单利计息，复利折现，当前市场上无风险收益率为 6%，市场平均风险收益率为 2%，则下列价格中适合购买的有（　　）。

    A. 1 020   B. 1 000

    C. 2 204   D. 1 071

2. 某企业准备发行三年期企业债券，每半年付息一次，票面年利率 6%，面值 1 000 元，平价发行，以下关于该债券的说法中，正确的是（　　）。

    A. 该债券的半年期利率为 3%

    B. 该债券的有效年必要报酬率是 6.09%

    C. 该债券的报价利率是 6%

    D. 由于平价发行，该债券的报价利率与报价年必要报酬率相等

3. 某债券的期限为 5 年，票面利率为 8%，发行时的市场利率为 10%，债券面值为 1 000 元，下列关于债券发行时价值的表达式中正确的有（　　）。

    A. 如果每年付息一次，则债券价值 = 80 × $(P/A, 10\%, 5)$ + 1 000 × $(P/F, 10\%, 5)$

    B. 如果每年付息两次，则债券价值 = 40 × $(P/A, 5\%, 10)$ + 1 000 × $(P/F, 10\%, 5)$

    C. 如果每年付息两次，则债券价值 = 40 × $(P/A, 5\%, 10)$ + 1 000 × $(P/F, 5\%, 10)$

    B. 如果到期一次还本付息（单利计息），按年复利折现，则债券价值 = 1 400 × $(P/F, 10\%, 5)$

4. 某企业进行债券投资，则购买债券后给企业带来的现金流入量可能有（　　）。

    A. 收到的利息   B. 收到的本金

    C. 收到的资本利得   D. 出售债券的收入

5. 资产证券化基础资产的原始权益人是（　　　）。

    A. 受托人   B. 投资者

    C. 服务商   D. 发起人

三、计算题

1. 甲公司欲投资购买债券，打算持有至到期日，要求的必要收益率为6%（复利、按年计息），目前有三种债券可供挑选：

（1）A 债券面值为 1 000 元，5 年期，票面利率为 8%，每年付息一次，到期还本，A 债券是半年前发行的，现在的市场价格为 1 050 元，计算 A 公司债券目前的价值为多少？是否值得购买？

（2）B 债券面值为 1 000 元，5 年期，票面利率为 8%，单利计息，利随本清，目前的市场价格为 1 050 元，已经发行两年，计算 B 公司债券目前的价值为多少？是否值得购买？

（3）C 债券面值为 1 000 元，5 年期，4 年后到期，目前市价为 600 元，期内不付息，到期还本，计算 C 债券的到期收益率为多少？是否值得购买？

（4）若甲公司持有 B 公司债券 2 年后，将其以 1 200 元的价格出售，则投资报酬率为多少？

2. 有一面值为 1 000 元的债券，票面利率为 8%，2008 年 7 月 1 日发行，2013 年 7 月 1 日到期，半年支付一次利息（6 月末和 12 月末支付），假设投资的必要报酬率为 10%。

要求：

（1）计算该债券在发行时的价值；

（2）计算该债券在 2011 年 12 月末，支付利息之前的价值；

（3）计算该债券在 2012 年 1 月初的价值；

（4）计算该债券在 2011 年 9 月 1 日的价值。

四、简答题

1. 什么是债券，债券有哪些主要分类？

2. 试述我国国债市场的运作。

3. 什么是可转换债券，它有何特征？

4. 你怎么理解中国企业债券市场的发展？

5. 请简述企业资产证券化的含义。

第五章

基金市场

■教学目标

　　教师通过本章教学至少应该实现下列目标：使学生掌握基金的含义、主要类别，了解基金的组织结构以及基金职业道德规范；使学生掌握证券投资基金的概念、特点、当事人以及与其他金融工具的比较，了解我国证券投资基金的发展，掌握证券投资基金的参与主体以及分类，对证券投资基金的运作过程有充分了解；使学生掌握私募股权投资基金的含义、特点，了解我国私募股权投资基金的发展历程，掌握私募股权投资基金的分类，运作流程等知识目标；使学生具有运用基金相关基础理论知识处理相关实务等能力目标；使学生具备守法合规、诚实守信、专业审慎、客户至上、忠诚尽责、保守秘密的基金职业道德规范，使学生达成诚实守信等思政目标。

【案例导入】

风投基金创始人科比·布莱恩特？①

　　没错，这就是洛杉矶湖人队球星科比的新身份。

　　2016 年 8 月 22 日，即将年满 38 岁的科比一身帅气西装在纽约证券交易所敲响开市钟，高调宣布与合伙人杰夫·斯蒂贝尔（Jeff Stibel）共组基金公司"Bryant Stibel"。科比与斯蒂贝尔经由朋友介绍认识，自 2013 年以来两人已先后投资了 15 家企业，但直到科比退役后才决定出资 1 亿美元正式成立基金公司，专注科技、媒体和大数据领域投资。据了解，该公司已投资项目包括体育媒体网站 The Players Tribune、游戏设计公司 Scopely、在线法律服务网站 Legal Zoom、电话营销软件 Ring DNA 和家用榨汁机企业 Juicero，还包括两家中国企业——阿里巴巴和在线美国小学课堂 VIP Kid。

---

　　① 李蕾. 你所不知道的投资人科比［EB/OL］.（2020 - 01 - 27）［2021 - 09 - 20］. https://baidu.com/s？id = 165686487717593349&wfr=spider & for=pc.html.

身高 170 公分的斯蒂贝尔，与 2 米的科比站在一起颇有些“最萌身高差”。从事脑科学研究起家的斯蒂贝尔所著书籍曾数度登上《纽约时报》畅销书榜单。2007 年斯蒂贝尔领导的 web. com 登陆纳斯达克，他也成为史上最年轻的上市公司 CEO。在接受《华尔街日报》采访时，两人表示斯蒂贝尔拥有丰富的公司管理经验，和科比在市场营销、品牌推广上的能力形成天然互补。不过，两人似乎并不希望过多地借助科比的名气。斯蒂贝尔解释说：“我们不希望去投资一些企业，然后让科比当作一个背书人。这就不好玩啦。”

曾参与 ABC 电视台真人秀节目创智赢家（Shark Tank）的天使投资人克里斯·萨卡（Chris Sacca）透露，科比在数年前就向他取经“风投之道”。萨卡建议科比多去看看 TED 演讲等的视频和文章，科比表示，我希望 20 年后以风险投资人的身份被记住。

球星转型投资人也非新闻。前湖人队球星、科比老队友大鲨鱼奥尼尔投资了多家科技和娱乐初创企业，纽约尼克斯球星“甜瓜”卡梅隆·安东尼（Carmelo Anthony）创办的 Melo7Tech 则主投科技创业企业。

思考：什么是基金？基金怎么运作？风险投资基金是什么？有哪些特点？为什么能吸引科比？

第一节　基金市场概述

一、基金的含义

基金是资产管理的主要方式之一，它是一种组合投资、专业管理、利益共享、风险共担的集合投资方式。它主要通过向投资者发行受益凭证（基金份额），将社会上的资金集中起来，交由专业的基金管理机构投资于各种资产，实现保值增值。基金所投资的资产既可以是金融资产如股票、债券、外汇、股权、期货、期权等，也可以是房地产、大宗能源、林权、艺术品等其他资产。基金是一种间接投资工具，基金投资者、基金管理人和托管人是基金运作中的主要当事人。

二、基金的主要类别

投资基金按照不同的标准可以区分为多种类别。例如，按照资金募集方式，基金可以分为公募基金和私募基金两类。公募基金是向不特定投资者公开发行受益凭证进行资金募集的基金，公募基金一般在法律和监管部门的严格监管下，有着信息披露、利润分配、投资限制等行业规范。私募基金是私下或直接向特定投资者募集的资金，私募基金只能向少数特定投资者采用非公开方式募集，对投资者的投资能力有一定的要求，同时在信息披露、投资限制等方面监管要求较低，方式较为灵活。此外，按照法律形式，基金还可以分为契约型、公司型、有限合伙型等形式；按照运作方式，基金还可以分为开放式、封闭式基金。人们日常接触到的投资基金分类，主要是按照所投资的对象的不同进行区分的。

（一）证券投资基金

证券投资基金是依照利益共享、风险共担的原则，将分散在投资者手中的资金集中起来委托专业投资机构进行证券投资管理的投资工具。基金所投资的有价证券主要是在证券交易所或银行间市场上公开交易的证券，包括股票、债券、货币、金融衍生工具等。

证券投资基金是投资基金中最主要的一种类别，又可分为公募证券投资基金和私募证券投资基金等种类。证券投资基金在本章第二节详细介绍。

（二）私募股权基金

私募股权基金指通过私募形式对私有企业，即非上市企业进行的权益性投资，在交易实施过程中附带考虑了将来的退出机制，即通过上市、并购或管理层回购等方式，出售持股获利。私募股权投资基金在本章第三节详细介绍。

（三）创业投资基金

创业投资基金，又叫风险投资基金，它以一定的方式吸收机构和个人的资金，投向于那些不具备上市资格的初创期的或者是小型的新型企业，尤其是高新技术企业，帮助所投资的企业尽快成熟，取得上市资格，从而使资本增值。一旦公司股票上市后，创业投资基金就可以通过在证券市场转让股权而收回资金，继续投向其他风险企业。创业投资基金一般也采用私募方式。因此，创业投资也被认为是广义的私募股权投资基金的一种，具体内容在本章的第三节详细介绍。

（四）对冲基金

对冲基金，意为风险对冲过的基金，它是基于投资理论和极其复杂的金融市场操作技巧，充分利用各种金融衍生产品的杠杆效用，承担高风险、追求高收益的投资模式。对冲基金一般也采用私募方式，广泛投资于金融衍生产品。对冲基金起源于20世纪50年代初的美国。当时的宗旨在于利用期货、期权等金融衍生产品以及对相关联的股票进行买空卖空、风险对冲的操作技巧，在一定程度上规避和化解投资风险。经过几十年的演变，对冲基金的操作策略已经要比最初诞生时利用空头对冲多头风险的方法复杂很多倍。虽然对冲一词已经远远无法涵盖这些投资策略和方法，但人们还都习惯于称这类基金为对冲基金。

（五）另类投资基金

另类投资基金，是指投资于传统的股票、债券之外的金融和实物资产的基金，如房地产、证券化资产、大宗商品、黄金、艺术品等。另类投资基金一般也采用私募方式，种类非常广泛，外延也很不确定，有人将私募股权基金、风险投资基金、对冲基金也列入另类投资基金范围。

三、基金的组织结构

基金内部参与各方当事人的相互关系，构成了基金的组织结构。如前所述，就组织形式来说，基金分为契约型基金和公司型基金，无论是契约型基金还是公司型基金，都有三方当事人，即管理人/委托人、保管人/托管人和投资人/受益人。两种基金组织结构类似，但当事人作用稍有差异。在此，我们以公募基金为例对基金的组织结构作介绍。

（一）基金投资人

基金投资人即基金的出资人和受益人。在契约型基金中，投资人是分散的，可能是自然人、机构或专司投资的公司。投资人虽然能够以基金持有人大会形式行使出资人权利，但在基金运作中难以作为一个整体对基金管理人实施有效的监督和约束，因而常由基金托管人作为基金的名义持有人行使持有人权益。在公司型基金中，投资人就是基金的股东，他们出资建立的基金就是投资公司，因此如美国等以公司型基金为基金业主流的国家，投资公司也就是基金的代名词。公司型基金的投资人以股东身份行使对基金的监督和约束的权利。狭义的投资公司专指公司的出资方，他们在公司资产的管理上会选择恰当的基金管理公司，在资产的保管上会雇佣合适的基金托管机构。广义的投资公司包括出资及资产管理的全部事务，相当于一个狭义的投资公司加一个基金管理公司。

（二）基金管理人

基金管理人是基金的实际组织者和管理者，是基金运行的核心。其作用贯穿于整个基金运作的全过程，包括基金产品设计、基金募集、基金投资管理的各个环节。各国相关法律都对基金管理人有明确要求。在我国，由于现有的基金都是契约型基金，基金本身不具有法人地位，因而《中华人民共和国基金法》规定，基金管理人必须是依法设立的基金管理公司。

我国基金管理公司主要以有限责任公司的形式存在，其组织结构设置受《中华人民共和国公司法》等相关法律规范的约束，一般设有股东会、董事会、监事会，并下设投资决策委员会、风险控制委员会等专门委员会和研究部、投资部、市场部、运营部、风险管理部等部门。鉴于基金管理公司在投资基金运作中的特殊地位和作用，我国对其实行较为严格的市场准入管理。

基金管理人的主要业务依不同国家的法律法规规定而有所不同，主要业务范围大致涵盖投资管理、特殊客户资产管理、投资咨询服务等，其中投资管理是主要业务。

基金管理人职责包括但不限于以下方面：

（1）依法募集基金，办理基金份额的发售、申购、赎回和登记等事务。

（2）对所管理的基金进行证券投资、记账、会计核算、计算并公告基金资产净值，确定基金份额申购、赎回价格；编制财务会计报告、编制中期和年度基金报告。

（3）保存基金财产管理所有文件；及时披露与基金财产管理业务活动有关的信息。

（4）按照基金合同的约定确定基金收益分配方案，及时向基金份额持有人分配收益；召集基金持有人大会。

（三）基金托管人

基金托管人又称基金资产保管人，是根据法律法规的要求，对基金资产进行保管并对基金管理人进行监督的机构。基金托管人制度是依据基金运行中"管理与保管分开"的原则而建立的。由于基金资产安全运作中的特殊要求，各个国家和地区的基金监管法律（或法规）都对基金托管人的资格有严格要求，一般都要求其是具有一定资质的金融机构。

托管人职责主要包括两方面，一是对基金资产的保管；二是对基金管理人行为的监督。在公司型基金运作模式中，托管人是基金公司董事会所雇佣的专业服务机构；

在契约型基金运作模式中，托管人通常是基金的名义持有人。

美国对于基金托管业务实行注册制，商业银行、信托公司或其他符合条件的机构甚至私人机构均可申请充当基金托管人，但要定期接受严格的资格审核和重新注册登记。法律法规对托管人的资金规模和营运时间等没有要求。

我国对基金托管业务实行严格的市场准入管理。按照《中华人民共和国基金法》的规定，基金托管人必须是满足一定条件的商业银行，具有净资产规模和资本充足率、必要的技术和机构设施等八项资格条件。《中华人民共和国基金法》还规定了托管人的职责，主要职责包括但不限于以下方面：

(1) 安全保管基金资产；

(2) 执行基金管理人的划款及清算指令；

(3) 复核、审查基金管理人计算的基金资产净值及基金价格；

(4) 监督基金管理人的投资运作；

(5) 依规定或视需要召集基金持有人大会。

四、基金职业道德规范

基金职业道德规范是一般社会道德、职业道德基本规范在基金行业的具体化，是基于基金行业以及基金从业人员所承担的特定的职业义务和责任，在长期的基金职业实践中所形成的职业行为规范。2014 年 12 月 15 日，我国基金业协会颁布了《基金从业人员执业行为自律准则》（以下简称《自律准则》），引导全体从业人员以合乎职业道德规范的方式对待客户、公众、所在机构、其他同业机构以及行业其他参与者。

我国基金职业道德主要包括以下内容：守法合规、诚实守信、专业审慎、客户至上、忠诚尽责、保守秘密。

（一）守法合规

守法合规是对基金从业人员职业道德的最为基础的要求，其所调整的是基金从业人员与基金行业及基金监管之间的关系。守法合规，是指基金从业人员不但要遵守国家法律、行政法规和部门规章，还应当遵守与基金业相关的自律规则及其所属机构的各种管理规范，并配合基金监管机构的监管。其目的是避免基金从业人员自己实施或者参与违法违规的行为，或者为他人违法违规的行为提供帮助。

守法合规中的法和规，除了包括宪法、刑法、民法等所有公民都需要遵守的法律外，还包括规范证券投资基金领域的法律、行政法规、部门规章，以及基金行业自律性规则以及基金从业人员所在机构的章程、内部规章制度、工作规程、纪律等行为规范。

守法合规要求基金从业人员要熟悉并自觉遵守法律法规等行为规范，积极配合监管，主动向监管机构提供违法违规的线索，举报违法违规的行为。

【案例】①

某公募基金管理公司从业人员甲发现基金经理乙的妻子在进行证券投资，但乙并

---

① 中国证券投资基金业协会. 证券投资基金 ［M］. 北京：高等教育出版社，2017：105.

未向公司申报登记。甲立即向公司报告了此事。

甲的行为符合守法合规的要求。根据《中华人民共和国证券投资基金法》第十八条的规定，公开募集基金的基金管理人的董事、监事、高级管理人员和其他从业人员，其本人、配偶、利害关系人进行证券投资，应当事先向基金管理人申报，并不得与基金份额持有人发生利益冲突。本例中，基金经理乙的妻子进行证券投资，乙没有向所在公司事先申报，是违法行为。甲发现后立即向公司报告，是符合职业道德要求的行为。

（二）诚实守信

诚实是指言行与内心思想一致，不弄虚作假、不隐瞒欺诈，做老实人、说老实话、办老实事。守信是指遵守自己的承诺，讲信用、重信用、守信用。诚实守信也称为诚信，就是真诚老实、表里如一、言而有信、一诺千金。诚实守信是调整各种社会人际关系的基本准则。诚实守信是基金职业道德的核心规范。基金行业的本质是资产管理行业，投资人的信心和信任是支撑基金市场存续和基金行业发展的基础。诚实守信是赢得投资人信心和信任的基本要素，基金市场和基金行业可谓是无信不立。同时，基金行业又属于智力密集型行业，基金机构从业人员的执业行为往往直接表现为基金机构的行为。因此，基金机构从业人员在执业过程中是否诚实守信，直接关涉投资人的合法权益，决定了投资人对基金市场的信心和对基金行业的信任。基金行业要健康发展，必须以诚实守信为本；而诚实守信必然要落实到基金从业人员的执业行为上，体现为基金职业道德的核心内容。基金从业人员要以维护和增进基金行业的信用和声誉为重，诚实守信和恪尽职守，忠实于投资人，赢得投资人和社会的信任。

诚实守信要求基金从业人员不得欺诈客户，在证券投资活动中不得有内幕交易和操纵市场行为，对于同行不得进行不正当竞争。

【案例】[①]

某基金管理公司的员工在宣传以往的投资业绩时，只介绍表现最好的基金，刻意忽略业绩并不突出的基金，或者刻意忽略某只基金表现糟糕的时期，却谎称这些业绩是本公司或者该只基金近几年的全部成果。另外，该员工在宣传投资收益时，将表现糟糕的数据排除，只统计表现优异的数据，然后声称这是本公司的平均投资收益。

宣传是赢得客户认可的第一步，基金从业人员能否将自己的服务或者产品推销出去，很大程度上取决于客户对宣传内容的认可与否。在宣传本公司以往的业绩时，不少基金从业人员会列举一些数据，以此来证明本公司值得客户信赖。如果这些数据是经过筛选的，却谎称这些数据代表本公司以往全部基金的表现，则基金从业人员的行为属于虚假陈述。这名基金从业人员上述的宣传都含有虚假的成分，将部分优秀的业绩夸大成整体业绩，是典型的虚假陈述行为，违背了诚实守信道德规范的要求。

（三）专业审慎

专业审慎是调整基金从业人员与职业之间关系的道德规范。每种职业都要求其从业人员具备特定的职业技能。职业技能是指从事某一职业在相应专业技术方面所应具

第五章 基金市场

---

① 中国证券投资基金业协会. 证券投资基金 ［M］. 北京：高等教育出版社，2017：107.

备的能力。专业审慎，是指基金从业人员应当具备与其执业活动相适应的职业技能，应当具备从事相关活动所必需的专业知识和技能，并保持和提高专业胜任能力，勤勉审慎开展业务，提高风险管理能力，不得做出任何与专业胜任能力相背离的行为。这是对基金从业人员专业素质和执业能力方面的道德要求。如果基金从业人员从事自己力所不能及的工作，就不符合职业道德的要求。

专业审慎对于基金从业人员的基本要求体现在三个方面：持证上岗、持续学习、审慎开展执业活动。

【案例】①

甲在进行投资分析时，由于时间紧迫，没有进行充分的调查研究，仅参考市场上的研究结果，就将研究报告提交给公司。

甲违反了审慎开展执业活动原则。其在提供投资建议时，没有保持应有的勤勉和审慎，没有以适当的调查研究为依据，没有保持独立性与客观性。

（四）客户至上

客户至上是调整基金从业人员与投资人之间关系的道德规范。这里的客户，是指投资人，也即基金份额持有人。

客户至上，是指基金从业人员的执业活动应一切从投资人的根本利益出发。其基本含义有两点：一是客户利益优先，二是公平对待客户。客户利益优先是指当客户的利益与机构的利益、从业人员个人的利益相冲突时，要优先满足客户的利益。公平对待客户是指当不同客户之间的利益发生冲突时，要公平对待所有客户的利益。

【案例】②

甲是某基金管理公司的基金经理，甲的朋友乙是某股份公司的高管。当乙所在的公司发行公司债券时，甲考虑到和乙的朋友关系，就用自己所管理的基金购买了乙所在公司的部分债券。

甲的做法不符合客户至上规范的要求。甲是否购买乙所在公司发行的债券，应当以客观的专业分析做出判断，而不应该把乙是自己的朋友作为投资决策的根据。甲利用职权照顾朋友利益，很可能会造成客户利益受损。基金经理在证券投资活动中，应尽可能避免与投资者发生利益冲突。如果利益冲突不可避免，则应以投资者利益优先，并应及时向所在机构报告。

（五）忠诚尽责

忠诚尽责，是调整基金从业人员与其所在机构之间关系的职业道德规范。基金从业人员与其所在机构之间是委托代理关系或雇佣关系，基金机构是委托人或者雇主，基金从业人员是受托人或者雇员。几乎所有的国家或地区、几乎所有的职业，都把忠诚尽责作为受托人对委托人或者雇员对雇主的职业义务和责任，都要求从业者恪守这一职业道德规范。忠诚，是指基金从业人员应当忠实于所在机构，避免与所在机构利

---

① 中国证券投资基金业协会. 证券投资基金［M］. 北京：高等教育出版社，2017：108.
② 中国证券投资基金业协会. 证券投资基金［M］. 北京：高等教育出版社，2017：109.

益发生冲突，不得损害所在机构的利益。尽责，是指基金从业人员应当以对待自己事情一样的谨慎和注意来对待所在机构的工作，尽职尽责。忠诚尽责要求基金从业人员在工作中要做到两个方面：一是廉洁公正；二是忠诚敬业。

【案例】[①]

甲是 A 基金管理公司的基金经理，利用业余时间到 B 基金管理公司兼职，并将 A 基金管理公司的秘密信息分享给 B 基金管理公司使用。

甲的行为不符合廉洁公正规范的要求。甲没有遵循竞业禁止规则，其到与 A 基金管理公司在业务上存在竞争关系的 B 基金管理公司兼职，并在 B 基金管理公司使用 A 基金管理公司的秘密信息，损害了 A 基金管理公司的利益。甲的行为同时也违反了保守秘密的要求。

（六）保守秘密

保守秘密，是指基金从业人员不应泄露或者披露客户和所属机构或者相关基金机构向其传达的信息，除非该信息涉及客户或潜在客户的违法活动，或者属于法律要求披露的信息，或者客户或潜在客户允许披露此信息。保守秘密是基金从业人员的一项法定义务，也是基金职业道德的一项基本规范。这对所有的基金从业人员均有约束效力。

基金从业人员在执业活动中接触到的秘密主要包括三类：一是商业秘密；二是客户资料；三是内幕信息。保守秘密，要求基金从业人员不得向第三者透露作为秘密的信息，也不得公开尚处于禁止公开期间的信息。具体而言，基金从业人员应当做到以下几点：

（1）应当妥善保管并严格保守客户秘密，非经许可不得泄露客户资料和交易信息。且无论是在任职期间还是离职后，均不得泄露任何客户资料和交易信息。

（2）不得泄露在执业活动中所获知的各相关方的信息及所属机构的商业秘密，更不得用以为自己或他人牟取不正当的利益。

（3）不得泄露在执业活动中所获知的内幕信息。

基金从业人员应当严格遵守所在机构的保密制度，不打听不属于自己业务范围的秘密，不与同事交流自己获知的秘密。如果某一秘密已经被泄露，基金从业人员应当尽快通知有关部门做出补救措施，防止损失进一步扩大。

【案例】[②]

甲在担任 A 基金管理公司基金经理期间，将 A 基金管理公司的研究报告发送给在 B 基金管理公司做投资研究工作的同学乙供其参考。

甲违反了保守秘密规范的要求。A 基金管理公司的研究报告属于 A 基金管理公司的商业秘密。甲利用职务便利，将研究报告发送给在 B 基金管理公司任职的同学乙，属于泄露商业秘密的行为。

① 中国证券投资基金业协会. 证券投资基金［M］. 北京：高等教育出版社，2017：111.
② 中国证券投资基金业协会. 证券投资基金［M］. 北京：高等教育出版社，2017：113.

第二节　证券投资基金

一、证券投资基金的概念及特点

（一）证券投资基金的含义

证券投资基金，是指通过发售基金份额，将众多不特定投资者的资金汇集起来，形成独立财产，委托基金管理人进行投资管理，基金托管人进行财产托管，由基金投资人共享投资收益，共担投资风险的集合投资方式。基金管理机构和托管机构分别作为基金管理人和基金托管人，一般按照基金的资产规模获得一定比例的管理费收入和托管费收入。从本质上来说，证券投资基金是一种间接通过基金管理人期望代理投资的一种方式，投资人期望通过基金管理人的专业资产管理能力，得到比自行管理更高的报酬。

（二）证券投资基金的特点

1. 集合理财、专业管理

基金将众多投资者的资金集中起来，委托基金管理人进行共同投资，表现出一种集合理财的特点。基金通过汇集众多投资者的资金，积少成多，有利于发挥资金的规模优势，降低投资成本。基金由基金管理人进行投资管理和运作。基金管理人一般拥有大量的专业投资研究人员和强大的信息网络，能够更好地对证券市场进行全方位的动态跟踪与深入分析。其将资金交给基金管理人管理，使中小投资者也能享受到专业化的投资管理服务。

2. 组合投资、分散风险

为降低投资风险，一些国家的法律法规规定基金除另有规定外，一般需以组合投资的方式进行基金的投资运作，从而使组合投资、分散风险成为基金的一大特色。中小投资者由于资金量小，一般无法通过购买数量众多的股票分散投资风险。基金通常会购买几十种甚至上百种股票，投资者购买基金就相当于用很少的资金购买了一篮子股票。在多数情况下，某些股票价格下跌造成的损失可以用其他股票价格上涨产生的盈利来弥补，因此投资者可以充分享受到组合投资、分散风险的好处。

3. 利益共享、风险共担

证券投资基金实行利益共享、风险共担的原则。基金投资者是基金的所有者。基金投资收益在扣除由基金承担的费用后的盈余全部归基金投资者所有，基金投资者一般会按照所持有的基金份额比例进行分配。为基金提供服务的基金托管人、基金管理人一般按基金合同的规定从基金资产中收取一定比例的托管费、管理费，并不参与基金收益的分配。

4. 严格监管、信息透明

为切实保护投资者的利益，增强投资者对基金投资的信心，各国（地区）基金监管机构都对证券投资基金业实行严格的监管，对各种有损于投资者利益的行为进行严厉的打击，并强制基金进行及时、准确、充分的信息披露。在这种情况下，严格监管与信息透明也就成为公募证券投资基金的另一个显著特点。

5. 独立托管、保障安全

基金管理人负责基金的投资操作，其本身并不参与基金财产的保管，基金财产的保管由独立于基金管理人的基金托管人负责。这种相互制约、相互监督的制衡机制对投资者的利益提供了重要的保障。

二、证券投资基金与其他金融工具的比较

（一）基金与股票、债券的差异

1. 反映的经济关系不同

股票反映的是一种所有权关系，是一种所有权凭证，投资者购买股票后就成为公司的股东；债券反映的是债权债务关系，是一种债权凭证，投资者购买债券后就成为公司的债权人；基金反映的则是一种信托关系，是一种受益凭证，投资者购买基金份额就成为基金的受益人。

2. 所筹资金的投向不同

股票和债券是直接投资工具，筹集的资金主要投向实业领域；基金是一种间接投资工具，所筹集的资金主要投向有价证券等金融工具或产品。

3. 投资收益与风险大小不同

通常情况下，股票价格的波动性较大，是一种高风险、高收益的投资品种；债券可以给投资者带来较为确定的利息收入，波动性也较股票要小，是一种低风险、低收益的投资品种；基金的投资收益和风险取决于基金种类以及其投资的对象，总体来说，基金可以投资于众多金融工具或产品，能有效分散风险，因此其是一种风险相对适中、收益相对稳健的投资品种。

（二）基金与银行储蓄存款的差异

截至目前，开放式基金长期以来主要通过银行代销，因此许多投资者误认为基金是银行发行的金融产品，与银行储蓄存款没有太大区别。实际上，两者有着本质的不同，主要表现在以下几个方面：

1. 性质不同

基金是一种受益凭证，基金财产独立于基金管理人，基金管理人只是受托管理投资者资金，并不承担投资损失的风险。银行储蓄存款表现为银行的负债，是一种信用凭证；银行对存款者负有法定的保本付息责任。

2. 收益与风险特性不同

基金收益具有一定的波动性，存在投资风险；银行存款利率相对固定，投资者损失本金的可能性也很小。

3. 信息披露程度不同

基金管理人必须定期向投资者公布基金的投资运作情况；银行吸收存款之后，不需要向存款人披露资金的运用情况。

三、我国的证券投资基金

（一）我国证券投资基金的发展阶段

1. 萌芽和早期发展时期（1985—1997年）

在20世纪80年代末，一批由中资或外资金融机构在境外设立的中国概念基金相继推出，这些中国概念基金一般均是由国外及我国香港等地基金管理机构单独或者与境内机构联合设立，投资于在中国香港上市的中国内地企业或者中国内地企业的股票。20世纪90年代初期，在境外中国概念基金与中国证券市场初步发展的影响下，在地方政府和当地人民银行的支持下，国内基金开始发展，在1992年前后形成了投资基金热。1992年11月，经中国人民银行总行批准的国内第一家投资基金——淄博乡镇企业投资基金正式设立，并于1993年8月在上海证券交易所挂牌上市，成为我国首只在证券交易所上市交易的投资基金。这一时期，我国没有完整统一的证券和基金法律法规，基金的发起运作普遍不规范。

2. 证券投资基金试点发展阶段（1998—2002年）

1997年11月当时的国务院证券委员会颁布了《证券投资基金管理暂行办法》，为我国证券投资基金业的规范发展奠定了法律基础，1998年3月27日，经中国证监会批准，新成立的南方基金管理公司和国泰基金管理公司分别发起设立了规模均为20亿元的两只封闭式基金——基金开元和基金金泰，由此拉开了中国证券投资基金试点的序幕。在封闭式基金成功试点的基础上，2000年10月8日，中国证监会发布并实施了《开放式证券投资基金试点办法》，由此揭开了我国开放式基金发展的序幕。2001年9月，我国第一只开放式基金——华安创新诞生，到2001年年底，我国已有华安创新、南方稳健和华夏成长3只开放式基金，2002年年底开放式基金迅速发展到17只，规模566亿份。开放式基金的发展为我国证券投资基金业的发展注入了新的活力，并在很大程度上为我国基金产品的创新开辟了广阔的天地。到2003年年底，我国开放式基金在数量上已超过封闭式基金成为证券投资基金的主要形式，资产净值不相上下。之后，开放式基金的数目和资产规模均远远超过封闭式基金。

2002年12月，首家批准筹建的中外合资基金公司国联安基金管理有限公司成立，基金业成为履行我国证券服务业入世承诺的先锋。

3. 行业快速发展阶段（2003—2008年）

2003年10月28日，十届全国人大常委会第五次会议审议通过《中华人民共和国证券投资基金法》并于2004年6月1日施行，基金业的法律规范得到重大完善。《中华人民共和国证券投资基金法》的出台为我国基金业的发展奠定了坚实的法律基础，在此基础上，我国证券投资基金业走上了一个更快的发展轨道。这一时期，基金业绩表现异常出色，创历史新高，基金业资产规模急速增长，基金投资者队伍迅速壮大，基金产品和业务创新继续发展，基金管理公司分化加剧，业务呈现多元化发展趋势。

4. 行业平稳发展及创新探索阶段（2008年至今）

2008年以后，由于全球金融危机的影响、我国经济增速的放缓和股市的大幅调整，基金行业进入了平稳发展时期，基金管理资产规模停滞徘徊，股票型基金呈现持续净流出态势。面对不利的外部环境，基金业进行了积极的改革和探索。

这一时期，基金管理公司业务和产品不断创新，向多元化发展，互联网金融与基金业务有效结合，2013 年 6 月，与天弘赠利宝货币基金对接的余额宝产品推出，规模及客户数迅速爆发增长，成为市场关注的新焦点。此外，淘宝网店、好买基金网、天天基金网等在网上销售基金的创新方式也逐渐兴起。

（二）我国证券投资基金业的现状

近年来，我国证券投资基金业迎来跨越式飞速发展，基金产品种类日渐丰富，投资范围日趋多元化，基金管理人和托管人更加专业化，因此证券投资基金在我国被越来越多的投资者所青睐。我国证券投资基金业的发展对于改善我国证券市场投资者结构、促进上市公司法人治理结构优化、加快储蓄向投资的转化、繁荣资本市场等方面起到了重要的作用。纵观证券投资基金的发展现状，发达国家证券投资基金发展迅猛、势头强劲，其基金业已经成为与银行业、证券业、保险业并驾齐驱的金融体系的四大支柱产业之一。与此同时，我国证券投资基金业也进入了全面发展时期，基金规模快速增长、基金品种日趋多样化、以外资银行为主体的海外金融资本全面进入中国基金市场，中外合资的基金公司与日俱增。然而伴随着证券投资基金行业的不断发展，其存在的问题也日渐凸显出来，证券市场不成熟、基金公司内部控制混乱、政策等相关法律不健全、监管力度不够是影响我国证券投资基金发展的主要问题。因此要持续完善证券投资基金管理要从改善证券市场环境，完善法律法规体系，加强对基金托管人的监督工作，强化基金公司的激励和约束机制，加强基金公司内部控制，加大证券投资基金行业监管力度等方面及时采取措施，以推动我国证券投资基金行业的健康发展。

四、证券投资基金的参与主体

在基金市场上，存在许多不同的参与主体。依据参与主体所承担的职责与作用的不同，我们可以将基金市场的参与主体分为基金当事人、基金市场服务机构、基金监管机构和自律组织三大类。

（一）基金当事人

我国的证券投资基金依据基金合同设立，基金份额持有人、基金管理人与基金托管人是基金合同的当事人，简称基金当事人。

1. 基金份额持有人

基金份额持有人即基金投资者，是基金的出资人、基金资产的所有者和基金投资回报的受益人。按照《中华人民共和国证券投资基金法》（简称《证券投资基金法》）的规定，我国基金份额持有人享有以下权利：分享基金财产收益，参与分配清算后的剩余基金财产，依法转让或者申请赎回其持有的基金份额，按照规定要求召开基金份额持有人大会，对基金份额持有人大会审议事项行使表决权，查阅或者复制公开披露的基金信息资料，对基金管理人、基金托管人、基金销售机构损害其合法权益的行为依法提出诉讼，基金合同约定其他权利。

2. 基金管理人

基金管理人是基金产品的募集者和管理者，其最主要的职责就是按照基金合同的约定，负责基金资产的投资运作，在有效控制风险的基础上为基金投资者争取最大的投资收益。基金管理人在基金运作中发挥核心作用，基金产品的设计、基金份额的销售与注册登记、基金资产的管理等重要职能多半由基金管理人或基金管理人选定的其他服务机构承担。在我国，基金管理人只能由依法设立的基金管理公司担任。

3. 基金托管人

为了保证基金资产的安全，《证券投资基金法》规定，基金资产必须由独立于基金管理人的基金托管人保管，从而使基金托管人成为基金的当事人之一。基金托管人的职责主要体现在基金资产保管、基金资金清算、会计复核以及对基金投资运作的监督等方面。在我国，基金托管人只能由依法设立并取得基金托管资格的商业银行或其他金融机构担任。

（二）基金市场服务机构

基金管理人、基金托管人既是基金的当事人，又是基金的主要服务机构。除基金管理人与基金托管人外，基金市场还有许多面向基金提供各类服务的其他机构。这些机构主要包括基金销售机构、销售支付机构、份额登记机构、估值核算机构、投资顾问机构、评价机构、信息技术系统服务机构以及律师事务所、会计师事务所等。

1. 基金销售机构

基金销售是指基金宣传推介、基金份额发售或者基金份额的申购、赎回，并收取以基金交易（含开户）为基础的相关佣金的活动。基金销售机构是指从事基金销售业务活动的机构，包括基金管理人以及经中国证券监督管理委员会（简称中国证监会）认定的可以从事基金销售的其他机构。目前可申请从事基金代理销售的机构主要包括商业银行、证券公司、保险公司、证券投资咨询机构、独立基金销售机构。

2. 基金销售支付机构

基金销售支付是指基金销售活动中基金销售机构、基金投资人之间的货币资金转移活动。基金销售支付机构是指从事基金销售支付业务活动的商业银行或者支付机构。基金销售支付机构从事销售支付活动的，应当取得中国人民银行颁发的《支付业务许可证》（商业银行除外），并制定了完善的资金清算和管理制度，能够确保基金销售结算资金的安全、独立和及时划付。基金销售支付机构从事公开募集基金销售支付业务的，应当按照中国证监会的规定进行备案。

3. 基金份额登记机构

基金份额登记是指基金份额的登记过户、存管和结算等业务活动。基金份额登记机构是指从事基金份额登记业务活动的机构。基金管理人可以办理其募集基金的份额登记业务，也可以委托基金份额登记机构代为办理基金份额登记业务。公开募集基金份额登记机构由基金管理人和中国证监会认定的其他机构担任。基金份额登记机构的主要职责包括：建立并管理投资人的基金账户；负责基金份额的登记；基金交易确认；代理发放红利；建立并保管基金份额持有人名册；法律法规或份额登记服务协议规定的其他职责。

4. 基金估值核算机构

基金估值核算是指基金会计核算、估值及相关信息披露等业务活动。基金估值核算机构是指从事基金估值核算业务活动的机构。基金管理人可以自行办理基金估值核算业务，也可以委托基金估值核算机构代为办理基金估值核算业务。基金估值核算机构拟从事公开募集基金估值核算业务的，应当向中国证监会申请注册。

5. 基金投资顾问机构

基金投资顾问是指按照约定向基金管理人、基金投资人等服务对象提供基金以及其他中国证监会认可的投资产品的投资建议，辅助客户做出投资决策，并直接或者间接获取经济利益的业务活动。基金投资顾问机构是指从事基金投资顾问业务活动的机构。基金投资顾问机构提供公开募集基金投资顾问业务的，应当向工商登记注册地中国证监会派出机构申请注册。未经中国证监会派出机构注册，任何机构或者个人不得从事公开募集基金投资顾问业务。基金投资顾问机构及其从业人员提供投资顾问服务，应当具有合理的依据，对其服务能力和经营业务进行如实陈述，不得以任何方式承诺或者保证投资收益，不得损害服务对象的合法权益。

6. 基金评价机构

基金评价是指对基金投资收益和风险或者基金管理人管理能力进行的评级、评奖、单一指标排名或者中国证监会认定的其他评价活动。评级是指运用特定的方法对基金的投资收益和风险或者基金管理人的管理能力进行综合性分析，并使用具有特定含义的符号、数字或者文字展示分析的结果。基金评价机构是指从事基金评价业务活动的机构。基金评价机构从事公开募集基金评价业务并以公开形式发布基金评价结果的，应当向基金业协会申请注册。基金评价机构及其从业人员应当客观公正，依法开展基金评价业务，禁止误导投资人，防范可能发生的利益冲突。

7. 基金信息技术系统服务机构

基金信息技术系统服务是指为基金管理人、基金托管人和基金服务机构提供基金业务核心应用软件开发、信息系统运营维护、信息系统安全保障和基金交易电子商务平台等的业务活动。从事基金信息技术系统服务的机构应当具备国家有关部门规定的资质条件或者取得相关资质认证，具有开展业务所需要的人员、设备、技术、知识产权等条件，其信息技术系统服务应当符合法律法规、中国证监会以及行业自律组织等的业务规范要求。

8. 律师事务所和会计师事务所

律师事务所和会计师事务所作为专业、独立的中介服务机构，为基金提供法律、会计服务。

（三）基金监管机构和自律组织

1. 基金监管机构

为了保护基金投资者的利益，世界上不同国家和地区都对基金活动进行严格的监督管理。基金监管机构通过依法行使审批或核准权，依法办理基金备案，对基金管理人、基金托管人以及其他从事基金活动的服务机构进行监督管理，对违法违规行为进行查处，因此其在基金的运作过程中起着重要的作用。

2. 基金自律组织

证券交易所是基金的自律管理机构之一。我国的证券交易所是依法设立的，不以营利为目的，为证券的集中和有组织的交易提供场所和设施，履行国家有关法律法规、规章、政策规定的职责，实行自律性管理的法人。一方面，封闭式基金、上市开放式基金和交易型开放式指数基金等需要通过证券交易所募集和交易，必须遵守证券交易所的规则；另一方面，经中国证监会授权，证券交易所对基金的投资交易行为还承担着重要的一线监控职责。基金自律组织是由基金管理人、基金托管人及基金市场服务机构共同成立的同业协会。同业协会在促进同业交流、提高从业人员素质、加强行业自律管理、促进行业规范发展等方面具有重要的作用。我国的基金自律组织是2012年6月7日成立的中国证券投资基金业协会。

【案例】

中国证券投资基金业协会①

中国证券投资基金业协会正式成立于2012年6月7日。在此之前，我国基金行业的自律组织一直隶属于中国证券业协会。中国证券业协会成立于1991年8月28日。最初证券投资基金行业是以相对松散的基金业联席会议的形式开展自律工作的。1999年12月，当时的10家基金管理公司和5家商业银行基金托管部共同签署了《证券投资基金行业公约》。随着基金管理公司的增加和基金市场的发展，2001年8月28日，中国证券业协会下属基金公会成立。基金公会在加强行业自律、协调辅导、服务会员等方面做了很多工作。2002年12月4日，中国证券业协会下属证券投资基金业委员会成立，承接原基金公会的职能和任务。

随着我国证券投资基金业的发展，基金业独特和重要的地位日益需要建立独立的行业自律组织。2012年6月，中国证券投资基金业协会正式成立。在2012年12月，修订后的《证券投资基金法》专门增添了一章基金行业协会，赋予基金业协会特定的职责，并做出了如下规定：

基金业协会是证券投资基金行业的自律性组织，是社会团体法人。基金管理人、基金托管人、基金销售机构应当加入基金业协会，其他基金服务机构可以自愿加入基金业协会。基金业协会的权力机构为全体会员组成的会员大会。基金业协会设理事会。理事会成员依章程的规定由选举产生。基金业协会履行下列职责：

（1）教育和组织会员遵守基金法律、行政法规，维护投资人合法权益；

（2）依法维护会员的合法权益，向国务院证券监督管理机构反映会员的建议和要求；

（3）制定和实施行业自律规则，监督、检查会员及从业人员的执业行为，对违反自律规则和协会章程的，按照规定给予纪律处分；

（4）制定行业执业标准和业务规范，组织基金从业人员的从业考试、资质管理和业务培训；

（5）提供会员服务、组织行业交流，推动行业创新，开展行业宣传和投资人教育活动；

（6）对会员之间、会员与客户之间发生的基金业务纠纷进行调解；

（7）依法办理非公开募集基金的登记、备案；

（8）协会章程规定的其他职责。

基金业协会作为基金业市场创新的主体和推动诚信自律的组织者，在充分发挥促进行业自律与发展、增进业内沟通、维护行业合法利益和推动业务创新等方面将发挥

---

① 笔者根据《证券投资基金法》、中国证券投资基金业协会官网的资料整理而成。

积极作用。协会将成为联系基金业的纽带；成为收集、反映基金业情况的重要渠道；成为集中行业智慧与力量的平台。

思考：中国证券投资基金业协会作为我国的基金自律组织，主要职责是什么？它对于我国证券投资基金业的发展起到了什么作用？

五、证券投资基金的分类

基金是个庞大的家族，尤以品种丰富、数量众多见长。由于投资基金要不断地适应金融市场的变化、满足不同投资群体的需求，品种创新一直是其发展的主旋律。因此，对投资基金的分类并非易事。在此，我们依据以下几类特征对证券投资基金进行大类划分。

（一）按组织形态分类

按组织形态分类，基金可以分为契约型基金和公司型基金两大类。

契约型基金发源于英国，也称信托型基金，是指依据一定的信托契约向投资者募集资金而形成的基金。信托契约一般由基金发起人、基金管理公司和基金保管公司共同签订，三方建立起投资代理行为。基金管理公司作为契约的委托人负责基金的设立和运营；基金保管公司（托管人）则作为契约的信托人负责基金资产的监管与处理；投资者通过购买基金单位，成为基金的受益人。从法律关系来看，契约型基金涉及三方当事人，即委托人、信托人和受益人，其募集资金的方式为发放受益凭证。目前，契约型基金在英国、日本、中国香港、中国台湾、新加坡等国家和地区最为流行。

公司型基金是按照股份制原则，依照各国公司法所组建的股份有限公司形式的基金。其特点表现在两个方面：第一，公司型基金与契约型基金相比，虽然业务基本相同，但组织形态却有很大差别；第二，公司型基金与其他股份有限公司相比，虽然组织形态相同，但业务却完全不一样。公司型基金投资者为公司型基金的股东，享有对基金的投资收益权。公司型基金在法律上包括三方当事人，即投资公司、管理公司、保管公司（也有的公司型基金包括四方当事人，增加了专职的承销公司）。美国是公司型基金的代表，其大部分的投资基金都是按照股份制原则设立和组织的。

（二）按运作方式分类

按运作方式分类，基金可分为开放式基金和封闭式基金。开放式基金是指基金总份额不固定，基金份额可以在基金合同约定的时间和场所申购或者赎回的基金。开放式基金具有三个特点，第一，基金规模不封顶，发行数量无限制，基金总份额随市场需求处于一个动态变化的过程中；第二，基金的发行、转让和变现不依赖证券交易所，由投资者在发行人指定的网点完成；第三，基金价格不受市场供求关系影响，首次发行一般按基金面值平价发行，之后则按基金份额所代表的资产净值申购、赎回。

封闭式基金是指经核准的基金总份额在基金合同期限内固定不变，基金份额可以在依法设立的证券交易场所交易，基金份额持有人不得申请赎回的基金。相对于开放式基金，封闭式基金也有三个特点：第一，基金总份额在封闭期内固定不变；第二，基金发行完成后，可以在证券交易所上市交易；第三，基金在二级市场交易时，其价格将受市场各种供求因素的影响，可能偏离其资产净值。

（三）按投资目标分类

投资目标指的是基金管理公司所设定的实现收益的形式，即是注重资产的当期收入还是争取资产的长期成长。根据投资目标的不同，我们可将投资基金分为收入型基金、成长型基金及平衡型基金。

收入型基金是指以通过投资于可带来现金收入的有价证券，获取当期的最大收入为目的的基金。这类基金一般不太考虑投资对象的成长性和长远利益，基金成长性较弱，但风险相应也较低，适合保守的投资者。收入型基金又分为固定收入型基金和股票收入型基金，前者以债券和优先股为投资对象，后者专门投资于有分红预期的股票。

成长型基金以资本长期增值为投资目标，其投资对象主要是市场中有较大升值潜力的公司股票。成长型基金以股票作为主要投资标的，关注其长期的平均收益水平，而不太计较短期的收益状况。成长型基金在获得较高收益的同时，也承担了较高的风险。成长型基金又分为稳健成长型基金和积极成长型基金。

平衡型基金是指既注重当期收入又追求资本长期增值的基金。这种基金具有双重目标，常将资金投资于债券、优先股和部分普通股，通过构建比较稳定的投资组合，兼顾收入与成长。平衡型基金的风险和收益状况介于成长型基金和收入型基金之间。

收入型基金和成长型基金是两种极端的形式，因为任何一只基金都不可能单纯关注当期收入或长期成长。因此，兼顾收入和成长是所有基金的特色，不同类型的基金不过是在具体的投资组合中，对收入和成长有所侧重而已，平衡型基金则是收入型基金和成长型基金折中的产物。

（四）按投资标的分类

根据投资标的的不同，基金可分为股票基金、债券基金、货币基金以及混合基金。

股票基金就是以股票为投资对象的基金。由于股票市场是各国金融领域中最基本和最重要的金融市场，因而股票基金在各国基金业中占有较大份额，具有举足轻重的地位。股票基金内部种类繁多，依据所投资股票的规模，股票基金可分为大盘股票基金和小盘股票基金；依据所投资股票的性质，股票基金又分为价值型股票基金和成长型股票基金；依据所投资股票的国别，股票基金分为国内股票基金和国外股票基金；依据所投资股票的行业，亦可分为各种行业的股票基金。相对于其他类型的基金，股票基金具有高风险和高收益的特点。

债券基金是以各种类型的债券为投资对象的基金。其投资目标在于在保证本金安全的基础上获得一定的利息收入，具有收益固定、风险较低的特征。由于债券品种繁多，债券基金也可以依据债券期限、利率特征、发债主体等作进一步的细分。

货币基金是以货币市场为投资对象的基金。其投资期限在一年以内，投资对象包括短期债券、大额可转让存单、银行承兑汇票、商业本票等。货币基金与其他类型基金相比，收益较少，但风险较低、流动性强，是短期闲散资金理想的投资工具。

【案例】

中信银行与南方基金合作信用卡①

2005 年 12 月，中信银行与南方基金合作开发了中信南方联名信用卡。客户以持有的南方货币基金份额作为个人资信证明之一，办理信用卡。在用卡过程中，如客户需要临时提升信用额度，客户持有的基金份额将成为重要依据。通过信用卡账户与基金账户的关联，在还款日银行将自动赎回与信用卡欠款相应的基金份额，并将资金自动转账至客户的信用卡账户实现还款。

2006 年 5 月，融通基金管理公司与民生银行合作，推出了融通易支付货币基金，支付功能得到了拓展，货币市场基金具有了自动申购、自动赎回、自动赎回还款等多项功能。投资者通过民生银行可以用融通货币市场基金支付房贷按揭贷款、水电煤气费、通信费和物业管理费等日常生活中常见的各种固定支出。需要的手续很简单——投资者只需将每月工资存入民生银行，同时签订自动申购、赎回还款协议即可。易支付货币基金首次实现了投资者将基金份额转化为还款账户资金进行支付的服务功能，是货币市场基金功能的一大突破。

2006 年 7 月，交通银行与博时基金公司开展货币基金的合作。2006 年 9 月，中国工商银行与九家基金管理公司的货币基金合作推出利添利账户等。2008 年以后，我国多家基金公司与银行均开通了各种合作关系。这些银行与基金公司的合作创新主要是实现银行借记卡资金与货币市场基金的自动申购、自动赎回（客户确定借记卡中预留额度，当借记卡中金额超过预留额度，多余资金即自动申购货币基金；反之，当借记卡中金额低于预留额度，则赎回货币基金存入借记卡中），对客户的流动资金进行管理，提高资金收益率。

2013 年，以华安基金公司为代表的部分货币基金开通了网络购物支付功能，投资者在华安直销平台上购买的华安现金富利货币基金（货币通），可以直接用于部分网站（如购买航空公司机票等）的网上购物支付。而 2013 年 7 月，著名的阿里巴巴网站的第三方支付平台——支付宝开通了余额宝业务，其实质就是用支付宝的余额购买天弘货币基金。

思考：货币基金有哪些特点？货币基金主要投资于哪些领域？

（五）按募集方式分类

按发行对象及募集方式，基金可分为公募基金和私募基金。

公募基金是指以公开的形式向不特定的社会公众募集资金所发行的基金。公募基金的发行对象包括个人投资者和机构投资者，即所有的合法投资者都可以认购基金单位。

私募基金即基金发起人采取非公开发行的方式，向特定的投资者募集资产并投资于证券市场的基金。在这类基金中，基金发起人承担募集基金的全部工作，发行对象一般是有资金实力的机构和个人。

---

① 笔者根据中国证券投资基金业协会官网的资料整理而成。

（六）按基金的资金来源和用途分类

按基金的资金来源和用途，我们可以将基金分为在岸基金和离岸基金。

在岸基金是指在本国募集资金并投资于本国证券市场的证券投资基金。由于在岸基金的投资者、基金组织、基金管理人、基金托管人及其他当事人和基金的投资市场均在本国境内，所以基金的监管部门比较容易运用本国法律法规及相关技术手段对证券投资基金的投资运作行为进行监管。

离岸基金是指一国（地区）的证券投资基金组织在他国（地区）发售证券投资基金份额，并将募集的资金投资于本国（地区）或第三国证券市场的证券投资基金。

（七）特殊类型基金

随着行业的发展，基金产品创新越来越丰富，出现了不少与传统基金类型不同的特殊类型基金。

1. 系列基金

系列基金又称为伞形基金，是指多个基金共用一个基金合同，子基金独立运作，子基金之间可以进行相互转换的一种基金结构形式。

从基金公司经营管理的角度看，其采取伞形结构比单一结构具有优势，表现在以下两方面：

（1）简化管理、降低成本。不同子基金均隶属于一个总契约和总体管理框架，可以很大程度地简化管理，并在诸如基金的托管、审计、法律服务、管理团队等方面享有规模经济，从而降低设立及管理一只新基金的成本。

（2）强大的扩张功能。由于伞形基金的所有子基金都隶属于同一个总体框架，在建立起总体框架并得到东道国金融管理当局的认可后，基金公司就可以根据市场的需求，以比单一基金更高的效率、更低的成本不断推出新的子基金品种或扩大其产品的销售地区。国外许多著名的基金管理公司如富达（Fidelity）、摩根（JP Morgan）在向国外扩张时都采取了伞形基金的形式。

2. 基金中的基金

基金中的基金是指以其他证券投资基金为投资对象的基金，其投资组合由其他基金组成。在基金业发达的国家如美国，基金中的基金已经成为一类重要的公募证券投资基金。目前，我国公募证券投资基金允许投资于公募基金本身。2014年8月生效的《公开募集证券投资基金运作管理办法》中规定，80%以上的基金资产投资于其他基金份额的，为基金中的基金。

3. 保本基金

保本基金是指通过一定的保本投资策略进行运作，同时引入保本保障机制，以保证基金份额持有人在保本周期到期时，可以获得投资本金保证的基金。

4. 上市交易型开放式指数基金（ETF）

上市交易型开放式指数基金通常又称为交易所交易基金（ETF），是一种在交易所上市交易的、基金份额可变的一种开放式基金。ETF最早产生于加拿大，但其发展与成熟主要是在美国。ETF一般采用被动式投资策略跟踪某一标的市场指数，因此具有指数基金的特点。

5. 上市开放式基金

上市开放式基金（LOF）是一种既可以在场外市场进行基金份额申购、赎回，又可以在交易所（场内市场）进行基金份额交易和基金份额申购或赎回的开放式基金。它是我国对证券投资基金的一种本土化创新。LOF 结合了银行等代销机构和交易所交易网络两者的销售优势，为开放式基金销售开辟了新的渠道。LOF 所具有的转托管机制与可以在交易所进行申购、赎回的制度安排，使 LOF 不会出现封闭式基金的大幅折价交易现象。

6. QDII 基金

QDII 是合格境内机构投资者（qualified domestic institutional investors）的首字母缩写。QDII 基金是指在一国境内设立，经该国有关部门批准从事境外证券市场的股票、债券等有价证券投资的基金。它为国内投资者参与国际市场投资提供了便利。

【案例】

诺安基金公司推出全球黄金投资基金①

诺安基金公司于 2011 年 1 月推出的全球黄金投资基金，是国内颇为成功的 QDII 基金。由于定位准确，其获得了投资者的认可，首次募集规模达 31.97 亿份，为 2007 年 QDII 基金繁荣后仅有的高规模。截至 2012 年 6 月底，基金累计净值 1.087 0 元。该基金主要通过投资于境外有实物黄金支持的黄金 ETF，紧密跟踪金价走势，为投资者提供一类可有效分散组合风险的黄金类金融工具。

一、投资理念

黄金作为有特殊意义和历史价值的贵金属，其分散风险、抵御通胀、对冲弱势美元的功能得到了投资者的一致认同，而黄金 ETF 更因为其良好的易得性、流动性以及投资透明性得到了投资者的普遍青睐。基金通过投资于有实物黄金支持的黄金 ETF，最小化黄金投资风险，为投资者提供优质的黄金投资工具，使投资者可以便捷地由资本市场进入黄金投资市场。

二、投资范围

基金的投资范围主要包括已与中国证监会签署双边监管合作谅解备忘录的国家或地区证券监管机构登记注册的公募基金中有实物黄金支持的黄金交易所交易基金、货币市场工具，以及中国证监会允许本基金投资的其他金融工具。此外，为对冲本外币的汇率风险，可以投资于外汇远期合约、外汇互换协议、期权等金融工具。有实物黄金支持（physical gold underlying）的黄金 ETF 是指以标准化的实物黄金为基础资产，并可以用实物黄金申购和赎回基金份额的黄金 ETF。基金投资于有实物黄金支持的黄金 ETF 不低于基金资产的 80%，现金或者到期日不超过 1 年的政府债券的投资比例不低于基金资产净值的 5%。

三、投资策略

基金主要通过投资于有实物黄金支持的黄金 ETF 的方式达成跟踪金价的投资目标。基金遴选出在全球发达市场上市的有实物黄金支持的优质黄金 ETF，之后基本上采取

① 安仲文，黄金滔. 国内首只黄金投资基金获批发行［N］. 上海证券.

买入—持有的投资策略，但要根据标的 ETF 跟踪误差、流动性等因素定期进行调整和再平衡。基金只买卖和持有黄金 ETF 份额，不直接买卖或持有实物黄金。投资于此类黄金 ETF 可以最小化投资风险，规避金价之外的因素对于 ETF 价格波动的影响。基金原则上选取发达市场交易所交易的黄金 ETF 品种，目前主要涉及的交易所有纽约、伦敦、苏黎世、多伦多、香港、悉尼等发达市场。

在具体遴选过程中，对于黄金 ETF，基金主要考虑的因素有：流动性、规模、跟踪误差、透明度、费率、挂牌时间、估值基准、组织架构等。基金将选取流动性良好、规模合理、跟踪误差较小、透明度较高、费率低廉、挂牌时间较长、估值基准与本基金的业绩基准间的差异较小、组织架构合理的黄金 ETF 作为主要投资对象，构建备选基金库。

思考：从上述案例中，体会 QDII 基金的投资理念、投资范围、投资策略。

7. 分级基金

分级基金是指通过事先约定基金的风险收益分配，将基础份额分为预期风险收益不同的子份额，并可将其中部分或全部份额上市交易的结构化证券投资基金。

六、证券投资基金的运作过程

（一）基金的设立

1. 基金的设立制度

为保护投资者利益，各个国家和地区的法律都要求投资基金的发行需先获得相关部门认可，由此形成不同的投资基金设立许可制度，如注册制或核准制。美国的投资基金设立采用注册制，而我国的投资基金设立采用核准制。《中华人民共和国证券投资基金法》规定，基金设立需由基金管理人依法向国务院证券监督管理机构提交相关文件，并经国务院证券监督管理机构核准。

2. 基金的品种设计

投资基金品种设计是投资基金运作中的关键环节。品种设计是指根据投资者需求和风险偏好，设计具有不同风险和收益组合特点的基金产品的过程。基金的品种设计通常由基金管理人完成，设计过程中会关注以下内容：

（1）产品设计的法律要求。

根据公募基金产品参与者众多、涉及面广泛的特点，各国都会制定相关法律或法规对其加以约束或规范。如我国《证券投资基金运作管理办法》规定，拟募集的基金必须具备七个条件，包括有明确合法的投资方向、有明确的运作方式、符合监管部门对基金品种的规定等。因此，设计基金品种首先要考虑是否符合法律要求。

（2）产品销售的目标群体。

任何一个基金都不可能是适合每一个投资者的，因此基金产品的设计必须合理定位，针对某一部分目标客户。为此，基金设计人员要在充分调查研究、了解投资者总体情况和市场运行情况的基础上，选择拟募集基金的目标群体，了解该目标群体的收支特征、投资需求、收益目标以及风险偏好与风险承受能力。

（3）证券市场状况和经理人水平。

证券市场的成熟度和景气度会影响投资人的投资意愿、信心乃至愿意支付的交易成本，因此设计人员还要考虑证券市场的发展水平与阶段特征、基金附加费用及其收取方式以及基金管理人本身适应市场和驾驭资金的能力。

3. 基金的投资目标和策略

（1）投资目标。

确定恰当的投资目标，既是基金品种设计的法律要求，也是基金顺利募集与获取收益的先决条件。基金的主要投资目标有三类：一是当期收入，这一目标强调稳定的股息、利息收入；二是资本利得，这一目标侧重于通过基金所持有股票的增值而增加基金的总资产；三是当期收入和资本利得，此目标是上述两个目标的综合。不同类型的投资基金，会有不同的投资目标。一般而言，股票基金的投资目标通常是长期资本增长和红利收入；债券基金的投资目标则是获得稳定的现期收入；货币基金的投资目标是在保持本金价值的同时获得收入。基金投资目标一般在基金招募说明书中阐述，投资目标一经确定，未经投资者同意，不能轻易改变。

（2）投资策略。

投资策略是实现投资目标的保证。采取何种投资投资策略对收益和风险会有直接的影响，因而投资基金会在招募说明书中需对拟采用的投资策略进行具体的阐述。基金投资策略主要有两种，即积极投资策略和消极投资策略。积极投资策略是通过对股票的筛选，挖掘一些价值被低估的或具有良好增长前景的股票构建投资组合，并及时根据变化了的市场情况、企业情况调整组合。消极投资策略是选择有代表性的证券构成投资组合，在一个相对长的时期内买入并持有，或按照证券市场价格指数的组成，复制指数创建投资组合，之后仅根据与指数的偏差调整组合，而不作组合变更。

（二）资金的募集

基金的募集也就是基金资产的筹集过程。由于基金资产的筹集过程是基金管理人将基金受益凭证交付给投资人的过程，所以，基金募集也就是基金发行。我国的基金法律和法规均以"基金募集"的概念表达基金资产的筹集；基金管理公司常以"基金发行"或"基金销售"的概念表达相同的含义；从投资人角度，则对应地表述为"基金认购"或"基金申购"。

1. 募集申请

注册制基金的募集程序相对简单，而核准制基金的募集过程则相对复杂，发起人需要向监管部门提交必需的文件，接受实质性核准，才可正式公开募集。例如，我国《证券投资基金法》规定，公开募集基金，应当经国务院证券监督管理机构注册，并向国务院证券监督管理机构提交相应文件。所需提交的文件包括申请报告；基金合同草案；基金托管协议草案；招募说明书草案；律师事务所出具的法律意见书；国务院证券监督管理机构规定提交的其他文件。

2. 募集方式确立

基金的募集方式依基金的组织形式不同而有所区别。封闭式基金由于最终会在证券交易所上市，其募集过程类似于股票发行，基本是通过证券交易所的交易网络发行，即通过与证券交易所联网的全国各地的证券公司营业部向投资者发行。开放式基金的募集分为投资者的认购和申购两种不同形式。认购是在开放式基金首次发行时的投资者购买行为，申购则是开放式基金运行中投资者的购买行为。

开放式基金的募集方式有下列几种情况：①基金管理公司自行发售，即通过基金管理公司在各地的网点向投资者发行；②通过基金管理公司的股东单位或合作单位代为发行，即通过一些股东单位的网点或合作单位的网点向投资者发行；③通过证券交易所网络发行，即通过与证券交易所联网的全国各地的证券公司营业部向投资者发行。

3. 基金定价与相关费用

在这里，基金定价并不是确定基金券本身的价格。因为封闭式基金首次发行一般是平价发行，随后即上市交易，上市交易价格随市场供求而变动，并非人为定价的结果。而开放式基金的认购、申购、赎回均以净值为准，也不是人为定价的结果。因此基金定价指的是基金募集与交易（或认购、申购、赎回）中的附加费用的确定。

大多数情况下，基金交易是免税的，我国即是如此。因此基金的相关费用主要是基金的募集与交易的相关费用。封闭式基金在交易所发行与交易，因此相关费用表现为佣金，佣金费用的收取比例与股票交易佣金相似或一致；开放式基金则分为认购、申购、赎回各项手续费，费用的标准由基金管理人确定。一般而言，基金管理人会参照同期、同行收费水平，根据预测的融资难易程度、行业平均的收费水平上下调整。

（三）基金的交易

1. 封闭式基金的交易

封闭式基金可以在证券交易所上市交易，上市条件、交易规则和相关费用遵从交易所要求，接受交易所的管理和监督。我国《证券投资基金法》规定，封闭式基金的基金份额，经基金管理人申请，国务院证券监督管理机构核准，可以在证券交易所上市交易。国务院证券监督管理机构也可以授权证券交易所，依照法定条件和程序核准基金份额上市交易。

2. 开放式基金的交易

传统的开放式基金不上市交易，其交易表现为基金的申购和赎回。投资者需要到基金管理公司及其分支机构直接交易，或者到基金管理公司的代理机构进行交易。在我国，代理机构主要是商业银行和证券公司的营业网络。在国外，代理机构主要包括商业银行、证券公司、保险代理机构、信托公司、专业经纪公司和财务顾问公司（这些机构除了可提供基金管理公司的投资信息外，还可为投资者提供专业的投资建议，使客户作出更合理的投资决策）。有的国家如美国，非传统的第三方中介公司也开展基金交易业务，如网上经纪公司、金融超市、机构客户代理商等，目前第三方中介公司逐步占据了主要的销售份额，而原有的商业银行和代理机构等渠道则落到了从属地位。在英国，开放式基金交易渠道构成也体现出多元化、综合性与立体化的特点；主要的交易渠道包括基金公司直销及银行、理财顾问、机构专户及私人银行代销等。在金融危机之后，独立理财顾问渠道逐渐替代了银行代销而占据主导地位。

（四）基金的估值

1. 基金估值的含义和目的

基金估值是指运用科学的方法和原则，对基金全部资产和全部负债作出判断的过程。基金估值的目的是准确、真实地反映基金相关资产和负债的公允价值，从而对基金份额净值进行准确的计算。基金资产总值是基金全部资产的价值总和，从基金资产总值中扣除所有负债即是基金资产净值。基金资产净值除以基金总份额，即是基金份

额净值。两者的公式分别为

$$基金资产净值=基金资产总值-基金负债$$
$$基金份额净值=基金资产净值/基金总份额$$

基金估值的必要性是由基金本身的性质决定的。基金是一种间接投资，其投资品种的价格几乎每天都在变动，投资者对基金真实价值的及时了解是其投资选择和投资信心的依据。封闭式基金的交易价格虽然是由市场供求决定的，但市场价格与净值的差异程度是投资者比较选择投资品种的重要条件。而基金估值对开放式基金意义更加重大，因为开放式基金份额的申购、赎回价格就是按照基金估值后确定的基金份额净值确定的。基金估值的频率、依据的原则以及估值方法在基金的募集文件中都会明确说明。

（1）基金估值的责任人。

基金估值是由基金管理人和基金托管人共同完成的。具体来说，基金管理人制定基金估值和份额净值计价的管理制度，明确估值的原则和程序；建立估值决策体系；使用可靠的估值系统，由专职业务人员实施估值。基金托管人的责任是对估值结果进行复核和确认。基金托管人在认真审阅基金管理人采用的估值原则和程序的基础上，对基金价值及基金份额净值进行审查。当对估值原则、程序或结果有异议时，基金托管人有义务要求基金管理人作出合理解释，并通过商讨达成一致意见。

（2）基金估值的基本原则。

基金估值要遵循必要的原则，这些原则或者是一国法律法规的规定，或者是行业内公认的准则。我国基金管理的相关规定要求，根据《中国证监会关于证券投资基金估值业务的指导意见》，基金估值应遵循以下原则：

①对存在活跃市场且能够获取相同资产或负债报价的投资品种，在估值日有报价的，除会计准则规定的例外情况外，应将该报价不加调整地应用于该资产或负债的公允价值计量。估值日无报价且最近交易日后未发生影响公允价值计量的重大事件的，应采用最近交易日的报价确定公允价值。有充足证据表明估值日或最近交易日的报价不能真实反映公允价值的，应对报价进行调整，确定公允价值。与上述投资品种相同，但具有不同特征的，应以相同资产或负债的公允价值为基础，并在估值技术中考虑不同特征因素的影响。特征是指对资产出售或使用的限制等，如果该限制是针对资产持有者的，那么在估值技术中不应将该限制作为特征考虑。此外，基金管理人不应考虑因其大量持有相关资产或负债所产生的溢价或折价。

②对不存在活跃市场的投资品种，应采用在当前情况下适用并且有足够可利用数据和其他信息支持的估值技术确定公允价值。采用估值技术确定公允价值时，应优先使用可观察输入值，只有在无法取得相关资产或负债可观察输入值或取得不切实可行的情况下，才可以使用不可观察输入值。

③如经济环境发生重大变化或证券发行人发生影响证券价格的重大事件，使潜在估值调整对前一估值日的基金资产净值的影响在 0.25% 以上的，应对估值进行调整并确定公允价值。

（3）我国基金估值的依据和方法。

在我国，基金资产的估值由基金经理人在每个交易日结束后予以计算，由基金托管人根据基金合同规定的估值方法、时间、程序对估值结果进行复核确认。运用估值结果计算的基金份额净值，开放式基金于次日公布，封闭式基金于周末公布。基金估值的依据是我国于 2007 年 7 月 1 日起执行的《企业会计准则》的相关规定，估值方法将投资的品种分四类分别估值，四个类别是：①交易所上市、交易品种；②交易所发行未上市品种；③交易所停止交易品种；④全国银行间债券市场交易品种。

（五）基金的收益分配

基金的运作会产生相应的经营成果，基金在一个会计年度内创造的所有经营成果构成基金的收益，包括利息收入、投资收益、其他收入等，这些收益是归属于全体投资人的，因此有必要按一定的原则或约定分配给投资人。我国《证券投资基金运作管理办法》规定，封闭式基金的收益分配，每年不得少于一次，分配比例不得少于当年已实现利润的 90%。开放式基金的收益分配依基金合同所约定的每年基金收益分配的最多次数和基金收益分配的最低比例而定。基金收益分配应当采用现金方式（尽管有的基金管理公司对基金分配采用红利再投资形式，但也要先以现金计算分配额度，再折算成相应份额）。

（六）基金的终止

基金终止一般可分为四种情形：基金合同期限届满而未延期；基金持有人大会决定终止；基金管理人、基金托管人职责终止，在规定的期限内没有新基金管理人、新基金托管人承接以及基金合同约定的其他情形。不同形式的基金会有不同的终止原因。

1. 封闭式基金的终止

封闭式基金的终止主要分为到期自动结束或基金持有人大会决议结束两种。封闭式基金是有期限的，如果基金期限届满而未申请延期，即会终止运作。在既有的封闭式基金到期时，基金管理人或采取清盘的方式，将基金按净值返回给投资人；或经过基金持有人大会同意，成立新的基金（或并入其他基金）。如果封闭式基金没有到期，投资人认为其不适宜继续运作，也可以通过基金持有人大会，表决通过是否终止运作。在我国，封闭式基金如果准备延长合同期限，应当具备一定条件，即基金运营业绩良好、基金管理人最近两年内没有受到行政处罚或者刑事处罚、获得基金持有人大会决议通过等，并经国务院证券监督管理机构核准。

2. 开放式基金的终止

从理论上说，开放式基金并没有期限，可以无限期运营。但若因经营不善、基金规模太小等原因由基金持有人大会决定停止运营，或基金管理人、基金托管人职责终止，在规定的期限内没有新基金管理人、新基金托管人承接的，也可能使基金运作终止。基金合同终止时，基金管理人应当组织清算组对基金财产进行清算。清算组由基金管理人、基金托管人以及相关的中介服务机构组成。清算组作出的报告要经会计师事务所审计、律师事务所出具法律意见书后，报主管部门备案并公告。清算后的基金剩余财产，应当按照投资人所持份额比例进行分配。

第三节　私募股权投资基金

一、私募股权投资基金的含义

（一）私募股权投资基金的概念

私募股权投资基金（PE），是指投资于非上市股权，或者上市公司非公开交易股权的一种投资方式。从投资方式角度看，私募股权基金是指通过私募形式募集资金，并对私有企业，即非上市企业进行的权益性投资，在交易实施过程中附带考虑了将来的退出机制，即通过上市、并购或管理层回购等方式，出售持股获利。

在对私募股权基金的理解上，有广义与狭义之分：广义的PE包含创业风险投资以及后期阶段的投资，甚至收购及兼并活动的股权投资活动，因为创业风险投资或非创业投资活动性质的私募股权基金，都是以私募股权基金的方式运作，仅为投资标的的发展阶段上的不同；狭义的PE主要指对已经形成一定规模的，并产生稳定现金流的成熟企业的私募股权投资部分，主要是指创业投资后期的私募股权投资部分，而这其中并购基金和夹层资本在资金规模上占最大的一部分。

（二）私募股权投资基金的特点

（1）私募在资金募集上，主要通过非公开方式面向少数机构投资者或个人募集，它的销售和赎回都是基金管理人通过私下与投资者协商进行的；在投资方式上也是以私募形式进行，绝少涉及公开市场的操作，一般无须披露交易细节；在引进私募股权投资的过程中，可以对竞争者保密，因为信息披露仅限于投资者而不必像上市那样公之于众。

（2）权益型投资私募股权基金多采取权益型投资方式，绝少涉及债权投资。投资后采取"资金+服务"的运作方式，不仅单纯向被投资企业提供资金，还参与其经营管理，提供增值服务。

（3）投资期限长。其对非上市公司的股权投资，或者投资于上市公司非公开交易股权，因流动性差被视为长期投资（可达3~5年或更长），所以投资者会要求高于公开市场的回报。

（4）资金来源广泛。私募股权基金的资金来源广泛，如富有的个人、风险基金、杠杆收购基金、战略投资者、养老基金、保险公司等都有可能成为其资金来源。对引资企业来说，私募股权基金不仅有投资期长、增加资本金等好处，还可能给企业带来管理方法、技术、市场和其他需要的专业技能。相对于波动大、难以预测的公开市场而言，私募股权基金是更稳定的融资来源。

（5）没有上市交易。私募股权基金没有现成的市场供非上市公司的股权出让方与购买方直接达成交易。而持币待投的投资者和需要投资的企业必须依靠个人关系、行业协会或中介机构来寻找对方。

（6）PE投资机构多采取有限合伙制。有限合伙制是指在有一个以上的合伙人承担无限责任的基础上，允许更多的投资人承担有限责任的经营组织形式。这种企业组织形式有很好的投资管理效率，并避免了双重征税的弊端。

（7）投资退出渠道多样化。退出渠道有首次公开发行、并购、股份回购、清算等。

二、中国的私募股权投资基金

（一）我国私募股权投资基金发展的历史阶段

1. 探索与起步阶段（1985—2004年）

此阶段的探索与起步主要沿着两条主线进行。

（1）科技系统对创业投资基金的最早探索早在1985年3月，由原国家科委牵头有关部委草拟、中共中央作出的《关于科学技术体制改革的决定》首次明确指出"对于变化迅速、风险较大的高技术开发工作，可以设立创业投资给予支持"。随后，根据中央文件的精神，1985年9月，经国务院批准，原国家科委出资10亿元人民币成立了"中国新技术创业投资公司"。1992年，国务院下发《国家中长期科学技术发展纲领》，明确要求开辟风险投资等多种资金渠道，支持科技发展。随后，上海、江苏、浙江、广东、重庆等地分别由地方政府出资设立了以科技风险投资公司为名的创业投资机构。特别是在1995年，中共中央、国务院发布了《关于加速科学技术进步的决定》，首次提出在全国实施科教兴国战略。此后，原国家科委进一步加强对创业投资的研究。1998年1月，原国家科委牵头国家计委等多部委组织成立"国家创业投资机制研究小组"，研究推动创业投资发展的政策措施。

（2）国家财经部门对产业投资基金的探索鉴于当时在全球范围内"股权投资基金"概念还没有流行起来，人们使用较多的概念是"创业投资基金"，而创业投资基金与证券投资基金的显著区别是"证券投资基金投资证券，创业投资基金直接投资产业"，20世纪90年代国内财经界也将创业投资基金称为"产业投资基金"。1993年8月，为支持淄博作为全国农村经济改革试点示范区的乡镇企业改革，原国家体改委和人民银行支持原中国农村发展信托投资公司率先成立了淄博乡镇企业投资基金，并在上海证券交易所上市，这是我国第一只公司型创业投资基金。1996年6月，在总结淄博基金运作经验的基础上，原国家计委向国务院上报《关于发展产业投资基金的现实意义、可行性分析与政策建议》，提出了"借鉴创业投资基金运作机制，发展有中国特色产业投资基金"的设想。国务院领导高度重视并责成原国家计委和有关部门尽快制定管理办法后，原国家计委开始系统研究发展"产业投资基金"的有关问题，并推动有关制度建设。此外，1998年民建中央向当年全国政协会议提交了后来被称为"政协一号提案"的《关于加快发展我国风险投资事业的提案》。该提案对于促进社会各界对创业投资的关注和重视，起到了积极作用。

2. 快速发展阶段（2005—2012年）

2005年11月，国家发展和改革委员会（国家发改委）等十部委联合颁布了《创业投资企业管理暂行办法》。在随后的2007年、2008年和2009年，先后出台了针对公司型创业投资（基金）企业的所得税优惠政策、国务院办公厅《关于创业投资引导基金规范设立与运作的指导意见》，并推出创业板。《创业投资企业管理暂行办法》及三大配套性政策措施的出台，极大地促进了创业投资基金的发展。2007年，受美国主要大型并购基金管理机构脱离美国创业投资协会并发起设立美国股权投资协会等事件影响，"股权投资基金"的概念在我国很快流行开来。特别是 2007 年 6 月，新的《中华人民共和国合伙企业法》（以下简称《合伙企业法》）开始实施，各级地方政府为鼓励设立合伙型股权投资基金，出台了种类繁多的财税优惠政策，此后各类"股权投资基金"迅速发展起来。与此同时，以合伙型股权投资基金为名的非法集资案也自 2008 年开始在天津等地发生并蔓延。为此，国家发改委于 2011 年 11 月发布了《关于促进股权投资企业规范发展的通知》。

3. 统一监管下的制度化发展阶段（2013 年至今）

2013 年 6 月，中央编办发出《关于私募股权基金管理职责分工的通知》，明确由中国证券监督管理委员会（以下简称中国证监会）统一行使股权投资基金监管职责。2014 年 8 月，中国证监会发布《私募投资基金监督管理暂行办法》，对包括创业投资基金、并购投资基金等在内的私募类股权投资基金以及私募类证券投资基金和其他私募投资基金实行统一监管。中国证券投资基金业协会从 2014 年年初开始，对包括股权投资基金管理人在内的私募基金管理人进行登记，对其所管理的基金进行备案，并陆续发布相关自律规则，对包括股权投资基金在内的各类私募基金实施行业自律。

（二）我国私募股权投资基金发展的现状

经过多年探索，我国的股权投资基金行业获得了长足的发展，主要体现为三个方面：①市场规模增长迅速，当前我国已成为全球第二大股权投资市场。②市场主体丰富，行业从发展初期阶段的政府和国有企业主导逐步转变为市场化主体主导。③有力地促进了创新创业和经济结构转型升级，股权投资基金行业有力地推动了直接融资和资本市场在我国的发展，为互联网等新兴产业在我国的发展发挥了重大作用。

三、私募股权投资基金的分类

根据被投资企业的发展阶段，从广义的角度我们可以把私募股权基金分为创业投资基金、并购基金、房地产基金、夹层资本以及其他如上市后的私募投资等。

（一）创业投资基金

创业投资主要是指向新兴的、发展迅速的、具有发展潜力的初创企业提供资金支持并取得股权的一种投资基金，按照被投资企业所处的阶段不同，风险投资基金又可分为种子期基金、初创期基金、成长期基金以及 Pre-IPO 基金。

成长型创业投资基金主要投资处于成长扩张期的企业，此时企业已于市场上具有一定的占有率，营销模式和管理模式也初步确立，拥有良好的治理结构，管理团队人员基本稳定，已可从市场获取经营收入与利润，但企业仍急需资本以进一步扩大市场占有率、调整经营方向或投资进入其他市场领域。其通常用 500 万~3 000 万美元的投资规模，经历 2~3 年的投资期，并在可控风险措施下，寻求 4~6 倍的可观回报进行预期。成长型资本是中国私募股权业当前的主流投资模式。具体来说，中国成长资本基金重点投资于临近上市阶段的成长企业的少数股权，并在企业上市股票解禁之后迅速出售股票套现。创业板和中小企业板是近年来中国私募股权基金的主要套现市场。根据清科创投的统计，2009 年私募股权支持的中国上市企业从接受投资到上市的时间间隔平均为 2 年左右。但随着 IPO 节奏的放缓，投资周期正在不断延长。

Pre-IPO 创业投资基金主要投资于短期内将要首次公开发行股票并上市的企业，或预期将要上市的企业。Pre-IPO 投资一般在上市后从公开市场出售股票退出，其中一部分股份也可按发行价通过公开发售旧股的方式退出。Pre-IPO 投资的时点是在企业规模与盈利已达到上市条件时，甚至企业已经站在股市门口时。

该投资方式起源于美国等发达国家，于 20 世纪 80 年代开始进入中国，在中国起步较晚。但是近些年来，随着中国经济的持续稳定增长，风险投资行业在国内经历了 30 多年的迅速发展已经成为我国资本市场的重要组成部分。据美国数据库公司 Crunchbase 的统计数据显示，截至 2018 年 10 月，中国创业投资总额达 938 亿美元，美国为 916 亿美元，该数据显示中国的创业投资规模首次赶超美国。创业投资对我国创新型高科技企业的成长与经济转型起到了重要的促进作用。现阶段我国正处于经济转型的重要时期，经济发展要加快推进质量改革，因此如何推动我国经济由高速增长转向经济高质量发展是一个尤为重要的问题。而创业投资作为促进市场经济发展重要组成部分，主要集中于投资那些有巨大发展潜力的科学技术行业，对促进经济转向高质量发展尤其是促进我国高科技企业的发展具有重要意义。

在我国，创业投资基金投资的典型行业包括新能源、新材料、互联网和生物科技等。我国在纳斯达克等海外市场上市的互联网企业，如新浪、搜狐、网易和百度等，在发展的早期都得到了风险投资基金的支持。

【案例】

小米公司与创业投资基金①

小米公司（全称北京小米科技有限责任公司）于 2010 年 4 月在北京正式成立，创始人是天使投资人雷军，公司是专注于智能手机研发的移动互联网公司。小米公司有三大核心业务，米聊、小米手机和 MIUI。与其他手机公司相比，小米公司基于互联网模式来开发手机系统，及时、有效地了解用户需求，吸引了约 60 万的手机发烧友一起参与手机开发。随着广大用户对小米手机的追捧，小米公司在 2014 年再次取得了优异的成绩，2014 年小米公司的销售额为 743 亿元（含税），手机销售数量为 6 112 万台，年底小米公司完成了第五轮融资，投资方为 ALL-STAR Investment 科技投资基金、DST Global（俄罗斯投资公司）和 GIC（新加坡政府主权基金），目前公司估值 460 亿美元，在本次融资之前，小米公司已经融资四轮。2010 年 8 月小米推出了首个 MIUI 内测版，12 月正式发布了米聊安卓系统内测板，同时月底小米公司获得了首轮融资，募集资金为 4 100 万美元，投资机构为启明、IDG 等，公司获得的估值约 2.5 亿美元；接下来 2011 年小米公司销售额为 1.99 亿元（含税），手机销售数量为 10 万台，年底小米公司完成第二轮融资，融资金额 9 000 万美元，投资方为启明、IDG、淡马锡、晨兴、高通和顺为基金，公司估值约 10 亿美元；2012 年 6 月，小米公司再次获得了融资，募集资金为 2.16 亿美元，公司获得的估值约 40 亿美元，2012 年小米公司销售额为 126 亿元（含税），手机销售数量为 719 万台；2013 年 8 月，小米公司完成了第四轮融资，公司估值约 100 亿美元，2013 年小米公司销售额 316 亿元（含税），手机销售数量为 1 870 万台，仅仅经过近五年的发展，小米公司便一跃成为了仅次于 BAT（百度、阿里和腾

---

① 陈沛杰. 风险投资投后估值和公允价值的差异及其原因分析 [D]. 武汉：中南财经政法大学，2020.

讯）的中国第四大互联网企业。

思考：从小米公司在融资过程中引进创业投资基金，体会创业投资的投资特点以及对于企业发展的意义。

（二）并购基金

并购基金是私募股权基金运用较为广泛的投资方式之一，并购业务可以说是私募股权基金业务的核心组成部分。并购基金主要专注于对目标企业进行并购，通过收购目标企业股权，获得对目标企业的控制权，然后对其进行一定的重组，改善企业资产结构并提升业绩，必要时可能更换企业管理层和经营机制，运作成功并持有一段时间后再转让出售。并购基金投资于相对成熟的企业，这类投资包括帮助企业新股东融资以收购其他企业、帮助企业融资以扩大规模和产能。并购基金与其他类型投资的不同表现在于，风险投资主要投资于创业型企业，并购基金选择的对象是成熟企业；其他私募股权投资对企业控制权无兴趣，而并购基金意在获得目标企业的控制权。因此，一般而言，并购基金的交易额较大，通常会运用杠杆收购（LBO）方式募集资金，在国际资本市场中，并购基金的身影通常出现在内部管理层收购（MBO）及外部管理层收购（MBI）中。

统计显示，我国并购市场表现活跃，目前我国产业的发展仍然主要依靠单个企业的产能扩张，整体产业发展存在单体规模小、集中度低、管理水平低等诸多问题，亟需优化。美国六次收购浪潮表明，并购重组是提升行业集中度的重要途径。我国资本市场本土并购基金自 2009 年至 2014 年 1 季度已经完成募集数量 38 只，募资规模达到 64.76 亿美元。在 2008 年全球金融危机的作用下，市场流动性减弱，投资者信心大幅度降低，从而使得 2009 年至 2012 年的募资数量与以往相比降低幅度较大。2013 年，受益于我国资本市场的逐渐开放和市场化的推动，我国并购基金募集规模达到 16 只，达到 9 年来的最高值，其中"上市公司+PE"型并购基金就有大约 10 只。2014 年一季度，本土并购基金的募集规模已经达到 5 只，随着上市公司参与力度的加大，未来并购基金募集规模的增长力度将更加强劲。相对于国外并购基金的成熟发展，我国并购基金数量很少，并且参与并购交易的行为较少。这种缺少专业化运作的并购基金的现象使得我国并购交易的融资途径受到限制，但随着市场环境的发展完善，并购基金的发展也必将随之成熟。

【案例】

大康牧业与天堂硅谷联手设立并购基金[①]

湖南大康牧业股份有限公司（以下简称"大康牧业"）是怀化农业产业化骨干龙头企业，集种猪、仔猪、育肥猪及饲料生产销售于一体，于 2010 年 11 月在深圳证券交易所成功上市。浙江天堂硅谷股权投资管理集团有限公司（以下简称"天堂硅谷"）是我国非常优秀的投资机构，致力于发展股权投资以及资产管理等资本业务，资本市场运作经验和管理经验丰富。大康牧业与天堂硅谷以各自的优势为出发点，以共同发展畜牧行业及其上下游产业链的重组并购、资源整合等并购活动为目标，于 2011 年 11 月合作成立天堂大康并购基金。天堂大康并购基金以有限合伙制形式设立，即有限合伙制基金。

---

① 刘淑芬. 天堂大康并购基金运作风险控制研究［D］. 武汉：中南财经政法大学，2017.

大康牧业作为天堂大康的有限合伙人出资 10%，天堂硅谷关联方出资 10%，并购基金存续期内，大康牧业与天堂硅谷关联方的实缴出资均不得转让。除了发起人的出资外，天堂大康并购基金的剩余出资由普通合伙人天堂硅谷从市场上自行募集，实际出资可根据标的项目的进展及需求分期到位。天堂大康的其他出资人作为有限合伙人，可以是法人、合伙企业或其他经济组织，也可以是自然人或其他可以作为天堂大康有限合伙人的合法投资主体，即只要是合格投资者即可。天堂大康作为在畜牧业领域进行产业整合的平台，用于控股收购与畜牧业相关的上下游企业项目。通常考虑到并购标的会保留大部分原管理团队，为避免故意隐瞒产生的信用风险，天堂大康保留 10%～20% 的股权给原管理团队。天堂大康的具体投资管理业务委托天堂硅谷管理。天堂硅谷负责天堂大康的日常经营管理事务，负责投资项目筛选、立项、组织实施、投资后监督管理及投资项目退出等工作。天堂大康下设专门的投资与退出决策委员会，负责对天堂大康的项目投资与退出变现事项作出决策。该决策委员会由 7 名委员组成，其中天堂硅谷委派 5 名委员，大康牧业委派 2 名委员。大康牧业拥有两次一票否决权，在项目开始调研时，若认为不好调研即可取消，项目进入决策委员会时，若大康牧业认为不具备收购意义，可以直接否决。综上，天堂大康在投资环节为上市公司大康牧业量身设定了两次的一票否决权从而对项目进行严格把控。并购标的项目的寻找是关键环节。天堂大康围绕大康牧业的公司战略进行选择，包括产业链上下游企业、同类型企业，关键关注能否在价值链改变、采购环节、销售环节产生协同效益。项目收购完成后三年内，大康牧业有优先收购项目的权利；三年后，天堂大康有自由处置权，可让项目直接 IPO 或卖给其他公司。

思考：以大康牧业与天堂硅谷联手设立并购基金为例，研究我国目前并购基金设立的模式，以及对其后续实际运营的影响。

（三）房地产投资基金

房地产投资基金是通过基金公司等发起人发行受益凭证给投资者，为房地产收购持有或者房地产的开发进行融资，投资者通过投资认购基金份额，在资金募集完成后，资金由独立的托管机构进行托管，由专业人员进行投资运作，投资期限较长，所追求的是稳定且连续的收益。我们可将房地产投资基金视为众多投资者通过集合各自一定的资金能力，借助专业人士的管理能力进行房地产开发及经营的一种投融资模式。

我国房地产私募基金刚刚起步，市场体量较小，根据地产私募基金权威排名 PERE 的数据，2016 年，美国的黑石基金（The Blackstone Group）以 538 亿美元（约合 3 500 亿元人民币）的基金资产管理规模，排名全球房地产私募基金之首。目前我国房地产私募基金尚在百亿人民币级别，而且这其中也是以债权投资为主，房地产股权私募基金规模突破 300 亿都难度很大。作为一个新兴的细分行业，我国的房地产私募基金在其发展过程中正面临着种种瓶颈，并且在应对政策、市场等环境变化中，大浪淘沙、优胜劣汰。与此同时，一些大型房企也纷纷成立自己的私募基金平台，参与到房地产私募基金的队伍中来。比如万科集团成立的万丈资本，保利地产成立的信保基金等。清科研究发布 2017 年中国私募股权投资市场报告显示，资金募集方面：中国 PE 市场共有 2 533 只私募股权投资基金完成募集，1 957 只基金披露募集金额共 14 212 亿元，较去年大幅上升，增幅达 43%。资金投资方面：私募股权投资案例 3 310 起，与 2016

年基本持平，投资金额 9 938 亿元，投资规模继续保持了高位增长。2017 年 PE 机构共实现 1 805 笔退出。此外，2017 基金类型更加丰富，共募集基础设施基金 87 只，房地产基金 21 只（占比 24%），这也说明私募股权基金在房地产领域有着很大发展空间。

【案例】

顺丰产业园房地产信托投资基金（REITs）[①]

国内 B2C 电商市场的蓬勃发展催生了巨量的现代化物流地产服务的需求，国家层面也密集出台各种政策规划，加强物流业基础设施建设、提升仓储服务水平、推动仓储行业的高质量发展。因此，物流地产成为地产业内少有的成长性领域，而供给端仓储用地的紧张、物流公司重资产运营下回收期长、融资渠道单一等问题也导致物流地产成为稀缺资源，极大地制约了物流业的发展。另外，物流企业手中持有的大量优质物流地产无法变现，同时由于国内地产市场的不发达，与国外发达市场相比形成了逆向的价格形成机制：新开盘价格→现有地产价格→租金，这种价格形成机制对于存量运营的物流地产企业来说极为不利，对于大量持有物业资产的金融机构来说也存在一定的风险。而房地产投资信托基金作为一种创新性的金融工具，可以将流动性较差的物业资产直接转化为货币资金，可以有效解决公司高负债经营同时又持有大量优质资产之间的矛盾，帮助企业完成"由重转轻"目标，实现"轻资产"运营。所以，以物流仓储为底层资产的房地产投资信托基金将是未来国内资产证券化市场发展的一个重要方向。顺丰产业园房地产投资信托基金项目为我国首单物流地产储架类房地产投资信托基金，是物流地产与房地产投资信托基金的首次结合。顺丰控股与华泰资管联手推出的这款产品，既呼应了国家"稳中求进"的总基调，同时也可以盘活公司的存量资产、加速公司的转型发展步伐。

思考：以顺丰产业园房地产信托投资基金为例，体会 REITS 在我国的运作模式，以及企业选择 REITS 的必要性。

（四）夹层基金

夹层基金是属于一种介于优先债权和股权之间的融资方式，和优先债权相比，夹层融资是带有一点股权性质的债权，当企业进行破产清算时，优先债务提供者首先得到清偿，其次是夹层资本提供者，最后是公司的股东。为补偿夹层资本提供者的风险，此类债权通常伴随着相应的认股权证，可于约定的时间和价格条件，购买该企业的股权或将剩余的债权转换为股权，即夹层资本提供者将资金贷予借款人，除要求借款人还本付息外，在一定条件下还可以将剩余债权转换为股权或另行认购。因此，对投资者来说，夹层资本的风险介于优先债务和股本之间。

夹层基金起源于 20 世纪 80 年代的美国，如今已经发展成为美国金融市场上一个比较成熟的产品类别。而夹层基金在我国的发展始于 2005 年，经过短暂的探索，现已进入快速增长期，形成了全球化投资夹层基金、国内大型夹层基金、中小型夹层基金等共同发展的大好局面。

---

① 杨静怡. 物流地产类 REITs 信用风险研究 [D]. 武汉：中南财经政法大学，2020.

【案例】

汇源利用夹层基金融资①

2006年7月，达能亚洲、荷兰发展银行、香港惠理基金以及美国华平宣布将要对汇源进行注资，采用夹层融资的方式注资2.22亿美元，采用发售可赎回可换股债券和可换股股份等方式进行。四大投资者拥有汇源35%的股份。作为战略投资者的达能可以控制的股份最多达到22.18%，成为汇源的第二大股东，实现了达能最初加入汇源的战略目标。汇源为了能够规避国内的资本管制，引进国外的战略和财务投资者，于2006年4月21日在开曼群岛注册成功了中国汇源集团有限公司。

中国汇源控股有限公司在2006年4月向荷兰发展银行和香港惠理基金发行了2 000万美元可赎回可转换债券，债券到期日为2010年4月15日。其中香港惠理基金持有70%，荷兰发展银行持有余下的30%。之后6月28日，汇源控股为了换取荷兰发展银行与惠理基金放弃的可赎回可转换债，及发行给美国华平的可转换债，发行了共8 500万美元的可换股债券。其中美国华平认购的额度为6 500万美元。12月31日，为了给美国华平支付利息，又发行了共计67.5万美元的可换股债券。

2007年2月23日，汇源终于实现了从2000年就开始梦想的上市目标，在香港联交所挂牌上市。当日股价不断攀升，从开盘价的9港元到最高价10.06港元，最终收盘9.98港元；成交量3.19亿股，成交额更是达到了30.48亿港元，达到了首次公开发行价格的1.66倍。汇源在香港上市发股总额4亿股，筹资24亿，达到了香港历史上新股申购资金冻结的第五位，超额认购924倍，冻结了超过2 162亿的港元，此次上市不仅仅是汇源的盛大成功，同时也给香港股市带来了勃勃生机和活力，向世界证明了资本运作的力量，金融支持更是企业发展壮大的不二法口。

思考：以汇源利用夹层基金进行融资为例，体会夹层基金的运作过程以及对于企业发展的积极意义。

私募股权投资基金分类总结如表5-1所示：

表5-1　私募股权投资基金分类

基金类型	基金品种	投资方向	投资风格	风险收益特征
风投基金	种子期基金 初创期基金 成长期基金 Pre-IPO基金	以中小规模、未上市的成长型企业为主	分散投资、参股为主	高风险、高收益
并购基金	MBO基金 LBO基金 重组基金	以运营成熟的企业为收购目标，单个企业的投资额较大	控股或参股	风险收益中等
资产类基金	房地产投资基金	基础设施或以出租房产收取租金的房地产等	资产的现金流量平稳，波动不大	风险低、收益稳定

---

① 尹博翰. 汇源利用夹层融资的案例分析［D］. 保定：河北金融学院，2016.

表5-1(续)

基金类型	基金品种	投资方向	投资风格	风险收益特征
其他 PE 基金	夹层基金	优先股和次级债	附带股权条款	风险低、收益稳定

四、私募股权投资基金的运作流程分析

私募股权基金的运作可以分为三个部分，即资金募集、投资决策选择和退出渠道分析。这三个部分将私募股权基金如何能够充分募集到资金、如何运用资金投资以及如何把资金从企业中安全地撤离并获取收益，有效地连接在一起，从而使私募股权基金能良好的运作。

（一）资金募集

私募股权基金在运作过程中主要包括三个行为主体：一是投资者，提供投资的资本，可以是自然人或企业机构等组织；二是中介机构（私募股权基金管理公司），专门从事投资活动，负责投资组合及基金的日常管理；三是投资对象，是资金的最终需求者，也是 PE 基金的利润贡献者。

筹集资金是发起设立私募股权基金的第一步——将资金通过各种渠道募集起来，继而才可以通过有效的组织形式进行运作。私募股权基金投资期限长，因此募集对象一般为长期投资者，私募股权基金的主要投资者有政府、机构投资者、大型企业和个人等。

1. 政府

从私募股权基金在各国的发展来看，因政府资金具有稳定性及可信度较高的优点，所以其已成为私募股权基金重要的资金来源之一。美国小企业投资公司就是典型的政府出资推动中小企业发展的例子，英国、日本、新加坡及以色列等国政府都直接参与私募股权基金，并对基金的投资行为进行一定程度的干预。

2. 机构投资者

机构投资者是私募股权基金的重要资金来源。机构投资者是指使用自有资金或者从分散的大众募集资金专门进行投资活动的机构组织。一般而言，投资公司、保险公司、养老基金、各种社会福利基金及银行等金融机构是比较常见的机构投资者。

3. 大型企业

出于战略考虑而希望将盈余资金投资于相关企业的大型企业往往也是私募股权基金的重要资金来源，如通用汽车、英特尔等。许多大型企业会以合资或联营等方式将盈余资金投资于与自身战略利益相关的企业。而随着大型企业对创业投资参与程度的加深，此类投资不再局限于相关行业。作为投资者的大型企业为了实现资本增值和利润增长而转向其他行业。

4. 个人

拥有大量资金的个人有将资金投入私募股权基金而获取投资收益的需求，此类资金来源通常稳定性较差、数量相对较少，且容易受投资者经济状况影响。而个人参与私募股权基金的途径，主要来自购买创业投资信托计划，随着个人财务实力及风险承

担能力的增长，也有个人投资者以有限合伙人身份参与有限合伙型私募股权基金。在募集过程中，私募股权基金通常采用承诺制，即机构投资者通常先承诺给基金管理公司特定数额的资金，但不是一次性交付。以有限合伙制为例，基金管理公司在设立时并不要求所有合伙人投入预定的资本额，有限合伙人可以给予承诺。当一般合伙人发现适当的投资机会时，他们只需要提前一定时间通知有限合伙人，并在一定时间内有限合伙人投入资金即可。因此，基金宣称的筹集资本是承诺资本额，并非实际投资额。

在国际市场上，私募股权主要向养老基金、保险公司、捐赠基金、慈善基金、政府投资机构、商业银行、母基金（也称组合基金）等机构投资者募集资金。中国市场与国际市场显著不同的一点是，个人投资者在基金投资中占据重要地位。

（二）投资决策选择

因为私募股权基金的投资项目具有高风险的特点，所以对投资项目的筛选和评估是基金运作成功的关键一步。具体而言，投资决策选择这一过程又可以分为项目寻找、项目评估和项目管理三个部分。

1. 项目寻找

寻求投资项目是一个双向的过程：一方面，私募股权基金可通过发布投资项目指南，再由企业提交项目投资申请书，经基金的专门委员会进行评审筛选；另一方面，基金也可以采用主动出击的方式寻找投资项目，如通过朋友、银行、证券公司等中介机构的介绍，并在一定程度上依赖于人际关系和行业网络。一般而言，企业所在行业及其发展阶段是私募股权基金筛选项目的首要因素。

2. 项目评估

私募股权基金初步筛选投资项目后，应通过尽职调查获取目标公司更详尽的资料，以便于进一步项目评估。第一，评估目标公司管理团队的素质能力；第二，判断投资项目的技术水平及可行性；第三，评估投资项目未来市场潜力，包括未来预期成本及定价等；第四，对投资公司进行财务评估，分析资金需求等；第五，评估投资项目的风险。

【案例】

黑石集团投资失误①

2007 年中国投资公司（中投）在入股黑石集团时，在项目评估阶段便犯了错误。当时黑石集团已经在 IPO 前夕，没有足够时间让中投进行尽职调查，因此中投只能借用黑石集团的承销商摩根士丹利的卖方尽职调查结果。这笔 30 亿美元的投资留给中投近 20 亿美元的浮亏。

思考：体会项目评估对于整个私募股权投资基金的重要性。

3. 项目管理

项目确定并进行投资决策仅仅是私募股权基金投资的开始。为了使基金达到预期回报，基金需要对目标企业进行一系列的项目管理运作。

（1）资金投入过程。在确定对目标企业进行投资后，投资方与目标企业会进行条

---

① 王妮娜. 给中投公司多一点时间［N］. 中国证券报，2008-08-08（A06）.

款的谈判，通过谈判以确定一种权益安排，使双方互惠互利、共担风险、共享收益并将其体现在契约中。契约条款一般包括：投资的金额、投资工具的安排、投资者监管和考察企业权利的确认、投资保护性条款及投资失利协定等，有时候还包括管理层激励条款。私募股权基金以企业达到事先设定的目标为前提逐步注入资金。在投资过程中，根据基金及企业项目具体情况的不同，管理者可能采取联合投资的策略，这样一方面可以控制投资规模；另一方面也便于管理和借鉴其他基金的经验。

（2）投资后的管理整合。为了防范风险，私募股权基金通常不仅对目标公司的日常运营进行监督管理，而且还介入目标公司的经营战略、组织结构调整等重大问题的决策。这主要是通过以下方式实施的：第一，在董事会中发挥影响力，委派在行业里经验丰富的专家加入董事会；第二，作为股东参与企业重大事项的决策与经营方针、战略及长期规划的制定；第三，参与企业人事管理，对管理层行为进行限制；第四，帮助企业寻求进一步发展所需的资金支持和合作伙伴，为 IPO 创造条件。

在中国市场上，绝大多数基金管理公司都是由发起项目的投资经理负责投后管理。只有少数基金管理公司设立了专门的投后管理部门。譬如，鼎晖创投有专设的运营合伙人，负责受资企业的投后运营管理。此外，一些基金管理人本身就拥有丰富的创业经验，可以为受资企业提供战略建议。红杉资本的沈南鹏（携程创始人）、鼎晖创投的王功权（万通地产创始人）和经纬创投的邵亦波（易趣创始人）都是这方面的典型例子。但不少中国企业家在接受私募股权投资后表示并没有得到期望的增值服务。一些企业家甚至将其与基金管理人的矛盾公开化，如俏江南的张兰、相宜本草的封帅和当当网的李国庆等。

【案例】

深创投内部管理制度中关于投后管理的规定[①]

在投资协议生效后，项目投资经理具体负责项目的跟踪管理，除了监控企业经营进展外，还应为企业提供战略性或策略性咨询等增值服务，使企业在尽可能短的时间内快速增值。跟踪管理的具体内容有：

（1）定期（每月或每季，视项目企业具体情况而定）取得企业财务报表、生产经营进度表、重要销售合同等，并分析整理为《企业情况月度分析表》；

（2）参加企业重要会议，包括股东会、董事会、上市工作项目协调会以及《投资协议》中规定公司拥有知情权的相关会议并形成《会议记录》；

（3）每季度对企业进行至少一次访谈，了解企业经营状况、存在的问题、提出相关咨询意见并形成《企业情况季度报告》。

思考：以深创投为例，体会私募股权投资基金是如何参与企业的投后管理的？投后管理对于被投资企业而言有什么积极意义？

（三）退出渠道

私募股权基金投资企业的最终目的就是通过出售投资企业的股权从而实现资本增值。大多的私募股权基金会在整个投资期结束之后才给投资者分配利润。因此，选择

---

① 潘沩，于文捷.专访靳海涛：揭开深创投的"黑匣子"［N］.21世纪经济报道，2013-08-26（025）.

退出方式关系投资者的利益。私募股权基金退出方式主要有以下四种。

1. 首次公开发行（IPO）

在投资企业IPO上市后，权益可以流通，私募股权基金通过公开市场逐步实现资本退出。此外，私募股权基金还可以通过反向收购（买壳或借壳上市）的方式实现公开市场退出。这种退出方式的优势表现在：第一，IPO首发上市表明投资企业取得了良好业绩，得到了监管机构、证券市场及投资者对公司业绩和发展前景的认可；第二，IPO上市之后，企业获得了持续融资的渠道，有利于企业未来发展；第三，给私募股权基金带来高收益。而其缺点就是公开上市的程序烦琐，费用高且风险大，退出时间也较长。

2. 并购

当投资公司由于各种因素从而无法短期公开上市时，其可以通过自行招标或借助中介机构等渠道寻找第三方，并向第三方出售股权。当第三方购得股权并获得企业控制权时，私募股权基金也实现了资金的退出，这种方式被称为并购。并购的优点是方便快捷，并且费用低，但缺点是通常其收益低于公开上市。

3. 股权回购

私募股权基金还可以将所持目标公司的股权卖给该企业的内部人员，从而迅速退出企业并获得收益，这就是股权回购。这种方式又可分为管理层收购（MBO）、员工收购（EBO）和期权形式，其中期权形式又可以分为卖股期权和买股期权。设定卖权便于控制基金的投资风险，而设定买权可以激励管理层，能提前收回投资。股权回购可以保证一定的收益，但收益较低。

4. 清算

当私募股权基金确认目标企业失去了发展潜力或者成长速度太慢，以至于无法使基金获得所要求的高回报时，其应果断地清算企业，尽可能地减少损失，将资金投入下一个投资循环。Ruhnka（1992）研究发现，以清算方式退出的投资大约占私募股权基金总投资的32%，而这种退出方式一般仅收回原投资金额的64%。

我国私募股权投资基金退出方式现状如下：

（1）退出方式多元化。

我国历史上通过IPO退出的项目曾占所有退出方式的90%以上，即使是IPO受到政策限制的年份，IPO退出也占了所有退出方式的半壁江山。随着我国PE市场的发展，退出方式不再局限于IPO上市，而逐渐呈现出多元化趋势。当前，除了IPO退出方式外，并购、股份转让也成为了退出的重要渠道，其中并购退出方式在2016—2018年的占比分别为5.75%、16.4%、20.54%；股份转让占比分别为6.47%、15.01%、16.1%，如表5-2所示。两种退出方式都呈现出了稳定增长的态势。与此同时，PE还通过新三板挂牌、股权回购、管理层收购和借壳上市等方式实现退出。

表5-2 2016—2018年中国私募股权投资退出案例数

年数	IPO	并购	股份回购	股份转让	清算	新三板	借壳	管理层收购	其他	未披露	案例总计
2018	585	296	54	232	23	102	38	12	73	26	1 441

表5-2(续)

年数	IPO	并购	股份回购	股份转让	清算	新三板	借壳	管理层收购	其他	未披露	案例总计
2017	594	296	4	271	10	474	15	33	85	23	1 805
2016	263	151	2	170	8	1 873	19	40	85	14	2 625

（2）IPO退出渠道逐渐回升，仍占据主导地位。

除去2013年全年IPO暂停这一事件，2015年开始，私募退出情况逐渐大有不同。2015年资本市场上IPO暂停，重启后审核也空前严格，同时，伴随着当时国内经济下行压力的加大和股市的低迷，IPO渠道退出变得日益艰难。清科研究中心数据显示，IPO退出占比呈下降趋势，从2011年90%的高位逐渐下降至2016年10%的低位。而近两年IPO逐步常态化也促使其占比开始回升，2018年已再度上扬至40.6%，如表5-3所示。目前资本市场改革也在全面提速，未来随着科创板设立与注册制改革，相信IPO退出方式仍有无限生机。

表 5-3 2011—2018 年私募股权投资 IPO 退出方式占比

年数	2011	2012	2013	2014	2015	2016	2017	2018
退出总案例数	150	177	228	386	1 878	2 625	1 805	1 441
IPO 退出	135	124	41	165	267	263	594	585
IPO 退出方式占比/%	90.00	70.06	17.98	42.75	14.22	10.02	32.91	40.6

（3）新三板挂牌经历短暂爆发期，目前已回落。

2015年以前，以新三板挂牌上市退出的案例屈指可数，而随后经过扩容且正式实施了做市转让方式后，该方式逐渐被接纳。2016年，注册制推迟以及借壳上市收紧，使得PE的部分退出渠道受到很大限制。且随着国家出台转板的相关制度重大利好挂牌新三板的企业，最终2016年采取新三板实现退出的案例数量呈现爆发性增长，高达1 873笔，占总退出案例的71.35%，成为了当年私募股权市场最主要的退出方式。而最新数据显示，2017年、2018年其占比分别减少至26.26%、7.07%。新三板在2016年达到爆发有其特殊背景，随着IPO退出渠道的逐渐回升，其吸引力也在显著下降。

（4）并购退出成为私募股权投资市场的重要渠道。

从PE并购退出数据以及国家政策的支持来看，并购退出逐渐成为私募股权投资市场的重要渠道。2016—2018年并购退出占比分别为5.75%、16.4%、20.54%，且伴随着新三板挂牌数量的骤降，2018年并购退出方式迅速跃升至私募股权投资按退出方式分类的第二位。尽管私募股权总退出案例数在下降，但其中并购退出占比的上升趋势不容忽视！再结合2018年政策分析，尤其是在下半年，国家在并购相关的政策上给予了松绑与支持，多措并举鼓励实施并购重组，并购重组市场有望加速扩容，这在一定程度上都将助推私募股权投资的并购退出。

本章小结

　　基金通过向投资者发行受益凭证，将社会上的资金集合起来，交由专业的基金管理机构投资于各种资产，实现保值增值，具有组合投资、专业管理、利益共享、风险共担的特点，按照投资对象的不同，基金可以分为证券投资基金、私募股权基金、创业投资基金、对冲基金、另类投资基金。

　　本章第二节、第三节分别介绍证券投资基金以及私募股权投资基金。证券投资基金是指通过发售基金份额，将众多不特定投资者的资金汇集起来，形成独立财产委托基金管理人进行投资管理，基金托管人进行财产托管，由基金投资人共享投资收益。共担投资风险的集合投资方式。根据投资标的的不同，可分为股票基金、债券基金、货币基金以及混合基金。

　　私募投资股权基金是指投资于非上市股权，或者上市公司非公开交易股权的一种投资方式。包括创业投资基金、并购基金、房地产基金、夹层基金等，退出渠道有首次公开发行、并购、股权回购、清算四种。

【案例分析】

【案例 1】IPO 退出——九鼎投资退出盘龙药业

【案例 2】并购退出——中国高新、天津博信退出精图信息

【案例 3】胡海泉旗下私募遭强制执行 2 115 万

【课后练习】

一、单项选择题

1. 基金持有人获取收益和承担风险的原则是（　　　）。

　　A. 收益保底，超额分成　　　　　　B. 利益共享，风险共担

　　C. 按先进先出法实现收益和风险　　D. 获取无风险收益

2. 基金投资的有价证券不包括（　　　）。

　　A. 股票　　　　　　　　　　　　　B. 货币

　　C. 艺术品　　　　　　　　　　　　D. 金融衍生工具

3. （　　　）不是另类投资基金的投资范围。

　　A. 黄金　　　　　　　　　　　　　B. 大宗商品

　　C. 艺术品　　　　　　　　　　　　D. 债券

4. 投资基金运作中的主要当事人不包括（　　　）。

　　A. 基金投资者　　　　　　　　　　B. 基金管理人

　　C. 基金托管人　　　　　　　　　　D. 基金销售人

5. 根据运作方式分类，可以将投资基金分为（　　　）。

　　A. 契约型基金和公司型基金

　　B. 股票基金、债券基金、货币基金和混合基金

　　C. 公募基金和私募基金

　　D. 封闭式基金和开放式基金

6. 在我国，基金管理人和托管人之间的关系是（　　　）。

　　A. 由托管人担任受托人角色，托管人与管理人形成委托与受托的关系

　　B. 管理人担任受托人的角色，管理人与托管人形成委托与受托的关系

　　C. 平行受托关系，即基金管理人和基金托管人受基金持有人的委托，分别履行基金管理和基金托管的职责

　　D. 交叉受托关系，即基金管理人与托管人互为委托人和受托人

7. 关于基金职业道德规范中诚实守信的基本要求，以下做法正确的是（　　　）。

　　A. 不正当竞争　　　　　　　　　　B. 内幕交易和操纵市场

　　C. 欺诈客户　　　　　　　　　　　D. 公平合法有序竞争

8. A 在担任甲基金管理公司监察稽核部负责人时，应其在乙基金管理公司筹备监察稽核部的同学 B 的要求，将甲基金的控制制度、工作流程等发送给 B 参考。在上述案例中，A 的行为违反了基金职业道德规范中（　　　）的要求。

　　A. 保守秘密　　　　　　　　　　　B. 守法合规

　　C. 客户至上　　　　　　　　　　　D. 诚实守信

9. （　　　）是指通过发售基金份额，将众多不特定投资者的资金汇集起来，形成独立财产，委托基金管理人进行投资管理，基金托管人进行财产托管，由基金投资人

共享投资收益、共担投资风险的集合投资方式。

    A. 不动产投资基金   B. 股权投资基金

    C. 另类投资基金   D. 证券投资基金

10. 同股票相比，证券投资基金的投资风险（　　）股票的投资风险。

    A. 大于   B. 等于

    C. 小于   D. 基本接近

11. 证券投资基金是由（　　）进行基金财产的保管。

    A. 基金管理人   B. 基金托管人

    C. 基金投资者   D. 证监会

12. 下列关于契约型基金性质的说法中，正确的是（　　）。

    A. 基金属于债权类合同或契约，基金管理人对持有人负有完全的法定偿债责任

    B. 基金属于信托契约，基金管理人只是代替投资者管理资金，并不保证资金的收益率，投资人也要承担一定的风险和费用。

    C. 基金实行专家理财，基金管理人没有义务向基金持有人披露有关基金运作信息

    D. 基金的主要收益来源于持有证券的股息、红利和利息收入

13. 证券投资基金将众多投资者的资金集中起来，有利于发挥资金的（　　）。

    A. 规模优势   B. 信息优势

    C. 人才优势   D. 管理优势

14. （　　）是指基金销售活动中基金销售机构、基金投资人之间的货币资金转移活动。

    A. 基金销售支付   B. 基金份额登记

    C. 基金投资顾问   D. 基金估值核算

15. （　　）主要涉及基金份额的募集与客户服务。

    A. 基金的产品开发   B. 基金的市场营销

    C. 基金的投资管理   D. 基金的后台管理

16. 与私募基金相比，公募基金具有的特点是（　　）。

    A. 投资活动所受到的限制和约束少   B. 对投资者的投资能力有一定的要求

    C. 基金募集对象不固定   D. 采取非公开方式发售

17. 以追求稳定的经常性收入为基本目标的基金是（　　）。

    A. 指数基金   B. 成长型基金

    C. 收入型基金   D. 平衡型基金

18. 对私募股权投资基金而言，关键环节是（　　）。

    A. 实现投资   B. 控制风险

    C. 实现项目退出   D. 公开上市

19. 私募股权投资基金指主要投资于（　　）的股权。

    A. 非公开发行   B. 非公开交易

    C. 公开发行和交易   D. 非公开发行和交易

20. 与其他资产类别相比，股权投资基金通常具有（　　）特点。

  A. 高期望收益、低风险   B. 高期望收益、高风险

  C. 低期望收益、高风险   D. 低期望收益、低风险

二、多项选择题

1. 关于股票基金，下列说法正确的有（　　）。

  A. 股票基金是各国广泛采用的基金类型。

  B. 根据中国证监会的基金分类标准，50%以上的基金资产投资于股票的为股票基金

  C. 根据中国证监会的基金分类标准，80%以上的基金资产投资于股票的为股票基金

  D. 主要投资于股票

2. 下列关于证券投资基金分类的表述中，正确的是（　　）。

  A. 根据投资对象，分为增长型基金、收入型基金和平衡型基金

  B. 根据基金的资金来源和用途，分为在岸基金、离岸基金和国际基金

  C. 根据投资理念，分为主动型基金与被动型基金

  D. 根据投资目标，分为股票基金和私募基金

3. 在实际工作中，履行诚信职业道德规范，不能（　　）。

  A. 采用贬低同行方式招揽顾客 B. 正确对待利益问题

  C. 不择手段地竞争   D. 利用内幕交易盈利

4. 我国基金职业道德的主要内容包括（　　）。

  A. 守法合规   B. 诚实守信

  C. 专业审慎   D. 利益至上

5. 诚实守信就是真诚老实、表里如一、言而有信。下列关于诚实守信的基本要求的表述中，错误的是（　　）。

  A. 在宣传销售基金产品时，基金从业人员应正确向其揭示投资风险，不得作出不当承诺

  B. 证券投资基金活动应遵循公平、公开、公正的原则，不得进行内幕交易

  C. 基金业是个竞争激烈的行业，基金从业人员应为了公司排挤竞争对手

  D. 基金从业人员不得利用资金优势、持股优势等误导和干扰市场

6. 相对于证券投资基金，私募股权投资基金具有（　　）等特点。

  A. 投资期限长，流动性较差 B. 投后管理投入资源多，专业性较强

  C. 收益波动性较高   D. 以上都是

7. 私募股权投资基金的基本运作流程包括（　　）。

  A. 退出   B. 管理

  C. 投资   D. 筹集

判断下列说法是否正确，对的在后面的（　　）内打√，错的在后面的（　　）内打×。

1. 基金的托管是指基金托管人代表基金管理人的利益保管基金资产，独立开设基金资产账户，依据基金管理人的指令进行清算和交割，在有关制度和基金契约规定的范围内对基金业务运作进行监督。（　　）

2. 基金是指通过发售基金份额，将众多投资者的资金集中起来，形成独立财产，由基金托管人托管，基金管理人管理，以投资组合的方式进行证券投资的一种利益共享、风险共担的集合投资方式。（　　）

3. 所有类型基金在利润分配方式都是基本相同的。（　　）

4. 货币市场基金份额净值固定在 1 元人民币。（　　）

5. 由于股票比债券的流动性更强，因此股票价格比债券价格更趋于其合理价值。（　　）

6.《证券投资基金法》确立了现行基金法律制度的基本原则。（　　）

7. 我国可以从事基金代销业务的机构包括基金管理公司、商业银行、证券公司、证券投资咨询机构和专业基金销售公司。（　　）

8. 存续期募集信息披露主要指开放式基金在基金合同生效后每 12 个月披露一次更新的招募说明书。（　　）

第六章

信托市场

■**教学目标**

当信托成为一种商业行为后，特别是成为金融业的重要组成部分后，信托这种服务方式的需求和供给总和就形成了信托市场。教师通过本章教学至少应该实现下列目标：使学生掌握信托的概念、信托主体及客体，熟悉信托的基本特征、职能及作用，掌握信托构成要素，了解信托公司业务基本流程，熟悉信托产品基本要素及信托业务分类，熟悉资金信托及财产权信托，了解信托公司业务范围等知识目标；使学生具备运用信托基础知识分析辨别信托实务问题，进行简单信托实务操作的能力目标；使学生认识我国信托市场历经数次整顿终于趋向规范的事实，从而树立千锤百炼，百折不挠的中国精神；同时使学生认识信托市场风险，培养学生的风险识别能力及风险防范意识等思政目标。

【案例导入】

用家庭信托继承财产靠谱吗[①]

2012 年，家住昌平的张松老先生和老伴儿在年逾古稀之际却遭遇了人生中巨大的不幸——一场车祸让他们失去了唯一的儿子。张松的独生子已婚配并育有两子。这两个孙子成了老两口唯一的生活寄托。但儿媳年仅 28 岁，两个孙子分别只有 1 岁和 3 岁。早年经商创业顺风顺水，老两口积累下数亿资产。一旦儿媳改嫁、孙子改姓，或者孙子长大后不成才，家业如何继承成为张松夫妇俩面临的巨大挑战。经多方考察，老夫妇决定出资 5 000 万设立家族信托，并约定它的受益人为其两个孙子及其"直系血亲后代非配偶继承人"。这份信托投资于稳健的金融资产，涉及受益人的内容主要有五方面。

---

① 张品秋. 用家庭信托继承财产靠谱吗 [N]. 北京晚报，2015-01-14.

（1）除非患有重大疾病，受益人在未成年之前对本金和收益没有支配权，在未成年之前只能运用信托财产的收益来支付必要的学费支出；

（2）18 至 25 岁之间，受益人可以支配收益，但不能支配本金；25 岁以后本金和收益均可自由支配但须兄弟和睦、一致决定；

（3）若受益人改姓或在张松夫妇去世后的清明节"不祭扫"等按社会公序良俗标准未尽孝道，受益人丧失对本金和收益的支配权；

（4）一旦受益人死亡，受托资产捐给慈善机构；

（5）受益人成家立业后，本金和收益按两人所生育的继承人数量按比例分配。

这份签署于 2013 年的"家业恒昌张氏家族单一资金信托计划"成为北京银行私人银行的第一份家族信托计划。通过这份信托，失独的张松夫妇"家业恒昌"的愿望有了最基本保障。

思考：信托不仅是对事物与财富的管理手段，亦能约束受益人的行为，倡导积极向上的精神，弘扬社会公序良俗。

第一节　信托市场概述

一、信托的起源

信托就是信用委托，信托业务是一种以信用为基础的法律行为，一般涉及三方面当事人，即投入信用的委托人，受信于人的受托人，以及受益于人的受益人。

原始的信托行为起源于数千年前古埃及的遗嘱托孤。公元前 2000 年左右，古埃及就有人设立遗嘱，让他的妻子继承自己的遗产，并为儿女指定监护人，还设有立遗嘱的见证人。这种以遗嘱方式委托他人处理财产并使继承人受益的做法是现今发现的最早的一种信托行为。

信托的概念源于《罗马法》中的"信托遗赠"制度。《罗马法》是在罗马帝国末期，由国王奥格斯德士所创。《罗马法》中规定：在按遗嘱划分财产时，可以把遗嘱直接授予继承人，若继承人无力或无权承受时，可以按信托遗赠制度，把财产委托或转让给第三者处理。《罗马法》创立了一种遗产信托，这种制度是从处理罗马以外的人的继承问题开始的，后逐渐成为一种通行的制度。古罗马的"信托遗赠"已形成了一个比较完整的信托概念，并且首次以法律的形式加以确定。然而，此时的信托完全是一种无偿的民事信托，并不具有经济上的意义，还没有形成一种有目的的经营事业，其信托财产主要是实物、土地。现代意义的信托业是以英国的尤斯（USE）制度为原型逐步发展起来的。

英国在封建时代，人们普遍信奉宗教，按照当时的基督教义，信徒"活着要多捐献，死后才可以升入天堂"。于是，教徒纷纷自愿在死后把遗产（主要是土地）赠给教会，使教会占有越来越多的土地，从而严重妨害了封建君主和诸侯的利益。于是英王亨利三世颁布了《没收条例》，规定凡以土地让与教会者，必须经君主及诸侯允许，否则予以没收。当时英国的法官多数为教徒，为帮助教会摆脱不利的处境，通过"衡平法院"并参照《罗马法》的信托遗赠制度，创造了（USE）制度。USE制度的具体内容是：凡要以土地贡献给教会者，不作直接的让渡，而是先赠送给第三者，并表明其赠送目的是为了维护教会的利益，第三者必须将从土地上所取得的收益转交给教会。随着封建制度的彻底崩溃和资本主义市场经济的确立，契约关系的成熟，商业信用和货币信用的发展，以及分工的日益精细繁复，USE制度逐渐演变为现代信托。

现代信托起源于13世纪英国的尤斯制，已有800多年的历史。在中世纪的英国，财产转移受到法律限制，人们就采用信托方式规避这种法律限制，因此，信托一开始并不具备财产管理的功能。随着社会和经济的发展，有关财产转移的限制逐渐被取消，信托的主要功能由最早的转移财富转变为现代的专业化财产管理。

19世纪末以来，信托机构作为一种营利性组织在美国蓬勃发展起来。20世纪初，日本引入欧美的信托制度后积极创新，由信托银行主导的信托业发展迅猛，目前也已跻身于信托业发达国家的行列。

随着信托制度发展，信托工具商业化倾向日益明显。主导现代信托活动的是各种以盈利为目标的信托机构。美国主要有专业的信托公司以及商业银行里的信托部；日本的信托机构是主营信托业务兼营银行业务的信托银行；其他国家都有这样一些信托机构主导着现代信托活动。

现代信托呈现金融化的趋势。信托活动越来越成为一种金融活动，信托业务的金融业务性质日益明显，这可归结为以下两个原因。第一个原因是财富的日益金融化。在信托发展的早期，用来信托的财产主要是土地，后来出现了一些动产。随着经济的不断货币化，财富也开始金融化。由于用于受托的财产越来越金融化，整个信托活动也越来越金融化。第二个原因是财产管理方式的金融化。早期的财产管理方式更多的是带有保管、处分的性质。现代理财主要通过金融工具来实现。现在的信托机构一般是金融机构，是与银行、证券和保险构成现代金融业的四大支柱之一。

信托业在中国，最早可追溯到20世纪初。当代信托行业最早伴随改革开放萌生，其弥补了我国传统单一的银行信用的不足，利用了社会闲置资金，引进了外资，拓展了投资渠道，为我国经济的发展发挥了积极作用。随着市场经济的发展和改革的深入，社会财富的巨大增长，产权制度的多元化和全面建设小康社会进程的加快，委托他人管理和处分自己的财产势在必行。同时，证券市场基金作为一种标准化和典型的信托产品已经为人们所熟悉。

但是，中国信托业是在混沌中诞生、在不断清理整顿中发展起来的。在中国，信托业务因为其灵活性而具有极大弹性和普遍性，在我国金融业分业经营的环境下，信托公司是唯一能够综合利用金融市场、连通产业和金融市场的机构，从基础设施、大型工程建设投融资到企业的兼并重组、改制顾问到租赁、担保，信托公司能够提供全程式的金融服务，几乎涵盖了储蓄、证券经纪、保险以外的其他所有金融、投行业务。

二、信托的概念

信托是一种特殊的财产管理制度和法律行为，同时又是一种金融制度，信托与银行、保险、证券一起构成了现代金融体系。信托即受人之托，代人管理财物，是指委托人基于对受托人的信任，将其财产或事务的管理权委托给受托人，由受托人按照委托人的意愿以自己的名义，为受益人的利益或其他特定目的进行管理或处分的行为。

信托是一种法律行为，因此，在采用不同法系的国家，其定义有较大的差别。历史上出现过多种不同的信托定义，但时至今日，人们也没有对信托的定义达成完全的共识。我国随着经济的不断发展和法律制度的进一步完善，于 2001 年出台了《中华人民共和国信托法》，对信托的概念进行了完整的定义：

信托是指委托人基于对受托人的信任，将其财产权委托给受托人，由受托人按委托人的意愿以自己的名义，为受益人的利益或者特定目的进行管理或者处分的行为。

上述定义基本体现了信托财产的独立性、权利主体与利益主体相分离、责任有限性和信托管理连续性这几个基本法理和观念。

三、信托主体及信托客体

（一）信托主体

信托主体包括委托人、受托人以及受益人。

1. 委托人

委托人是信托关系的创设者。其应是具有完全民事行为能力的自然人、法人或依法成立的其他组织。委托人提供信托财产，确定谁是受益人以及受益人享有的受益权，指定受托人并有权监督受托人实施信托。

2. 受托人

受托人承担着管理、处分信托财产的责任。其应是具有完全民事行为能力的自然人或法人。受托人必须恪尽职守，履行诚实、信用、谨慎、有效管理的义务。其必须为受益人的最大利益，完成依照信托文件的法律规定管理好信托财产的义务。在我国，受托人是特指经中国银监会批准成立的信托投资公司，属于非银行金融机构。

3. 受益人

受益人是在信托中享有信托受益权的人。受益人可以是自然人、法人或者依法成立的其他组织。委托人可以是受益人，也可以是同一信托的唯一受益人。受托人可以是受益人，但不得是同一信托的唯一受益人。

（二）信托客体

信托客体是指信托财产。

1. 信托财产的范围

信托财产是指受托人承诺信托而取得的财产；受托人因管理、运用、处分该财产而取得的信托利益，也属于信托财产。对于信托财产的具体范围，我国没有具体规定，但必须是委托人自有的、可转让的合法财产。法律法规禁止流通的财产不能作为信托财产；法律法规限制流通的财产依法经有关主管部门批准后，可作为信托财产。

2. 信托财产的特殊性

信托财产的特殊性主要表现为独立性，包括以下几个方面：

（1）信托财产与委托人未建立信托的其他财产相区别。建立信托后，委托人死亡或依法被解散，依法被撤消，或被宣告破产时，当委托人是唯一受益人时，信托终止，信托财产作为其遗产或清算财产；当委托人不是唯一受益人时，信托存续，信托财产不作为其遗产或清算财产。

（2）信托财产与受托人固有财产相区别。受托人必须将信托财产与固有财产区别管理，分别记账，不得将其归入自己的固有财产。

（3）信托财产独立于受益人的自有财产。受益人虽然对信托财产享有受益权，但这只是一种利益请求权，在信托存续期内，受益人并不享有信托财产的所有权。

信托财产的独立性是以信托财产的权利主体与利益主体相分离的原则为基础的，是信托区别于其他财产管理制度的基本特征，同时也使信托制度具有更大的优越性。其体现为：一是安全性，成立信托固然不能防止财产因市场变化而可能遭受投资收益的损失，但却可以防止许多其他不可预知的风险；二是保密性，设立信托后，信托财产将属于受托人，往后的交易以受托人名义进行，使原有财产人的身份不致曝光；三是节税性，在国际上，信托方式是避税的重要方式。我国在这些方面的立法还需完善。

3. 信托财产的物上代位性

在信托期内，由于信托财产的管理运用，信托财产的形态可能发生变化。如信托财产设立之时是不动产，后来卖掉变成资金，然后以资金买成债券，再把债券变成现金，呈现多种形态，但它仍是信托财产，其性质不发生变化。

4. 信托财产的隔离保护功能

信托关系一旦成立，信托财产就超越于委托人、受托人、受益人，自然不能对不属于委托人的财产有任何主张；对受托人的债权人而言，受托人享有的是"名义上的所有权"，即对信托财产的管理处分权，而非"实质上的所有权"。所以受托人的债权人不能对信托财产主张权利。可以说，信托财产形成的风险隔离机制和破产隔离制度，使信托在盘活不良资产、优化资源配置中具有永恒的市场，具有银行、保险等机构无法与之比拟的优势。

5. 信托财产不得强制执行以及例外

信托财产具有独立性，因此，委托人、受托人、受益人的一般债权人是不能追及信托财产的，对信托财产不得强制执行是一般原则。但根据《中华人民共和国信托法》规定，仍有例外：一是设立信托前债权人已对该信托财产享有优先受偿的权利，并依法行使该权利；二是受托人处理信托事务所产生的债务，债权人要求清偿该债务的；三是信托财产自身应负担的税款；四是法律规定的其他情形。

【案例】

信托可以使家庭财产与企业财产分离吗？[①]

王先生早年下海经商，白手起家创立了自己的企业，他的妻子在他创业的过程中也给了他很大的帮助。然而虽已业有所成，王先生却十分忧虑。因为他的家庭财产与公司财产联系密切，商场风云变幻莫测，一旦企业出了问题，他的家庭财产很可能要承担连带责任。在保险金信托下，案例中的王先生可以将资金划转到信托公司，由信托公司来进行投保。由于信托财产是独立的，客户的债权人无法就保单利益进行受偿。而当保险赔付以后，保险赔付款直接进入信托账户，债权人同样不能要求强制执行。

思考：法律及规则对于任何事物，强调约束与义务的同时，亦赋予了相对应的权

第六章 信托市场

---

① 笔者根据网上资料整理。

利与保护，遵守规则，即是保护自己。

四、信托的基本特征

我们可以从以下几个方面来把握信托的基本特征。

（1）委托人对受托人的信任。这是信托关系成立的前提。一是对受托人诚信的信任，二是对信托人承托能力的信任。

（2）信托财产及财产权的转移是成立信托的基础。信托是以信托财产为中心的法律关系，没有信托财产，信托关系就丧失了存在的基础，所以委托人在设立信托时必须将财产权转移给受托人，这是信托制度与其他财产制度的根本区别。财产权是指以财产上的利益为标准的权利，除身份权、名誉权、姓名权之外，其他任何权利或可以用金钱来计算价值的财产权，如物权、债权、专利权、商标权、著作权等，都可以作为信托财产。

（3）受托人以自己名义为受益人的利益管理处分信托财产。这体现了五重含义：一是委托人将财产委托给受托人后对信托财产就没有了直接控制权；二是受托人完全是以自己的名义对信托财产进行管理处分；三是受托人管理处分信托财产必须按委托人的意愿进行；四是这种意愿是在信托合同中事先约定的，也是受托人管理处分信托财产的依据；五是受托人管理处分信托财产必须是为了受益人的利益，既不能为了受托人自己的利益，也不能为了其他第三人的利益。

（4）信托是一种由他人进行财产管理、运用、处分的财产管理制度。信托机构为财产所有者提供广泛有效的服务是信托的首要职能和唯一服务宗旨，并把管理、运用、处分、经营财产的作用体现在业务中。它已成为现代金融业的一个重要组成部分，与银行业、保险业、证券业既有联系又有区别。

五、信托的职能

信托的职能概括起来就是"受人之托，履人之嘱，代人理财"。

（一）信托的基本职能

信托的基本职能是财产管理职能。体现在：

（1）管理内容上的广泛性：一切财产，无形资产，有形资产；自然人、法人、其他依法成立的组织、国家。

（2）管理目的的特定性：为受益人的利益。

（3）管理行为的责任性：发生损失，只要符合信托合同规定，受托人不承担责任，如违反规定的受托人的重大过失导致的损失，受托人有赔偿责任。

（4）管理方法的限制性：受托人管理处分信托财产，只能按信托目的来进行，不能按自己需要随意利用信托财产。

（二）信托的派生职能

（1）金融职能即融通资金。信托财产多数表现为货币形态。同时为使信托财产保值增值，信托投资公司必然派生出金融功能。

（2）沟通和协调经济关系职能，即代理和咨询。信托业务具有多边经济关系，受托人作为委托人与受益人的中介，是天然的横向经济联系的桥梁和纽带。信托业务可与经营各方建立互动关系，提供可靠的经济信息，为委托人的财产寻找投资场所，从而加强经济联系与沟通，包括见证、担保、代理、咨询、监督职能。

（3）社会投资职能。这是指受托人运用信托业务手段参与社会投资活动的职能，它通过信托投资业务和证券投资业务得到体现。

（4）为社会公益事业服务的职能。这是指信托业可以为捐助或资助社会公益事业的委托人服务，以实现其特定目的。

六、信托的作用

信托的作用是信托职能发挥的结果，包括：

（1）代人理财的作用，拓宽了投资者的投资渠道。一是规模效益，信托将零散的资金巧妙的汇集起来，由专业投资机构运用于各种金融工具或实业投资，谋取资产的增值；二是专家管理，信托财产均是由相关行业的专家来管理的，他们具有丰富的行业投资经验，掌握先进的理财技术，善于捕捉市场机会，为信托财产的增值提供了重要保证。

（2）聚集资金，为经济服务。信托制度可有效地维护、管理所有者的资金和财产，因此它具有很强的筹资能力，为企业筹集资金创造了良好的融资环境，更为重要的是，它可以将储蓄资金转化为生产资金，可有力地支持经济的发展。

（3）规避和分散风险的作用。信托财产的独立性，使得信托财产在设立信托时没有法律瑕疵，在信托期内能够对抗第三方的诉讼，这就可以保证信托财产不受侵犯，从而使信托制度具有了其他经济制度所不具备的风险规避作用。

（4）促进金融体系的发展与完善。我国金融市场一直以银行信用为主，这种状况存在着制度性、结构性缺陷，无法满足社会对财产管理和灵活多样的金融服务的需要，而信托制度以独特的优势可最大限度满足这些需求。

（5）发展社会公益事业，健全社会保障制度的作用。我国通过设立各项公益信托，可支持我国科技、教育、文化、体育、卫生、慈善等事业的发展。

（6）信托制度有利于构筑社会信用体系。信用制度的建立，是市场规则的基础，而信用是信托的基石，信托作为一项经济制度，如没有诚信原则支撑，就谈不上信托，而信托制度的回归，不仅促进了金融业的发展，而且对构筑整个社会信用体系具有积极的促进作用。

第二节　信托市场运营机制

一、信托的构成要素

信托的构成要素包括信托当事人、信托财产、信托目的及信托行为。

（一）信托当事人

信托当事人即信托主体，包括委托人、受托人以及受益人。委托人是委托信托公司管理其自有财产的人；受托人是接受信托，按照信托合同的规定管理或处分信托财产的人；受益人是享受信托利益（信托受益权）的人。委托人是具有完全民事行为能力的自然人、法人或依法成立的其他组织；在我国，受托人是特指经中国银监会批准成立的信托投资公司；受益人可以是自然人、法人或者依法成立的其他组织。委托人可以是受益人，也可以是同一信托的唯一受益人。受托人可以是受益人，但不得是同一信托的唯一受益人。

（二）信托财产

如前所述，信托财产是委托人通过信托行为转移给受托人并由受托人按照一定的信托目的进行管理或处分的财产，也包括信托成立后，经受托人管理或处分而获得的新的财产，如利息、红利和租金等。通常我们也将前者称为信托财产，而将后者称为信托收益，信托财产和信托收益是广义的信托财产。

（三）信托目的

信托目的，是指委托人希望通过信托所达到的目的。委托人设立信托都要出于"为受益人的利益或者特定的目的"，受托人按照委托人的意愿，遵循委托人确定的信托目的来管理、运用和处分信托财产。因此，信托目的，从委托人方面来看，是其通过设立信托所指明的基本目的；而从受托人方面来看，是其对信托财产行使管理、运用或者处分权的目的。信托目的是以信托财产为中心，影响信托关系的产生、存续、消灭的基本要素。信托目的具有以下特点。

1. 信托目的的确定性

设立信托总是出于一定的信托目的，为受益人的利益或者特定目的，就是信托目的的确定性。该信托目的，对委托人、受托人、受益人相互之间权利义务关系有着直接影响，同时，对与信托财产发生直接、间接关系的利害关系人，也有重要的影响。因此，信托目的应当明确，从而使受托人可以非常清楚地明了应当遵循该宗旨履行其受托义务，同时，第三人也可以明白无误地了解该信托的意思表示。在信托活动的实践中，作为私益信托，一般情况下，委托人都会注意在信托文件中确定具体、明确的信托目的。但在公益信托中，可能出现比较广泛、抽象的信托目的，因为法律规定公益事业管理机构对公益信托进行必要的监督管理，可以把握信托行为不违背委托人的意愿，不用于非公益的目的。

2. 信托目的的自由性和多样性

信托只要不违反法律、行政法规，不违背国家利益和社会公共利益，可以为委托人所希望达到的各种目的而设立。信托活动的实践证明，信托行为的多样性、无限性反映了信托目的的自由性和多样性。

3. 信托目的受法律强制性规范的限制

虽然信托行为与一般民事商事法律行为一样，属于当事人之间的自主行为，但是，其必须受到法律、行政法规的强制性规范的限制。而且，信托法和有关法律设定了禁止性的规定，信托的设立行为不得违反禁止性规定。例如：信托法规定："信托目的违反法律、行政法规或者损害社会公共利益"，"委托人以非法财产或者本法规定不得设立信托的财产设立信托"，以及"专以诉讼或者讨债为目的设立信托"等，都是法律禁止的，所设信托均属无效。又例如：信托法还规定："委托人设立信托损害其债权人利益的，债权人有权申请人民法院撤销该信托"。为逃避债务，将应当抵偿债务的财产设定信托，损害债权人利益的，属于欺诈信托，债权人有权依照法定程序撤销该信托。

（四）信托行为

信托行为是指当事人在相互信任的基础上，以设定信托为目的而产生的法律行为，也就是信托当事人在约定信托时，为了使信托具有法律效力而履行的一种手续。确认信托行为的书面形式一般有三种：一是信托契约或合同；二是个人遗嘱；三是法院依法裁定的命令。

信托行为要有效成立，还必须同时具备三个条件：一是信托目的合法。《中华人民共和国信托法》明确规定：设立信托，必须有合法的信托目的。二是确定、合法的信托财产。设立信托，必须有确定的信托财产，并且该信托财产必须是委托人合法所有的财产。这里的财产包括财产及财产性权利。三是信托设立的要件性。《中华人民共和国信托法》规定：设立信托，应当采取书面形式。书面形式包括信托合同、遗嘱或者法律、行政法规规定的其他书面文件等。采取信托合同形式设立信托的，信托合同签订时，信托成立。采取其他书面形式设立信托的，受托人承诺信托时，信托成立。

二、信托业务基本流程

目前，信托公司是我国经营信托业务的金融机构。信托公司业务的具体经营范围，在本章第三节讲述。信托公司经营信托业务的基本操作流程一般包括项目立项、项目尽职调查与决策、项目实施、项目管理、项目清算五个阶段。

1. 项目立项

项目立项前，项目组负责对信托项目进行初步尽职调查。项目组根据初步尽职调查资料，初步判断项目是否可行；对可行的项目，制定项目立项方案。立项申请经过逐级审批，项目正式立项。

2. 项目尽职调查与决策

已经立项的项目，一是项目组进行深入尽职调查，制作尽职调查资料清单，深入收集融资申请人相关资料。二是财务部、合规部与风险管理部等部门通过中国人民银行征信系统、银保监会大客户监控系统，配合业务部门做好交易对手资信情况的调查。三是项目组在尽职调查基础上形成尽职调查报告，项目进入决策程序。项目组将项目尽职调查报告及尽职调查基础资料一并提交合规部与风险管理部进行审核。四是合规部与风险管理部负责对项目设立的合规性、尽职调查资料的完整性和程序的完整性进行审核。五是合规部与风险管理部审核通过的项目，再提交风险控制部门审批。风险控制部门审批通过拟实施的项目，由项目组配合合规部与风险管理部向监管部门进行事前报备。

3. 项目实施

审查通过的项目，项目组填写《信托业务银行开户申请表》，由信托财务部负责开立信托专户。同时，对于审查通过的项目，项目组起草法律文件后，提交合规部与风险管理部审核，并报公司总经理审批。信托财务部负责信托资金的付款，项目组负责落实抵押担保措施，合规部与风险管理部负责确认抵押担保措施的落实。项目组指定专人负责档案的核查，审计稽核部可随时进行项目稽核。

4. 项目管理

项目组负责项目中后期管理，合规部与风险管理部持续监控项目组中后期管理的规范性。项目组每月收集交易对手、担保人的会计报表，并对其还款能力、担保能力进行分析，同时，根据信托合同的约定定期向委托人、受益人进行信息披露。项目组还要根据信托文件约定，按时催收项目收益，并提出收益分配方案，由信托财务部审核后，进行分配。信托到期前一定时间内，项目组通知融资人按时还款，落实融资人的具体还款安排。预计存在风险的，须提出应对措施。

5. 项目清算

项目组根据信托合同的约定，决定是否在信托清算前进行审计。信托项目结束后，由信托财务部计算项目净值，项目组提出信托利益分配方案（包括受托人收益、受益人本金及收益的兑付），信托财务部审核后负责实施。信托终止后规定时间内，项目组向委托人、受益人公布清算报告，经信托财务部、合规部与风险管理部审核后，对外发布。同时，项目组配合信托财务部在项目清算后一周内完成信托财产账户的销户。信托项目结束后规定时间内，项目组全面整理项目档案，将项目档案移交相关部门存档。

三、信托产品的基本要素

信托产品是信托公司设计的为投资者提供低风险、稳定收入回报的金融理财产品，在资金信托业务中较为普遍。资金信托是当下信托业务的主要类型，在本章第三节将详细介绍。信托产品的基本要素可分解为收益率、产品期限、交易结构、风控措施和流动性五个方面，这五个要素也构成了一个信托产品的基本分析框架。

1. 收益率

收益率是信托产品的基本要素，它是指信托合同中约定的该信托产品受益人可能获得的预期收益率。由于信托产品不能承诺保底收益，因此信托公司通常以预期收益率的形式向投资者展示产品收益水平。以融资类资金信托计划为例，一般情况下投资人的预期收益加上受托人信托报酬、银行保管费、财务顾问费等信托费用后的总和即为融资方承担的总融资成本。信托产品预期收益率主要受市场资金面、政府监管力度及产品本身情况影响。

2. 产品期限

信托产品的期限是指信托合同规定的信托成立日至信托终止日之间的时间长度，一般在信托合同中体现为一个固定的期限。有的期限是以"M 年+N 年"的形式出现，通常是指在信托存续期限达到 M 年时，如果满足信托合同约定的延期条件（比如信托财产未完全变现），信托则可延期 N 年。信托产品期限与投资期限是两个不同的概念，一般情况下投资者的投资期限即为信托产品的信托期限，但是对于设置开放期且开放期内可以申购赎回的信托产品，投资期限则可能会短于信托期限。

3. 交易结构

交易结构是指信托期限、收益率、资金运用方式、投资领域、风控措施等各个信托产品要素的架构和组合。不同类型的信托产品交易结构有所不同，如资金信托的交易结构通常是指信托资金在进行投融资操作时的进入和退出方式以及相关的保障措施，而股权质押信托交易结构是受托人将委托人交付的资金用于给融资方发放贷款，或者受让融资方持有的标的股权对应的股权收益权，融资方于信托期限内或信托期限届满之时偿还信托本息，或者回购信托公司受让的股权收益权。同时，融资方或第三方以其持有的金融股权质押给信托公司，为其到期还款义务提供质押担保。

4. 风险控制措施

风险控制措施是信托产品设计中的核心，信托项目风险控制贯穿项目审查、产品设计、到期兑付等从项目筛选到项目终止的各个阶段，如项目审查阶段通过遴选交易对手、尽职调查等进行风险控制；产品设计中通过抵押质押担保等手段及交易结构设计进行风险控制；信托到期后通过资管公司接盘、股东协调等措施应对可能的风险。风险控制是在信托产品设计阶段通过抵押担保、结构化设计等手段来防范信托产品风险的措施。

5. 流动性

流动性指投资者将持有的信托受益权转换为现金资产的难易程度，可以用变现时的最大损失来衡量，变现时的损失越大，变现就越困难，则其流动性就越差。从信托产品成立到终止的各个阶段，理论上信托受益权可以通过转让、赎回、终止分配或者质押贷款的方式转换为现金资产，从而满足投资者的流动性需求。通常而言，除证券类等少量信托产品可以中途赎回外，大部分信托产品流动性比其他金融产品差。

【专栏】

如何选择好的信托产品

在打破刚性兑付、金融机构业务调整的背景下，面对市场上琳琅满目的信托产品，投资者应如何挑选适合自己的信托产品呢？正如购买基金的核心是选择基金经理，选择信托产品的核心则是充分了解信托产品的交易对手。

信托公司不是唯一的衡量标准，要从多个维度看一个项目，每一个投资者在选择项目的时候，不能只看一个要素。不管是投资收益、公司背景、盈利前景，还是抵押物价值，还是质押股权价值，这些因素都要考虑齐全。

一是投资收益、风险承受能力。众口难调，每位投资者有自己的投资偏好，有人要百强地产类，有人要一线城市消费金融类，所以说要根据投资者的具体偏好及本人的风险承受能力选择相应风险的信托理财产品，合适自己的才是最好的。

高收益对应的永远是高风险，一般而言，投资于房地产、证券类的信托项目风险略高，但其收益也相对较高；而投资于基础设施的信托项目比较稳定，现金流量明确，安全性好但收益相对较低。因此，有条件的投资者，最好购买低风险、收益适中的信托产品，收益超过10%的项目要谨慎投资，切莫盲目追求高收益。

二是融资主体。即看融资主体的行业地位和财务报表。行业地位决定了一家企业的品牌和产品竞争力，并进一步决定了该企业的融资难易度和成本。财务报表可以看出企业的盈利能力、净资产和负债率。

三是盈利前景。目前市场上推出的信托产品大多为集合资金信托计划，即事先确定信托资金的具体投向。因此，投资者在购买信托理财产品时要关注信托项目的好坏，如信托项目所处的行业、现金流是否稳定可靠、项目投产后是否有广阔的市场前景等。

这些都隐含着信托项目的成功率，关系着投资者的本金及收益是否能够到期按时获取。

四是风险控制。在产品设计中，为了保证信托资产的安全，信托公司都会安排不同的抵押品或担保方，因此投资者在选择产品时，投资者要查看担保措施是否完备、抵押物的估值是否充足以及其变现能力、项目担保方或连带责任人的偿债能力。万一项目出现问题，原先预设的担保措施是否能及时有效地补偿信托本息。

很多信托产品会采取双重甚至三重担保措施，以提高信托产品的信用等级。对于担保机构，投资者还要关注其是否具有担保资质和能力，特别要关注其已担保的项目是否存在违约可能性。

在打破刚兑的背景下，投资者在认购信托产品时，一定要有风险意识，认识到收益和风险是匹配的，市场上不乏有一些信托产品打着高收益的幌子吸引投资者。在做产品筛选时，投资者需认清自身的风险承受能力，不能盲目去追求高收益。

一般家庭把信托作为投资理财的一种工具，要量力而行。在选择项目时，投资者尽量不要碰触自己不了解的投资领域，或者风控措施不清晰的项目，要结合自身资金分布状况，做出合理的理财规划。投资者可根据自己的投资风格以及风险偏好进行资产配置，在风险可控的情况下选择安全的信托产品。

思考：市场有风险，投资须谨慎。风险识别能力来源于良好的专业基础以及对事物的辨别能力。只有专业过硬，具备良好的逻辑思维，才能立于不败之地。

四、信托公司的业务风险

由于行业的特殊性，信托公司面临诸多业务风险，主要有政策风险、法律风险、市场风险、信用风险及流动性风险。

1. 政策风险

政策风险指因财政政策、货币政策、产业政策、地区发展政策等发生变化而给信托业务带来的风险。财政政策、货币政策对资本市场、货币市场影响显著，产业政策则对实业投资领域有明显作用。在我国，市场化程度还并不充分，政策因素对某一行业或市场的发展具有决定性的影响。这种政策因素可能直接作用于信托公司，也可以通过信托业务涉及的其他当事人间接作用于信托公司。

2. 法律风险

对信托业务来说，其法律风险主要是指信托法律及其配套制度的不完善而对信托业务的合法性、信托财产的安全性等产生的不确定性。我国现行的法律体系同以衡平法为基础的信托法之间存在一定的冲突，且信托登记制度、信托税收制度、信息披露制度等大量信托配套法规尚不健全，在这种情况下，信托业务的法律风险就更为明显。

3. 市场风险

市场风险即由于价格变动而造成信托投资公司固有财产或信托财产损失的风险。市场风险可细分为利率风险、汇率风险、价格风险、通货膨胀风险等。

4. 信用风险

对信托投资公司而言，信用风险主要指信托财产运作当事人的信用风险。信托财产在管理运用过程中会产生信托财产的运作当事人，形成新的委托代理关系，从而也会产生新的信用风险，该风险主要来自于以下几个方面：

一是在业务运作前，信托财产的实际使用方（融资方）向信托投资公司提供虚假的融资方案与资信证明材料、虚假担保等，骗取信托财产，最终造成信托财产损失。

二是在运作过程中，信托财产的实际使用方或控制方为了自身利益的最大化，未严格按合同约定使用信托资金，或将信托资金投向其他风险较高的项目，造成信托财产损失。

三是在信托业务项目结束后，信托财产的实际使用方或控制方不按照合同约定，向信托投资公司及时、足额返还信托财产及收益，或担保方不承担担保责任等，造成信托财产损失。

5. 流动性风险

这里的流动性风险指信托财产、信托受益权或以信托财产为基础开发的具体信托产品的流动性不足导致的风险。流动性是指信托财产、信托受益权或信托业务产品可以随时得到偿付，能以合理的价格在市场上变现出售，或能以合理的利率较方便地融资。但目前的很多信托产品流动性不足。例如，信托公司将募集的资金以贷款的方式投入到资金需求方，信托财产的流动性主要由资金的需求方控制，信托公司不能对其流动性进行主动设计，从而让该项信托业务存在流动性风险。

五、信托业务的监管

信托监管，即信托业的监督管理，是指政府有关部门代表国家对从事信托活动的机构及其业务进行监督管理的行政行为。信托监管的目的是：保障委托人的合法权益；保持信托业的公平竞争；弥补自行管理的不足；建立和维持一个公平、有序和有效的信托市场。

我国金融监管体制目前采用分业经营、分业监管的模式。信托公司是由银保监会以及各地银保监局负责监管。我国信托业务发展较快，但监管体系发展较慢。近几年经过逐步完善法律、法规建设，基本形成了现代信托监管体系的框架。

1979 年 10 月，中国国际信托投资公司在北京成立，到 2001 年，我国金融管理部门对信托业先后进行了六次整顿。从 2001 年开始，我国信托业监管制度进入规范发展阶段。在立法方面，监管部门颁布了一系列的信托业监管法规。其中最重要的是"一法两规"，即《中华人民共和国信托法》《信托投资公司管理办法》《信托投资公司资金信托管理暂行办法》。其中，《信托投资公司资金信托管理暂行办法》于 2007 年被废止，取而代之的是《信托公司集合资金信托计划管理办法》。从 2003 年开始，我国明确了信托监管部门是中国银行监督管理委员会（现国家金融监督管理总局）；2005 年 5 月，中国信托业协会正式成立，标志着中国信托业第一次有了自己的行业自律组织。

现在，我国信托业已经形成"一体三翼"的监管架构。一体是中国银保监会信托部，三翼是中国信托业协会、中国信托登记公司和中国信托业保障基金。

2015 年 3 月，中国银监会内部监管架构变革，正式成立信托监督管理部（之前由非银部管理），信托被独立出来进行监管。

中国信托业协会成立于 2005 年 5 月，是信托业的自律组织，于 2015 年推出《信托公司行业评级指引（试行）》，简称"短剑"体系（CRIS），包括资本实力指标、风险管理能力指标、增值能力指标和社会责任指标四个方面。该评级体系与银保监会的

《信托公司监管评级与分类监管指引》（2014 年 8 月修订）互补。

中国信托登记公司（简称中信登）于 2016 年 12 月 26 日正式揭牌成立，其中中央国债登记结算有限公司（中债登）持股 51%，中信信托、重庆信托、中融信托、建信信托、上海信托、民生信托、中航信托、平安信托 8 家信托公司分别持股 3.33%，中国信托业协会和中国信托业保障基金分别持股 0.33% 和 2%。中信登的业务范围包括：信托产品、受益权信息及其变动情况登记，信托受益权账户设立和管理，信托产品发行、交易、清算、结算、估值、信息披露、查询、咨询和培训等服务以及部分监管职能。

中国信托业保障基金于 2014 年 12 月 12 日成立，保障基金主要由信托业市场参与者共同筹集，是用于化解和处置信托业风险的行业互助资金。

支持信托业发展的"一体三翼"架构的全面建成，形成了以监管部门为监管主体、行业自律、市场约束、安全保障为补充的多层次、多维度的信托业风险防控体系，这对于我国信托业健康规范发展具有深远意义。

第三节　信托业务

一、信托业务的主要类型

中国信托业的发展，信托投资公司的发展，乃至信托投资者投资信托的需要，都要求人们对信托业务有一个清晰的认识。根据分类标准和方法的不同，信托业务可划分为不同的种类。

（1）根据受托人身份的不同，信托可分为民事信托和商事信托。民事信托的受托人不以营利为目的；商事信托也称作营业信托，受托人是以盈利为目的、将信托作为业务经营活动的机构。

（2）根据信托利益归属的不同，信托可分为自益信托和他益信托。自益信托是由委托人本人作为受益人享受信托利益的信托；他益信托是由委托人以外的人作为受益人享受信托利益的信托。信托早期主要是他益信托，后来，由于社会的发展，委托人开始利用信托为自己谋利益，也就出现了委托人将自己定为受益人的情形。通过这种形式，委托人可以把自己不能做、不便做的事项委托给信托机构去做，利用信托机构的专门人才和专业设施，获取更大的收益。

（3）根据信托设立目的的不同，信托可分为私益信托和公益信托。私益信托是委托人以实现本人或其他特定的人的利益为目的而设立的信托；公益信托又称为慈善信托，是指为了某种公共利益目的而设立的信托。

（4）根据委托人人数的不同，信托可分为单一信托与集合信托。单一信托是指受托人对所受托的不同委托人的信托财产分别、独立地予以管理或者处分的信托，它是委托人与受托人一对一协商的结果；集合信托是指受托人把所受托的众多委托人的信托财产集中成一个整体加以管理或者处分的信托。

（5）按信托财产的性质，信托可分为资金信托和财产权信托。资金信托的委托人是投资者，委托人与受益人相同。其初始信托财产为投资者向委托人交付的资金。根据委托人数量的不同，资金信托又分为单一资金信托及集合资金信托。财产权信托的委托人是融资方，委托人与受益人分离。其初始信托财产是财产或财产权，是指委托人将非资金形态的财产或财产权委托给信托公司而设立的信托关系。财产或财产权包括动产、不动产、有价证券、收益权、股权及债权等。

【专栏】

新派公寓 REITs[①]

新派公寓（CYPA，China YoungProfessionals Apartments）是国内领先的致力于打造都市白领新居住方式的连锁公寓品牌。创始人王戈宏率先提出并实践未来中国白领新的居住理念：Lifestyle（新生活方式），Home（新的家），Community（年轻人的社区）。其在成立之初，便获得国内著名的赛富基金投资。与此同时，王戈宏和赛富投资基金一起发起了赛富不动产基金（SAIF Properties Fund），一期基金成功收购北京 CBD 核心区域独栋物业，并改造成新派公寓全国旗舰店。此后，新派公寓在北京、上海、广州、深圳、苏州、杭州等城市开始规模化快速拓展。

2017 年 10 月 11 日，"新派公寓权益型房地产信托资产支持专项计划"获批，拟发行规模 2.7 亿元。这是全国首单住房租赁类 REITs（房地产投资信托基金）产品，也是首单长租公寓权益型类 REITs 产品。

目前长租公寓 REITs 宜采用的模式有两种：银行间 REITs 和交易所基金 REITs 模式。

第一种是长租公寓持有、运营方选择合适物业作为资产池，以租金的未来收益权作为偿还来源，并辅以物业资产抵押或租金收入超额覆盖等可选的增信措施，根据长租公寓租金的预期收入水平和合理收益率确定 REITs 规模和份额，在银行间市场上市交易。

第二种则是长租公寓持有、运营方选择合适物业，以转让股权方式将物业资产转让给专门的项目公司（SPV，因国内 REITs 税收政策并无放宽，这种方式一定程度上可避免过度征税），设立 REITs 筹集资金，在证券市场上市交易。新派公寓的做法接近第二种，是以私募作为 SPV，再加上 REITs 的模式。新派公寓通过成立私募资产基金，引入机构及个人投资，以私募的形式购买物业，并以租金分红的形式将收益返还给投资人，新派公寓自身投入很少。新派公寓和赛富基金一起发起了赛富不动产基金，收购或整租、改造目标物业，新派公寓则负责物业的出租经营与管理，所有装修改造成本由基金承担。这种模式能让新派公寓实现真正的轻资产运营，可以在长期持有经营中获取稳定收益；而重资产的基金也通过新派公寓每年的稳定租金分红以及资产预期增值来获益，达到双赢的格局。

思考：房子是用来住的，不是用来炒的。REITs 对长租公寓的有力推动，将会更新社会对房产的传统观念，其对大众根深蒂固的买房观念会逐渐产生深远长效的影响，有利于遏止非理性买房、投资房产的情况，促进房地产市场平稳健康发展。

---

① 笔者根据搜狐网、新华网等网上资料整理而成。

二、资金信托与财产权信托

（一）资金信托

资金信托是当前我国信托公司的主要业务类型。根据委托人的数量，资金信托又可以分为单一资金信托和集合资金信托。

1. 单一资金信托

单一资金信托，是信托公司接受单个委托人的资金委托，依据委托人确定的管理方式，或由信托公司代为确定的管理方式，单独管理和运用货币资金的信托。

单一资金信托是相对于集合资金信托而言的，二者最重要的区别在于委托人的数量，委托人的性质和委托人的地位。单一资金信托的委托人多为机构，比如银行；而集合资金信托的委托人则多为自然人。单一资金信托的资金运用和投资方向往往由委托人主导，而集合资金信托则由信托公司主导，产品由信托公司自主创设。

我国目前的分业经营，造成银行在发行理财产品时，不得不借助信托平台投资于银行不能投资的领域，以扩大产品的投资范围以及提供更加有竞争力的收益水平，吸引投资者购买理财产品。因此，在市场中，较多的银行理财产品通过与信托公司合作，发行单一资金信托计划。

银行理财产品所涉及的单一资金信托计划中，单个委托人为银行，而银行交由信托公司管理和运用的资金为通过理财产品集合的投资者资金，因此，在单一资金信托计划中，银行享受信托计划的受益权，而投资者在理财产品项下承担相应比例的收益和风险。信托公司对信托计划进行管理，并对资产进行处置。

2. 集合资金信托

集合资金信托是指信托公司按照委托人的意愿，将两个以上（含两个）委托人交付的资金进行集中管理、运用或处置的资金信托业务。与单一资金信托相比，集合资金信托通常是信托公司自主开发的主动管理型产品，信托公司在整个交易安排中起着主导作用。资金信托中，委托人与受益人合二为一。

集合资金信托产品的交易结构由信托公司根据项目的具体情况设计，信托合同等所有的信托业务文件均由信托公司拟定，集合资金信托的交易主体的差异和资金运用方式的差异等深受信托公司主动设计的影响。在整个信托法律关系中以及信托产品推介过程中，其他当事人处于非常被动的地位，投资者不能对信托公司拟定的信托合同或者其他信托文件提出修改意见，只能在全盘接受和拒绝之间做出选择。

【专栏】

投资者可以几个人合买一个集合资金信托吗？

集合资金信托产品收益高，但动辄百万、千万起的产品，个人投资者难以接受，于是有投资者问，可以几个人合买一个信托产品吗？

答案是不可以，因为你不是信托合格投资者。根据《信托公司集合资金信托计划管理办法》的规定，认购风险申明书至少应当包含以下内容，"委托人应当以自己合法所有的资金认购信托单位，不得非法汇集他人资金参与信托计划"。因为信托投资同样具有风险，为保护投资人，特别是小投资人，有关信托的法律法规规定，只有符合条件的合格投资者，并具有一定承担风险能力的人才能购买信托产品。具体而言，怎样的投资者才是合格的信托投资者呢？

2018年4月27日，央行、银保监会等几大部委联合发布《关于规范金融机构资产管理业务的指导意见》（以下称"资管新规"），其中，对于合格投资者要求，资管新规做出规定。实践中，在资管新规过渡期内，信托公司对于合格投资人的认定和识别标准不一。一方面，这和各地监管的要求存在差异有关；另一方面，与信托公司为了在过渡期内抢占市场有关。

目前，合格投资人认定主要遵循两个标准：2007年施行的《信托公司集合资金信托计划管理办法》（以下简称"管理办法"），2018年4月27日发布的"资管新规"。

标准一：2007年施行的《信托公司集合资金信托计划管理办法》规定，合格投资者是指符合下列条件之一，能够识别、判断和承担信托计划相应风险的人：

（1）投资一个信托计划的最低金额不少于100万元人民币的自然人、法人或者依法成立的其他组织。

（2）个人或家庭金融资产总计在其认购时超过100万元人民币，且能提供相关财产证明的自然人。

（3）个人收入在最近三年内每年收入超过20万元人民币或者夫妻双方合计收入在最近三年内每年超过30万元人民币，且能提供相关收入证明的自然人。

标准二：《资管新规》关于合格投资者的认定：资产管理产品的投资者分为不特定社会公众和合格投资者两大类。合格投资者是指具备相应风险识别能力和风险承担能力，投资于单只资产管理产品不低于一定金额且符合下列条件的自然人和法人或者其他组织。

（1）具有2年以上投资经历，且满足以下条件之一：家庭金融净资产不低于300万元，家庭金融资产不低于500万元，或者近3年本人年均收入不低于40万元。

（2）最近1年年末净资产不低于1 000万元的法人单位。

（3）金融管理部门视为合格投资者的其他情形。

并且合格投资者投资于单只固定收益类产品的金额不低于30万元，投资于单只混合类产品的金额不低于40万元，投资于单只权益类产品、单只商品及金融衍生品类产品的金额不低于100万元。投资者不得使用贷款、发行债券等筹集的非自有资金投资资产管理产品。

另外，2017年银监会发布《银行业金融机构销售专区录音录像管理暂行规定》（简称《暂行规定》），要求银行业金融机构在销售专区录音录像。而对于信托公司来说，《暂行规定》中明确要求，"信托公司参照执行"。目前大部分信托公司主要遵循《资管新规》的要求。

思考：信托投资门槛很高，仅允许具有一定风险承担能力的人购买信托产品。原因之一就是为了保护小投资者。

（二）财产权信托

财产权信托是以财产或财产性权利作为信托财产所设立的信托关系，财产或财产性权利包括动产、不动产、有价证券、收益权、股权及债权等。财产权信托可以根据标的种类、管理职责进行进一步分类。

（1）根据信托标的种类，财产权信托可以分为不动产信托、动产信托、有价证券信托、财产权信托等。

不动产信托是以土地及地面固定物为信托财产的信托，是以管理和出卖土地、房屋为标的物的信托。在不动产信托关系中，作为信托标的物的土地和房屋，不论是出于保管目的、管理目的还是出于处理目的，委托人均应把它们的产权在设立信托期间转移给信托公司。不动产信托是财产信托中最为复杂的一种业务。动产信托是指接受的信托财产是动产的信托，它是不动产信托的对称。有价证券信托是指委托人将持有的股票、国债、公司债等有价证券委托给信托公司管理、运用的信托行为。财产权信托指各种财产权持有人以自己拥有的各类财产权设立的信托，包括应收账款信托、专利权信托、无形资产信托等。

（2）以信托管理职责分类，财产权信托可分为事物类财产信托和运用类财产信托。

事务管理类财产信托，通常是信托文件签署后，受托人按信托文件约定承担事务管理责任，如收取信托财产分配的利息、红利，按信托文件要求拍卖信托财产、出租信托财产，经委托人或受益人同意代表出具表决意见，划转资金等，并将信托财产信息状况及时负责地向委托人、受益人披露。

运用类财产信托是指委托人将现存资产或财产性权利，如房产、股权、信贷资产、路桥、工业森林、加油站收益等委托给信托公司，信托公司通过出售信托权利凭证或签订投资合同向投资者转让信托权益，其本质上属资产证券化的衍生金融产品。其收益来源于信托财产本身。投资者购买财产信托产品时，由于信托财产可见，所以信托财产产生的信托收益也真实可见，从而避免了产生信托收益的财产的风险。运用类财产信托中，受托人承担主动管理职责。

财产权信托标的物广泛，可较好地满足委托人的多种金融服务需求，提高了全社会经济资源配置效率，盘活了沉淀财产，加快了财产和资产周转，提高了财产和资金使用效能和效益。

关于信托业务的实务案例，详见本章后附案例1及案例2。

三、信托公司业务范围及竞争优势

（一）信托公司业务范围

信托公司，是指依照《中华人民共和国公司法》和《信托公司管理办法》设立的主要经营信托业务的金融机构。《信托公司管理办法》对信托公司经营范围进行了规定，信托公司可以申请经营下列部分或者全部本外币业务：

（1）资金信托；

（2）动产信托；

（3）不动产信托；

（4）有价证券信托；

（5）其他财产或财产权信托；

（6）作为投资基金或者基金管理公司的发起人从事投资基金业务；

（7）经营企业资产的重组、购并及项目融资、公司理财、财务顾问等业务；

（8）受托经营国务院有关部门批准的证券承销业务；

（9）办理居间、咨询、资信调查等业务；

（10）代保管及保管箱业务；

（11）法律法规规定或中国银行业监督管理委员会批准的其他业务。

信托公司可以根据《中华人民共和国信托法》等法律法规的有关规定开展公益信托活动。

信托公司可以根据市场需要，按照信托目的、信托财产的种类或者对信托财产管理方式的不同设置信托业务品种。信托公司管理运用或处分信托财产时，可以依照信托文件的约定，采取投资、出售、存放同业、买入返售、租赁、贷款等方式进行。另外，信托公司不得以卖出回购方式管理运用信托财产。

（二）信托公司竞争优势

（1）投资方式的多元化。信托公司既可以用自有资金对外投资，又可以用信托资金投资，经营方式上既有股权投资，又有贷款、担保、同业拆放、融资租赁等。

（2）投资范围广阔。目前信托公司是唯一能够综合利用金融市场、连通产业与金融市场的金融机构，信托资产既可以投资货币市场，也可以投资证券市场，还可以投资实业市场。

（3）独特的制度优势。信托作为一种财产管理制度，不仅具备一般意义上的资金融通功能，其特殊的交易结构还赋予了信托财产独立性形成的破产隔离功能，信托财产所有权、处置权、受益权的分离特性，以及由此造就信托在满足社会需求方面的广泛适应性与灵活性，这是信托业最大的竞争优势，即信托公司具有其他任何金融机构和实业都不具备的制度优势。

四、我国信托业基础设施建设存在的问题

1. 信托业法缺失

《中华人民共和国信托法》第四条规定："受托人采取信托机构形式从事信托活动，其组织和管理由国务院制定具体办法。"但"信托业法"或"信托机构管理条例"一直未能出台。尽管中国银行业监督管理委员会发布了《信托公司管理办法》及《信托公司集合资金信托计划管理办法》，但都属于部门规章，无法实现跨部门的监管协调。此外，现行立法对主营信托业务的机构和兼营信托业务的机构的准入没有作区分，也影响了信托市场的长远发展。

根据国内外信托业的实践，结合我国实际，建议加快我国信托立法，在总结信托业务管理经验基础上制定"信托业法"或"信托机构管理条例"，规定主营信托业务的机构和兼营信托业务的机构的不同准入标准，从较高的法律层面规范信托业的运营，加强国家对信托业的监督管理。

2. 信托登记制度缺失

信托依法成立后，信托财产即从委托人、受托人以及受益人的自有财产中分离出来，成为独立运作的财产。这是信托制度的核心内容，也是信托得以安全运行的根本。为了实现信托财产的这一独立特性，各国除规范信托基本法律关系外，均配套以专户管理、信托登记等制度，从而构成信托原理的整体。可以说，信托登记等配套制度是信托原理不可或缺的组成部分。《中华人民共和国信托法》第十条规定，依法应当进行

信托登记的财产设立信托，如果未办理信托登记手续，信托无效。但《中华人民共和国信托法》对信托财产所有权转移表述含糊，除明确信托财产具有独立性（有别于委托人、受托人的固有财产）外，未直接明确设立信托转移了信托财产的所有权，故其主管登记机关、登记内容变得不明确。

依照信托财产具有独立性的原则，结合我国的法律习惯，不管信托财产所有权是否发生转移，不管信托财产是否需要办理所有权变更登记，受托人均需要对委托人设立信托的特定财产进行登记并标识为"信托财产"，一方面表明受托人得到的是不完全的信托财产所有权，即通常所说的名义所有权；另一方面保证不混同受托人的固有财产及其管理的信托财产。综上，标明为"信托财产"的信托登记，可以被称为信托财产的"独立性登记"。实施信托财产的独立性登记，不仅可以摆脱信托财产是否转移的难题，而且可以交由专门的信托登记机构来统一办理，避免需要众多权属登记部门出台信托登记细则的难题。此外，信托监管机构和信托当事人可以从一个登记平台得到信托计划及相关信托财产状况的完整信息。信托财产的独立性登记仅仅是给信托财产烙上"信托"标识，经国家认可后，其登记效力即可对抗第三人，实现信托登记的制度设计目的。

3. 信托二级市场缺失

信托产品缺乏流通市场，一方面严重制约了投资者的购买积极性，另一方面导致了产品设计短期化，严重影响了信托制度中长期投资功能的发挥。建立信托凭证发行与交易特定市场，对引导信托产品中长期投资、促进产品标准化与合理定价、建立产品营销渠道、规范信息披露等十分必要。造成信托流动性不足的原因是多方面的，我们应该多管齐下提升信托流动性：一是要完善信托制度，包括信托财产登记制度、信托合同份数和投资者人数约定、信托受益权转让制度等一系列制度；二是构建规范的信托二级市场，同时应当整合信托柜台市场，通过信息整合建设一个统一的信托转让信息系统作为信托柜台市场；三是创新信托业务，努力研发标准化、规模化、市场认知度较高的产品，实现做大信托规模与提升信托流动性的良性互动发展。

五、我国信托业务发展前景

基于对未来中国经济和金融发展的预期，结合国内信托业务发展的实际和国外信托业务发展的经验，未来国内信托公司发展的主要机会或市场领域集中于以下四个方面：

1. 私人财富管理

从西方经济发达国家看，这是信托业务的传统领域，未来也必然是国内信托公司业务拓展的主要领域之一。中国正处于财富的快速积累阶段，同时正在从财富的自我管理向委托管理和专业管理转变。特别是考虑到人口老龄化的影响，以及中国大量单子女、少子女家庭的存在，专业的财富管理服务可能是很多家庭和个人未来所必需的。以信托制度为依托，向高净值的家庭和个人提供全面的理财规划、资产配置、投资组合管理、财产处置（如公益信托）和传承将是信托业务发展的一个重点。

2. 商事信托服务

以利率市场化为推动力，未来全面的金融市场化发展将给各种金融产品创新带来真正的发展机会，而信托制度作为开展专业投资管理和集合投资的主要制度平台之一，各类商事信托服务将获得较大的发展空间。这包括目前信托公司已经开展的信贷资产证券化信托、私募证券投资信托、私募股权投资信托、企业年金信托，这些业务领域未来都将有更大规模的发展。特别是房地产信托投资基金，作为未来重要的房产间接投资形式和房地产资产证券化产品，在中国具有无比巨大的市场规模。这些金融产品的运作，都离不开信托机构的服务，这样才能实现风险隔离和保护财产的安全。这将为信托公司提供大量低风险的业务机会。

3. 投资（资产）管理

可以预期，未来金融市场的发展将推动股市、债市、房地产、产业投资等各类投资日益趋向机构化和专业化，投资者需要熟悉各个市场领域、掌握先进投资技能的专业机构来为各类资金（资产）提供专业的投资服务。信托公司业务涉及各个投资领域，便于积累投资经验，具备成为中国重要的投资管理专业机构的潜质，也是未来信托展业的一个可选的方向。信托公司未来发展必须回归信托本源，实现从主要从事信托贷款和债权融资业务的机构，向主要依托信托制度，面向高净值客户提供财富管理，向各类集合投资产品提供信托服务，向各类资金提供专业投资（资产）管理服务的财富管理和资产管理机构转型。

4. 未来经营模式

海外发达国家的信托业与银行业、证券业一般都经历了混业—分业—混业的发展过程。信托业混业经营的模式将对金融业发展带来积极的影响，但这个过程并不是自发的，它是有很多条件的，其关键是要有一个特定基础。这个基础一方面是金融业的发展阶段，另一方面是金融监管的发展层次。根据我国金融业的发展情况，未来证券业、银行业可以兼营信托业务，而信托业也可兼营部分银行业务和证券业务，三者的合作融合将进一步加深，这将是一个中长期的趋势。混业经营是当前金融体系的大势所趋。

【案例】

为何高净值人士都喜欢离岸信托？[①]

随着企业发展、资产的积累，现在越来越多的富豪纷纷设立并将资产注入离岸家族信托。

据不完全统计，至少 20 家港股上市公司的控股权股东新设立或将股权转让给离岸家族信托，其中包括 15 家在港上市的内地企业，包括龙湖集团、达利食品等。

为什么这么多的富豪选择离岸信托？我们先来说说，离岸信托是什么？

离岸是指投资人的公司注册在离岸管辖区，但投资人不用亲临当地，其业务运作可在世界各地的任何地方直接开展。

朋友们都知道信托即"受人之托，代人理财"，对财产进行管理或保管。

离岸信托则是指在离岸属地成立的信托。其在操作上与信托类似，但由于特定的属地对信托的定义或法条有相对宽松或特别的政策，受益人的利益能够得到更多的

---

① 笔者根据搜狐网、同花顺财经网资料整理而成。

保护。

企业家设立离岸信托的原因，一是满足财富传承需求，类似家族信托；二是满足资产隔离需求，避免因婚姻等分割家族财富；三是避税方面的安排。

此外，随着金融市场的波动愈加剧烈，全球经济增长不确定性增强，富豪将资产注入离岸家族信托，使个人财富与企业经营风险的有效隔离，也可以实现财富传承和资产保值增值。

例如，2018 年 11 月 21 日，龙湖集团吴亚军就通过设立的一只离岸全权信托基金，将自己持有的龙湖集团 44% 的股权，全部分派给他女儿设立的另一只离岸全权信托基金。

2018 年 12 月 31 日，融创中国孙宏斌将集团估值 45 亿美元的股权转至 South Dakota Trust。

小米上市前雷军就已经设立的家族信托，管理市值逾 4 000 亿元的小米股份。

根据报道，在 2018 年一年里，仅仅在香港上市的内地企业就有 15 家设立离岸信托，总计将 285 亿美元的资产转移到国外。

另外，从 2009 年到 2018 年，马云、刘强东、许世辉等在中国富豪榜排名前 100 甚至前 10 的富豪都各自创立了离岸信托。

数据显示，现在越来越多的高净值用户有做离岸家族信托的需求，家族资产梳理和管理、家族财富的保全和增值、安排后备合理支取和运用资产等需求逐步显现。

之所以如此多的富豪都选择将一部分资产转入离岸信托，就是因为离岸信托有很强的保护作用，能够在个人资产和信托资产中间树立起一道屏障，不论国内发生什么情况，都不会对离岸信托中的资产造成影响。

思考：对经济社会的治理既需要宏观政策的调控，亦需借助于完善的微观规制。目前，我国的信托业制度还不够完善，努力推进信托业规制的完善，是减少离岸信托数量，使信托回归本土的根本途径。

本章小结

信托是一种特殊的财产管理制度和法律行为，同时又是一种金融制度，信托与银行、保险、证券一起构成了现代金融体系。信托即受人之托，代人管理财物。是指委托人基于对受托人的信任，将其财产或事务的管理权委托给受托人，由受托人按照委托人的意愿以自己的名义，为受益人的利益或其他特定目的进行管理或处分的行为。

信托的构成要素包括信托财产、信托目的、信托当事人和信托行为。

信托目的具有确定性、自由性和多样性的特征，同时受法律强制性规范的限制。

信托当事人即信托主体，包括委托人、受托人以及受益人。

确认信托行为的书面形式一般有三种：一是信托契约或合同，二是个人遗嘱，三是法院依法裁定的命令。

信托行为要有效成立，还必须同时具备三个条件：一是信托目的合法，二是确定、合法的信托财产，三是信托设立的要件性。

信托公司经营信托业务的基本操作流程一般包括项目立项、项目尽职调查与决策、项目实施、项目管理、项目清算五个阶段。信托产品的基本要素可分解为收益率、产品期限、交易结构、风控措施和流动性五个方面。

根据分类标准和方法的不同，信托业务可划分为不同的种类。根据受托人身份的不同，信托可分为民事信托和商事信托；根据信托利益归属的不同，信托可分为自益信托和他益信托；根据信托设立目的的不同，信托可分为私益信托和公益信托；根据委托人人数的不同，信托可分为单一信托与集合信托；按信托财产的性质，信托可分为资金信托和财产权信托。

单一资金信托是相对于集合资金信托而言的，二者最重要的区别在于委托人的数量，委托人的性质和委托人的地位。单一资金信托的委托人多为机构，集合资金信托的委托人则多为自然人。单一资金信托的资金运用和投资方向往往由委托人主导，而集合资金信托则由信托公司主导，产品由信托公司自主创设。

我国信托业基础设施建设存在"信托业法"缺失，信托登记制度缺失，信托二级市场缺失等问题。私人财富管理，商事信托服务，投资（资产）管理是我国信托业未来的发展机会。

【课后阅读】

中国信托业发展史

【案例分析】

【案例1】中信信托·嘉丽泽健康度假产品系列信托项目

【案例2】中信·茂庸投资租金债权信托受益权资产支持专项计划

【课后练习】

一、单项选择题

1. 《中华人民共和国信托法》实施的起始日期是（　　）。
   A. 2001 年 1 月 19 日　　　　　　　B. 2001 年 4 月 28 日
   C. 2001 年 10 月 1 日　　　　　　　D. 2001 年 12 月 31 日

2. 个人信托是指（　　）是自然人。
   A. 委托人　　　　　　　　　　　　B. 受托人
   C. 受益人　　　　　　　　　　　　D. 代理人

3. 必须把财产权转移给受托人的是（　　）。
   A. 银行信贷　　　　　　　　　　　B. 委托代理
   C. 信托业务　　　　　　　　　　　D. 融资租赁

4. 由委托人指定受益人的信托为（　　）。
   A. 法定信托　　　　　　　　　　　B. 他益信托
   C. 私益信托　　　　　　　　　　　D. 公益信托

二、多项选择题

1. 可导致信托终止的情形有（　　）。
   A. 信托存续违反信托目的
   B. 信托目的已经实现
   C. 信托目的不能实现
   D. 当事人协商同意
   E. 信托被撤销或解除

2. 下列属于信托构成要素的有（　　）。
   A. 信托财产
   B. 信托目的
   C. 信托当事人
   D. 信托日期

3. 下列属于信托产品基本要素的有（　　）。
   A. 收益率
   B. 产品期限
   C. 交易结构
   D. 风险控制措施
   E. 流动性

4. 信托财产的独立性是指 （　　　）。

    A. 受托人的财产与信托财产相互独立

    B. 受托人固有的财产相互独立

    C. 不同委托人的信托财产相互独立

    D. 同一委托人的信托财产与其他财产相互独立

    E. 同一委托人的不同信托财产相互独立

三、判断题

判断下列说法是否正确，对的在后面的 （　　　） 内打√，错的在后面的 （　　　）内打×。

1. 信任是信托的基础。   （　　　）
2. 自益信托属于私益信托。   （　　　）
3. 他益信托属于公益信托。   （　　　）
4. 集合资金信托是将不同委托人的信托资金集合使用。   （　　　）
5. 金融信托机构与其他金融机构的业务界限越来越模糊。   （　　　）

四、简答题

1. 简述我国信托业务的分类。
2. 信托财产具备哪些独立性？
3. 简述信托的职能。

五、论述题

1. 如何理解信托产品的交易结构？
2. 如何理解信托业务的风险？

第七章

并购市场

　　并购是企业资本运营的主要方式，是企业实现自身战略意图以及低成本扩张的根本途径，也是资本市场实现资源优化配置和提高效率的重要手段。教师通过本章教学至少应该实现下列目标：使学生掌握并购的含义和主要种类、并购的理论和动因；了解并购的风险、并购的定价决策等知识目标；理解杠杆收购与管理层收购，掌握反并购的相关策略，能通过案例分析并购的动机、风险和应对措施等能力目标；使学生了解通过并购可以实现优势互补与资源共享，形成协同效应，促进我国各行业转型升级与长期发展等思政目标。

【案例导入】①

　　2015 年 7 月 10 日，宝能系前海人寿通过二级市场购入万科 A 股 5.52 亿股股份，之后又和一致行动人通过连续举牌，持有万科股份增至 15.04%，超过了万科第一大股东华润集团，宝能系和万科的股权之争一度进入白热化的阶段。2015 年 8 月底至 9 月初，华润集团通过两次增持持有万科 A 股 15.29% 的股份，夺回第一大股东之位。但 2015 年 12 月 4 日后，宝能系的钜盛华及其一致行动人前海人寿持续增持万科，至 12 月 17 日持万科 A 股股份比例达 25.40%，成万科第一大股东，华润集团降为第二大股东。

　　恒大系两度举牌万科，成为万科的第三大股东。2016 年 8 月，恒大通过旗下投资公司以 91 亿元增持万科 A 股票 5.52 亿股，实现首次举牌；随后几个月恒大系一直持续增持万科 A 股，到 2016 年 11 月底已增持至 15.53 亿股，占万科 14.07% 的股权。但 2016 年包括宝能系和恒大在内的许多公司利用风险投资频频举牌与杠杆并购，引发了

―――――――――――

① 刘娇娆，周运兰，刘晓娆. 万科控制权之争分析 [J]. 财务与会计，2017 (15)：26-28.

市场质疑，监管层也高度重视并进行了严格监管，宝能、恒大面临巨大压力。

最后，华润将全部股权转让给深圳地铁，新一轮股权博弈局面出现。2017年1月12日，万科发布公告称，深圳地铁与华润集团签订万科股份受让协议，深圳地铁拟以每股22.00元的价格受让华润集团所持有的总价371.7亿元人民币的万科公司股份，约占万科总股本的15.31%。该事项于1月21日获得国资委批复同意。

随着《中华人民共和国公司法》《中华人民共和国证券法》等与并购有关的法律法规的逐步完善，资本市场的市场化程度越来越高。企业间的并购重组盛行，有发展潜力和收购价值的上市公司是一些资本追逐的对象。宝能系以强大的资金实力，在二级市场对万科的股票进行收购，而万科则主动进行了反并购的行动，在多方力量参与的战斗中，最终以深圳地铁集团的参与结束了这次的战争。

思考：探索如何健全公司治理机制、反对恶意收购，防范部分企业通过恶意收购侵占我国上市公司利益，促进我国资本市场长期健康稳定发展。

第一节　并购市场概述

一、并购的含义

并购（M&A）是兼并与收购的缩略表达形式，兼并与收购既有相同点，又有区别。

兼并，是指在竞争中占优势的企业购买另一家企业的全部财产，合并组成一家企业的行为。原公司的权利与义务由存续（或新设）公司承担，一般需由双方经营者同意并得到股东支持后，按照法律程序进行。兼并的后果是原公司不再存续，取而代之的是占优势的企业的兼并企业或是一家新企业。

进一步细分，兼并可以划分为吸收兼并和新设兼并。吸收兼并，是指一家公司和另一家公司合并，其中一家公司从此消失，另一家公司成为存续公司，可以简单地表达为：$A+B=A$。新设兼并，是指两家或两家以上公司合并，另设新的公司，原有两家公司均不保留其法人地位，可以简单地表达为：$A+B=C$。

收购，则是指一家企业用现金、债券或股票等形式公开收购另一家企业的资产或股权，来获取该企业的控制权和经营权的行为，值得注意的是，另一家公司的法人地位并没有因此而消失，即两家公司并存，只是从原来毫无关系的两家公司化身成为母子公司，可以简单地表达为：$A+B=A+B$。

收购的对象一般有两种，一为股权，一为资产。资产收购是指一家企业通过收购另一家企业的资产以达到控制该企业的行为。股权收购是指一家企业通过收购另一家企业的股权以达到控制该企业的行为。

进一步细分，按收购方在被收购方股权份额中所占的比例，股权收购可以划分为控股收购和全面收购。控股收购指收购方虽然没有收购被收购方所有的股权，但其收购的股权足以控制被收购方的经营管理。

控股收购又可分为绝对控股收购和相对控股收购。并购方持有被并购方股权50%或以上的为绝对控股收购，在这种情况下，不论其他股权持有方的股权如何变化，都无法影响并购方的绝对控股地位。并购方持有被并购方股权 50%或以下，但又能控股的为相对控股收购。在这种情况下，如果其他股权持有方的股权上升，超过并购方时，将影响并购方的相对控股地位。

全面收购指收购方收购被收购方全部股权，被收购方成为收购方的全资子公司。

收购是企业资本经营的一种形式，既有经济意义，又有法律意义。收购的经济意义是指一家企业的经营控制权易手，原来的投资者丧失了对该企业的经营控制权，收购的实质是取得控制权。

二、并购的类型

对并购类型的划分，可以有许多不同的方式，这里介绍的是中国市场上常见的几种并购类型。

（一）按并购企业与目标企业所处行业的关系划分

按并购企业与目标企业所处行业的关系划分，并购可以分为横向并购、纵向并购和混合并购，这也是最常见的一种并购类型划分方式。

横向并购是指具有竞争关系的、经营领域相同或生产同质产品的同行业企业之间的并购，这种并购方式是企业获取自己不具备的优势资产、削减成本、扩大市场份额、进入新的市场领域的一种快捷方式。这种方式可以发挥经营管理上的协同效应，便于在更大的范围内进行专业分工，采用先进的技术，形成集约化经营，产生规模效益。但这种并购方式容易破坏自由竞争，形成高度垄断的局面。

纵向并购是指生产过程或经营环节衔接、密切联系的企业之间或者具有纵向协作关系的专业化企业间的并购，分为前向并购和后向并购。纵向并购的企业之间不是直接的竞争关系，而是供应商和需求商之间的关系。企业通过纵向并购将市场交易行为内部化，有助于减少市场风险，节约交易费用，同时也易于设置进入壁垒。

混合并购是指两个或两个以上相互没有直接投入产出关系的企业之间的并购行为，是跨行业、跨部门之间的并购。这种并购方式可以产生协同效应，有效突破垄断的壁垒限制。在面临激烈竞争的情况下，我国各行各业的企业都不同程度地追求多元化，混合并购就是多元化的一个重要方法，其为企业进入其他行业提供了有利、便捷、低风险的途径。

（二）按并购企业对目标企业进行收购的态度划分

按并购企业对目标企业进行收购的态度划分，并购可分为善意并购和敌意并购。

善意并购是指并购企业事先与目标企业协商，征得其同意并谈判达成收购条件的一致意见而完成收购活动。在这种并购的形式中，双方能够充分交流信息，有利于降低并购行动的风险和成本，且成功率较高。但善意并购一般须以牺牲自身的部分利益为代价，来换取目标企业的合作和配合，协商、谈判时间较长。

敌意并购是指并购企业在收购目标企业股权时虽然遭到目标企业的抗拒，仍然强行收购，或者并购企业事先并不与目标企业进行协商，而突然直接向目标企业股东开出价格或收购要约。这种并购方式的最大缺点在于，并购可能会遭到目标企业从上至下的反对，使并购后的整合工作很难进行，因无法顺利重组而导致并购失败。

（三）按是否通过证券交易所公开交易划分

按是否通过证券交易所公开交易划分，并购可分为要约收购和协议收购。

要约收购是各国证券市场最主要的收购形式，它通过公开向全体股东发出要约，达到控制目标企业的目的。其最大的特点是在所有股东平等获取信息的基础上由股东自主作出选择，因此被视为完全市场化的规范的收购模式。要约收购有利于防止各种内幕交易，保障全体股东尤其是中小股东的利益。与协议收购相比，要约收购要经过较多的环节，操作程序比较繁杂，收购方的收购成本较高。

协议收购是指并购企业不通过证券交易所，而是直接与被并购企业取得联系，通过谈判、协商达成共同协议，据以实现被并购企业股权转移的并购方式。协议收购容易取得被并购企业的理解和合作，有利于降低收购的成本和风险，但是协议收购的契约成本较高。

（四）按出资方式划分

按出资方式划分，并购可分为承担债务式并购、现金购买式并购和股权交易式并购。

承担债务式并购是指并购企业以承担目标企业全部债权债务的方式获得目标企业控制权，此类目标企业多为资不抵债企业，并购企业收购后，注入流动资产或优质资产，使企业扭亏为盈。

现金购买式并购具体可以分为现金购买资产式并购和现金购买股权式并购，前者指并购企业使用现金购买被并购企业的全部和绝大部分资产，使被并购企业除现金外没有可持续经营的物质基础，从而成为有资本结构而无生产资源的空壳；后者是并购企业通过市场、柜台、协商等方式，使用现金、债券购买目标企业的部分或全部股票，以实现控制被并购企业资产和经营权的目的。

股权交易式并购是指并购企业可以通过股权互换以实现控制被并购企业的目的，即通过向被并购企业的股东发行自己企业的股票来换取被并购企业大部分的股票。一般并购企业发行的股票至少要达到被并购企业的表决权数才可以采用，目前，绝大多数的并购都采用该种方式。并购企业也可以通过向被并购企业发行自己企业的股票来换取被并购企业的资产，并且有选择地承担被并购企业的债务，也就是所谓的股权换取资产式并购。

三、并购的理论与动因

（一）并购的理论

1. 交易费用理论

交易费用理论认为，并购的发生是并购当事方权衡考虑交易费用带来的效率和成本问题的直接结果。具体地说，并购是企业内的组织协调对市场协调的替代，其目的是通过扩张带来成本的减少和效率的提高。同时，交易费用理论认为，交易所涉及的资产专用性越高，不确定性越强，交易频率越大，市场交易的潜在成本就越高，纵向并购的可能性就越大；当市场交易成本大于企业内部的协调成本时，纵向并购就会发生。

2. 竞争优势理论

竞争优势理论认为，并购产生的原因主要有以下三方面：第一，并购的动机来源于竞争的压力，并购方在竞争中通过消灭或控制对方来提高自身的竞争实力。第二，企业竞争优势的存在是企业并购产生的基础，企业通过并购从外部获得竞争优势。第三，并购动机的实现过程是竞争优势的双向选择过程，并产生新的竞争优势。并购方在选择目标企业时正是依据自己所需的目标企业的特定优势。

3. 规模经济理论

对规模经济的追求是驱动企业并购的重要原因之一。规模经济是指随着生产和经营规模的扩大，产品或服务的单位成本逐步下降、收益递增的现象。古典经济学和产业组织理论分别从不同的角度对规模经济的追求给予解释。古典经济学主要从成本的角度论证企业经济规模的确定取决于多大的规模能使包括各工厂成本在内的企业成本最小。产业组织理论主要从市场结构效应的理论方面论证行业规模经济，同一行业内的众多生产者应考虑竞争费用和效用的比较。企业并购可以获得企业所需要的产权及资产，实行一体化经营，获得规模效益。

企业通过并购对资产进行补充和调整，一方面可达到最佳规模经济的要求，使其经营成本最小化；另一方面可以使企业保持整体产品结构的同时，实现产品深化生产，或者运用统一的生产流程，减少生产过程的环节间隔，充分利用生产能力，进而尽可能地增加企业的利润。追求规模经济是西方第一次并购浪潮产生的主要驱动因素。

4. 价值低估理论

价值低估理论认为，企业并购的发生主要是因为目标公司的价值被低估。低估的主要原因有三个方面：经济管理能力并未发挥应有的潜力；并购方有外部市场所没有的有关目标公司真实价值的内部信息，认为并购会得到收益；由于通货膨胀等原因造成目标企业资产的市场价值与重置成本之间存在差异，如果当时目标企业的股票市场价格小于该企业的全部重置成本，并购的可能性就大。价值低估理论预言，在技术变化快、市场销售条件及经济不稳定的情况下，企业的并购活动就频繁。

5. 协同效应假说

由威斯顿（Weston）提出的协同效应理论认为，公司并购对整个社会而言是有益的，这主要通过协同效应体现在效率的改进上。所谓协同效应，是指两家公司实施并购后的产出比并购前两家公司产出之和要大，即 1+1>2。

（1）经营协同效应。其主要来源于规模经济和范围经济。企业通过并购可以扩大生产规模，达到规模经济的生产范围，从而降低生产成本。该理论的假设前提是，在行业中存在着规模经济，并且在企业并购活动之前，公司的经营水平和经营规模都达不到实现规模经济的潜在要求。范围经济是指企业能够利用现有产品的生产销售经验以较低的成本生产相关的附加产品。

（2）财务协同效应。其来源主要是可以取得较低成本的内部融资和外部融资。例如，合并公司的举债能力可能大于合并前各家公司之和，从而带来税收上的减少，或者举债成本更低，从而带来财务费用上的降低。该理论隐含的假设前提是，企业并购活动产生的税收减免大于并购成本，但是这种情况只有在特定的条件下才会出现。

（3）管理协同效应。其主要来源于管理能力层次不同的企业合并所带来的效率的改善。假设两家公司的管理效率不同，在高管理效率公司并购另一家公司之后，通过资产重组、业务整合，可以改善低效率公司的管理效率以创造价值。

（二）并购的动因

除了传统的并购理论外，在现代企业经营的过程中，还有一些其他的因素会导致并购行为，以下就这些因素进行介绍。

1. 发挥协同作用，获得规模经济

协同作用是指两家公司兼并后，其实际价值得以增加。主要表现在：在生产领域，可产生规模经济性，可接受新技术，可减少供给短缺的可能性，可充分利用闲置生产能力；在市场及分配领域，同样可产生规模经济性，是进入新市场的途径，扩展现存分布网，增加产品市场控制力；在人事领域，吸收关键的管理技能，使多种研究与开发部门融合。因此，企业在实施并购后，在生产经营、行政管理、原材料采购和产品推销等方面，都可以统一协调和组织。

2. 谋求增长，获取战略机会

当一家企业决定扩大在某一行业的经营时，其可以不依靠自身的发展，而是通过并购现有企业。这样，并购一家公司而获得增长可能要比在新的领域内开拓发展花费更少的成本和时间。

3. 提高管理效率，降低成本费用

提高管理效率，可以是企业现在的管理者以非标准方式经营，当其被更有效率的企业收购后，因更替管理者而提高管理效率，当管理者自身利益与现有股东的利益更好地协调时，则可提高管理效率。同时，并购也可以通过取得充足廉价的生产原料和劳动力来降低成本。

4. 提高市场占有率，提升行业战略地位

企业通过并购，可以提高市场占有率。市场占有率的提高和利润增加之间有明显的相关关系。因为提高市场占有率必然要求提高产品质量，这有助于减低单位产品的成本，增加利润。

5. 实现多元化发展，分散投资风险

企业通过并购，实现多元化发展，可以增加回报，降低风险。因为公司的经营环境是不断变化的，任何一项投资都有风险，企业把投资分散于不同行业，实现多元化经营，当某些行业因环境变化而导致投资失败时，还可能从其他方面的投资得到补偿，这有利于降低投资风险。

6. 合理避税

企业在并购中采取恰当的财务处理方法可以达到合理避税的效果。因为税法和会计制度经常会使那些具有不同纳税义务的企业仅仅通过并购来获利。例如，在税法中规定了亏损递延的条款，拥有较大盈利的企业往往考虑把那些拥有相当数量累积亏损的企业作为并购对象，利润就会在两个企业之间分享，大量减少纳税义务。又如，企业通过资产流动和转移使资产所有者实现追加投资和资产多样化目的，并购方通过发行可转换债券换取目标企业的股票，这些债券在一段时间后再转换成股票。一方面，这样发行债券的利息可先从收入中扣除，再以扣除后的盈余计算所得税；另一方面，企业可以保留这些债券的资本收益直至其转换为股票为止，资本收益的延期偿付可使企业少付资本收益税。因此，避税也成为并购的重要动因之一。

7. 投机

企业并购的证券交易、会计处理、税收处理等所产生的非生产性收益，可改善企业财务状况，同时也助长了投机行为。在我国出现的外资并购中，投机现象日渐增多，他们以大量举债的方式通过股市收购目标企业股权，再将部分资产出售，然后对目标公司进行整顿再以高价卖出，充分利用被低估的资产获取并购收益。

8. 买壳上市

上市资格也是一种资源。目前，我国对上市公司的审批较严格，某些并购不是为获得目标企业本身，而是为获得目标企业的上市资格。通过到国外买壳上市，企业可以在国外筹集资金进入外国市场。

9. 政府意图

这是在一些特殊的经济政治环境中，或市场体制不完善，出于一定的政府意图而使若干企业进行并购，因此，这种并购往往带有浓厚的计划经济和政府干预的色彩。

四、并购风险与应对

（一）并购风险

并购风险是指并购投资净收益的不确定性。企业并购的动机在于实现净现值最大化，它取决于三个因素：预期现金流入量、预期现金流出量、折现率，这些因素均具有不确定性。因此，并购风险自始至终都是存在的，并贯穿于企业并购的全过程。但不同的并购阶段面临不同的并购风险。

1. 准备阶段的并购风险

准备阶段的并购风险，是指存在于并购战略的制定和目标企业挑选过程之中的风险，包括并购战略风险、策划不足风险和信息风险等。

2. 谈判交易阶段的并购风险

并购交易过程中的风险包括评估风险、谈判风险和多付风险等。

3. 整合阶段的并购风险

整合阶段的并购风险指存在于并购交易完成后即并购重组整合过程中的风险，包括融资风险、整合风险、体制风险和法律风险等。

（1）融资风险。首先，现金支付的并购资金会占用企业大量的流动资金，增加企业的运营风险，对企业造成巨大的压力；其次，用现金支付工具，交易规模常会受到付现能力的限制；最后，从目标公司的角度来看，由于现金支付会因无法推迟资本利得的确认和转换来实现资本增益，不能享受税收优惠等，企业股东可能不欢迎现金支付方式，这会影响并购成功的机会，从而带来相关的风险。

（2）整合风险。并购后的整合既包括并购双方有形资源的重组，也包括并购双方无形资源的整合。重组和整合是对并购双方经济资源的重新配置。重组、整合得当会产生良好的协同效应；重组、整合不力则会造成管理成本、组织成本和营销成本的上升，企业价值不升反降。整合期越长，并购双方的经营、组织资源越难有序组合形成合力，那么并购失败的风险就越大。

（3）体制风险。由于历史和体制方面的原因，相当一部分企业的并购活动都是在政府部门直接撮合下实现的，如果政府在企业并购过程中定位不准、角色不当，会给企业并购带来一定的风险。

（4）法律风险。各国对并购均有相应的法律规定，如果操作不当，企业就可能因违反有关法律规定而招致诉讼或遭受失败。我国企业并购的法律不健全、不完善，不仅限制了并购活动的健康发展，也给并购企业带来了极大的风险。

（二）并购风险应对

企业对并购的风险进行识别之后就应着手处理风险。风险处理是指综合考虑并购者在并购活动中所面临的风险性质、大小，并购目标、风险承受能力和风险管理能力等因素，选择合适的风险管理策略和工具，对其所面临的并购风险进行处理。可供选择的风险处理策略包括风险规避、风险转移、风险留存、风险防范与控制。

1. 风险规避

在企业并购风险管理中，规避策略是指并购者根据一定的原则，采用一定的技巧来自觉地避开各种并购风险，以减少或避免这些风险引起的损失。

规避是一种重要的风险处理策略。企业并购的目标是要实现并购价值极大化，但并购价值的增加和获取通常伴随着风险的增加。因此，并购者必须对并购价值与风险同时兼顾，全面权衡。作为一个风险回避者，在各种可供选择的收购项目中，其应尽量选择风险较小的项目，而放弃高收益、高风险并存的项目。这就是风险规避策略的一种应用。风险规避策略可以在三种情况下付诸实施：①当蕴含此类风险的业务项目不是并购的主要业务项目时；②风险太大而无法承受或风险承担与回报不平衡时；③风险较为复杂或对其有效管理需要的专业技术和知识超出了并购者现有的风险管理能力，且并购者也无法将其转移时。

2. 风险转移

有些并购风险是无法回避或不易回避的，但并购者自身管理这类风险的能力又有限，或即使可以管理这类风险，与其他机构相比也不存在比较优势。处理此类风险的方法是将其转移。转移风险指的是把将要发生的风险进行转移，以减少自身承担风险强度的行为。金融机构、金融市场，特别是金融衍生产品市场的发展都为并购风险的转移提供了各种工具和便利。

3. 风险留存

对于那些无法回避又不能转移的并购风险，并购者只能接受并采取相应的措施来吸收和抵御并购风险。在下面两种情况下，并购者应采取风险留存的策略：①目标企业的资产或核心业务中所含的风险性质极其复杂，且很难向第三方转移，或转移时伴随的信息披露会降低企业竞争力；②并购者为了获得某类风险的收益而必须接受这种风险。

4. 风险防范与控制

企业并购风险防范指的是在风险尚未真正发生之前，事先对并购活动进行风险防范设计，以减少企业遭遇风险的概率的一种措施。风险防范是一项前瞻性的工作，要做好风险防范，首先就必须了解未来可能发生的风险状况，分析并购风险可能发生的范围、程度及概率。在企业并购活动中，强化对风险的防范能够有效地弱化风险，但不能完全消除风险。在一定的条件下，由于多种因素的影响，企业并购进程中难免会出现许多这样或那样的风险，一旦风险爆发，并购者只能是尽量控制风险的强度及其扩散，减轻风险的不良后果。

第二节　并购的定价决策

并购定价是指并购发生时双方对并购标的（股权或者资产等）所确定的价格，它是主并方在并购交易中所花费的最主要的成本或支出。恰当的定价是并购成功的首要保证。并购支付的价款过高会降低并购之后的投资回报率，甚至直接预示着未来整合的失败。

一、并购定价的原则

（一）收益原则

企业并购收益原则，亦称效率原则，表现为两个方面：

（1）并购收益大于并购成本，或者并购活动能减少或避免损失和代价。

（2）在若干可行并购方案中选择最优的一种方案。显然，协商达成并购价格无疑是为了实现预定目的。并购双方在定价活动中都必须遵循这一基本原则，满足收益大于成本和择优选择的基本要求。任何背离这一原则的并购都可以说是失败的或低效率并购。

（二）协同原则

企业并购所要遵循的另一条基本原则是实现协同效应。协同效应，是指并购后企业的总体效应大于并购前企业独自经营的效应之和，也就是所谓的"1+1>2"。协同效应主要包括经营协同效应和管理协同效应。经营协同效应是指并购给企业生产经营活动的效率方面带来的变化和效益效率的提高。经营协同效应主要体现在市场规模、优势互补、降低不确定性三个方面。

（1）规模经济。企业并购的直接表现是出现规模更大的企业或新的组织形式。在企业合理的边界内，由于市场份额、销售量的扩大与增长，企业的市场控制能力有望提高。产品价格、生产技术、资金筹集、顾客行为等方面的控制能力的提高将有助于公司的生存和发展。平均成本下降，相应地在营销费用、研究开发费用和新企业的运行成本等费用均摊后也会由于规模效应呈下降趋势。

（2）优势互补。通过并购，企业之间的优势相互融合，达到取长补短的目的，并且还可能产生出新的优势。这些优势既包括原来各公司在技术、市场、专利、产品管理等方面的特长，也包括它们中优秀的企业文化和丰富有利的社会资源，优势互补，提高要素结合效率。

（3）降低不确定性。企业在市场上的活动要面临许多不确定性，化解风险必然要付出信息成本和交易成本。企业并购可以把市场交易关系变为同一公司内部关系，由此在营销费用、交易税金、信息收集等方面通过共享资源而降低成本，公司的交易费用当然大幅度降低。追求交易费用的节省是纵向并购的根本动因，公司内部的行政管理替代市场交易也能有效地减少违约现象。生产的可靠性得到了增强，也会在一定程度上降低不确定性。

（三）相容原则

相容原则是指企业与企业之间、生产销售与消费者之间、企业与社会之间和谐相容，与制度、环境、文化的并行不悖，促进变迁演进，崇尚进步文明，推进构建和谐社会。协同偏重于企业并购后在经营管理整体的提高；而相容原则更多的是考虑企业并购后与外部环境的融合。企业与外部环境的相容性和应承担的社会责任，一般情况下难以在企业价值中反映出来，只有通过价格体现。企业并购后与环境融合一致的程度越高，发展成长就更有利，预期盈利能力就强，并购企业就愿意为此付出较高的价格；反之亦然。

（四）综合实力增强原则

这是指通过企业并购，以资本为纽带，以资产重组为途径，使得相应的产业、市场和国民经济整体实力都得以增强。企业并购价格的确定，要考虑到企业综合实力，要有全局和长远的眼光，从整个经济的健康发展、生产力水平提升的战略高度去考虑。价格确定是局部的、短期的一个关键点，要和企业在整个经济中的长远发展结合起来，真正能达到资本有效扩张、资源配置合理、总体实力增强之目的。

二、并购定价的策略

（一）常规策略

对作为买方的并购企业来说，策略为上限封顶、尽力下压，直到并购价格落入意愿支付范围内，这类似于一（卖方）对多（买方）买方出价的英式拍卖竞价；而对作为卖方的目标企业来说，策略则是保住底线、争取高价的策略，直到意愿接受的价格范围内，这类似于卖方报价的荷式拍卖。显然，资产属性、资本结构和资产构成不同的企业在策略选择的倾向性上会有明显不同。

一般来说，由于负债的资本成本小于权益的资本成本，目标企业通过改变资本结构，即减少负债、增加所有者权益，就可以在并购活动中增强自己的要价能力。换句话说，作为并购企业来讲，收购一个资产负债率低的企业比收购一个资产负债率高的企业要付出更多的现金。这从直观上也可以得到解释：资产负债率比较高的企业，往往存在着比较大的破产风险，在收购谈判中也往往处于不利的地位。现实中的并购定价谈判大多数采用和坚守类似的价格策略，并按此做好有关准备。

（二）讨价还价策略

当潜在的买者只有 A 公司一家时，并购价格的形成取决于买卖双方的讨价还价策略，即在协商议定并购价格过程中，每一方都在根据对方策略的变换来不断调整自己的策略。当买方的意愿支付价格高于卖方的意愿售价时，双方将发生讨价还价行为。

（三）合谋策略

由于现代公司中存在委托代理关系和代理成本问题，公司所有者与管理控制人员的利益目标不完全一致，常常发生谈判代理人从自身的利益出发，与谈判对手密谋合作借以达到损害所有者的利益来提高自身收益之目的，这就是合谋策略。当谈判代理人发现勾结串谋能获得更大的好处时，其就可能与对手合谋。在现实运作中，并购价格不但取决于局中人的各自收益最大化，同时也受到相关利益团体合谋操纵的影响。

对国有资产而言，这种并购过程中的局中人的串谋造成的损失有时可能是致命的，因此加强风险防范尽可能减小联盟博弈的危害是一个重要的研究课题。

（四）借势策略

这主要是指主动或有意地借助外部对自己有利的某种势力或力量，促使达成对自己更有利的并购价格。这类定价策略被称为借势策略，或者说是在某些情况下的外力干预策略。我国从计划经济向市场经济转轨时期的企业并购，并购双方往往会采用类似的策略。此外，出于考虑社会稳定的需要，或者是迫于某种舆论的压力，企业也会采用这类策略。

三、并购的成本

并购成本是指并购行为本身所发生的直接成本和间接成本。并购成本有广义和狭义的两种解释。广义的成本概念不是一个普通的财务成本概念，而是由于并购而发生的一系列代价的总和。狭义的并购成本仅仅指并购完成成本。

并购成本具体包括：交易成本、整合成本、机会成本。

1. 交易成本

交易成本主要包括信息成本等内容。并购方必须全面收集目标企业财务信息，主要有目标企业的资产规模、资产质量、产品结构、主营业务的盈利能力、成本结构、融资能力等，从而对目标企业作出一个基本的、全面的财务评价，并依据这些信息进一步确定并购价格。在有多家企业竞相并购同一企业的情况下，相互竞价必然加大并购成本，此时还要了解竞争对手的实力、报价和竞争策略等因素。一般而言，收集的信息越是充分、详细，信息收集费用越高，信息不对称的风险越小，并购成功的可能性越大。

2. 整合成本

整合成本指并购后为使被并购企业健康发展而需支付的长期运营成本。具体包括：整合改制成本、注入资金的成本。整合与营运成本具有长期性、动态性和难以预见性。

3. 机会成本

并购过程需要耗费企业大量的资源，包括资金的输出、物资的调拨、人员的调配，一旦进入并购过程，就很难有充足的资源考虑进行其他项目，因此，并购行为丧失的其他项目机会和资金收益就构成了并购的机会成本。

四、并购定价的方法

并购定价的方法主要包括净资产法、清算价值法、市盈率法、净现金流折现法等。

净资产法和清算价值法是从静态清算的角度衡量目标企业的价值，忽视了资产整体经营的价值，适用于评估长期处于困境、业已停产或等待破产清算的企业。

市盈率法和净现金流折现法是从持续经营的角度出发，从市场股价和未来现金流量方面评价企业价值，考虑了目标企业的后续经营能力，对于一般的并购对象或者在估计协同效应时较为适用。

第三节　杠杆收购与管理层收购

一、杠杆收购

企业并购活动是搞活企业、盘活资产的重要途径，现阶段我国企业的并购融资大多采用现金收购或者股权收购的方式。但随着并购数量的增加和并购金额的扩大，已有的并购融资方式已经不能满足需要，拓展新的并购融资渠道是推进企业进一步发展的关键问题。在此情况下，杠杆收购的融资方式就成为我国企业并购市场待开拓的新的融资方式。

杠杆收购（Leverage Buy-Out，LBO），是公司收购中的一种特殊形式，它的实质在于举债收购，即通过向银行或投资者融资借款来对目标企业进行收购，并以所收购、重组的企业未来的利润和现金流偿还债负。它可以使有潜力的小企业能够利用这种手段实现对大企业的兼并，产生"蛇吞象"效应。杠杆收购起源于20世纪60年代中期，在美国的第四次并购浪潮中大行其道，极大地活跃了美国的资本市场，为美国经济的繁荣提供了源源不断的动力。

（一）杠杆收购的特点

杠杆收购是公司收购的一种特殊形式，它除了具有一般企业收购的特点外，还具有一些与一般公司并购不同的特点，主要表现在以下几个方面。

1. 杠杆收购是一种负债收购

一般并购所需的资金大部分来源于并购方的自我积累，少部分来源于目标企业的积累。而在杠杆收购中，收购的资金主要来自市场融资，尤其是以目标公司资产为抵押或担保而获得的银行贷款和各种信用等级的债券，而不是收购方的自有资金。杠杆收购的资本结构呈倒金字塔形，顶层是对资产有最高级求偿权的一级银行贷款，约占收购资金的60%，中间是被统称为夹层债券的夹层资本，约占30%，塔基是收购者自己投入的股权资本，约占收购资金的10%。

2. 杠杆收购具有较高的财务风险

杠杆收购的资金主要来源于借贷资金，而且是以目标企业的资产为抵押或以其经营收入来偿还的，如果收购失败或者收购完成后不能取得较大的现金流入，高负债所产生的利息将给企业带来极大的负担甚至引起企业破产。`

3. 杠杆收购可以给投资者带来高收益

杠杆收购一旦成功，收购者以及提供贷款的机构和个人都将得到高额的回报。例如，1965年，杠杆收购的创始人Kohlberg首次实现了杠杆收购设计方案。他组织了一个投资团体出价950万美元购买了Stern Metals公司大部分股权，而他实际出资只有50万美元，其余都是通过借债筹集来的。采取LBO收购4年后，投资者从公司收到的现金不仅还清了贷款，而且向公众出售其50万美元的初始投资，共收回400万美元。

4. 杠杆收购具有杠杆效应

杠杆收购通过加大企业的负债比例产生了财务杠杆作用，如果企业的资产收益率大于固定的资金成本，提高资金成本固定的资金比例会提高普通股股本收益率；反之，则会降低普通股股本收益率。

5. 投资银行在杠杆收购中的作用巨大

投资银行在杠杆收购中发挥了重要作用。在杠杆收购中，通常由交易双方以外的第三者——投资银行作为经纪人。在以前的企业并购交易中，主要是由兼并公司和被兼并公司双方的经理人员基于各方公司的需要直接达成交易的，中介机构如律师事务所、会计师事务所只是起附属作用。而杠杆收购的交易过程中有一个经纪人，这个经纪人在并购交易的双方之间起促进和推动作用，而且常由交易双方以外的第三者——投资银行来充任。因为投资银行可以利用其信息优势，广泛接触客户，为购并双方提供信息，促成并购意向，然后帮助客户拟订并购计划，实施目标企业重组监督或参与企业的运营，最后协助安排投资实现。

6. 杠杆收购具有高难度特性

杠杆收购的运作程序涉及杠杆收购目标企业的确定、先期收购（杠杆收购前先收购目标企业一定份额的股份对于下一步整体报价十分有利）、确定报价时间、资产评估、确定定向收购价格、确定自投资本、组织融资等。由于其本身的复杂性，通常需要由具备一定专业知识、头脑灵活、熟悉市场、社会关系娴熟的投资银行家来运作。

7. 杠杆收购可以取得多种税收上的优惠

对于收购方来说，杠杆收购可以成为规避税赋的一种手段。杠杆收购将产生大量债务，资本利息支出可以在税前扣除，这相当于间接地享受了政府的财政补贴。对于目标公司而言，在被收购前如果发生亏损，亏损额可以递延冲抵杠杆收购后实现的盈利，从而减少应纳税所得额的基数。

（二）杠杆收购的一般运作模式

1. 认真选择收购的目标公司及聘请财务顾问

通过杠杆收购的实践可知，并非所有的杠杆收购都会成功，从杠杆收购购入企业到偿还借款，关键是目标企业的未来获利能力。因此，选好目标企业是成功的杠杆收购的前提，所以，在进行杠杆收购前，收购方必须对目标企业进行认真的可行性研究。此外，在进行杠杆收购前，收购方通常要聘请投资银行作为财务顾问，这有利于处理日后可能发生的诸多财务、融资、法律等问题。目前，这一角色在我国主要由已开展投资银行业务的证券公司担任。

2. 制订收购计划

收购方在进行杠杆收购之前，应制订详尽的收购计划，包括收购行为的主要参与者以及他们的作用和利益；是否需要进行目标公司财务审计和资产评估；如何进行融资以及企业资本结构调整和收购完成后的操作计划等。此外，收购方还应提出一份切实可行的企业发展计划。杠杆收购融资结构的安排即指采用杠杆收购时的资本结构规划。成功的融资结构设计不但要帮助收购者筹集到足够的资金来完成交易，而且要降低收购者的融资成本和今后的债务负担。每次杠杆收购的融资结构会有所差别，其中最常见的融资方式是发行60%的高级银行和保险公司债券（优先债券）、25%～30%的次级公开债务（垃圾债券），以及10%~15%的权益资本。之所以如此安排，就在于并购者不想让他人过多地分享并购后产生的巨额利润，因此以不享有公司控制权的融资方式进行融资就成为理所当然的选择。

3. 先期收购

在杠杆收购尚未真正实施之前，收购方应该首先收购目标公司一定份额的股份，获得一定份额的股权有利于收购方在目标公司董事会获得相应的席位，也有利于为下一步收购获得更多、更全面的信息（如目标公司各大股东持股比例等），有利于下一步的整体报价收购。这部分先期收购也可以通过第三者去谨慎收购，并尽量减少对目标公司股票价格的影响。在进行收购时，任何参与收购的机构和个人都应注意保守机密。

4. 对目标企业进行评估并确定收购价格

对目标公司进行财务分析的关键在于确定其是否拥有足够的可抵押资产来支持对其收购所需的资金，这就要对目标公司进行资产评估。资产评估所运用的指标包括资产的账面价值、资产的重置成本、清算价格等。

关于收购价格的确定，目标公司董事会一般会把清盘价格作为收购价格底线，最终的成交价超出底线的多少取决于交易各方在谈判中的相对位置。确定价格的具体方法是：①收购方与目标公司董事会进行非正式接触并且秘密商讨。商讨的主要内容是收购方对目标公司董事会成员未来的安排及承诺。如果收购出价能得到目标公司董事会的事先支持，则成功的机会就会大为增加。②目标公司董事会收到出价后应进行全面、细致的研究，并要及时将情况通告股东。③收购双方确定公告并向社会公众发布有关事项。需要指出的是，如果目标公司的股票在出价宣告前出现异常波动，则表明存在泄密情况，甚至会有非法内幕交易。一旦出现这种情况，董事会应立即公布收购出价并向证监会申请停盘以便调查。

5. 筹集杠杆收购所需资金，对目标企业进行收购

筹集收购资金有以下几个渠道：

（1）由杠杆收购组织者及公司管理层组成的团队筹措收购的资金，作为收购活动的自有资本，一般占总收购所需资金的10%~20%。通常融资方在贷出收购资金后，会让企业管理人员参与持股，以激发他们的忠诚与干劲，使之尽力维护目标公司的财务健康，从而保护融资方的利益。

（2）以目标企业的资产和将来的收益能力作抵押向银行等申请杠杆贷款，一般占收购所需资金的50%~70%。杠杆贷款取得金额的大小、杠杆贷款办理手续的快慢，是杠杆收购融资能否成功的关键。影响收购企业取得杠杆贷款数额大小的因素主要有两个：一是拟收购企业的经营状况，如企业的财务状况和产品情况等；二是收购企业自身的经济状况，如资产数额、经营状况及信誉等。杠杆贷款融资活动可以由收购企业自己来组织，也可由投资银行出面组织。如果交易金额不大，则一家商业银行就可独立承担全部贷款；如果交易金额较大，则一般由多家银行集体参与，组织银团来共同承担贷款风险。

（3）其余的空缺资金通过推销发行高息风险债券获得，占总收购额的20%~40%。

6. 对被收购公司进行重组整改

对购入后的被收购公司的资产、负债、产品、附属公司等方面的情况进行研究，

并实施削减开支、降低成本、关闭亏损或盈利前景不佳的附属公司、缩减研究开发费用、搁置扩建计划、策略性地拍卖部分资产等整改措施，以获得偿还收购时所形成负债的现金流量，降低债务风险。更重要的是优化被收购公司的经营行为，使之符合收购公司的总体经营规划和方向。整改成功后，收购公司也会在保留控制权的前提下出售部分已经升值的被收购公司的股份，达到迅速偿还负债的目的，同时也赚取收购收益。

（1）资本结构重组。

因为企业资产负债率较高，在收购完成后企业会设法归还借款。收购企业一般会对目标企业做适度的拆卖，出售部分非核心资产以提高效率、降低成本，同时还可以抵减负债。在投资银行提供过渡性货款的情况下，收购完成后一般需安排"再融资"，以长期债务替代过渡性贷款募集资金认购优先股及普通股。

（2）经营重组。

管理层通过降低营运成本和改变营销等途径，致力于提高利润率，收回现金；通过重组生产设施，改善库存控制及应收账款的管理，改善产品质量、产品结构和售后服务；通过转换定价策略，裁减人员，从供应商处取得优惠的供货条件，等等。

（3）组织结构重组。

收购之后的重要工作还包括组织机构的重组，从而提高工作效率、改进工作技能和增加透明度。同时整顿和优化目标企业的管理经营，使之按收购企业的经营方向发展，尽快取得较高的经济效益。这些重组工作包括新的汇报制度、新的战略定位、新的激励机制等。企业应设计好激励机制，使管理层发挥出最佳水平。

7. 重新上市

重组完成后，下一步的问题是决定重新上市还是在非上市状态下经营。当公司逐步强大，投资目标已经达到，投资者可能将公司再次上市，即逆向杠杆收购。再次上市的目的主要有两个：首先，使现有股东的股票能够变现；其次，降低企业的杠杆比率。

二、管理层收购

（一）管理层收购概述

管理层收购（Management Buy-Out，MBO）是指管理者为取得所在公司的控制权而购买公司股份的行为，即公司的管理层利用借贷所融资本或股权交易收购本公司的股权。通过收购，企业的经营者变成了企业的所有者，实现了所有权与经营权的统一。由于它有效地把创业者的人力资源资本化、证券化，完成了经营者向股东的转变，使经营者与企业的发展紧密联系在一起，国外把 MBO 形象地称为"金手铐"。MBO 在激励内部人积极性、降低代理成本、改善经营状况等方面起到了积极的作用，因而获得了广泛的应用。

作为一种企业并购的方式及一种制度的创新，部分上市公司在两年内尝试了 MBO，取得了宝贵的经验。对于国有企业来说，MBO 使企业经营者获得企业的股权，企业经营者自身的收益与经营能够统一起来。对于民营企业来说，MBO 把原来的家族组织，或者把模糊的组织变成规范化的公司进行治理。国内外企业的实践证明，MBO 是企业家价值的最佳实现通道，是留住高级人才的"金手铐"，是企业深化产权变革的理想选择，是完善公司治理结构的最有效的途径，是企业持续发展的内在动力源，是国际上惯用的最有效的激励机制。

管理层收购有如下特征：

（1）MBO 的对象主要是目标公司，即管理层所在公司的股份。管理层随着对目标公司股份的持有而成为公司股东，享有对公司资产的所有者权益。

（2）MBO 中的买方是作为一个团体的目标公司的管理层。在典型的 MBO 交易中，公司股东是卖方，而管理层是买方。通过 MBO，他们的身份由单一的经营者角色变为所有者与经营者合一的双重身份。在 MBO 模式下，管理层实现对目标公司的控股。此时，管理层作为所有权和经营权的复合主体，拥有对公司的绝对信息优势，因而他们可能利用这种优势损害在信息上处于劣势地位的其他"利益相关者"的权益。

（3）MBO 的融资方式为负债式收购，而且具有高额负债的特征，是杠杆收购的一种。管理层获得控股权时要支付一定的对价，而且一般以现金的方式支付。在 MBO 过程中，管理层本身提供的现金非常有限，必须依靠外部融资，包括债权融资和股权融资。在 MBO 过程中，外部融资一般占有较高比例。也就是说，MBO 主要是通过借贷融资来完成的。目标公司的管理层往往向银行或其他金融机构贷款，在取得目标企业的控股权后，再由目标公司来偿付贷款。这意味着银行等金融机构债权的安全与稳定和目标公司的经营绩效密切相关。

（4）MBO 一般是在投资银行的总体策划下完成的。MBO 操作中不仅涉及国家或企业所有者、管理者、员工等各方面的利益，而且涉及企业定价、重组、融资、上市等资本运作事项，其中涉及众多的财务、法律等问题。基于 MBO 操作的复杂性，MBO 在欧美都是在投资银行的总体策划下，通过企业的资本运作实现的。

（5）MBO 的目标公司往往是具有巨大资产潜力或"潜在的管理效率空间"的企业，通过对目标公司股权、控制权、资产结构以及业务的重组，来达到节约代理成本、获得巨大的现金流量，并给相关投资者超过正常收益回报的目的。

（二）管理者进行 MBO 的动因

1. 寻求合理回报，获取与业绩相称的报酬

在有些企业里，由于受社会的、文化的、企业传统的或者其他一些特定因素的影响，管理者不能获得与其在企业创造的价值相对等的报酬。比如在中国，大企业的管理层工薪收入受特殊国情的影响根本无法和其经营绩效相匹配，于是管理层就有持有股份、分享经营成果的愿望。在由许多部门组成的企业中，出于公司整体发展的需要，部门管理人员的报酬常常与公司总体情况挂钩，而难以如实反映部门的经营业绩。这可能会导致搭便车，不利于提高管理者的积极性，MBO 将部门资产剥离后可以产生更大的激励和更高的效率。

2. 摆脱公开上市制度的约束，施展自己的才能

有些经营者认为证券监督机构对上市公司制定的法规制度束缚了他们的手脚。另外，股票价格受非公司因素的影响较大，而分析家和媒体对公司经营的评头论足难免会影响到管理人员的经营。所有这些都不利于管理者施展自己的才能，于是他们收购上市公司，进一步创建自己的事业，实现企业家理想。

3. 防御敌意收购，保住职位

20 世纪 80 年代以来，敌意收购事件增多，一旦发生敌意收购，公司管理层将遭到更换。因此，管理层为了保住职位，往往会采取不同措施，修筑防御壁垒，而 MBO 可以提供很有效的而又不那么具有破坏性的保护性防御。管理者以 MBO 形式回购公司整体，已发展成为一种防御敌意收购的越来越被广泛采用的新型金融技术。

（三）国外 MBO 主要融资方式

与国内融资渠道较少的情况相比，目前国外典型的 MBO 融资渠道有银行提供的资产抵押贷款、自有资本和通过债券融资等。在一个典型的管理层收购中，其融资结构主要有高级负债、次级负债和自有资本融资。

（1）高级负债（Senior Debt），即通过信用或资产抵押在银行获得贷款。

信用贷款一般以一定的资产总额和经营能力作为条件，通过银行或融资公司获得利率低至 1%~1.5% 的贷款，期限一般为 1~3 年，占总融资量的 15%~35%。

资产抵押贷款一般以固定资产抵押为条件，通过银行或融资公司获得利率为 1%~2% 的贷款，期限一般为 5~10 年，通常占总融资量的 25%~50%。

（2）次级负债（Subordinated Debt），即通过发行债券，或通过保险公司、相关政府机构获得的贷款。一般以次级资产或超额现金资产作为担保，获得利率为 3%~7% 的贷款，期限一般也为 5~10 年，总额只占总融资量的 10%~25%。

（3）自有资本融资（Equity Finance），即通过管理者、职工、企业外部的战略投资者等人的出资获得资金，该部分资金的综合利率可高达 30%~40%，一般规定持有年限为 3~7 年，占总融资量的 10%~20%。

（四）国内 MBO 主要融资方式

在国内目前的体制下，MBO 在融资方式和法律配套上都存在创新空间。国内企业 MBO 的融资途径集中于银行贷款、信托投资和风险基金三个方面。目前银行贷款是主要的融资方式。

银行贷款的操作一般需要管理层自己支付收购总价的 5%~30%，这一比例的多少由收购的总体规模、目标企业的自身质量、管理层的个人信誉、企业与银行的长期合作关系来决定；其余的部分以所收购企业的股权作为质押来获得银行贷款。也有银行接受目标企业的股权作 100% 的质押。银行贷款运作的最大特点就是操作相对简单、成本相对其他融资模式较低。但银行贷款也有一些障碍，主要是受到《中国人民银行贷款通则》关于"贷款不得用于股本权益性投资"的限制，银行贷款在用于 MBO 用途时需要绕道而行。

MBO 信托方式大致可以分为三类：①信托机构作为融资方为管理层收购提供资金，信托的角色类似于银行；②信托机构作为受托人，管理层筹措资金委托信托机构将资金用于收购目标企业，这种方式的好处在于避免设立收购主体，也就是特殊目的公司（SPC 公司）；③信托机构作为主体收购目标企业的股份，再选择一定的时机由管理层回购。信托方式的特点在于它不仅帮助管理层解决了资金问题，而且可以避免收购主体的设立，从而简化整个收购方案。

风险基金参与 MBO 运作大体也可以分为三种方式：①风险基金可以与管理层共同组成收购主体，这样一方面解决了管理层的融资问题，另一方面规避了《中华人民共和国公司法》关于"企业对外投资不得超过净资产 50%"的限制，并购剩余的资金可以由风险基金负责管理并实现收益；②风险基金作为管理层持股公司的战略合作伙伴，与管理层共同收购目标公司，并在收购完成后的一定时期内，由管理层回购股份，一般风险基金是不会长期持有目标公司股份的，风险基金的特点之一就是强调流动性；③风险基金为 MBO 提供融资，一般这种方式成本相对较高。

风险基金参与 MBO 运作的突出特点在于其集融资与投资于一体，在具体操作方案的设计与实施上较为灵活。但风险基金的运作也并非畅行无阻，国内产业基金的相关立法尚未出台，风险基金不能按基金运作，只能以公司形式参与 MBO，而企业之间的借贷行为是违法的，这对风险基金的融资角色造成了障碍。

（五）MBO 收购对象

从世界各国 MBO 的操作经验来看，MBO 的收购对象有以下几种。

1. 被管理企业自身的 MBO

这是最直接的 MBO 方式，管理层通过对正在管理的企业的收购，获得对正在管理的企业的所有权，实现管理者和所有者的统一。根据目的的不同，这类 MBO 又可以分为下列几种类型：①基层经理人员的创业尝试。20 世纪 80 年代创业精神的复苏极大地刺激了管理者的创业意识，促使他们试图改变自己的工薪族地位，创建自己的企业。MBO 为管理者实现企业家理想开辟了一条新途径。他们基于对自己经营的企业发展潜力的信心，以高于股票市场价的价格从原股东手中收购股票，以使自己以所有者的身份充分发挥管理才能，获取更高利润。这类 MBO 没有外部压力的影响，完全是管理者的自发收购行为。②作为对实际或预期敌意收购的防御。经理人员以 MBO 形式购回企业股票，已发展成一种越来越广泛采用的新颖的防御敌意收购金融技术。③作为大额股票转让的途径。许多上市公司只有一小部分股权流通在外，其余股票则为一些机构投资人或大股东所把持。当他们打算退出公司而转让股票时，让其在交易所公开卖出是不现实的，而且让大量股票外流也会影响公司的稳定，于是 MBO 就成为实现转让的最好选择。还有一些为家族所控制的上市公司，当业主面临退休而找不到合适的继承人时，利用 MBO 可解决继承问题而不必将控制权交与外人。④公司希望摆脱公司上市制度的约束。各国针对上市公司一般都制定了严格的法律法规，特别是透明度和公开披露信息方面的要求十分严格。一些经理人员认为这些制度束缚了他们的手脚，上市束缚了企业的发展，于是以 MBO 方式退出股市，转为非上市公司。

2. 收购被管理企业的子公司或分支机构

美国 19 世纪末和 20 世纪 20 年代的两次购并浪潮产生了横向一体化的企业及纵向一体化的企业，20 世纪 60 年代世界第三次购并浪潮又诞生了庞大的混合联合企业集团。进入 80 年代，一些多种经营的集团逆向操作，出售其想剥离的子公司和分支机构，甚至从某些特定行业完全退出，以便集中力量发展核心业务，或者是改变经营重点，将原来的边缘产业定为核心产业，从而出售其余部分业务（包括原核心业务），这时候最愿意购买的人，往往是最了解情况的内部管理者。出售决策作出后，卖主要选择具体的买主，考察的重要因素之一是各方出价的高低。外部购买者出价的依据是目标企业的资本结构、经营活动以及与自身业务的协调程度，而内部购买者则拥有关于企业潜力的详细信息。但出价高低并非卖主考虑的唯一因素，以下几种情况会增强管理者购买的竞争能力：

（1）卖主出于非财务目标的考虑。比如，若卖给第三者会损害卖主的形象，或希望尽快平稳地脱手，卖主往往更愿意选择 MBO。

（2）管理者已拥有目标公司很大比例的股份，或掌握了不为卖方和外部竞争者所知晓的重要内幕消息。当然，管理者亦需正确估计其专业技能及地位所赋予的讨价还价能力，若优势不大则应慎重考虑是否参与竞争，否则一旦收购失败，他们可能很快会被解雇。

（3）与集团分离后，新独立的企业与原母公司还保持一定的贸易联系（作为原料供应商或客户）。此时若卖给外部购买者，可能形成垄断，对集团利益不利，故卖方往往趋向选择 MBO，因为管理者寻求与母公司合作的愿望一般强于外部购买者。

3. 收购被管理企业的母公司

在有些情况下，直接收购被管理的企业存在很多不便。比如，被管理的企业是上市公司，受到比较严格的监管，交易会受到多方面的干预；或者被收购企业是公有企业，直接收购股权会引起太多的关注，审批程序复杂，等等。这时，管理层为了控制被管理的企业，就可以向上收购被管理企业的母公司，从而实现对被管理企业的间接控制。这种 MBO 一般采取私下交易的形式，而不是通过拍卖或要约收购的方式公开收购股权。这种方式给了管理层更多的运作余地，内部人优势更加明显。

【案例】

泓昇公司吞并法尔胜[①]

江苏法尔胜原本是优质的国有企业，但在管理者一次次的侵蚀和利用下，最终只能陨落为给资本操纵者牟取巨大利益的游戏工具。

1998 年，法尔胜集团公司以 43.56% 的股份占有法尔胜最大的股份。而法尔胜集团由江阴市国有资产管理办公室完全控股，可见法尔胜当时是纯血统的国有企业。1999 年法尔胜在深圳证券交易所上市交易（证券代码：000890）。2010 年 1 月 6 日法尔胜因长年亏损，被江阴泓昇有限公司（以下简称"泓昇公司"）收购，更名为江苏法尔胜泓昇集团有限公司（以下简称"法尔胜泓昇"）。法尔胜泓昇以 20.66% 的股份占有法尔胜最大股份。而以周江、张炜、周津如、邓峰为首的周氏集团控制着法尔胜泓昇 62.59% 的股份，可见法尔胜成了周氏集团私人的民营企业。

泓昇公司吞并法尔胜的过程可分为三步：①分批掏空核心资产；②国有资产变为集体资产；③神速收购法尔胜。

（1）分批掏空核心资产。2003 年法尔胜将下属的江阴法尔胜大酒店有限公司 50.06% 的股权转让给泓昇公司，开始了泓昇公司收购法尔胜的第一步。2007—2008 年，法尔胜下属的控股子公司由 11 家突然缩减为 6 家，而这些被转让的公司最终都由泓昇公司所直接或间接控制。2009 年 9 月，泓昇公司已经拥有全资及控股子公司 11 家。2008 年 10 月 28 日，法尔胜更是一次性处理了三家子公司，分别是：江阴法尔胜

---

① 李寿嘉，黄晨晖. 为什么管理层收购会导致国有资产流失：基于法尔胜收购的案例分析［J］. 财会月刊，2017（29）：62-69.

长兴光器件有限公司转让 75% 的股权给江阴康顺科技有限公司，转让价格为 1 元；江阴贝卡尔特钢丝制品有限公司吸收合并控股子公司江阴法尔胜贝卡尔特光缆钢制品有限公司，并将 13.8% 的股权以 1 983.6 万元价格转让给另一股东——贝卡尔特香港分公司；江阴光子股份有限公司 70% 的股权转让给法尔胜集团公司，交易价格为 1 元，后因长期股权投资变动，交易价格调整为 1 958 万元。

（2）国有资产变为集体资产。2008 年 10 月，江苏省人民政府同意了法尔胜集团公司申报的产权性质变更，将其认定为集体资产，并批准取消其证券账户"SS"标识。根据相关法律规定，收购国有资产股权需要经过国有资产监督管理委员会审批，而变更集体资产的股权，只需要市一级政府批准。这也为泓升公司收购法尔胜消除了程序障碍。

（3）神速收购法尔胜。2009 年 8 月 25 日，泓升公司召开 2009 年第一次临时股东会，通过了收购法尔胜 20.66% 股权的提案。同一天，法尔胜也召开了职工代表大会，审议通过了转让上述股权的决议；同一天，法尔胜与泓升公司签署《股权转让协议》；同一天，江阴市人民政府下发同意此次转让的批复文件。2010 年 1 月 6 日，泓升公司发布公告称其以 4.03 亿元收购法尔胜股份 7 843 万股，占总股本的 20.66%。这也宣告了并购的完成。

江苏法尔胜被泓升公司收购，然后转让给中植系的过程，正是典型的曲线 MBO，严重侵害了国家和其他利益相关者的利益。国有产权的弱势地位加上信息不对称、法律制度的缺失和交易市场的不完善造成了侵占国有产权的可能。国有产权的主体不清晰，使其在 MBO 中处于一种十分被动的地位。管理层发出的收购要约往往不能拒绝。在"一对一"交易的情况下，交易价格很难公允合理，从而形成了以每股净资产为转让价格的实际做法，极大地低估了企业的真实价值。而实际上有些 MBO 正是利用单一交易对象的特点，将本来高于每股净资产的国有产权压低到每股净资产甚至更低的水平。

为防止此类情况再次发生，关键在于建立合理的产权收购竞价体制，完善国有产权交易市场，破除单边交易的局面，增加买方数量，使更多的主体参与到国有企业股权转让中，以防止由于定价而产生的国有资产流失。

思考：如何防范管理层收购可能引发的国有资产流失？

第四节　反收购策略

一、上市公司反收购的概念

上市公司反收购也称为上市公司对收购的防御，通常发生在敌意收购中，是指目标公司所采取的旨在抵御乃至挫败收购人行为的措施。收购人可以通过协议收购、要约收购或者是证券交易所集中竞价交易方式进行上市公司收购。按照是否得到目标公司的合作，上市公司收购可以分为友好收购和敌意收购。友好收购是指收购者首先征得了目标公司控制者的同意，使其与收购者密切合作、积极配合，劝导公司股东向收购者出售股份的公司收购。敌意收购则是对目标公司的控制者拒绝与收购者合作的公司收购。在这种情况下，目标公司将采取种种反收购策略来阻碍收购者完成对公司的收购。

反收购的本质是对目标公司所有权的控制和争夺，以及相关主体对目标公司所拥有利益的归属分配，核心是防止公司控制权的转移。

上市公司反收购概念可以从广义和狭义两方面来理解，广义的反收购不仅指目标公司针对敌意收购的防御行为，还包括目标公司对善意收购计划的拒绝，以及目标公司在面临竞价收购时对竞价各方实行差别待遇，对公司选定的收购方实行特殊优惠，从而在客观上形成对其他竞价方的不利。

上市公司收购和反收购战争夺的焦点是公司的控制权。公司控制权一般有两种含义：一是"公司之间的控制权"中所指的"股东控制权"，它主要表现为不同股东对公司控制权的争夺。现代企业理论认为，所有权和控制权的分离使股东和管理者之间形成一种委托代理关系。在这一委托代理分析框架中，作为委托人的股东总是希望作为代理人的管理者能够从股东利益最大化出发来管理公司。但是由于股东和管理者之间存在信息不对称，而且代理人本人又存在道德风险问题，因此，股东必须要通过一定的控制机制对管理者进行监督和约束。这些机制主要包括投票代理权争夺（proxy contest）、要约收购（tender offer）或兼并以及直接买入股票（direct share purchase）。二是企业内部的"管理层控制权"，主要指公司管理者内部竞争、董事会的构成和大股东的监督等。无论是以董事会构成为代表的内部控制机制，还是以收购、代理投票权竞争为代表的外部控制机制，都会造成管理者之间争夺公司资源的管理权。因股东控制权争夺形成的市场可称之为"间接控制权市场"，而反映在企业内部形成对公司直接控制的过程称之为"直接控制权市场"。本书重点关注的是股东控制权，即收购方谋求取得的对目标公司的控制权。

二、上市公司反收购策略

（一）反收购的法律策略

反收购中的主要法律依据是反垄断法和证券法。反垄断法的目的是反对经济活动中的垄断，保护公平竞争，是政府对企业收购进行管制的重要工具，将对企业收购产生重大影响。证券法则对上市公司收购的条件和程序作出了明确规定。

（二）反收购的管理策略

若在敌意收购之前，目标公司有所察觉，经营者可采取一些主动的管理防范措施，主要有以下几种。

1. 公司章程条款修订

如果成为了目标公司的控股股东，则收购方必须受目标公司章程的约束，因此，许多公司的董事会采取修订公司章程的某些条款的方式来应对敌意收购，使得收购方即使能成为公司的控股股东，依然无法获得公司的控制权，最终甚至可能导致收购方收购失败。因此，目标公司董事会将反收购策略上升到修订公司章程的高度也是对抗敌意收购的有效方式之一。

（1）交错选举条款。

交错选举条款是指将目标公司董事会全部董事分为三组，每一组董事的任期为三年，每年有一组董事任期届满，即股东大会每年只能换届选举三分之一的董事。在交错选举董事制度下，即使收购人成功收购了上市公司的部分股权并可以选举董事候选人，也只能在两年或三年以后才可以控制董事会，从而在时间上延缓了收购人对公司的控制。其弊端是只能推迟收购方控制董事会的速度，不能完全阻止收购方控制上市公司。

根据《中华人民共和国公司法》第四十五条和第一百零八条关于董事会的相关规定，股份有限公司董事会人数为 5 至 19 人，非由职工代表担任的董事的选举和更换由股东大会行使职权，董事任期由公司章程规定，但每届任期不得超过 3 年。由此可见，《中华人民共和国公司法》对于董事人数、任期都没有作具体的强制性规定，从而给予了公司章程有较大的自由裁量权。因此，对于董事会交错选举条款，公司章程有权自由选择是否加以规定，由公司股东大会作出决定。

（2）公平价格条款。

公平价格条款是指在公司章程条款中规定，收购方购买少量股东的股票时，至少要以一个公平的市场价格购买。公平价格条款要求出价收购人对所有股东支付相同的价格。溢价收购主要是企图吸引那些急于更换管理层的股东，而公平价格条款无疑阻碍了这种企图的实现。

公平价格条款的设置主要是为了保护少数股东的利益。公平价格条款的实施，通过增加收购成本，对部分收购和双重要约收购起到了阻碍作用。在实践中，公平价格条款往往是跟超级多数条款一起使用的，公平价格条款主要用于破解双重收购中的挤出合并。在双重收购中，如果目标公司股东不接受第一层收购要约，把剩余的股份出售给收购者，他将被随之而来的挤出合并挤出。超级多数条款使这种合并极为艰难，而公平价格条款则灵活地提出，只要收购者对所有被购买的股票都支付了公平价格，则该合并可以不适用超级多数条款。

（3）超级多数条款。

作为反收购措施的超级多数条款，是指在公司章程中规定，公司进行分立、收购、重大资产转让或者变更管理权时，必须取得绝对多数股东的同意才能进行，并且修改该类条款也需要绝对多数的股东同意才能生效。这样就会使收购人面临即使拥有了目标公司超过半数的股权，也会因为无法拥有特定绝对多数的表决权而无法获得公司的控制权的潜在危险。

目标公司在公司章程中设定超级多数条款，一方面使投资方试图转移公司控制权更加困难，对目标公司来说有助于防御损害公司利益的敌意收购活动；另一方面，减轻了整个市场环境给公司的经营管理者带来的种种压力，客观上有利于维持公司控制权的稳定。然而，超级多数条款的设置也会在一定程度上削弱目标公司大股东的控制力。在美国，为减少超级多数条款给公司正常经营带来的实际阻碍，目标公司在设定超级多数条款的同时，往往会附加特别条款，即董事会有权决定什么时候以及什么情形下该超级多数条款才可以发挥效力，提高公司管理层在面临敌意收购时的主动性与灵活性。

2. 白衣骑士

白衣骑士是指当公司成为其他企业的并购目标后（一般为恶意收购），公司的管理层为阻碍恶意接管的发生，去寻找一家善意的公司进行合作，该合作公司以更高的价格向其发出要约，以打败敌意的收购者。善意的收购方被称为白衣骑士。白衣骑士计划一般会引发异常激烈的收购战，该计划的关键是是否有人愿意充当白衣骑士来承担更高的收购价格。

白衣骑士策略是使用最频繁的反收购手段之一。据统计，在美国 1978—1984 年间发生的 78 起成功的反收购案例中，有 36 起是被"白衣骑士"拯救的，其成功比例之高令人吃惊。

约请友好人士加入争夺本公司控制权的竞争，本身并不违法，由此带来的竞价收购，还能够为目标公司股东创造更为丰厚的利润，故应该获得法律的支持和鼓励。总体而言，从目前的法律规定看，我国还是比较倾向于这种反收购策略的，但是需要符合法定的程序。我国《上市公司收购管理办法》第八条规定了被收购公司董事、监事、高级管理人员对本公司的忠实义务和勤勉义务，并要求其应当公平对待所有收购人，这就明确了目标公司管理层应该公平对待所有收购者以及不得损害公司股东合法权益的原则。

3. 毒丸计划

毒丸计划起源于美国，作为最有效的反收购措施之一，由美国著名的并购律师马丁·利普顿于 1982 年提出，其正式名称为"股权摊薄反收购措施"。具体做法是：先由目标公司发行一种特别权证，该权证载明在一定条件下，如买方购买了目标公司股份达到一定比例时，特别权证持有人即可以优惠条件购买目标公司股票或者合并后的新公司股票。一旦毒丸计划生效，其他所有的股东即有机会低价买进新股，这样就大大地稀释了收购方的股权，使得收购代价高涨，从而达到抵制敌意收购的最终目标。

毒丸计划自 20 世纪 80 年代在美国产生以来，先后衍生出多种不同的类型。不同类型的"毒丸"附属的特殊权利有所不同，包括优先股、认股选择权、投票权、售股选择权等；"毒丸"发展到后期还出现了一种特殊的变种，即以其所依附的证券为债券，赋予债权人在特定情形下以一定价格向公司出售其所持有债券的权利。毒丸计划可以事先在公司章程中设置，也可以在收购事件发生时采取。

毒丸计划可能对股价产生正面影响，但是对目标公司也有一定的负面影响。一方面，毒丸计划可能被管理层利用来牟取私利，使不称职的管理者得不到及时更换，也可能导致目标公司的资本额调整未经股东同意就生效，从而激化股东与董事会之间的利益冲突。另一方面，毒丸计划也可能促使收购要约人与目标公司管理层进行友好协商，从而使公司股东获得更高溢价，给予公司管理层动力以实现公司及股东利益的最大化。

所以，目标公司在允许采取毒丸计划的同时，必须对该措施采取比较严格的管理制度。实践中，目标公司管理层在制订毒丸计划的时候会给修改公司章程设置一个很高的门槛，使得收购方通常需要持有很高的股份比例才能使毒丸失效。在这种情况下，收购方可以通过向法院提起诉讼，指出这种"毒丸"不利于保护被收购方的股东权，且收购方必须要证明自己是善意收购人；而被收购方有责任证明收购方的意图并非是善意。最终，法院通过充分考虑双方的举证和陈述来做出最后的判断。

4. 金色降落伞计划

"金色降落伞"是指在公司被另一家公司收购时，为弥补高级管理人员因收购导致的离职，而向其提供的优厚补偿。"金色"意指补偿丰厚，"降落伞"意指高管可规避公司控制权变动带来的冲击而实现平稳过渡。

金色降落伞条款一般在雇佣合同中以分离条款的形式加以规定，该条款的覆盖面较窄，在大多数情况下仅适用于公司最高管理层，如公司首席执行官等。考虑到整个收购活动中公司中层及中下层管理人员也发挥着相当重要的作用，许多公司还同时使用针对不同类人群的"银降落伞""灰降落伞"和"锡降落伞"等计划，它们在形式和触发条件上与金色降落伞相似，但在覆盖人群、遣散费的倍数和税负处理方式上与其有较大的不同。

对金色降落伞计划持反对态度的学者认为，其约定的补偿金数额过大，会给公司和股东带来很重的负担。此外，金色降落伞还可能沦为管理层自我交易的工具，存在一定的道德风险。但是，经济学理论和实证研究均表明，设计合理的金色降落伞计划是利大于弊的，它能够大大减少管理层与股东在公司收购中的利益冲突，使公司管理层自觉地通过与收购方谈判为股东争取更高的溢价。

我国法律并未对金色降落伞计划设置明确的强制性规定，为平衡目标公司管理层与股东之间的利益，避免管理层动用公司资源对敌意收购进行过激的抵抗，应当允许设立合理的金色降落伞计划，这对于目标公司及其股东而言是有利的。

5. 员工持股计划

公司鼓励自己的员工持有公司股份，而员工为自己的工作及前途考虑，不会轻易出让自己手中拥有的本公司股票。如果员工持股数额庞大，则目标公司的防线就比较牢固。

6. 环形持股

为了防止上市公司的股权过于分散，目标公司可采取交叉持股的股权分布形式，即关联公司、关系较密切的公司之间相互持有部分股权。一旦其中一家公司遭收购，相互持股公司间易形成"连环船"效果，从而大大增强反收购一方的实力。但其缺点是相互持股往往要耗费较多的资金，从而影响公司的现金流量状况。

环形持股方式为战后日本财阀企业为了稳定股份而采用的一种特殊的持股方式。日本六大财团——三菱、三井、住友、富士、三和、第一劝银各成员企业之间呈环状持股，"以资本为纽带"。在六大财团中，各大成员企业间不存在上下支配关系，是松散的联合体，依靠金融机构和传统的关系联结在一起。

（三）反收购的股票交易策略

股票交易也是上市公司反收购的一种策略，具体有以下几种。

1. 股份回购

股份回购在用作反收购目的时，是指当敌意收购行为出现时，目标公司通过买进公司已经发行在外的流通股，以抵抗敌意收购的一种行为。股份回购对反收购的积极作用主要体现在以下三个方面：首先，目标公司购回流通股股份后，增加了目标公司原控股股东的持股比重，巩固了其在公司中的控制权；其次，股份回购通过减少市场上的流通股份数额，增加了敌意收购者买足公司股份的难度；最后，股份回购可以有效地提高目标公司股价，而高股价意味着高成本，是对抗敌意收购的有效手段。

尽管如此，股份回购却因其种种弊端而被大多数国家或地区立法予以限制甚至禁止。各国公司法对股份回购进行限制或禁止的理由主要是：①股份回购易导致公司与股东之间产生双重人格问题。原则上，公司和股东都必须具有独立的人格，独立承担责任。如果公司购买本公司发行在外的股份，就会使公司同时成为自身的股东，使得公司具有双重人格。②股份回购违背资本维持原则。若公司购买本公司股份，等同于未经法定的减资程序向股东返还出资，公司的资产会因此减少，这不利于公司资本的维持，同时降低了公司的偿债能力。③股份回购违背股权支配公正原则。公司回购自己的股份，将会减少公司发行在外的股份总数，而公司回购的股份是无表决权的，这在本质上改变了公司内部的表决权结构，会影响股东权利的正常行使。④股份回购违反股份交易公正原则。如果允许公司回购自己的股份，则管理层可能利用公司的资金操纵股票市场行情，误导市场秩序，扰乱股市其他投资者的正确判断。

2. 帕克曼策略

帕克曼一词来源于 20 世纪 80 年代初美国一度流行的电子游戏。帕克曼策略是一种以进为退、反守为攻的反收购战术。当目标公司获悉收购方试图启动收购目标公司的计划时，目标公司则针锋相对地宣布对收购公司实行标购，积聚对手的股票以期夺取收购公司的控股权，从而迫使收购公司转入防御，或者至少可以赢得一段时间重新制订防御策略。该策略要求目标公司具备足够的实力、充足的现金和灵活的融资渠道。并且，该策略是所有策略中风险最高、争夺最为激烈的一种方式。

总之，企业的反收购策略多种多样。值得注意的是，目标公司在制订自己的反收购计划时，一定要注意当地法律对此种计划所持的态度，履行法定的程序和步骤。因为各国证券法均规定，目标公司管理层在安排反收购措施时，必须充分保护股东（尤其是中小股东）的合法权益不受侵犯，不得因董事、经理的一己私利而牺牲股东的利益。

（四）上市公司反收购的价值评价

上市公司反收购具有以下几点积极性。

1. 保护目标公司的利益

从微观角度看，中国企业反收购行为的动因与其他国家企业相比是无差异的，即都是利益驱动。反收购不仅提高了目标公司股东的讨价还价能力，而且当成长中的公司收到以肢解出售目标公司而从中牟利为目的的恶意收购要约，或收购要约价格明显低于公司自身真实价值，或公司远期发展前景光明，可预期的未来价值远高于收购价值时，反收购策略的实施有力地维护了目标公司的利益。反收购策略能提高收购人的出价，增加收购难度，而且反收购行为还可能引起外来竞价者的参与，进一步提高收购价。据美国学者的研究，1962—1981 年所发生的 48 起标购案例中，最终出价一般都高于最初始出价的 23%。

2. 保证股东利益最大化

反收购行为可以保证股东利益最大化，特别是对中小股东利益的保护。作为企业的所有者，股东是收购所直接触动的利益群体，出于对自身利益的保护，股东不愿意丧失对公司的控制权，股东必然成为反收购的中坚力量，同时也是反收购的始作俑者、组织者、宣传者以及行为后果的承担者。作为企业经营参与者的广大职工，同样出于对自身利益的保护，担心的是被收购后丧失原来的职位、薪水甚至工作，因而在这种情况下，全体职员可能会选择通力合作，力求保存企业，保存各自的利益。

3. 提高企业的经营效率

市场低估理论认为，收购的动因在于股票市场价格低于目标公司的真实价格。造成市场低估的原因主要有：①公司现管理层并没有使公司达到其潜在可达到的效率水平；②收购者掌握了普通投资者所没有掌握的信息，依据这种信息，公司股票价格应高于当前的市场价格；③公司的资产市场价格与其重置价格之间存在一定的差距。

公司控制权市场无效理论认为，反收购行为会促使目标公司管理层改进管理措施和工作方法，提高效率。敌意收购会使公司的所有权与控制权分离而产生的缺乏监督问题得到解决。同时，由于这种潜在风险的存在，管理层就会为了避免它而改善经营。因为在反收购过程中，目标企业可以通过重组、分拆等方式促进战略集中，提高每股盈余与市值，降低成本，使收购企业很难将子公司或财产进行资产剥离，致使收购者失去收购兴趣。

4. 促进形成公司股权分散持有模式

从另一层面看，企业的反收购行为的动因可以对股权分散持有模式的形成起促进作用。形成股权分散持有模式是公司法在 21 世纪的一个主要目标，而在公司章程中设立反收购条款或赋予目标公司董事会以适当的决定权有助于实现此目标。设立反收购条款，某个或某些股东就不必为防备敌意收购者而持有维系公司控制权所需要的大量股份。换言之，公司股权可以分散到公众手中。公司股权分散持有模式对于投资者而言，有诸多好处：①控制股份投放到证券市场，市场上流通的股份随之增加，证券流通性也相应增强；②分散持有股权降低了股东投资的风险，从而也减少了公司融资的成本；③每个股东对于公司经营业绩承担的风险降低，管理层由此可以更大胆地挑战经营风险，而不至于为规避经营风险放弃商业机会；④随着大量控制股份注入证券市场，股票的市价会趋于合理化，能更加精确地反映其真实价值，从而降低了投资者的投资风险。

5. 防止行业垄断

反收购所具备的垄断抑制功能使得该行为的实施有力地缓解了政府应对反垄断的压力。我国的上市公司一般规模都较大，在所处的行业中市场占有率较高，处于领先的地位。上市公司全流通之后，外资并购过度发展，则可能影响市场竞争状况，导致市场结构发生变化甚至形成行业垄断。受 1995 年以来国际新一轮跨国并购浪潮影响，跨国公司主要是从合资、合作到独资建厂，发展到大举并购我国发展潜力较大的优秀企业。这是跨国公司一项战略性的重大举措。收购绝对控股、行业龙头和预期收益超过 15% 的企业，是一些跨国公司目前在华收购战略的基本特点。从公开披露的外资收购中国企业案例看，来自美国的跨国公司最多（占 30.2%），欧盟企业次之（占 27.3%），其余为东盟和日本等国的企业。采取反收购策略，增强公司抵御外资收购的能力，防止行业垄断，能够在一定程度上维护国家的经济安全。

除了以上积极作用外，反收购还能够促使中国上市公司更好地处理外资进入问题，有利于促进公司存量资产的充分利用。上市公司收购所具有的公司控制权转移功能，就是重新调配资源，对于我国的经济结构调整、产业结构整合的意义十分重大。

此外，上市公司反收购也具有以下几点消极作用。

1. 损害股东和公司整体利益

管理层可能由于以下两个方面的原因而采取反收购策略。第一，管理层认为本企业具有潜在价值。对企业的了解最详细、最深刻的莫过于企业的管理层本身。管理层对企业的现状以及未来前景都有比较清晰的认识。当企业遭到外部收购时，管理层就会根据内部信息对企业进行评估，以评估价与外部收购者的出价比较，作出接受收购或抵制收购的决定。第二，目标公司管理层为了自我保护而滥用权利。从公司的法人性来看，公司所有权与经营权的分离是必然的，而上市公司股权分置改革也表明，公司股权结构的日益分散使股东越来越远离公司的最终控制权，管理层与公司股东之间的利益冲突是难以避免的。当收购可能会损害目标公司管理层的利益时，管理层往往采取反收购策略，牺牲公司的利益来保住其地位和既得利益。反收购的最大受益者往往是管理层而非股东。这样必然会损害包括股东、职员在内的公司整体利益。

2. 增加目标公司的成本和费用

反收购会增加目标公司的成本和费用，造成社会资源的浪费。反收购会增加收购成本，这是无法避免的，目标公司为了挫败收购方的收购，必然会抽调资金，想方设法采取有效的反收购策略，从而增加了公司的经营管理成本。敌意收购作为对公司不良经营状况的事后矫正机制，会导致巨大社会成本的耗费，不宜加大其对于改善公司治理的作用。反收购的实施能有效减少敌意收购，尤其是那些低质敌意收购的发生频率，从而避免了社会资源的浪费。

本章小结

公司的兼并与收购是现代公司通过资本市场向外扩张、自身变革的活动，是资本市场对资源进行重新配置的重要手段，对企业的发展影响重大。著名经济学家斯蒂格勒曾经说过："没有一家美国大公司不是通过某种程度、某种方式的兼并而成长起来的，几乎没有一家大公司主要是靠内部扩张成长起来的。"国外许多著名大型企业的发展历程无不是通过并购进行扩张的历史。从19世纪末到现在，西方发达国家共经历了五次明显的并购浪潮。

并购是证券市场永恒的主题。从宏观上看，并购是实现产业结构调整、合理配置资源的重要手段；从微观上看，并购是企业寻求发展的重要途径之一。企业的发展壮大主要通过如下两种途径：一是内部成长，是指公司在保持现有资本结构的情况下，依靠自身的力量，通过整合公司现有的内部资源，进而提高资源的利用效率来实现公司成长的目标。二是外部扩张，主要是指公司通过吸收外部资源来实现企业的扩张，主要的外部扩张方式有联盟和并购。从国际经验看，要实现企业规模的扩大和整体实力的增强，并购是一条快速有效的路径。

管理层收购（Management Buy Out，MBO）和杠杆收购（Leverage Buy Out，LBO）是经常被一并提起的两种重要的收购方式。杠杆收购，是通过高负债融资购买目标公司的股份，获得经营控制权，以达到重组目标公司并从中获得预期收益的一种财务型收购方式。同样是收购企业，当收购主体是目标公司内部的管理人员时，即为管理层收购；当收购主体是目标公司的员工时，则为员工收购（Employee Buy Out，EBO）。

虽然 MBO 经常需要通过高负债融资来实现，但收购过程中的高杠杆率不是 MBO 的必然要素。这里要说明的是，虽然 LBO 与 MBO 常常被一并提起，但是并不意味着这两种收购方式之间有什么从属关系。LBO 与 MBO 都是常用的收购方式，但是切入点不同，LBO 主要指的是收购中的融资方式是运用杠杆来进行的，而 MBO 强调的是收购的主体是被收购公司管理层。只不过在国际收购的实例中，一部分 LBO 的案例其收购主体是管理层，而许多 MBO 的收购案例又往往运用杠杆融资的方式，这就造成了 LBO 和 MBO 所指的范围在很大程度上产生重叠。

上市公司反收购通常发生在敌意收购中，是目标公司所采取的旨在抵御乃至挫败收购人行为的措施。反收购的本质是对目标公司所有权的控制和争夺以及相关主体对目标公司所拥有利益的归属分配，核心是防止公司控制权的转移。

【案例分析】

吉利集团杠杆收购沃尔沃公司

【课后练习】

一、单项选择题

1. 下列一定属于横向并购方式的是（　　　）。
   A. A 汽车公司并购 B 汽车公司
   B. A 火力发电汽车并购 B 煤炭企业
   C. A 家电企业并购 B 房地产企业
   D. A 钢铁企业并购 B 重型机械企业
2. 按并购企业对目标企业进行收购的态度划分，并购可分为（　　　）。
   A. 购买资产并购和购买股票并购
   B. 横向并购和纵向并购
   C. 股份交易式并购和现金购买式并购
   D. 恶意并购和善意并购
3. 对于并购方而言，（　　　）并购支付方式只需支付少量现金。
   A. 现金支付
   B. 股权置换
   C. 卖方融资
   D. 杠杆收购

二、多项选择题

1. 并购理论包括（　　　）。
   A. 交易费用理论
   B. 竞争优势理论

C. 规模经济理论　　　　　D. 价值低估理论

E. 协同效应假说

2. 可供选择的并购风险处理策略包括（　　　）。

A. 风险规避　　　　　　　B. 风险转移

C. 风险留存　　　　　　　D. 风险防范与控制

E. 风险转化

3. 反收购的管理策略主要有（　　　）。

A. 公司章程条款修订　　　B. 白衣骑士

C. 毒丸计划　　　　　　　D. 金色降落伞计划

E. 员工持股计划

三、判断题

判断下列说法是否正确，对的在后面的（　　　）内打√，错的在后面的（　　　）内打×。

1. 收购的后果是原公司不再存续，取而代之的是占优势的企业的兼并企业或是一家新企业。　　　　　　　　　　　　　　　　　　　　　　　　　　　（　　　）

2. 兼并，是指在竞争中占优势的企业购买另一家企业的全部财产，合并组成一家企业的行为。　　　　　　　　　　　　　　　　　　　　　　　　　　　（　　　）

3. 现金支付的并购支付方式可以减少并购方的财务负担。　　　　　（　　　）

四、名词解释

1. 企业并购

2. 横向并购

3. 混合并购

4. 规模经济

5. 协同效应

五、简答题

1. 管理层收购有哪些特征？

2. 反并购策略包括哪些？各有什么特点？

3. 反并购策略有哪些积极影响？

第八章

资本重组与资本收缩

■**教学目标**

　　教师通过本章教学至少应该实现下列目标：使学生掌握资本重组的基本含义，熟悉资本重组的主要方式；了解战略联盟的产生背景，掌握战略联盟的含义与分类，熟悉战略联盟的理论和基本运作；掌握企业托管经营的概念及类型，了解企业托管经营的理论依据，熟悉企业托管经营的模式及基本操作流程；掌握资本收缩的基本含义；掌握资产剥离的类型；理解资产剥离的动因；了解资产剥离的程序等知识目标。掌握公司分立的基本模式，理解公司分立的动因及分立的利弊分析；掌握企业资本重组与我国"一带一路"倡议的关系等能力目标。掌握十一届三中全会以来，国企混合制改造对国有企业产生的影响；掌握大型国有企业资本重组与深化供给侧结构性改革的关系等思政目标。

【案例导入】

中油资本重组上市①

　　党的十八届三中全会以来，关于国有企业的很多重要举措都已经迈出了实质性的步伐。中国石油集团为了加大公司制改革力度，积极引入各类投资者实现股权多元化，大力推动国有企业改制上市，在企业集团内设立中国石油集团资本股份有限公司（以下简称"中油资本"）专门管理金融业务，实现实业与金融业的风险隔离。其将金融业务整合并注入上市公司济南柴油机股份有限公司（以下简称"石油济柴"）后，改变目前中石油集团直接持有各金融企业股权的情况，一方面可以有效规避石油济柴的退市风险，引入优质资产，剥离原有不良资产，改善经营状况；另一方面，通过中油资本的重组，实现中石油集团金融业务的整体上市，以此来提升中石油集团、中油资

---

　　① 周嘉懿. 中油资本重组上市案例研究［D］. 北京：中国财政科学研究院，2018.

本和金融子公司的抗风险能力。此次重组交易的特点：一是公司股权结构三级化，股东多元化；二是石油济柴通过发行股份募集资金，规避合规风险；三是石油济柴在股本扩大后，依然保持流通股比例低、股价弹性大等特点。

思考：

1. 石油济柴和中油资本重组后业务如何转型？

2. 从中油资本公司治理的角度考虑重组以后资源整合问题以及重组后公司的财务管理问题。

第一节　战略联盟

一、战略联盟的含义

（一）战略联盟产生的背景

随着经济全球化和科学技术的迅猛发展，企业在国际、国内市场中竞争日趋激烈，特别进入 21 世纪以后更是如此，竞争的广度和深度日益延伸至全球范围，任何单个企业在从事经营活动时，必须面对世界范围内的挑战。战略联盟的出现不是偶然，它是大时代的产物，究其原因，战略联盟产生的大背景主要有以下六个：

1. 世界经济一体化

全球经济一体化为跨国公司的经营提供了很好的机会，因为只有全球的市场才能满足它们的巨大胃口。不过更为激烈的国际竞争也给跨国公司的经营带来了困难，迫使它们不得不寻找新的更为有效的竞争武器。尽管各跨国公司在调整过程中的具体目标各不相同或各有侧重，但多数都采取了战略联盟作为实现战略调整的手段和方法。战略联盟就是两个或两个以上的企业或跨国公司为了达到共同的战略目标而采取的相互合作、共担风险、共享利益的联合行动。

2. 科学技术的飞速发展

近五十年来科学技术的发展速度超过了有史以来的任何时期，而科技革命所带来的影响也是前所未有的，科研成果不断地将产品推向高科技化和复杂化，一种新产品的问世往往涉及越来越多的技术领域，经过越来越多的生产和经营环节。因此，无论从技术上还是从成本上讲，单个公司依靠自身的有限能力是无法面对当今科技发展的要求的。战略联盟可以把各种研究机构和企业联成一体，为着共同的战略目标组成灵活、协调的联盟网络，实现企业之间的资源共享，从而适应当代科技进步的需要。

3. 实现总体战略目标

战略联盟以一种全新的思维和观念，为企业的扩张、全球战略目标的实现提供了一条新的途径，传统的与所有权密切相关的股权安排正在被新兴的以合作为基础的战略联盟所代替。采用战略联盟形式进行合作，既可以保存原有资源，又能在共享外部资源的基础上，相互交换经营所需的其他资源，从而实现其全球战略目标。

4. 分担风险并获规模和范围经济

激烈变动的外部环境对企业的研发提出三点基本要求：缩短开发时间、降低研究开发成本、分散研究开发风险。企业通过建立战略联盟，扩大信息传递的密度与速度，以避免单个企业在研发中的盲目性和因孤单作战引起的重复劳动和资源浪费，从而降低风险。

5. 防止竞争损失

为避免丧失企业的未来竞争优势，避免在诸如竞争、成本、特许及贸易等方面引起纠纷，企业间通过建立战略联盟，加强合作，可以理顺市场、共同维护竞争秩序。

6. 提高企业的竞争力

在产品技术日益分散化的今天，已经没有任何企业可以长期拥有生产某种产品的全部最新技术，单纯一个企业已经很难掌握竞争的主动权。战略联盟的出现使传统的竞争对手发生了根本的变化，企业为了自身生存的成功，需要与竞争对手进行合作，即为竞争而合作，靠合作竞争。企业建立战略联盟可使其处于有利的竞争地位，或有利于实施某种竞争战略，从而提高企业竞争实力。

（二）战略联盟的定义

战略联盟是指由两个或两个以上有共同战略利益和对等经营实力的企业（或特定事业和职能部门），为达到拥有市场、共同使用资源等战略目标，通过各种协议、契约而结成的优势互补或优势相长、风险共担、生产要素水平式双向或多向流动的一种松散的合作模式。

战略联盟的战略优势如下：

一是创造规模经济。小企业因为远未达到规模经济，与大企业比较，其生产成本就会高些。这些未达到规模经济的小企业通过构建联盟，扩大规模，就能产生协同效应，即"1+1>2"效应，提高企业的效率，降低成本，增加盈利，以追求企业的长远发展。

二是实现企业优势互补，形成综合优势。企业各有所长，这些企业如果构建联盟，可以把分散的优势组合起来，形成综合优势，也就可以在各方面、各部分之间取长补短，实现互补效应。

三是可以有效地占领新市场。企业进入新的产业要克服产业壁垒，企业进入新市场也同样要越过壁垒。企业通过企业间的联盟合作进入新市场，就可以有效地克服这种壁垒。

四是有利于处理专业化和多样化的生产关系。企业通过纵向联合的合作竞争，有利于组织专业化的协作和稳定供给。如丰田公司只负责主要部件的生产和整车的组装，减少了许多交易的中间环节，节约了交易费用，提高了经济效益。而企业通过兼并实行联盟战略，从事多样化经营，则有利于企业寻求成长机会，避免经营风险。在选择联盟对象时，企业首先要清楚候选企业的战略意图。其次，企业应该调查候选企业的合作经验。此外，企业还应考察潜在候选企业是否具有独特的核心竞争力和发展的潜力。

（三）战略联盟的主要特征

从经济组织形式来看，战略联盟是介于企业与市场之间的一种"中间组织"。

（1）企业组织存在是对市场交易费用的节约，企业和市场是两种可以相互替代的资源配置组织。

（2）并购方式的实质是运用"统一规制"方式实现企业一体化，即以企业组织形态取代市场组织形态。

（3）新建方式的实质则是运用"市场规制"实现企业的市场交易，即以市场组织形态取代企业组织形态。

（4）战略联盟内交易是既非企业的（因为交易的组织不完全依赖于某一企业的治理结构），亦非市场的（因为交易的进行也并不完全依赖于市场价格机制）。战略联盟的形成模糊了其和市场之间的具体界限，是一种"中间组织"。

从企业关系看，组建战略联盟的企业各方是在资源共享、优势相长、相互信任、相互独立的基础上通过事先达成的协议结成一种平等的合作伙伴关系。这既不同于组织内部的行政隶属关系，也不同于组织与组织之间的市场交易关系。

联盟企业之间的协作关系主要表现为：

（1）相互往来的平等性。

联盟成员均为独立法人实体，相互之间的往来不是由行政层级关系所决定，而是遵循自愿互利原则，为彼此的优势互补和合作利益所驱动。各成员企业始终拥有自己独立的决策权，而不必受其他成员企业的决策所左右。

（2）合作关系的长期性。

联盟关系并不是企业与企业之间的简单交易关系，而是相对稳定的长期合作关系。因此，企业参与联盟的目标不在于获取一时的短期利益，而是希望通过持续的合作增强自身的竞争优势，以实现长远收益的最大化。

（3）整体利益的互补性。

联盟关系并不是企业与企业之间的市场交易关系，或是一个企业对另一个企业的辅助关系，而是各成员之间的一种利益互补关系。每个成员企业都拥有自己的特定优势，其通过相互之间的扬长避短，可有效降低交易成本，产生"1+1>2"的协同效应。

每个成员企业都能获得与其在联盟中的地位和对联盟的贡献相对应的收益，这种收益仅依靠企业自身的力量将难以获取。

（4）组织形式的开放性。

企业联盟往往是松散的协作关系，通常以共同占领市场、合作开发技术等为基本目标，其所建立的并非一定是独立的公司实体，成员之间的关系也并不正式。因而企业战略联盟本身是个动态的、开放的体系，是一种松散的公司间一体化组织形式。

总之，战略联盟是促使双方从"零和"演变为"正和"的一种新型合作伙伴关系。

二、战略联盟的分类

（一）根据对战略联盟的资源投入分类

根据对战略联盟的资源投入，我们可以将联盟分为股权投资型和非股权投资型。

1. 股权投资型联盟

股权投资型联盟是两个或两个以上的企业通过股权投资新建一家企业，合营各方拥有该企业部分股权，或通过相互持股而达成的战略联盟。股权式联盟具体又可分为合资与相互持股两种形式。

（1）合资（Joint veomture，JV）。合资又称合营，一般定义为由两家公司共同投入资本成立，分别拥有部分股权，并共同分享利润、支出，共担风险，共同拥有该公司的控制权。在这种联盟中，双方都投入了大量的资源，并允许联盟创造的资源继续保留在联盟中，双方股权参与较深。这种联盟的特征是建立的组织有自己的独立性以及自己的战略生命。

在我国，合资通常也指中外合资。中外合资经营企业是由中国投资者和外国投资者共同出资、共同经营、共负盈亏、共担风险的企业。外国合营者可以是企业、其他经济组织或个人。中国合营者目前只限于企业或其他经济组织，不包括个人和个体企业。经审查机关批准，合营企业是中国法人，受中国法律的管辖和保护。它的组织形式是有限责任公司。在合营企业的注册资本中，外国合营者的投资比例一般不低于25%。合营各方按注册资本比例分享利润、分担风险及亏损。合营者的注册资本如果转让，必须经合营各方同意。

（2）相互持股。相互持股是指合作各方为加强联系而相互持有对方一定比例的股份。相互持股使战略联盟中各方的关系相对更加紧密，各方可以进行更为长久、密切的合作。与合资企业不同的是，相互持股不需要建立新的组织实体，双方的资产和人员不必进行合并，而且相互持股的比例一般较小，不会超过50%。

2. 非股权投资型联盟

非股权投资型联盟又称契约式联盟，是指那些不涉及股权安排的，通过各种协议或契约，依赖已有企业而形成的联盟。由于契约式联盟更强调相关企业间的协调与默契，同时其在经营的灵活性、自主权和经济效益等方面比股权式战略联盟更有优越性，因而更具有联盟的本质特征。根据合作内容不同而导致的合作契约的不同，契约式战略联盟又可分为以下五种常见的形式。

（1）研究与开发协议。在这种联盟中，各方愿意投入较多的人力、物力、财力等资源，但不涉及或很少涉及股权参与。联盟创造的成果按协议各方分享，仍然全部返回母公司。这种方式由于汇集了各方的优势，从而提高了成功的可能性，加快了开发速度。各方共同承担开发费用，降低了各方的开发费用与风险。

（2）合作市场营销协议。这类协议给予企业销售其他企业产品的权力。采用这种联盟方式，两个或多个企业在产品上要能够互补或匹配，从而能够作为一个配套系列推向市场。例如，施乐公司提供的许多产品来自于其他制造商。同样，它也发挥了其在某些产品制造方面的特长，与其他公司合作，将自己的产品让别人销售出去。这种协议通常存在于国际业务中，具有本地销售网络的企业在不参与其他企业产品生产的情况下销售该产品。而一旦产品成型，生产企业会建立起独资的子公司来获得对销售更大的控制权。

（3）特许经营与许可证经营。特许经营是指特许方利用自己的品牌、专利和技术，通过签署特许经营协议，转让特许权，让受让方利用这些无形资产从事经营活动，从而形成一种战略特许方对受许方，既有一定控制权，又尊重对方的自主权。这样，特许方可以通过特许权获得收益，并可利用规模优势加强无形资产的维护，扩大特定产品的接受程度和适用范围。特许经营最常见于服务行业，包括快餐业、印刷商店等。

许可证经营是指一家公司（总公司或母公司）将特定的权利授予一个合伙的企业。该合伙的企业获得的可能是在本地生产专利产品的权利，也可能是在本地销售总公司旗下品牌商品的权利。作为回报，总公司对每一件生产或销售的商品收取一定的专利费用。许可证经营常见于媒体行业，如按电视节目中人物的造型来生产玩具的许可；在音像行业中，通常是音像版权的所有者给予其他企业播放、演出或将其放入合集 CD 中的许可。

（4）供应或购买协议。此类协议规定一件商品的某个零部件由另外一家特定的企业生产提供。通常这类协议都会具体注明供货持续的时间、期望的成本和品质的标准。例如，波音 737 飞机的制造需要万余个零部件，但其中绝大部分都不由波音自己生产，而是由 65 个国家中的 1 500 个大企业和 15 000 个小企业通过不同形式的联盟协议提供的。又如康柏公司与英特尔公司之间签订的供应与购买协定，康柏公司成为英特尔芯片最大的客户。通过联盟协议，双方稳定了供需关系，降低了市场的不确定风险。

（5）联合生产协议。这种联盟有助于达到规模经济，降低成本并在市场不景气时减少生产力。例如，通用和铃木在 5 个月内联合推出一款新型轿车，它将利用铃木在日本的厂房生产，并销往整个亚太地区。

（二）根据联盟各方所从事的活动的性质分类

根据联盟各方所从事的活动的性质，我们可以将联盟分为纵向联盟和横向联盟。迈克尔·波特在其论著《竞争优势》中把战略联盟分为两种形式：纵向联盟和横向联盟。此后哈默尔（Gary Hamel）和普拉哈拉德（C. K. Prahalad）也进行了类似的划分：垂直联盟和水平联盟。

1. 横向联盟

如果联盟双方从事的活动是同一产业中的类似活动，这种联盟便是横向联盟。其通常是指价值链中承担相同环节的公司之间的联盟，是由从事竞争性活动或类似活动的厂商组成的联盟。横向联盟模糊了有关领域内竞争和合作的差别。它的目的是改善公司在一项价值创造活动中的地位，联合的力量可使公司获得规模经济，减少多余的能力，转移和降低风险。它包括研发方面、生产阶段和销售阶段的联盟。横向联盟常以合资企业的形式出现，但它们也包括技术分享、交叉许可证转让和其他合作协议。例如，日本的飞机制造集团同波音公司的合作。

2. 纵向联盟

同一产业上下游之间的企业间的联盟，属于纵向联盟。其通常是在生产经营活动价值链中承担不同环节的公司之间的联盟，且由从事互补性活动的厂商组成。纵向联盟的优势来自价值链活动的互补性差异，它可以使合作方得到一些比一般市场交易更紧密的关系，但合作方又保持自己的独立性。这种联盟最典型的是生产厂商同中间供应商的联盟，如丰田汽车公司同其零部件供应商的长期合作关系。

（三）根据战略联盟在价值链的不同位置分类

美国学者劳兰基（P. Lornge）根据战略联盟在价值链的不同位置对其进行分类，将战略联盟划分为联合研发型、资源补缺型和市场营销型战略联盟。

1. 联合研发型战略联盟

这是在生产和研究开发领域展开的合作，参与联盟的企业充分利用联盟的综合优势，共享经营资源，相互协调，共同开发新产品、新材料和新技术。联合研发型战略联盟中的成员多为风险型企业，合作的目的在于获得新技术、降低资金的投入风险和项目的开发风险。这类联盟在微电子、生物工程、新材料等高科技行业中比较常见，是一种积极的反馈战略。

2. 资源补缺型战略联盟

资源补缺型战略联盟是企业以己方价值链上游活动与对方的下游活动结成的战略联盟。这里有两种情形：一是拥有独特技术的跨国公司，为了接近海外市场或利用对方的销售网络而与之结成的联盟，这类联盟在通过资源的互补而实现风险共担、规模经济及协同经济性的同时，往往忽视自身核心能力的提高；另一种情形是厂家与用户的联合型战略联盟，厂家与用户之间的联盟把生产与消费、供给与需求直接联系了起来。例如，世界机器人的最大生产厂家日本法那库公司与世界机器人最大用户美国通用汽车公司于 1998 年在美国创办的通用—法那库机器人开发公司。

3. 市场营销型战略联盟

市场营销型战略联盟多流行于汽车、食品、服务业等领域，重在互相利用各自价值体系中的下游环节，即营销网络。该类联盟是以价值链下游活动为合作领域而结成的战略联盟，其目的在于提高市场营销的效率和市场控制的能力。这类联合是抢占市场的有效手段，除了具备资源补缺型的优点外，还能较好地适应多样化的市场需求。其不足之处在于，这类联盟是以降低环境的不确定性为目的，而不是通过核心能力的扩大去创造需求，因而是一种消极的反馈战略。

三、战略联盟的理论

（一）价值链理论

迈克尔·波特在《竞争优势》（1985）一书中创建了价值链理论。波特认为，"每个企业都是在设计、生产、销售、发送和辅助其产品的过程中进行种种活动的集合体。所有这些活动可以用一个价值链来表明"。企业的价值创造是通过一系列活动构成的。同时，波特还提出企业市场竞争优势（主要指最终产品市场竞争优势）的潜在来源是各企业互不相同的价值链，即企业在价值链各环节中具有的不同比较优势。建立战略联盟可以使合作各方一起协调或合用价值链，以扩展企业价值链的有效范围，从而共同获得竞争优势。任何企业都只能在价值链的某些环节上拥有优势，而不可能拥有全部的优势。在某些价值增值环节，本企业拥有优势，在其余的环节上，其他企业可能拥有优势。为达到"双赢"的协同效应，彼此在各自的关键成功因素——价值链的优势环节上展开合作，可以求得整体收益的最大化，这是企业建立战略联盟的原动力。

（二）企业能力理论

20 世纪 90 年代以来，企业能力理论得到关注，企业能力理论实际上是一系列具有特定密切联系的理论的集合体，包括"企业资源基础论""企业动力能力论"和"企业知识基础论"。这些理论的共性是：更加强调企业内部条件对企业竞争能力的决定性作用，因为企业内部能力、资源和知识的积累，是企业获得超额利润和保持竞争优势的关键。企业之间通过组建战略联盟，在价值链各环节上相互合作，从而能在价值活动中创造更大的价值。其深层次原因在于企业之间存在资产互补性。企业通过联盟可获取合作伙伴的互补性资产，扩大企业利用外部资源的边界。这里的资产包括企业资源、核心能力和知识资源。

1. 资源基础理论

20世纪80年代中期，沃纳菲尔特（B. Wemerfelt）、格兰特（R. M. Gromt）、巴尔奈（J. Baney）等学者的研究促成了战略管理理论的新流派-资派基础理论（Resourcechaed Theory）的产生。这一理论认为资源不仅指有形资产，还包括无形资产，有形资产和无形资产共同构成企业的潜在能力。同时，各企业的资源具有极大的差异性，也不能完全自由流动。企业的可持续竞争优势就来源于选择性资源的积累和配置以及要素市场的不完善。战略联盟使企业资源运筹的范围从企业内部扩展到外部，在更大范围内促进资源的合理配置，从而带来资源的节约并提高其使用效率。

2. 核心能力理论

以拉哈拉德（C. K. Prahalad）和加里·哈默（Gary Hamel）为代表的核心能力理论认为"组织中的积累性学识，特别是关于如何协调不同的生产技能和有机结合多种技术流的学识"，其最主要的特征是独特和不易模仿性，是在特定的"路径依赖"中积累形成的。企业在市场竞争中需要彼此互异的核心能力以形成更大的竞争合力，这是促使双方建立联盟合作关系，聚合彼此核心能力的原动力。

3. 知识资源理论

帕维特（Pavitt）、纳尔森（Nelson）、福斯（Foss）和格兰特（Grant，1996）等人提出的企业知识理论认为，生产的关键投入和企业价值最重要的来源是知识，社会生产是在知识的引导下进行的。企业知识可被划分为显性知识和隐性知识两大类。企业拥有的许多知识属于隐性知识，难以表达、难以转移，只有通过应用和实践才可外现并获得。以进行知识转移和共同创建新知识为目的结盟通常被称为知识联盟。英克彭（Inkpen，1998）把通过知识联盟转移的知识称为"联盟知识"。企业通过战略联盟和对方建立合作关系是获取隐性知识的良好途径。博格、顿肯和弗里德曼（1982）的研究表明，20世纪80年代初期，50%的联盟企业在合作过程中以获取对方知识为目的，因此人们把这类为了转移和学习知识的联盟称为"知识联盟"。

（三）交易费用理论

交易成本经济学认为经济活动总是伴随着交易而进行的，而交易过程又是有成本的，交易费用理论以交易费用为分析工具，研究经济组织和各种制度安排的产生和发展。交易费用理论认为战略联盟作为介于企业与市场之间的一种组织形式，具有稳定交易关系、降低交易成本、便于监督的特点。战略联盟被认为是这样一种新的制度安排，它顺应了企业节约市场交易费用的需要，通过建立较为稳固的合作伙伴关系，从而稳定双方交易，减少签约费用并降低履约风险。从威廉姆森的交易费用决定因素来看，我们可以得到以下结论。

首先，战略联盟的建立将促使联盟伙伴之间的"组织学习"，从而提高对方对不确定性环境的认知能力，减少因交易主体的"有限理性"而产生的种种交易费用。同时，联盟企业之间的长期合作关系也在很大程度上抑制了交易双方之间的机会主义行为，使因这些行为带来的交易费用控制在最低限度。

其次，从资产专用性特征看，企业之间趋于以战略联盟替代市场机制来稳定交易关系，降低交易费用。资产的专用性越高，交易双方签约关系保持长期稳定性越有意义，企业之间合作的意愿越强，尤其战略联盟对专用性资产的"共同占有"更是降低风险与费用的有效选择；从交易的不确定性特征看，企业建立战略联盟，可充分利用联盟组织的稳定性抵消外部市场环境中的不确定性，进而减少由不确定性引致的交易费用。

最后，交易频率是通过影响相对的交易费用而决定交易合约和制度安排的选择的，这类与交易发生的频率有关的联盟常常发生在有纵向联系的制造企业和经销商、供应商之间，这些处于上下游的企业之间由于存在较高的交易频率，因此，乐于建立供销联盟来稳定交易关系，以节约交易费用。

（四）组织学习理论

战略联盟是组织学习的一种重要方式，其核心在于学习联盟伙伴的经验性知识。由于企业在技术创新中持久的竞争优势更多的是建立在企业拥有的经验性知识基础上的，而经验性知识存在于组织程序与文化中，其转移是一个复杂的学习过程。联盟则是解决经验性知识转移的有效途径。缔结战略联盟，创造一个便于知识分享、移动的宽松环境，采取人员交流、技术分享、访问参观联盟伙伴的设施，增强联盟各方的联系频率等办法，可以使得经验性知识有效地移植到联盟各方，进而扩充乃至更新企业的核心能力，真正达到联盟目的。

组织学习理论认为，即使学习不是产生联盟的主要原因，它也可能是联盟获得成功的一个重要因素。进一步的研究还指出，新兴企业能够从联盟中获益，部分原因是其加强了获得学习能力的机会。企业加入国际战略联盟能够学习如何通过跨国竞争来产生新价值。但是，并非联盟所有的学习特征都是具有积极作用的。联盟伙伴之间也能产生学习竞赛，而且联盟企业的学习能力常常有差异，当一个企业完成学习目标后，对联盟的需求可能会减弱，导致联盟的合作性降低，甚至最终使联盟解体。

联盟中的学习也存在许多障碍，一个是文化障碍，在国际战略联盟中，联盟伙伴之间的文化差异越大，学习的难度越大；另一个障碍是企业的知识吸收能力有限。因此，只有在联盟伙伴的知识基础背景相似的情况下，彼此才能相互学习，最终成立联盟。

（五）合作竞争理论

企业间有竞争，也有合作，竞争并不排斥合作，而合作也并未弱化竞争，同时也有利于提高竞争的效率。合作竞争理论认为，企业经营活动是一种特殊的博弈，是一种可以实现双赢的非零和博弈。博弈论中多方合作对策的提出就是建立在处理利益分配问题的基础上的，当一个问题或一件事情需要多方合作来共同解决时，就有可能导致各方相互合作以达到多赢及利益最大化，即帕累托最优。战略联盟作为一种合作竞争组织，就是为了实现共同利益最大化的有效选择。

通过对高科技领域商业联盟的案例研究，本杰明·古莫斯·卡塞尔斯得出了以下两个结论。一是公司间的联盟孕育出了新的经济力量单位，本杰明称之为"联盟集团"，当两个或更多个公司结成联盟，它们的经济行为就在公司和联盟两个层面上展现。在许多行业当中，单个公司、两两结盟的公司、公司三角和公司集团都成为竞争中的经济单位。二是联盟数量的激增改变了行业内的竞争形态，出现了"集团竞争"，新环境下的竞争结构和机制取决于联盟的集体行为。联盟可以迅速聚合起资源，其资源组合和组合结构决定了联盟的竞争优势。

（六）组织网络理论

战略联盟形成的组织是网络型组织。网络理论认为，具有网络型组织的企业，对于增加企业组织的活力和形成企业之间的价值链有着很大的作用。网络组织有利于保持组织的灵活性，能够较好地适应市场因产品和技术周期缩短、竞争激烈所导致的动态发展要求。网络组织既有利于提高各成员企业的自律性，又有利于在相互协调、共同运作的基础上促进彼此的交流，从而不断提高企业对环境、技术和市场急剧变化的适应能力。

战略联盟作为企业间的网络化系统，其最大的着眼点是在经营活动中积极利用外部规模经济。当企业不能充分利用自己积累的经验、技术和人才，或者缺乏这些资源时，其可以通过建立战略联盟实现企业间的资源共享，相互弥补资源的不足，以避免对已有资源的浪费和在可获得资源方面的重复建设。战略联盟的组建，使企业使用资源的界限扩大了，一方面可提高本企业资源的使用效率，减少沉没成本；另一方面又可节约企业在可获得资源方面的新的投入，降低转换成本，从而降低企业的进入和退出壁垒，提高企业战略调整的灵活性。

四、战略联盟的运作

（一）确定企业战略目标阶段

企业在组建战略联盟（见图 8-1）之前，首先要树立明确的战略目标，并据此来寻找或接受能帮助实现战略意图、弥补战略缺口的合作伙伴。

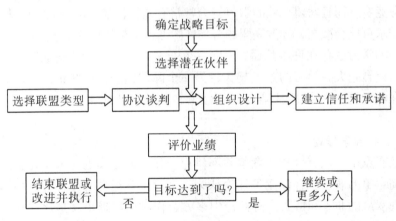

图 8-1　战略联盟实施示意图

1. 明确自身战略目标

企业在建立或加入战略联盟之前，必须有明确的战略目标，即通过企业间在具体领域的合作获得完成自己战略目标所需的核心能力和资源。为此，企业也必须审视自身所具备的核心能力，只有那些具有一定核心技术优势或市场知识的企业才具有组建联盟的最基础条件，而且也不是所有领域的企业都适合联盟，只有那些市场信息多变、竞争激烈、外界环境压力大的产业领域，才适合搞战略联盟，联盟成功的可能性才比较大。

2. 协调企业间战略目标

联盟企业既然建立了联盟，那么其长期的战略目标就应该一致，这是保证战略联盟成功的重要条件之一。当然，这并不是说联盟各方目标必须完全一致，这对于保持各自独立性的企业来说是不可能的。如果加入联盟的一方希望在世界范围内发展科技实力，另一方则仅希望通过引进合作伙伴方的技术，节省研发费用，提高自己在本国市场上的地位，并长期把自己限制在本国市场，那么由于两者的长期目标发生冲突，合作的基础消失，联盟的存在就会出现问题；如果双方的目标都是向国际化方向发展，那么联盟就能持续下去。实际上联盟伙伴之间的战略目标冲突是很难避免的，这就要求联盟企业协调各自的战略目标，寻求缩短或消除与目标相差距离的方法，保证联盟平稳运行。

3. 建立联盟企业共同愿景

成功的联盟必须建立合作企业共同的愿景，亦即对企业联盟所要达到的目标与所依赖的"路径"必须有生动的想象。所谓"路径依赖"是指对一系列决策及其后果所应承担的责任和义务。成功的联盟企业必须拥有共享的愿景，这将帮助合作双方为联盟所做的贡献设定期望，衡量评估成效，让价值创造发挥到最大，愿景意味着诱人的目标图像，将直接激励双方相互寻求合作，实现各自的战略目标。这也是构成企业战略联盟的基石。

（二）选择合适的联盟伙伴阶段

联盟伙伴的选择是建立企业战略联盟的关键环节，慎重合理地选择合作对象是联盟顺利发展的前提条件。对联盟伙伴的选择需要制定出详细的选择标准。在这方面，目前国际上成熟的方法是坚持了 3C 原则，即兼容性（compatibility）、能力（capability）和承诺（commitment）。经过十几年的研究，3C 理论已渐趋成熟，并被很多成功的战略联盟实践所证实。可以说，3C 原则是企业寻找合作伙伴的关键条件，如果企业潜在的合作伙伴具备了 3C 条件，那么战略联盟成功的概率就会比较大

1. 兼容性

企业之间通过事先达成协议，建立起互惠合作的关系，并使联盟内各成员在经营战略、经营方式、合作思路以及组织结构和管理方式等诸方面保持和谐一致。兼容性是一个成功联盟所必须具备的最重要的条件，当然兼容并不意味着没有摩擦，但只要合作双方有合作的基础并且相互尊重，它们就能够解决分歧。

2. 能力

潜在合作伙伴必须有能力与自己合作，合作才有价值。企业仅仅依靠自身的力量和资源已经无法应付这种激烈的竞争局面，必须借助合作伙伴外部力量的支持，来弥补本企业的薄弱环节。

3. 承诺

找一个与自己有同样投入意识的合作者是联盟成功的第三个基石。即使合作伙伴很有能力且与自己很相容，但是只要他不愿向联盟投入时间、精力和资源，联盟就很难应付多变的市场环境。因此，企业在选择合作伙伴时要确认对方的投入意识，只有这样才能保证联盟的平稳运行。

战略联盟合作伙伴的选择是一个多目标选择问题，即要从多个角度、多种因素，

综合评价潜在的合作伙伴。企业在具体应用时可以根据实际情况选择相关的指标，采用专家评分法或 AHP 层次分析法等方法对其进行定量的评价，为决策者进行合作伙伴的选择提供科学依据。

（三）联盟的设计和谈判阶段

成功的联盟不仅是以交叉许可安排、联合开发、合资经营、股权共享等联盟方式为基础的初始合作，还包括厂址选择、成本分摊、市场份额获得等通常的细节以及对知识创新、技术协同等方法进行的设计。企业的高级管理层还应就联盟的共同目标与主要的中层经理和技术专家进行沟通。另外，由于联盟伙伴之间往往存在既合作又竞争的双重关系，双方应对联合与合作的具体过程和结果进行谨慎的判断，摒弃偏见，求大同、存小异，增强信任。

（四）联盟的实施和控制阶段

战略联盟的最终目的是通过联盟提高企业自身的竞争能力。联盟内的企业应该把通过联盟向对方学习作为一项战略任务，最大限度地将联盟的成果转化为己方的竞争优势。联盟往往需要双方进行双向信息流动，每个参加联盟的企业都应该贡献出必要的信息向对方分享，从而提高联盟的成功率。同时企业要合理控制信息流动，保护自身的竞争优势，防止对方得到己方应予以保护的关键信息，做出有损己方的行为，因为联盟伙伴极有可能成为将来的主要竞争对手。

五、建立有效联盟管理机制

实践中，组建战略联盟的目的各不相同，而且联盟的组织形式也是灵活多样的，这些差异性决定了不可能找出一种如何管理战略联盟的普遍模式。我们只能根据各种战略联盟的共性，针对联盟组织特征的一些不稳定因素，提出管理中应注意的问题，从而减少联盟管理中的冲突，提高战略联盟运作的成功率。针对联盟组织中存在着诸如利益分配矛盾、机会主义倾向、组织文化差异、信息不对称等不稳定的因素，在联盟管理中我们应建立相应的收益分配机制、协调机制、信任机制、约束机制和信息共享机制等有效的管理机制。

（一）收益分配机制

战略联盟是一种"合作竞争"的组织模式，为此在确定战略联盟利益分配机制时应遵循以下利益分配原则。

1. 互惠互利原则

互惠互利原则即保证分配方案可使每个成员企业都从合作中受益，不会影响成员企业积极性。

2. 结构利益最优化原则

结构利益最优化原则是指从实际情况出发，综合考虑各种影响因素，合理确定利益分配的最优结构，促使战略联盟各成员企业能够实现最佳合作与协同发展。

3. 风险与利益相对称原则

风险与利益相对称原则是指在制定收益分配方案时，应充分考虑各成员企业所承担的风险大小，对承担风险大的企业应给予适当的风险补偿，以增强合作的积极性。

4. 个体合理原则

个体合理原则即各成员参与战略联盟所获得的利益应大于单独行动所获得的利益，否则会导致中途背叛现象的出现。

（二）协调机制

企业战略联盟的协调机制主要包括目标协调机制、协商机制和沟通机制。

1. 目标协调机制

目标协调机制就是要建立联盟的目标体系，从而使企业联盟与联盟企业之间的目标趋于一致。建立一套完整的目标体系对联盟的协调管理十分关键，如果在联盟组建阶段，就和成员企业在合同中明确规定各自的目标任务，那么对联盟的运作是十分有利的。有了这种目标分解和任务规定，对联盟的协调工作来讲，它就变成了为满足目标任务的实现而采取的组织间的管理措施。

2. 协商机制

由于企业联盟是由多个企业组合而成的，难免在协同工作中产生冲突，而这种冲突由于联盟的特征有时并不能单纯以组织内层级关系来解决，因而企业联盟必须采用协调的手段来解决。协商机制是指群体中的所有成员通过协商的方法来解决冲突，以达到决策的目的。这样做的好处是由于决策是由所有企业共同决定的，因而在执行中更容易让所有参与者接受，给联盟企业一种平等地位的感觉，有利于合作。

3. 沟通机制

加强联盟企业之间的相互沟通、相互学习，有利于消除和减少联盟企业合作过程中因文化差异、管理理念差异等带来的冲突，从而保证企业成员之间思维和行为模式的一致性，从而使联盟易于管理。

（三）信任机制

在联盟企业的合作过程中，由于联盟内部的管理权关系模糊不清，合作伙伴关系保持既合作又竞争以及相互关系格局复杂多变，导致了联盟管理上的复杂性和困难性。为此，联盟必须努力培养合作伙伴之间的信任关系。对于一个成功的联盟运行来讲，其各成员企业的相互协调、相互合作离不开彼此之间的信任。所谓相互信任就是一方有能力监控或控制另方，但它却愿意放弃这种能力而相信另一方会自觉地做出对己方有利的事情。相互信任是互惠互利的需要，更是联盟协调发展不可缺少的基础。信任机制的建立，一方面有利于降低联盟较高的管理费用，为双方创造额外价值；另一方面也可以解决由于协商机制带来的决策过程缓慢等问题，提高联盟的运作效率。可以说，信任机制的建立是联盟合作成功和稳定发展的关键因素。

（四）约束机制

约束机制是采取一些能够防止相互欺骗而又能鼓励合作的措施。这种措施有以下两种：一是提高欺骗的成本，使其欺骗行为无利可图；二是增加合作的收益，吸引成员企业留在联盟当中。提高欺骗的成本可以通过协议规定退出壁垒、专用资产投入、企业信誉保证等形式来完成。一旦成员企业在明显损害联盟整体利益的情况下放弃联盟关系，那么有关的合同条款就会发生作用，同时该成员也不得不考虑巨额的不可收回的投资，因而能有效防止机会主义行为的发生。但这只是从防范约束的角度来解决问题。而积极的约束机制应该是增加联盟的吸引力，让成员主动留在联盟中，这就需要增加联盟收益和正向激励措施，让成员感受到留在联盟内才是最好的选择，这样对外部的企业也具有吸引作用，有利于联盟的发展壮大。此外在约束机制中，联盟还应重点考虑联盟企业的保护机制，在合作过程中采取有效措施保护联盟企业的核心竞争力和核心技术。这是因为联盟企业核心技术的丧失往往会导致联盟的解散或联盟的一方被兼并，从而使联盟走向失败。

（五）信息共享机制

所谓信息共享机制就是借助现代信息技术、通信技术和网络技术使得联盟各成员企业实现异地协同工作，各种沟通协调工作也可以经由信息平台实现快速、即时、面对面的远程沟通。联盟通过信息共享能够有效地缓解联盟企业成员的有限理性并制约机会主义行为的发生。在一个多利益群体中，如果没有较充分的信息共享机制，成员就很容易利用信息不对称产生机会主义行为，使合作难以成功。当在联盟的运作过程中有了更多的信息时，就会提高联盟成员行为的透明度，并通过信息的双向流动，加强成员企业之间的沟通，这时联盟成员在进行决策时就不得不照顾各方的反应，此时的决策就会更为理性，而且信息共享也体现了联盟成员之间地位的平等性，更有利于实现企业间的合作。

企业战略联盟是一种建立在高度发达的信息网络基础上的多利益群体的企业组织形态。为了达到经营目的，各成员企业应加强沟通，尤其应加强协调管理的职能。综上分析，联盟的有效管理将是基于信息平台的由目标协调机制、信任机制、约束机制等组成的系统性管理体系。以上各机制的综合运用，将有助于联盟成员企业的无间合作，优化资源配置，提高联盟的运作效率，降低合作成本，实现联盟目标。

【案例】

小米生态链的"投资逻辑"：以半开放式的血缘关系与投资企业结成战略联盟①

2013 年年底，小米开启了生态链计划，定下了 5 年内授资 100 家生态链企业的目标。2016 年 3 月，正式推出了米家品牌来专门承载生态链产品。随着米家品牌的推出，小米生态链在定位上再一次得以明晰。在小米联合创始人、小米生态链负责人刘德看来，作为小米品牌的延伸，米家及整个生态链产品肩负着为小米扩展用户群的重任，这也使得外界普遍认为小米对生态链企业的投资只是"纯投资逻辑"。小米生态链虽然以投资作为方式，但从更远角度上看，用投资来概括实在不太准确。

（一）做生态链本不考虑退出

刘德说，2013 年 6 月小来从公司抽出了 20 多个工程师，决定以授资的方式选入硬件周边领域构建小米生态链，本质上讲这是一种"战略结互"，而不是以回报为目的的投资。基于这个目的，小米一开始没有考虑过退出，这和基金有很大不同，"我们一直在避免团队变为纯投资团队，避免团队过于追求回报"。

在具体投资层面，由于小米的目的并不在于投资，所以在投资额度上也不同于一般的投资逻辑，"最低小米投过一块钱，同时小米对美的这种有着几十亿的投资，浮动

---

① 佚名. 小米生态链的"投资逻辑" [EB/OL]. (2014-04-28) [2021-12-06]. http：//pe. pedaily. cn/201604/20160428396509. shtml.

的区间也十分大"，小米的投资更像是建立血缘关系，在数字方面并不太重要。

（二）雷军本身就是个IP

对于小米能为生态链企业提供的具体价值，刘德将其归结于平台优势。具体来说，包括以下六点。

（1）小米做了一个品牌"米家"，并让品牌保持热度。当小米将该品牌分享给生态链创业公司时，就能为其省出不少宣传费用。

（2）建立相对垂直的用户群，如在小米平台上卖裙子肯定不行，但卖手环就会卖得很好。

（3）供应链体系。这可以让生态链的小公司立刻拥有供应链上的优势。

（4）销售平台优势。这主要包括小米网的销售渠道。

（5）融资优势。刘德说，在资金上，此前小米向投资人、银行体系的承诺都做到了。得益于小米在资本领域的口碑，生态链公司将来的融资也会因此受益。

（6）社会影响力。刘德举例说，雷军本身已经是一个重要IP，如雷军带一个手环就会获得巨大的关注度。

不过，除了上述优势，小米在生态链企业的产品上也有一定介入与规范。刘德称之为"半开放"模式，并且很长一段时间内小米还是会延续这种模式。"因为完全开放没有成功案例"，对生态链企业，小米一直要求其价值观和小米一致、在技术上拥有制高点、达到产品品质标准，这三点约束更多的是为保证生态链企业的发展顺利。

（三）投资企业选择原则

对于一家企业是否值得被小米纳入生态链，刘德总结了以下原则：

（1）干的是不是大的领域、大的市场，因为小米生态链模式势必去做一些大市场；

（2）这个市场里的产品有没有不足，有痛点和不足才可以下刀子；

（3）看这个领域的产品可不可以迭代，不能迭代的话，这个公司就不能持久；

（4）是不是符合小米的用户群，离用户群越近越好干；

（5）团队是不是技术强，是不是一把牛刀；

（6）老大是不是跟小米有一样的价值观，不赚快钱，做国民企业。正是在共同价值观的前提下，生态链中几十家公司才能组成一个联盟，才有可能共同合作推出爆款产品。小米生态链为什么能够崛起？在刘德看来，一是小米生态链本身投资的严苛标准；二是享受了小米的红利；三是把握了好的时机。

思考：小米生态链如何结成战略联盟？

第二节 企业托管经营

一、企业托管经营的概念

（一）企业托管经营的定义

托管经营是指企业资产所有者将企业的整体或部分资产的经营权、处置权，以契约形式在一定条件和期限内，委托给其他法人或个人进行管理，从而形成所有者、受托方、经营者和生产者之间相互利益和制约关系的经济行为。

在托管经营中，通常是委托人（通常指企业出资人）通过托管协议将企业经营权让渡给受托人，由受托人投入一定数量的启动资金，并把有效的经营机制、科学的管理手段、科技成果、优质品牌等引入企业，对被托管企业实施有效管理。所得收益由托管协议约定由委托人享有或者留存于被托管企业。企业通过经营权的转移，可以达到盘活存量资产优化资源配置、提高资产经营效益的目的。企业托管的实质是使企业所有权与经营权有条件地实施分离，通过市场对企业的各种生产要素进行优化组合，提高企业的资本营运效益。

企业托管从理论上可以分为所有权托管和经营权托管。所有权托管是从罗马法的财产托管制度发展而来的，经法国、德国、瑞士等大陆法系国家的发展完善起来的，其含义是根据协议的约定，基于委托人对受托人的信任，委托人（财产所有人）将财产所有权信任性的、临时的转移给受托人，受托人取得对托管财产的所有权，并按照协议约定的方式使用一段时间后，又将财产转移给托管人或第三人所有的一种财产制度。经营权托管是指委托人将企业的经营管理权、处置权等通过协议的约定授予受托人，受托人基于其能力、资质实现受托资产保值、增值的一种经营管理制度。

在我国，企业托管主要是经营权托管。我国引入企业托管制度正是由于企业托管不涉及产权变更，可以回避产权变动这样比较敏感的问题。因此在我国企业托管的定义中，其客体应当明确为企业经营权。企业托管制度作为一项外部财产管理制度，是通过引入外部经营者，即利用受托人在资金、技术、管理经验等方面的优势来提高企业的经营管理水平。在这种目标下，企业托管的标的物一般是指企业经营权，企业经营权应当是从属于产权的一个概念，是归属于企业本身的，但并不等同于法人财产权、企业所有权等概念。

（二）托管经营的特征

1. 企业托管实现所有权与经营权分离

企业实施托管经营，不涉及所有权的变更，只发生经营权在时空上的让渡，即在实际运作过程中，委托方只出让经营权，受托方一般只注入启动资金与输入现代管理技术，因此，托管经营不发生产权交易与转移，其交易风险相对较少。在企业实施托管后，委托方不通过银行贷款就可筹得启动资金，获得先进的经营管理技术，使企业摆脱困境、步入良性循环；受托方则可以较低成本获取经营场所，扩大经营规模，为企业实施规模经营创造条件。

2. 企业托管是一种综合治理企业法

企业托管是一种综合治理企业法，其内部震荡小，托管双方权责明晰。托管是在企业资产保值、增值的基础上，对企业资产的经营管理，而且是一种开放式的经营管理，其目标是提高企业资产的运营效率，因而有利于资源的调动和企业的整改，也有利于企业的中长期发展。企业托管较好地形成了企业产权市场化营运的内部利益激励机制，有效地避免了短期行为和事实上的负盈不负亏，企业经营风险最终由委托方与受托方共同承担，起到了分散风险的作用，从而也强化了经营者的责任。

3. 托管企业具有相对独立性

企业托管并未发生所有权的转移，因此与企业兼并不同，企业仍然保留原来企业的名称和经济性质，也不同于企业租赁，即只保留企业财产所有权，不保留原企业职工和独立核算制度。企业被托管之后，托管方与托管企业发生的经济往来，应属一般的经济关系，使用相应的经济法律、法规来调整。对于托管方当事人超越托管权限，侵犯托管企业的合法权益的行为，委托方有权予以抵制和拒绝。如果托管方当事人已经损害了托管企业经济利益，且该行为不属于托管合同约定的范围，托管企业可以直接提起诉讼要求托管方予以赔偿。

4. 企业托管的委托方和受托方地位平等

企业托管并不即刻发生企业产权交割，政策障碍较少，委托方和受托方处在平等的地位，加大了成交的可能性、合理性和有效性。托管合同只是内部合同，只是对托管方和委托方当事人发生相应的法律效力，不具有对抗第三人的法律效力。

二、企业托管经的类型

（一）按照托管内容分类

1. 债权托管

债权托管是将银行或企业已经形成的或即将形成的呆滞债权，通过与托管公司签订契约合同，将该债权交由托管公司去盘活变现或有偿经营的一种经营方式。债权所有者进行债权托管的目标，主要是加强债权催收，改善债权人的资产结构，提高债权人的经营能力。

2. 股权托管

股权托管是非上市股份有限公司将股东名册委托股权托管机构管理的民事行为，也是为降低公司管理股东名册的运营成本而提供的一种社会化服务，其本质在于弥补非上市股份有限公司股东名册的管理缺位，由客观公正的第三方为非上市股份有限公司提供具有公示力和公信力的股东名册记载，为股东提供所持股权的有效权属证明。作为所有者实施股权托管的目标，必然是为了改善企业的经营管理，提高企业的盈利能力，使资产安全增值。

3. 技术托管

技术托管是指新技术的发明者、专利的所有者、专有技术的拥有者为促进科技向生产力的转化、促进技术的社会效益与经济效益的实现，通过契约形式，将该技术交由托管公司，通过托管公司的运作，使该技术在较短时间内，得到有效利用，创造最大效益。

4. 资产托管

资产托管是指拥有资产所有权的企业、单位，通过签订契约合同的形式将资产有偿托管给专业的托管公司，由托管公司进行综合的资产调剂，并最终实现资产变现的一种经营方式。

5. 投资项目托管

投资项目托管是指陷入困境的投资项目、准备投资但无力有效经营管理的投资项目的投资人，通过签订契约的方式将这些投资项目委托给具有较强经营管理能力的专业托管公司进行经营管理，以达到盘活或者继续推进该项目的目的。

6. 物业托管

物业托管是指拥有难以盘活的不良房产或地产（如土地、厂房、宾馆、写字楼、商业住宅等）的所有者，将其不良房产或地产通过签订契约的方式有偿托管给专业的托管公司，由托管公司结合其各方面的综合优势加以利用、盘活、变现的一种经营活动。

7. 证券托管

证券托管是指作为法定证券登记机构的结算公司及其代理机构，接受投资者委托，向其提供记名证券的交易过户、非交易过户等证券登记变更，股票分红派息以及证券账户查询挂失等各项服务，是证券所有人权益和证券变更得以最终确定的一项制度。证券托管是财产保管制度的一种形式。

8. 营销网络托管

营销网络托管是指生产企业或经销商在特定地区铺设销售网点遇到困难时，通过与托管公司签订契约合同，委托托管公司在规定时间内有偿建设销售网点或利用托管公司已有销售网络渠道进行销售的经营活动

（二）按照托管经营实体分类

1. 整体托管

整体托管经营是受托方由委托方委托认可后，对其被托企业或资产的整体行使企业法人的权力和责任，并充当企业法定代表人的一种托管经营形式。就企业而言，整体托管经营是指对被托企业实施人财物、产供销全面信任托管；就资产而言，整体托管经营是指对包括全部资产本身及债权债务的全面信任托管。

整体托管经营从产权所有关系角度来看，它是委托者与受托者之间企业法人财产权的让渡，在企业法人财产权让渡的过程中，同时伴有产权经营风险的转嫁；从产权管理关系的角度来看，委托者与受托者是一种信任托管的关系，委托者出于对受托者的充分信任，通过法人财产权的让渡及产权经营风险的转嫁，保证产权资本的最大受益；受托者则是出于对产权经营的信心，通过托管投资和经营商品的转让，在拥有法人财产权和使用法人财产权风险的基础上获取托管投资的最大回报。微利或亏损的中小型企业一般可以实行整体托管经营，即将整个企业交给受托方进行经营。

2. 部分托管

部分托管经营又称分割托管经营，是受托方经由委托方认可后，对被托企业或资产的部分代表委托方行使其法人财权，实施托管经营的形式。部分托管经营的受托者不能充当被托企业或资产的法定代表人，但它可以在被托企业或资产的法人资格体系下从事法人财产权的产权经营活动，其委托方及被托方必须对其支持，并保护其合法权益；也可以独立于被托企业或资产的法人体系之外从事法人财产所有权的产权经营活动，具体形式应由委托、受托双方以契约形式确定。在实践中，大型企业可以对其下属的分厂或车间、小型企业可以对其生产车间或生产线化整为零，单独授权，实行托管经营。

3. 专项托管

专项托管经营是受托方经由委托方委托认可后，对被托企业或资产的某个项目、某项业务、某项工作代表委托方行使经营管理权力的形式，专项托管与部分托管一样，

受托方不能充当被托企业或资产的代表法人，一般情况下都是在被托企业或资产的法人体系下从事独立的托管经营活动。这里所指的专项内容包括产品的设计、生产的组织、产品的销售、企业形象设计、技术改造以及人员、资金、财产、债权、债务等。

三、企业托管的理论依据

（一）信托理论

信托，是指财产所有者为了取得收益或达到某种目的，在信任的基础上，通过签订契约，委托他人按照契约规定，代为管理、营运和处理其财产的一种经济行为。早期的信托以民事信托为主，这种信托的基本特点是不涉及利益关系调整，只体现无偿的民事行为。而现代信托指的是营业信托，这是一种以有偿、利益关系调整为核心的商业活动。现代信托作为一种经济行为，从本质上是一种法律行为。这一行为的成立一般需有明确的信托目的和合法信托行为当事人，并有书面契约方式对该行为加以确认。信托当事人主要由委托人、受托人和收益人三者构成。这三者并不是绝对独立的，有时其中二者是统一的（如委托人等于收益人），有时又是不统一的（如委托人不等于收益人）。托管是信托的一种，即当委托人等于收益人时，企业托管经营完全符合信托的基本原理，这属于典型的自益信托（委托人等于收益人的信托）。显然，信托理论是企业托管经营方式的理论基础。

企业托管严格地讲，托管经营是指企业法人财产权主体（委托人）通过信托协议，将企业资产或者企业法人财产（整体或者部分）的经营权和处分权让渡给具有较强经营管理能力，并能够承担相应经营风险的法人（托管人），由托管人对受托资产进行管理和处理，保证企业资产保值、增值的一种经营方式。企业托管的实质是在明确的企业资产所有者和经营者之间责、权、利关系中引入符合市场经济规则的信托机制。企业托管实质上源于信托。

（二）委托-代理理论

委托-代理理论是制度经济学契约理论的主要内容之一，其主要研究的委托代理关系是指一个或多个行为主体根据一种明示或隐含的契约，指定、雇佣另一些行为主体为其服务，同时授予后者一定的决策权利，并根据后者提供的服务数量和质量对其支付相应的报酬。授权者就是委托人，被授权者就是代理人。在委托代理关系中，委托人与代理人之间具有一种授权与受权的关系，它是基于代理权而产生的委托人与代理人之间的契约关系。委托人对代理人的选择与授权在委托代理关系中具有实质性的意义。

委托-代理与托管具有一些相同点：①两者都必须通过契约方式才能成立；②两者的主体中都有委托方和受托方，并且都要承担相应的风险，权利和义务关系明晰；③两者都涉及相似的利益分配机制，都涉及财产的管理与处分等。因此，现实中的企业托管经营模式与委托-代理理论互相吻合，这也正是企业托管生命活力的渊源。

四、企业托管经营的模式

（一）企业产权的托管经营

托管经营是以企业产权为标的物，委托方当事人依据一定的法律、法规和政策，通过与受托方签订合同，以一定的条件为前提，以一定的代价为补偿，将企业的全部财产权让渡给受托方处置。企业产权的托管经营实质上是一种非公开市场的企业产权交易。在产权市场尚未健全与完善的条件下，托管经营已成为产权流通的一种变通方式。

（二）国有资产的托管经营

该种托管是指政府授权的国有资产管理部门，以国有资产所有者代表的身份，将国有企业和公司制企业的国有资产通过合同形式委托给受托方当事人。由所有制性质决定，在这种托管经营中，托管的标的物只能是企业的经营权，而不是企业的财产权。这是一种以短期产出为运作目标的经济行为，受托方当事人只能在合同约定的范围内，通过对托管企业经营机制的转换以及采取其他手段，使国有资产保值和增值。

（三）国有企业的托管经营

该种模式是由特定的部门或者机构，将一部分亏损的国有中小企业接管，通过全面的改造，改变原有的企业结构和资产结构，从而实现资源的再配置。受托管方对托管企业是全面的接受，包括企业的全部财产、全部职员和债务。

（四）企业集团内部托管

企业集团内部托管，即母公司作为委托人，将所属某一子公司托管给另一子公司。这样做的原因是母公司拥有大批的全资子公司，并且母子公司位于不同地区，相互之间缺乏有效联系的渠道，子公司规模较小，相比之下管理成本太高，于是母公司将小企业委托给该地区其他大型子公司管理。因此，企业集团内部成员间的托管，被托管企业并非由于经营亏损，而是鉴于母公司管理成本的考虑，受托方代替母公司承担对被托管企业的管理工作，受托方不一定介入被托管企业的运营管理，而是对之承担代理所有者的作用。

五、企业托管经营运作的基本流程

托管经营的实际操作过程中，通常要完成确定被托管企业、提交托管报告、被托管企业的资产评估、组织招标评审等几项主要工作内容。托管经营的程序大致分以下七个步骤。

（一）确定被托管企业

在托管前，委托方组织专家对委托企业进行立项调查和诊断，进行可行性分析、论证，选择并确定被托管企业。具有托管经营意愿的企业，也可以通过有关部门寻找目标公司，或者自己直接洽谈、寻找目标公司。

（二）提交托管报告

被托管企业确定后，委托方与受托方各自拟就托管报告上交国有资产管理部门或企业主管部门。托管报告获准后，要在当地主要报刊上发布托管经营消息，并告知被托管企业的债权人、债务人、合同关系人，以便对被托管企业的资产进行评估做准备。国有资产主管部门或企业主管部门向社会公告被托管企业的生产经营状况、资产负债表结构和所有权结构以及委托目标等内容。

（三）资产评估

在托管前，委托方应按照国家规定，聘请具有资产评估资格的社会中介机构对被委托企业的资产进行全面清查，界定产权并进行资产评估。要严格进行资产评估，切实搞清企业真实资产占有量，区分生产性资产与非生产性资产，在政策法规允许的情况下，调整企业资产负债结构，将评估核定的净资产总额作为被托管企业资产保值、增值的基础。

（四）组织招标评审

各有关部门组成招标评审委员会，按照公开、公正、公平的竞争原则，对各投标方的资信条件、经营管理能力、未来经营改造方案等进行评审并提出评审意见，为托管双方签订合同提供依据。

（五）签订托管经营合同

委托方与受托方应签订各自责、权明确的契约合同。托管双方在对经营目标、经营策略、风险责任、利益分配等合同条款达成共识后，签订委（受）托经营合同。

（六）确定托管资格

委托经营合同签订并在公证机关公证后，由委托方向受托方颁发委托经营书，然后到工商行政管理部门办理变更企业法定代表人的手续，确定托管资格。

（七）按照合同规定实施托管经营

受托方在产权清晰和享有充分经营自主权的前提下，应努力实现被托管企业资产的保值、增值和资产经营目标。政府应制定托管经营的实施办法和相应的配套政策，以规范托管经营行为和有利于托管工作的顺利开展。

六、企业托管经营的积极效应及存在的问题

（一）企业托管经营的积极效应

作为企业改革的一种形式，受自身适用范围和条件的限制，托管经营虽然没有像兼并、收购那样在实践中得到迅速的推广，但是，企业托管还是产生了一些积极的影响。

1. 企业托管盘活了存量资本，为部分危困企业解决了困难

实行托管的企业，大多数都是实行股份制改造无聚资力，"租、卖、兼"无吸引力，破产倒闭无承受力的"三无"企业。受托方接管后，在盘活存量资本上大做文章，采取增加投入、检修设备、技术改造、狠抓产品质量、积极拓宽市场渠道等措施，使大部分低效资产和限制设备得到了利用。

2. 转换了企业的经营机制，扩大了企业的自主经营权，提高了企业的管理水平

企业托管通过合同关系界定了企业所有者和企业经营者的权利、义务关系，为实现政企分开、政资分开和两权分离创造了条件。托管经营与承包经营的一个非常重要的区别就是，托管经营克服了承包经营在两权分离上的局限性。承包经营企业的内部选择或者行业内部选择，多限于经营者个人，经营风险承担能力弱。而托管经营面向广阔的市场，由市场来完成对委托双方的选择，具有广阔的选择空间。企业托管实行与承包经营完全不同的经营机制，避免了承包经营的短期行为和事实上的包赢不包亏、由国家承担无限责任的弊端。承包经营以一定的经营利润为指标，不能从利益上促成经营者收入与企业资产增值的联动效应，导致了承包者的短期行为。

3. 扩大了融资渠道，缓解了企业资金紧张的矛盾

在企业重组的过程中，有相当一部分优势企业需要增加投入，扩大生产规模，提高市场竞争力，但由于缺乏资金，无论是增量投入还是存量调整，都受到了很大限制，而实行托管经营，由优势企业对困难企业采取一些"扶贫济困"的措施，当推进成熟时，即可实施兼并。这样做的好处是，受托企业可以在不增加或者少增加投入的情况下，以最低的成本获得被托企业的厂房或者设备，实现资产的流动和重组。

（二）企业托管经营中存在的问题

由于法律、法规不健全，托管经验不足以及长期的旧体制遗留因素的影响，企业托管中也存在一些问题。

1. 委托主体不明确

国有企业的产权主体应当是被托管国有企业的委托主体，如果国有企业产权主体模糊或者虚置，则必然造成委托主体不明确。以目前的实际情况来看，各级政府主管部门、金融部门、国有资产管理部门以及大型企业都可能是委托主体，但有时又缺乏严格的法律依据，去控制常常出现多头负责又无人负责的现象。

2. 国有资产管理部门在企业托管过程中没有发挥应有的作用

托管经营涉及经营权转让，实质上是一种国有产权变动行为，作为国有资产专门管理部门，对托管企业的行业性质，企业规模，受托方的托管资格，国有资产的产权变更登记，企业兼并的审批，资产评估以及对受托、被托企业的监管等都应当有明确的规定。托管行为是一种新型的法律行为，依照合同法的规定很难完全明确合同双方当事人的权利和义务。

3. 托管合同不够规范

当事人应根据具体的情况约定双方的权利义务，以免由于托管纠纷而影响托管经营的实际效益。

【案例】

德国的政府托管模式①

企业托管经营起源于德国，是德国政府在东西德统一后，针对东德那些濒临亏损破产境地而又拍卖不成的国有企业实行整顿再出卖或破产，以实现国有企业私有化的过渡性措施。其具体做法是，在两德统一之前依照有限责任公司的形式成立托管局，负责对原东德国有企业及相关国有资产实现私有化的过程。

1990 年前后，德国政府对原东德国有企业进行大规模重组，而这一任务是通过托管局完成的。托管局成立于两德统一之前，它是依照有限责任公司的组织形式设立的。托管局具有双重身份，一方面作为政府设立的机构，隶属于联邦政府，其业务工作受到联邦财政部、经济部的监督，9 人执行委员会的控制和审计局的审计；另一方面，作为企业法人，又相对独立于联邦政府，拥有财政预算额度内的国际资本市场的融资能力。德国托管局重组国有企业分三步：第一步是将 8 000 家大型工业联合体和国有企业，分解成 1 200 多家中型或小型企业；随之将其改组为有限责任公司和股份有限公司

---

① 曹永峰. 资本运营概论 [M]. 2 版. 北京：清华大学出版社，2019.

新公司的产权由托管局独家持有,同时建立大中型国有企业数据库。第二步是评估企业价值。第三步是在综合分析的基础上将国有企业分成三大类分别进行重组。将基本条件较好的企业立即出售;对条件较差,但有发展前途的企业由托管局通过委托或租赁承包等形式限期整顿;对既没有可能恢复竞争能力又造成严重污染的企业采取停业和关闭的办法。

【案例】

捷克斯洛伐克的统一银行托管模式①

该模式是指国家委托统一银行管理商业银行不良债权的方式。自 1990 年以来,捷克斯洛伐克实行二级银行制度,国家银行成为中央银行,商业信贷业务由三家银行承担。这三家银行承接了原国家银行的资产与负债,但"流通中的货币"一项,仍保留在国家银行的资产负债表中,由此导致三家银行资产负债表不平衡。同时因以下两大原因,三家商业银行的市场运作先天不足,一是初始资本不足;二是所承接的信贷资产中,有 40%的周转性贷款,这种贷款是由于国家过度征税而以此弥补企业损失而发放的,且无期限,年利率仅为 6%,大量的低息、无限期贷款,必将导致商业银行支付困难。1991 年 6 月,国家将商业银行 2/3 的周转性存货贷款(约 1 102 亿捷克货币单位)转移给统一银行账户。同时,各商业银行除与转移贷款资产相等额的负债,包括国家银行分解时提供的再分配资金和部分存款,转移到统一银行账户,旧体制的遗留问题转移给统一银行,为国有商业银行的民营化奠定了基础,同时使企业的融资成本降低,有了长期稳定的资金。从捷克斯洛伐克统一银行的运作职能看,它实际上是银企重组过程中的债权托管机构。截至 1992 年 6 月,企业已偿还了到期 180 亿贷款,还剩余 920 亿贷款。捷克斯洛伐克政府成立统一银行的目的,是重组国有企业和国有银行。为了解决历史遗留问题,1992 年开始,捷克斯洛伐克对国有银行实行民营化改造,经过数年间的重组,捷克(前身为捷克斯洛伐克,于 1993 年与斯洛伐克和平分离)的国有银行商业化改造已基本完成。

第三节 资产剥离

一、资产剥离的含义

在西方市场经济发达国家的第三次兼并与收购浪潮中,混合并购占据重要的地位。受多元化战略的影响,这一时期的兼并与收购多为毫无关联的企业之间的并购,结果是形成了许多无关多元化经营。但从 20 世纪 70 年代开始,出现了越来越多的剥离、分立、出售资产等现象。进入 20 世纪 80 年代后,企业的多元化战略也开始转向注重企业的核心竞争力。越来越多的企业认识到,通过剥离、分立、出售那些不适合企业长期战略、没有成长潜力或影响企业整体业务发展的子公司、部门或产品线,可以使自己

———————
① 曹永峰. 资本运营概论 [M]. 2 版. 北京:清华大学出版社,2019.

更加集中于某种经营重点，从而更具竞争力。企业通过剥离、分立等方式，可以使企业所拥有的资源达到更有效的配置，从而提升企业的资产质量和资本价值。

（一）资产剥离的定义

目前理论界对于资产剥离有两种不同的界定方法：一种是狭义的方法，认为资产剥离是指企业将其所拥有的资产、产品线、经营部门、子公司出售给第三方，以获取现金或股票或现金与股票混合形式的回报的一种商业行为。弗雷德·威斯通等认为资产剥离意味着把公司的一部分出售给第三方，出售资产、生产线、子公司或者部门是为了获得现金或证券或是二者的结合。我国学者干春晖也认为资产剥离就是指公司将其现有的某些子公司、部门、产品生产线、固定资产、债权等出售给其他公司，并取得现金或有价证券的回报。

另一种是广义的方法，认为资产剥离除了资产出售这一种形式以外，还包括企业分立和股权切离等形式。桑德萨那姆认为资产剥离是收购的另一面，即公司将其分支或附属机构出售给其他公司，并认为公司资产剥离的形式包括公司出售、分立（spin-offs）、切股（equity-carve out）、管理层收购（MBO）等。

从实践的角度来看，目前我国资本市场发育仍不完善，上市公司所进行的资产剥离主要是以资产出售为主，狭义的资产剥离更接近人们使用该词的本义。因此，本书采用狭义的资产剥离概念。

资产剥离，也可以简单地理解为资产出售。出售与收购是紧密相连的，资产出售的另一面就是资产的收购。

（二）资产剥离的特点

1. 资产剥离操作比较便捷

资产剥离是最简捷的公司紧缩手段，不涉及公司股本的变化。通常，股本的变化要得到股东大会和债权人的同意才能进行，而且受到的法律约束比较多。剥离只是公司出售其资产的一部分，决策层可以自主决定公司的经营，不必征求股东大会与债权人的同意。因此，资产剥离操作起来比较便捷。我国有些上市公司为了年底的利润包装，也常采用资产剥离这一重要工具。

2. 资产剥离方式比较灵活

企业进行资产剥离，可以向公司外的机构与个人出售，也可以向公司的管理层或员工出售，即管理层收购与员工持股计划。管理层收购与员工持股计划在美国等西方市场经济发达国家比较普遍，也已成为资产剥离的重要方式，这对我国具有借鉴意义。

3. 资产剥离可直接获得现金较有吸引力

企业通过剥离出售公司部分非核心或非相关业务，可以直接获得现金或等量证券收入，这对急需现金的企业具有较强的吸引力

4. 资产剥离的会计处理较为简便

资产剥离时，如果出售的是其下属控股公司时，应根据收到的现金（或其他资产）与长期股权投资的账面价值之间的差额确认"投资收益"。如被剥离的资产是企业内部的无独立法人地位的部门或产品生产线时，应视为资产处理，其损益计入"营业外收入"。

（三）资产剥离的计量

1. 为拟剥离部分建立子信息系统

拟剥离资产的确认标准有三个：①企业依据一个单独的资产剥离计划来剥离企业的一个部分，剥离方式是整体转让而不是零星处置；②被剥离的部分作为一个整体具有一定的组织功能，该功能具有相对独立性；③能从经营上或财务报告的目的上加以区分。具体地说，就是被剥离部分的资产和负债相对独立；归属被剥离资产的经营收入可以辨认，或能够与其他收入相区分；归属被剥离资产的经营费用，大部分能够直接辨认。

当有确凿的证据表明企业要实施资产剥离时，会计人员就应当在账簿体系中有意识地将拟剥离部分分离出来，并以它为对象归集新的信息，包括确认其资产、负债的账面价值及变动情况，归集正常经营过程中属于它的收入、费用、所得税和现金流量信息，计量资产剥离的交易费用。

资产剥离的交易费用是指从确定企业要实施资产剥离开始到资产剥离实际完成为止所发生的交易费用，包括中介服务费、考核费、签约费、公告费、过户费和交通费等。从理论上说，这部分费用一般只包括资产剥离过程中的交易费用，未包括资产剥离前的准备成本和资产剥离后的后续成本。

2. 拟剥离资产的期末计价

期末，拟剥离资产应当按照成本与可收回金额孰低计价。这种计量观与我国新会计制度的精神一致。对拟剥离资产按成本与可收回金额孰低计价时，企业应估计拟剥离资产的可收回金额，将可收回金额低于成本的差额确认为减值准备。这些损失或收益应当作为"拟剥离资产持产损益"在利润表中单独反映，因为它属于非持续经营部分的损益，这样做符合分开披露的原则。

另外，由于资产剥离意味着将资产整体处置，所以拟剥离资产的可收回金额应当按整体确定，由此确认的减值准备应根据成本在拟剥离的各项资产中平均分配。

3. 资产剥离的损益

企业应当在资产剥离交易完成时，将实际成交价格扣除实际交易成本后的净额与被剥离资产的账面价值（成本与可收回金额中较低者）的差额确认为当期损益，作为"资产剥离损益"在利润表中予以单独反映。其公式为

资产剥离损益＝实际成交价格-被剥离资产的账面价值-交易费用

如果有确凿的证据表明企业将实施资产剥离，那么企业就应当开始披露资产剥离信息，由于资产剥离交易持续的时间可能较长，所以在资产剥离实际完成之前还要追踪披露。信息披露主要在企业的定期财务报告和临时公告中进行，如果是重大资产剥离交易，企业还应当披露历史信息。

二、资产剥离的动因

（一）增加企业的收益

1. 通过向更合适的公司出售资产而获益

资产的出售可以直接为企业带来现金收入或资产价值增值。卖方企业的资产能够出售，一个重要的原因是剥离的资产在买方企业可能是稀缺资源，能发挥更重要的作

用，创造更高的价值。因此，资产能被出售，并给卖方带来经济回报。一些企业将自己的一些非核心业务或一些弱小的部门剥离后，转为投资于另一个期望收益更大的业务或项目，从而增加企业的获益空间。

2. 收获过去的成功

一些资产的剥离是对成功投资的收获，这些投资是由有利的市场条件促动而成的。这种剥离旨在使财务和管理资源可用于开发其他机会。如美国硅谷的许多公司，将自己成功的项目或业务出售而获得收益，然后再开发其他项目或业务。成功一个出售一个，如此循环，企业获得巨大的经济收益。

母公司可能觉得如果被剥离的部分是一个"独立的"实体，那么它在股市的估价将会更高。因为市场会得到关于被剥离公司的更多信息，这增加了股市将该公司估价更高的潜力，从而增加了剥离公司股东的财富。

（二）适应经营环境变化，调整经营战略

1. 优化资产结构

母公司的战略重点可能已经转变，而被剥离的部分与新战略不甚相符。母公司可能希望专注于最有竞争实力的领域，这个过程被称为"扬长避短"。被剥离的部分或下属公司可能在运作上不及该行业其他竞争者，或跟不上剥离者组合之内的其他业务。

2. 纠正战略错误

母公司可能涉面过广，导致对各分部表现的监控难以进行。被剥离的部分可能表现不错，但它在行业内所处的情形可能使它缺乏长期的竞争优势，因此，母公司可能判定它获得较强竞争地位的前景不佳。

（三）提高资产的流动性

1. 直接获取现金

企业需要大量现金来满足主营业务扩张或减少债务的需要，而通过贷款或发行股票、债券等方式来筹集资金可能会出现一些障碍，此时通过出售企业部分非核心业务的方式来筹集资金，不失为一种有效的选择。被剥离的业务可能曾作为收购的一部分被购进，但母公司可能需要筹集资金以支付收购。

2. 剥离不良资产

实现利润增长、企业价值升值是企业发展追求的目标，一些利润水平低或正在发生亏损，以及达不到初期利润增长预期的业务部门或子公司，往往成为被剥离的首选目标。

（四）降低运营风险

1. 消除负协同效应

被剥离的部分可能因为吸收了数量不相称的管理资源，而加重了管理上的不协调性，表现为失控与管理效率低下。有时企业的某些业务与企业的其他营利性业务相抵触，明显干扰了企业业务组合的运行，产生了所谓的负协同效应，即"1+1<2"。在这种情况下，企业可以选择剥离这些不适宜的业务，以便降低生产效率下降的风险。

2. 避免被接管风险

剥离也可以被用作对付恶意收购的一种防御：如"皇冠珠宝"的出售，起到了一种防范被接管的作用，避免自身被其他企业收购，降低了被收购的风险。

3. 降低财务风险

母公司可能遭遇到财务困境急需现金缓解，以避免最终倒闭。这类企业一般是亏损较为严重，不能偿还到期债务，或经营状况尚可，但负债比例过高的企业。为避免破产，或迫于债权人的压力，其往往不得不通过出售资产套取现金，以偿还债务。

（五）我国资产剥离的特色动因

由于我国目前的资本市场还处于不断完善之中，尚不成熟，因此我国的企业对于上市有着特殊的需求。

1. 保上市资格需要

根据2014年最新修订实施的《中华人民共和国证券法》第五十五条规定，"公司最近三年连续亏损，由证券交易所决定暂停其股票上市交易"；第五十六条规定"公司最近三年连续亏损，在其后一个年度内未能恢复盈利，由证券交易所决定终止其股票上市交易"。由于在我国上市公司资格是稀缺资源，上市公司采取资产剥离的方式，迅速改变其亏损局面，可以保住其上市资格。

2. 买壳上市需要

一些企业为达到快速上市的目的，采取买壳上市的方式，从而间接上市，这也不失为一条间接的有效渠道。由于我国主板市场的上市条件较为严格，且时间过长，对于许多企业来说直接上市并不是理想的选择。因此，企业会选择通过对上市公司原业务进行剥离，转换主业，实现间接上市。现阶段，采用这种方式上市的公司在我国证券市场层出不穷。买壳上市方式下的资产剥离主要有两种：在买壳前对壳公司进行资产剥离的，一般是将资产剥离给原大股东；在买壳后对壳公司进行资产剥离的，一般是将资产剥离给新入主公司的控股公司。

三、资产剥离的类型

（一）按剥离是否符合企业的意愿分类

按剥离是否符合企业的意愿分类，资产剥离可以分为自愿剥离与非自愿剥离。自愿剥离是指企业出于自身发展需要、符合企业自身意愿而主动进行的资产剥离。非自愿剥离是指由于违背了政府的相关政策或反垄断法，在政策或法律的压力下不得不实施的资产剥离。例如，企业在规模扩张后可能产生垄断，为了恢复市场竞争，政府要求处于垄断地位的企业出售其部分业务。

（二）按剥离出售资产的形态分类

按照剥离业务中所出售的资产形式，资产剥离可分为出售有形资产、出售无形资产、出售子公司。有形资产主要包括部分场地、设备等固定资产，以及产品生产线等；无形资产主要包括专利权、商标权等。出售子公司，通常是将一个持续经营的实体出售给其他公司，这时，在剥离中不仅包括产品线、场地、专利等有形资产和无形资产，而且还包括相关的职能部门及其职能人员。

（三）按出售资产的交易双方关系分类

按剥离中的交易双方关系划分，资产剥离可以分为关联方资产剥离、非关联方资产剥离。在关联方资产剥离方式下，进行资产剥离的双方有着较为密切的产权关联，这种方式在上市公司中表现极为普遍，其原因主要在于交易双方有关联，交易容易达成，而且可以节约交易成本；交易方式和支付方式较为灵活；相对于出售给非关联方带来的竞争和威胁，出售给关联方带来的竞争和威胁要小得多。非关联方剥离方式是指企业将资产出售给与企业不存在关联的外部经济主体。

（四）按资产剥离的实现方式分类

按资产剥离的实现方式分类，资产剥离可以分为纯资产剥离和资产负债剥离。纯资产剥离是指企业只对其所拥有的部分资产进行剥离，接受方以现金或等价物交换。资产负债剥离是指企业将部分资产和负债一同剥离，差额部分由接受方以现金或准现金资产支付。

四、资产剥离的操作程序

通常，剥离由企业自己发起。企业在剥离之前要制订详细的剥离方案，确定要出售的资产。在执行方案过程中，企业主要是寻找买主、商定交易价格、完成剥离。剥离后，如有必要还要帮助买方度过其过渡期，如有遗留问题，则要加以妥善处理。剥离也可以由买方发起，在这种情况下，通常是由有兴趣购买资产的企业发出购买要约，双方协商成交价，完成交易。

（一）资产剥离的准备阶段

在准备阶段，企业首先是要组建剥离团队，团队成员一般由运营经理、财务总监、投资银行家、律师、会计师等组成，直接向负责拟剥离部门的经理报告。其次是准备一份书面报告，该报告应包括资产负债表、运营情况报告、主要的资产与负债等。最后是包装拟出售资产，如维修计划、关键资本支出等，这样可以增加拟出售资产的吸引力。

（二）选择资产剥离方式和寻找买方

资产剥离方式已在本节前面详细介绍过，企业可以根据每种资产剥离方式的特点和局限性，并结合拟剥离资产的特征选择合适的剥离方式。

寻找买方的途径主要是通过经纪人、投资银行等中介组织以及律师、会计师等寻找，也可以通过广告寻找。找到潜在的买主后，企业要对其能力进行认真的评估，包括审查买方的财务状况、资金来源、经营能力等。

（三）确定拟剥离资产的价格

企业在估算其价值时，通常采用现金流折现法（DCF）。其精髓在于将企业资产的各期净现金流按照折现率折现，通常用净现值（NPV）来反映其价值。折现率的确定通常采用资本资产定价模型（CAPM）和资产的加权平均成本（WACC）方法。传统的价值评估方法还有基于收益的模型，即通过会计利润的某种比率（如市盈率）测量价值；基于资产的模型，即通过直接投资项目的实物资产和金融资产的销售价值或重置价值来测量价值。理论上，净现值是在理性的经济框架下计算出来的，现金流折现法具有将所有估价过程中所做的假设明确化的优点。因此，现金流折现法被广泛使用。

在确定要价时，企业还要考虑买卖双方的博弈关系。如果卖方想在短时间内出手，开始的要价要合理；如果买方有强烈的愿望收购资产，卖方的要价可以适当提高。

（四）完成交易

买卖双方对要剥离的资产或部门或子公司进行调查、评估、谈判后，就必须请律师为买卖双方各拟一份合同草案。在达成正式合同的过程中，通常会出现许多需要进一步协商的细节性问题。如果一切顺利的话，完成交易之日最终就会到来。产权交割之日，各种文件的交割，由买卖双方的律师和董事长执行。一般来说，需要交割的文件有下面所述的这些。股票出售：①股票买卖协议书；②交易合法性评审意见书；③转让公司控制权的股权证书；④期票和有价证券工具；⑤董事会决议；⑥财产转让证书以及第三方的承诺。资产出售：①资产买卖协议书；②交易合法性评审意见书；③卖契；④期票、抵押和有价证券工具；⑤财产转让证书以及第三方的承诺。

根据及时性原则，当有确凿的证据表明企业要实施资产剥离时，就应当从会计上分离资产剥离信息。当企业签订了具有法律效力的资产剥离协议，或者董事会已经批准并宣布了正式的资产剥离计划，就可以认定证据已经充分，此时便应当开始分离、核算资产剥离信息，并在当期的财务报告中开始披露。

（五）在过渡时期帮助买方

在资产、部门或子公司向买方转移的过渡过程中，买方通常需要卖方的帮助。需要帮助的方面包括管理、财务、制度或者公司的其他活动，如总的经营管理。有时候，买卖双方可能派出专家一道工作，使交易在每一个领域都能有序地进行。

（六）处理剥离后的遗留问题

剥离一个正在经营的企业，通常会在剥离完成后的一个相当长的时期内产生许多遗留问题。出售之日要转移责任，就要对部门进行彻底切割，这会使许多有问题的交易浮出水面，尤其是应收、应付账款方面。这些应收、应付账款有可能引起卖方、买主、客户三方之间的争端，要加以妥善解决。

【案例】

顺丰速运资产剥离借壳上市①

顺丰速运修改借壳方案，72亿金融资产被剥离。2016年7月26日，顺丰控股A股壳公司鼎泰新材在午间发布修改版的重大资产置换及发行股份购买资产并募集配套资金暨关联交易报告书。该公告显示，顺丰控股将向其控股股东明德控股或其指定的除顺丰控股及其子公司之外的第三方转让深圳市顺丰合丰小额贷款有限公司（以下简称"合丰小贷"）100%股权、深圳市顺诚乐丰保理有限公司（以下简称"乐丰保理"）10%股权和顺诚融资租赁（深圳）有限公司（以下简称"顺诚融资租赁"）100%股权。

换言之，合丰小贷、乐丰保理、顺诚融资租赁这三部分金融资产将不再被顺丰控股打包上市。对于剥离金融资产的原因，公告称，是"为保证本次重大资产重组顺利实施，根据监管和市场环境变化情况"而进行的安排。

此次顺丰控股剥离合丰小贷100%股权的交易作价为29 932.04万元，剥离乐丰保理100%股权的交易作价为505 746万元，剥离顺诚融资租赁100%股权的交易作价为36 705.15万元，三笔交易共计约72亿元，受让方以现金支付交易对价。

① 杨雯君. 顺丰控股借壳上市案例分析 ［D］. 大连：东北财经大学，2019.

关于顺丰上市

2016 年 5 月 23 日，A 股公司鼎泰新材发布公告，宣布鼎泰新材以截至拟置出资产评估基准日全部资产及负债与顺丰控股全体股东持有的顺丰控股 100% 股权的等值部分进行置换。

以 2015 年 12 月 31 日为基准日，交易的拟购买资产顺丰控股 100% 股权预估值为 448 亿元，由于 2016 年 5 月 3 日顺丰控股召开股东大会，决议以现金分红 15 亿元，此次顺丰控股 100% 股权的初步作价为 433 亿元。

公告称，经交易各方协商一致，本次交易中拟置出资产初步作价 8 亿元，拟置入资产初步作价 433 亿元，两者差额为 425 亿元。置入资产与置出资产的差额部分由公司以发行股份的方式自顺丰控股全体股东处购买。

2017 年 2 月 24 日，随着重大资产重组已经完成，顺丰控股公司已转型进入快递物流行业。为更好地适应公司未来发展的需要和战略规划，公司决定对公司名称及证券简称进行变更，由"鼎泰新材"变更为"顺丰控股"，公司证券代码不变，仍为"002352"。

思考：简述顺丰速运资产剥离借壳上市过程。

第四节　公司分立

一、公司分立的含义

（一）公司分立的定义

在我国，公司分立是指一个公司通过依法签订分立协议，不经过清算程序，分离为两个或两个以上公司的法律制度。从企业的行为角度看，公司分立是指一个企业分成两个或多个企业的行为。公司分立时，其财产应作相应的分割。按照分立后原企业是否持续，企业分立可以分为新设分立和派生分立。

《中华人民共和国公司法》并没有对公司分立的形式进行规定。关于公司分立形式的立法规定只能详见于《关于外商投资企业合并与分立的规定》第四条的规定，该条对公司分立规定了存续分立和解散分立两种形式。其具体规定为：公司分立可以采取存续分立和解散分立两种形式。存续分立，是指一个公司分离成两个以上公司，本公司继续存在并设立一个以上新的公司。解散分立，是指一个公司分解为两个以上公司，本公司解散并设立两个以上新的公司。

1. 存续分立

存续分立又称派生分立，是指一个公司按照法律规定的条件和程序，将其部分资产或产业进行分离，另设一个或数个新的公司或分支机构，原有公司继续存在的公司分立形式。

采取存续分立方式，本公司继续存在但注册资本减少。原股东在本公司、新公司的股权比例可以不变。在实践中，总公司为了实现资产扩张，降低投资风险，往往把其分公司改组成具有法人资格的全资子公司。此时，总公司亦转化为母公司。母公司仅以其投资额为限对新子公司债务负有限责任。

2. 解散分立

解散分立又称新设分立，是指一个公司将其全部财产分割，解散原公司，并分别归入两个或两个以上新公司中的行为。在新设分立中，原公司的财产按照各个新成立的公司的性质，宗旨、业务范围进行重新分配组合；同时原公司解散，债权、债务由新设立的公司分别承受。新设分立，是以原有公司的法人资格消灭为前提，成立新公司。

（二）公司分立的特征

1. 公司分立是公司合并的逆向行为

"分立"与"合并"是一个相反的过程，即分立是减法过程，合并是加法过程。从字面意思看，两者方向相反，互为可逆。原公司与分立后的公司之间、分立后公司相互之间，既无公司内部的总公司与分公司的管理关系，也不是企业集团中成员相互间控股或参股的关系，而是彼此完全独立的法人关系。

2. 公司分立是公司组织法定变更的一种特殊形式

公司的分立不是公司的完全解散，无须经过清算程序，而是在原公司基础上成立两个或两个以上公司。分立后的企业是独立法人，而不是企业内部的一个分支机构。分立是单个企业的行为，只需本企业的主管部门或股东进行决议就行。在这个意义上，公司分立是法律设计的一种简化程序。

3. 公司分立必须依法定程序，按法定要求进行

由于公司分立将会引起分立前公司主体和权利义务的变更，而且也必然涉及相关主体的利益，因此为了保护各方主体利益，分立行为必须严格依照公司法所规定的条件和程序来进行。

（三）西方国家对公司分立的界定

公司分立最早出现在法国，1966 年分立这一制度首次在法国公司法中出现，并逐步传播到欧洲大陆及其他国家。

1. 公司分立的标准形式

一个标准形式的公司分立是指一个母公司将其在某子公司中所拥有的股份，按照母公司股东在母公司中的持股比例，分配给现有母公司的股东，从而在法律和组织上将子公司的经营从母公司的经营中分立出来。这会形成一个与母公司有着相同股东和持股结构的新公司。在分立过程中，现有股东对母公司和分立出来的新公司同样保持着原有的权利，不存在股权和控制权向母公司和其他股东之外的第三方转移。

如图 8-2 所示，图中的实线箭头代表持股关系，虚线箭头代表股份分配关系。分立前股东 A 和股东 B 共同持有甲公司的股份，甲公司是乙公司的母公司。虚线箭头代表甲公司准备把其在乙公司的全部股份按 A、B 持有甲公司股份的比例同等地分给股东 A 和股东 B。分立交易后，股东 A 和股东 B 同时持有了甲公司和乙公司，而甲公司不再是乙公司的母公司，两者为共同的股东所持有，两者的股权结构也一样。

除了公司分立的标准式以外，还有多种形式的变化，主要有换股分立和解散分立两种衍生形式。

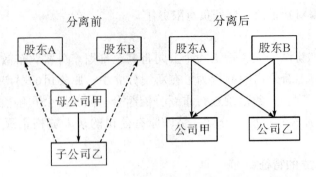

图 8-2　公司分立的持股关系

2. 换股分立

换股分立是指母公司把其在子公司中占有的股份分配给母公司的一些股东，而不是全部母公司的股东，交换其在母公司中的股份。它不同于纯粹的分立，在换股分立中，两个公司的所有权比例发生了变化，母公司的股东在换股分立后甚至不能对原子公司行使间接的控制权。换股分立不像纯粹的分立那样会经常发生，因为它需要一部分母公司的股东愿意放弃其在母公司中的利益，转向投资于子公司。实际上，换股分立也可以被看成一种股份回购，即母公司以下属子公司的股份向部分母公司股东回购其持有的母公司股份。在纯粹的分立后，母公司的股本没有变化，而在换股分立后母公司的股本减少了，如图 8-3 所示。

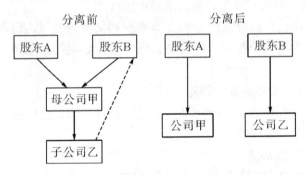

图 8-3　换股分立示意图

在图 8-3 中，在换股分立的交易中，股东 B 把其在母公司甲中的股份与甲公司在乙公司中的股份进行交换，结果股东 B 由原来直接持有甲公司股份变成直接持有乙公司股份，而不再持有甲公司股份。分立后，甲公司也不再持有乙公司的股份。

3. 解散分立

解散分立与标准式分立较为相似，是指母公司将子公司的控制权移交给它的股东。在解散分立中，母公司所拥有的全部子公司都分立出来，因此，原母公司不复存在。在拆股后，除管理队伍会发生变化外，所有权比例也可能发生变化，这取决于母公司选择怎样的方式向其股东提供子公司的股票，如图 8-4 所示。

在图 8-4 中，甲公司的全部资产都由乙公司和丙公司承担，然后对甲公司进行分立，分立后股东 A 和股东 B 同时持有乙公司和丙公司的股份，甲公司不复存在。

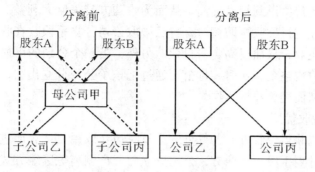

图8-4 解散分立示意图

二、公司分立的动因

（一）实施管理激励

从激励机制来分析，公司分立能够更好地把管理人员与股东的利益结合起来，因此可以降低代理成本。特别是当子公司的情况与母公司很不一致的时候，比如母公司处于成熟产业而子公司处于高速成长产业，或者母公司处于非管制产业而子公司处于受管制产业，激励问题会显得更加突出。公司分立后，管理人员能够更好地集中于子公司相对较少的业务。就直接报酬而言，分立出来的公司管理人员可以通过签订协议，使其报酬的高低直接与该业务单位的股票价格相联系，而不是与母公司的股票价格相联系，从而对他们起到激励作用。诸如股票期权等报酬协议能够对他们产生更大的激励作用。就间接利益而言，他们比在一个较大公司的一个部门工作时有了更大的自主权和责任感，也因此可以得到更高的经济收入。

（二）提高管理效率

业务范围大且广、部门多且杂是企业走多元化道路的普遍结果，即使是最优秀的管理队伍，随着他们所控制的资产规模和范围的增大，也会达到收益随之递减的临界点。管理的边际成本超过其边际收益，对于企业来说不仅无规模效益可言，还会导致企业价值下降。这往往是由于在庞大的企业当中并非所有的业务都具有紧密的相关性，有时甚至根本无相关性可言，从而使企业管理难度陡增。对于规模过大、机构臃肿、管理线很长的公司来说，分立不失为一个好方法。一个公司拆分为两个或多个公司，责任分化，有利于管理行为简单化，有利于精简公司的机构；同时，原来的一个经营者也变为两个或多个经营者，有利于管理幅度的缩小，管理专业化的提高，从而提高经营管理的效率。

（三）解决内部纠纷

公司分立不仅可以应用于大型公司，即使是在规模较小的公司也可得到有效应用。当股东准备结束共同经营而各自经营的时候，当股东之间发生对公司经营权行使纠纷的时候，他们就可以通过公司分立将公司分为数个公司。此时，公司分立作为解决公司内部纷争的手段就非常有效。

（四）反击恶意收购

当企业的多元经营超过最佳水平，其市场价值可能会被严重低估，并容易引起投资集团的收购兴趣。收购方把企业收购后，再进行资产出售、分立或股权割售，可以使企业的整体市场价值得到较大提高，从而为收购方带来巨大利益。这迫使实施多元化经营战略的企业进行反收购防御时，自己采取公司分立手段，在收购方采取行动之前把力量集中到主业，从而提高自身价值。另外，当一个公司的下属子公司被收购方看中，收购方要收购整个企业时，母公司通过把该子公司分立出去，也可以减轻收购方的收购意愿，从而避免被整体收购

（五）追求税收优惠

某些分立可以获得税收方面的好处。为及时地获取税收优惠而进行分立能够成为一个重要的战略计划手段。在西方，公司分立与资产剥离等紧缩方式相比有一个明显的优点就是税收优惠。公司分立对公司和股东都是免税的，而资产剥离则可能带来巨大的税收负担。公司在资产剥离中得到的任何收益都要纳税，如果这笔钱再以股利的形式发给股东，那么还要继续纳税。

三、公司分立对企业价值的损益分析

（一）公司分立后企业价值的提升

1. 公司分立的宣布期效应

上市公司在宣布实施公司分立计划后，二级市场对此消息的反应一般较好，该公司的股价在消息宣布后会有一定幅度的上扬。这反映出投资者对"主业清晰"公司的偏好。许多投资者对专注于某一行业发展的公司比较看好，因为这些公司的业务结构比较单一因而比较容易估算出其真实价值。因为信息传递的不充分性和不及时性使得投资者在评估拥有多种业务的上市公司的合理价值时会遇到许多障碍，因此投资者希望重新认识被拆出资产的真实价值。

2. 公司分立后持续经营的业绩增长

经验数据表明，被放弃的子公司和母公司在公司分立以后的几年内通常会在业绩上超过市场整体水平。如果子公司因为包含在企业集团内部而被低估了价值，或者市场预期在公司分立之后将出现收购报价，这种趋势就更为明显。

3. 增加投资选择权

公司分立后，股东拥有两种以上的选择权。如果两个企业相互独立，投资风险会相应降低，因而其投资价值会随之提高。公司分立也增加了证券市场上的投资品种，分立后的两家公司具有不同的投资收益与风险，不同偏好的投资者便有了更多的投资机会。

（二）公司分立后企业价值的损失

1. 分立削弱规模经济效应

公司分立通常是一分为二或一分为多，会使原企业的规模大大缩小，规模经济效应带来的成本节约随之削弱。而且分立的公司需要设置新的管理部门，可能会面对比以前更高的资本成本。

2. 公司分立后新立公司的生存发展风险

公司分立只不过是一种资产契约的转移，也可能是公司变革的催化剂。在公司变革过程中，如果新设立的公司不能顺应环境的变化、组织的变革，并且在管理方面的改进也不能同步实现，则很有可能使公司价值遭受损失。

3. 公司分立过程中的法律和会计成本

完成公司分立活动要经过复杂的税收和法律程序，这是执行过程中的最大障碍，即使在美国也是如此。在美国，税收总署的批准需要 6~9 个月，这不仅包含着很高的法律和会计成本，而且还会浪费管理者的宝贵时间。其他相关法律问题也会进一步增加公司分立的成本和复杂程度。

四、公司分立的程序

分立属于公司的重大法律行为，公司必须严格依照法律规定的程序进行，如图 8-5 所示。

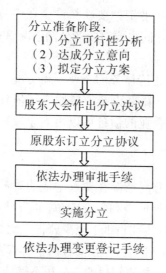

分立准备阶段：
（1）分立可行性分析
（2）达成分立意向
（3）拟定分立方案

股东大会作出分立决议

原股东订立分立协议

依法办理审批手续

实施分立

依法办理变更登记手续

图 8-5　公司分立的程序

（一）分立准备阶段

公司在分立准备阶段，首先，应进行财务可行性分析，撇开分立的其他原因，从财务角度看，分立后只有创造比分立前更多的利润，才具有经济上的可行性；其次，在财务可行性分析的基础上，应由董事会初步达成企业分立的意向；最后，达成初步意向后，还应着手提出、起草分立草案，以便提交股东大会讨论。

（二）股东大会作出分立决议

根据《中华人民共和国公司法》的规定，公司分立方案由董事会拟定并提交股东大会讨论决定，有限责任公司在公司作出分立决定后，须经代表 2/3 以上的表决权的股东通过；股份有限公司股东大会作出分立决议后，必须经出席会议的股东所持表决权的 2/3 以上通过。

（三）原股东订立分立协议

由分立各方，即原公司股东就分立的相关具体事项订立协议，并签订分立合同。分立合同一般包括以下内容：分立后原公司是否存在；存续公司或新公司的名称与住所；企业的财产分割方案；原企业债券、债务的处理方案；分立后各方公司的章程；分离时需要载明的其他事项，如公司员工的安置问题等。

（四）依法办理审批手续

股份有限公司分立，必须经国务院授权的部门或者省级人民政府批准。

（五）实施分立

1. 所有者权益处理

如果是新设分立，企业的原所有者权益因原企业的分立而需在新企业中体现，每一个新企业应根据其净资产额、原企业股东的股权比例向所有者提供出资证明或股权证、股票等。如果是派生分立，老企业因部分资产分立出去而减少注册资本的，应向所有者出具变更后的出资证明或股权证、股票等。

2. 资产的分割和评估

新设分立方式中被解散的企业资产要在新设企业中分割，企业间要签署协议，明确分割；派生分立中，新老企业间也要对资产分割情况签订协议。

3. 债务的负担与偿还

除非债权人同意，否则在还清债务前企业不得分立。新设分立的，被解散企业的债务要分配给各新设企业负担，由新设企业按原定还债日期或同债权人达成的偿债协议还本付息；派生分立的，老企业的债务可以由老企业独自承担，也可由老企业分出一部分由新企业偿还。

4. 债务分配情况通报

在签署分立协议时，债务分配情况在协议中应明确载明并通知债权人债务分配情况，包括由原公司编制的资产负债表和财产清单，应自股东大会作出分立决议之日起10日内通知债权人，并于30日内在报纸上至少公告3次。债权人自接到通知书之日起30日内，未接到通知书的自第一次公告起90日内，有权要求公司清偿债务或者提相应的担保。不清偿债务或者不提供相应担保的，公司不得分立。

（六）依法办理变更登记手续

因分立而存续的公司，其登记事项发生变化的，应当申请变更登记；因分立而解散的公司，应当申请注销登记；因分立而新设立的公司，应当申请设立登记。公司应当自分立协议或者决定作出之日起90日后申请登记。

五、公司分立与资产剥离的比较

（一）公司分立与资产剥离具有相同的理论基础

1. 代理理论

并购和资产剥离、公司分立都与代理问题密切相关。资产剥离与公司分立被认为是能为管理层带来利益的手段。如果某部分资产或业务不能给管理层带来"保护伞"作用，甚至成为他们发展自身的累赘时，管理层就会"卸包袱"，将这些业务分立或剥离出去。但是这些分立与剥离行为并非都符合委托人的利益需求，最主要的还是给管理层带来好处。

2. 效率理论

效率理论主要基于规模经济和协同效应理论。规模经济理论认为在一个行业中有一定的规模经济。协同效应即为"1+1>2"。

任何事务都是辩证的，都有一个临界值，超过临界值后将会走向相反方向，过犹不及。企业规模过大，会导致规模不经济；企业在不断扩张的过程中还有可能产生负的协同效应。规模不断加大，涉及领域不断增多，企业复杂化程度加深，主营业务模糊，这些都将导致企业管理复杂，机构冗繁，核心竞争力不能够凸显等问题。这时采用剥离或分立手段，能够肃清主营业务，提高企业管理效率，增加企业价值。

3. 竞争优势理论

竞争优势理论由美国哈佛大学迈克尔·波特（Michael E. Porter）教授提出。竞争优势理论同样对分立有所指导。波特在阐述协调的横向战略该如何制定中说到，如果企业中存在的业务单元有如下情况之一就应该将其进行剥离或分立，包括：①这些业务单元与其他业务单元没有紧密联系；②对于这些业务单元来说，要使其与其他业务单元有紧密联系要克服很多难题。从企业发展的长远角度考虑，要把不能与企业主步调一致的部分剥离或分立出去，这样才有利于企业持续成长。

4. 归核化理论

归核化即归回核心，是指企业在其核心领域集中所有的人、财、物、力，凝聚力量发展其优势领域。其方法就是把多元化经营企业中的与其核心业务联系不紧密的资产或业务剥离或分立出去，从而能集中主要力量发展自身优势领域。归核化理论是相对于多样化经营理论而言的，多样化经营相当于"不把鸡蛋放在同一个篮子里"，从而分散经营风险，并且通过产业互补实现稳定收益。近年来学者们研究发现，企业的专业化程度越高，其托宾 Q 值越高，经过风险调整后的长期市场回报率也就越高，而多元化企业却存在折价现象。因此，企业通过归核化能提升企业价值。

（二）资产剥离与公司分立的区别

资产剥离中，企业对于出售的部分资产，可以采取现金交易，也可以采取股权等其他现金流的不同方式交易。因此，公司在资产剥离中有正的现金（或等价物）流入。在公司分立中，按照我国法律，公司分立可以选择按账面价值分立，也可以按公允价值分立，但典型的分立不会为企业产生现金流，因为分立本身只是权益在两个或几个实体之间划分。

1. 控制权不同

资产剥离完成后，企业的股东不再对剥离出去的资产保有控制权，即丧失了在经营与财务上的控制权。分立完成后，母公司与子公司的关系变成两个独立的公司，但股东还是持有两个公司的股份，依然对两个公司具有控制权。

2. 税收方面不同

根据资产剥离的定义和交易结构，在所得税处理中可以将资产剥离分为两类：部分资产剥离和整体资产剥离。部分资产剥离要根据出售价格与账面净资产确认资产剥离的损益，交纳所得税；整体资产剥离，根据我国税法，一家企业不需解散而将其经营活动的全部或其独立核算的分支机构转让给另一家企业，以换取代表接受企业资本的股权的，原则上应在发生交易时，将其分解为按公允价值销售全部资产和进行投资两项业务进行所得税处理并按照计算确认资产转让损益。在典型的分立中，不存在非股权支付，按照现行法律不需要交纳所得税

3. 债权人利益不同

实践中，企业常常为减轻负担，将不良资产剥离出去，但这可能会伤害到债权人

的利益，因为资产剥离改变了债券抵押品的性质。在公司分立中，被分立企业的负债在分立企业之间进行划分，不同的划分也可能使得债权人利益受到损害。但分立只是降低了债权所有者最初所依赖的抵押品的数量。

4. 所有权的变化

剥离与另一方或多方发生联系时，最终会使转让资产的所有权发生变化。剥离一般意味着企业规模缩小，剥离中整体产权出售（如子公司）会导致一个企业的消亡。而分立行为则不涉及他方利益。分立是新企业诞生的一种方式，也可以认为是一种变相的扩张。

几种资产重组方式的比较分析如表 8-1 所示：

表 8-1　几种资产重组方式的比较分析

收缩方式	资产剥离	公司分立
母公司的现金流	产生现金流	不产生现金流
母公司的控制权	无	有
母公司纳税情况	增加税负	典型分立无额外税负
债权人利益	影响大	有影响
所有权的变化	丧失被剥离资产的所有权	持有分立公司的股份

【案例分析】

【案例1】同仁堂科技在香港创业板分立上市

【案例2】海航裁撤资本与科技两大集团业务板块继续收缩

【课后练习】

一、单项选择题

1. 按照剥离的资产性质分类，剥离可以分为物资资产剥离和（　　）。

A. 纯资产剥离 B. 股权剥离

C. 资产配置负债剥离 D. 自愿性资产剥离

2. 下列不属于企业分立的重大财务事项的是（　　　）。

A. 所有者权益的处理 B. 资产的分割和评估

C. 债务的负债和偿还 D. 董事会拟订分立方案

3. 对母公司的股权进行分离和分立，分拆出与母公司从事同一业务的子公司，由此实现子公司的首次公开发行属于（　　　）。

A. 横向分拆 B. 纵向分拆

C. 混合分拆 D. 多元化分拆

二、多项选择题

1. 按剥离的资产性质分类，资产剥离可以分为（　　　）。

A. 自愿性资产剥离 B. 非自愿性资产剥离

C. 物质资产剥离 D. 股权资产剥离

E. 纯资产剥离

2. 企业进行资产剥离可以由下列哪些理论假说解释（　　　）。

A. 代理理论假说 B. 效率理论假说

C. 归核化理论假说 D. 融资理论假说

E. 多元化理论假说

3. 按照分立后原企业是否存续的不同，企业分立可以分为（　　　）。

A. 新设分立 B. 横向分立

C. 纵向分立 D. 混合分立

E. 派生分立

4. 下列属于企业分立的重大财务事项的是（　　　）。

A. 所有者权益的处理 B. 资产的分割和评估

C. 债务的负债和偿还 D. 股东大会作出分立协议

E. 财务可行分析

三、判断改错题

（判断下列说法是否正确，对的在后面的（　　　）打√，错的在后面的（　　　）打×，并在划线部分改正。）

1. 企业剥离总是公司经营失败的标志，属于公司扩张战略。 （　　　）

2. 派生分立是以原有公司的法人资格消灭为前提，成立新公司。 （　　　）

3. 企业分立属于公司的重大行为，必须遵循一定的程序。 （　　　）

4. 在分拆上市中，一般情况下，母公司不会保留对分拆部分的控制权，而将大部分的股权公开出售。 （　　　）

1. 什么是资本重组？资本重组的方式主要有哪几种？
2. 什么是战略联盟？战略联盟有哪几种？
3. 战略联盟的主要理论有哪些？其基本内容是什么？
4. 简述建立战略联盟的管理机制有哪些？
5. 企业托管经营的模式有哪几种类型？
6. 什么是资产剥离？资产剥离有哪几种？
7. 什么是公司分立？公司分立有哪些类型？
8. 公司分立和资产剥离有什么区别？

第九章

债务重组与清算

■教学目标

    企业经营不善，就有可能导致企业陷入财务困境，甚至可能导致企业破产。在企业发生财务困难的情况下，企业有必要实施债务重组。学生通过本章的学习应掌握企业债务的含义，熟悉企业偿债能力的指标体系，掌握债务重组的动因和方式，熟悉债务重组的程序等知识目标；熟悉公司清算的含义及程序，破产清算的含义及程序等能力目标；形成遵纪守法、自我约束、防范危机的法律意识的思政目标。

【案例导入】

安然公司破产案①

    安然公司，曾是一家位于美国得克萨斯州休斯敦市的能源类公司。在 2001 年宣告破产之前，安然拥有约 21 000 名雇员，是世界上最大的电力、天然气以及电讯公司之一，2000 年披露的营业额达 1 010 亿美元之多。公司连续六年被《财富》杂志评选为"美国最具创新精神公司"，然而真正使安然公司在全世界声名大噪的，却是使这个拥有上千亿资产的公司 2002 年在几周内破产的财务造假丑闻。安然欧洲分公司于 2001 年 11 月 30 日申请破产，美国本部于 2 日后同样申请破产保护。公司的留守人员主要进行资产清理、执行破产程序以及应对法律诉讼。

    安然假账问题也让其审计公司安达信面临着被诉讼的危险。位列世界第一的会计师事务所安达信作为安然公司财务报告的审计者，既没审计出安然虚报利润，也没发现其巨额债务。2001 年 6 月，安达信曾因审计工作中出现欺诈行为被美国证券交易委员会罚了 700 万美元。

    在安然破产案中，杜克集团损失了 1 亿美元，米伦特公司损失了 8 000 万美元，迪

---

① 笔者根据"泽稷网校"整理（详见泽稷网校. 世界第一的会计师事务所是如何破产的[EB/OL].（2015-09-02）.https://www.sohu.com/a/30349112_233249.）。

诺基损失了 7 500 万美元。在财团中，损失比较惨重的是 J．P 摩根和花旗集团。仅 J．P 摩根对安然的无担保贷款就高达 5 亿美元，据称花旗集团的损失也大致与此相当。此外，安然的债主还包括德意志银行、中国银行、中国招商银行、日本三家银行等。

思考：放松监管会导致企业缺乏约束，引发危机。要形成遵纪守法、自我约束、防范危机的法律意识。

第一节　债务重组

一、企业债务概述

（一）债务

债务指债权人向债务人提供资金，以获得利息及债务人承诺在未来某一约定日期偿还的这些资金。

从会计意义看，债务是指由过去交易、事项形成的，由单位或个人承担并预期会导致经济利益流出单位或个人的现时义务，包括各种借款、应付及预收款项等。

从经济意义看，债务是必须返还的资金。除了借入的资金以外，如果发行的是债券，还必须还本付息，即归还本金和支付利息，这也被称为债务。

（二）企业债务

1. 企业债务的定义

企业债务是指企业所承担的能以货币计量的，将以资产或劳务偿付的负债。对于企业来说，债务的来源主要有以下三种：为满足战略性发展需要而筹措的长期债务；因短期资金不足而借入的短期借款；日常经营活动产生的应付项目。其中，为满足企业战略发展需要而对外筹措的长期借款是企业主动承担的债务，是有计划、有安排进行筹措并能够利用战略发展获得收益进行偿还的部分。这部分债务主要对应企业购置设备、引进技术、开发新产品、对外投资、调整资本结构等而筹措的资金。短期借款则是企业为了应对短期资金不足而向企业外部筹措的资金，如企业为了现金周转或偿还债务等而筹措的资金。应付债务一定与企业生产经营过程相关。

2. 企业的偿债能力

企业的偿债能力是指企业用其资产偿还长期债务与短期债务的能力。企业偿债能力是反映企业财务状况和经营能力的重要标志。偿债能力是企业偿还到期债务的承受能力或保证程度，包括偿还短期债务和长期债务的能力。

企业偿债能力，静态地讲，就是用企业资产清偿企业债务的能力；动态地讲，就是用企业资产和经营过程创造的收益偿还债务的能力。企业有无现金支付能力和偿债能力是企业能否健康发展的关键。

反映企业偿债能力的指标主要有：流动比率、速动比率、现金比率、资本周转率、清算价值比率和利息支付倍数等。

（1）流动比率。流动比率，表示每 1 元流动负债有多少流动资产作为偿还的保证。它反映公司流动资产对流动负债的保障程度。

$$流动比率=流动资产合计÷流动负债合计$$

一般情况下，该指标越大，表明公司短期偿债能力强。通常，该指标在200%左右较好。人们在运用该指标分析公司短期偿债能力时，还应结合存货的规模大小，以及周转速度、变现能力和变现价值等指标进行综合分析。如果某一公司虽然流动比率很高，但其存货规模大，周转速度慢，则有可能造成存货变现能力弱，变现价值低，那么，该公司的实际短期偿债能力就要比指标反映的弱。

（2）速动比率。速动比率，表示每1元流动负债有多少速动资产作为偿还的保证，进一步反映了流动负债的保障程度。

$$速动比率=（流动资产合计-存货净额）÷流动负债合计$$

一般情况下，该指标越大，表明公司短期偿债能力越强，通常该指标在100%左右较好。人们运用该指标分析公司短期偿债能力时，应结合应收账款的规模、周转速度和其他应收款的规模，以及它们的变现能力进行综合分析。如果某公司速动比率虽然很高，但应收账款周转速度慢，且它与其他应收款的规模大，变现能力差，那么该公司较为真实的短期偿债能力要比该指标反映的差。

（3）现金比率。现金比率，表示每1元流动负债有多少现金及现金等价物作为偿还的保证，反映了公司可用现金及变现方式清偿流动负债的能力。

$$现金比率=（货币资金+短期投资）÷流动负债合计$$

该指标能真实地反映公司实际的短期偿债能力，该指标值越大，反映公司的短期偿债能力越强。

（4）资本周转率。资本周转率，表示可变现的流动资产与长期负债的比例，反映公司清偿长期债务的能力。

$$资本周转率=（货币资金+短期投资+应收票据）÷长期负债合计$$

一般情况下，该指标值越大，表明公司近期的长期偿债能力越强，债权的安全性越好。由于长期负债的偿还期限长，所以，人们在运用该指标分析公司的长期偿债能力时，还应充分考虑公司未来的现金流入量，以及经营获利能力和盈利规模的大小。

（5）清算价值比率。清算价值比率，表示企业有形资产与负债的比例，反映公司清偿全部债务的能力。

$$清算价值比率=（资产总计-无形及递延资产合计）÷负债合计$$

一般情况下，该指标值越大，表明公司的综合偿债能力越强。由于有形资产的变现能力和变现价值受外部环境的影响较大且很难确定，所以人们运用该指标分析公司的综合偿债能力时，还需充分考虑有形资产的质量及市场需求情况。如果公司有形资产的变现能力差，变现价值低，那么公司的综合偿债能力就会受到影响。

（6）利息支付倍数。利息支付倍数，表示息税前收益对利息费用的倍数，反映公司负债经营的风险程度。

$$利息支付倍数=（利润总额+财务费用）÷财务费用$$

一般情况下，该指标值越大，表明公司偿付借款利息的能力越强，负债经营的财务风险就越小。由于财务费用包括利息收支、汇兑损益、手续费等，且还存在资本化利息，所以人们在运用该指标分析利息偿付能力时，最好将财务费用调整为真实的利息净支出，这样才能最准确地反映公司的偿付利息能力。

二、债务重组的含义

2019 年 6 月 17 日最新修订的《企业会计准则第 12 号——债务重组》，规范了债务重组的确认、计量和相关信息的披露，"债务重组，是指在不改变交易对手方的情况下，经债权人和债务人协定或者法院裁定，就清偿债务的时间、金额或方式等重新达成协议的交易"。也就是说，只要修改了原定债务偿还条件的，即债务重组时确定的债务偿还条件不同于原协议的，均作为债务重组。

【案例】

长航凤凰股份有限公司破产重整案①

（一）基本案情

长航凤凰股份有限公司（以下简称长航凤凰）系上市公司，是长江及沿海干散货航运主要企业之一。自 2008 年全球金融危机以来，受财务费用负担沉重、航运运价长期低迷等因素影响，长航凤凰经营逐步陷入困境。截至 2013 年 6 月 30 日，长航凤凰合并报表项下的负债总额合计达 58.6 亿元，净资产为 -9.2 亿元，已严重资不抵债。经债权人申请，湖北省武汉市中级人民法院（以下简称武汉中院）于 2013 年 11 月 26 日依法裁定受理长航凤凰重整一案，并指定破产管理人。因连续三年亏损，长航凤凰股票于 2014 年 5 月 16 日起暂停上市。

（二）审理情况

在武汉中院的监督指导下，管理人以市场化的重组方式为基础，制定了重整计划草案，获得了债权人会议及出资人会议表决通过。由于无外部重组方参与长航凤凰破产重整，如何通过长航凤凰自身筹集足够资产以提高普通债权清偿比例，以促使普通债权人支持重整是重整工作有序推进的重点。为解决偿债资金筹集的问题，经过武汉中院与管理人多番论证，最终制定了以公司账面的货币资金、处置剥离亏损资产的变现资金以及追收的应收款项、出资人权益调整方案以及股票公开竞价处置等多种渠道的资金筹集方案。实践证明，上述资金筹集方案具有可行性。通过资产公开处置、出资人权益调整以及股票公开竞价处置，长航凤凰不但清偿了重整中的全部债务，同时，由于股票公开竞价处置产生溢价，公司在重整程序中依法获得了约 7 000 万元的资金用于补充公司现金流。

2014 年 3 月 18 日，武汉中院裁定批准了重整计划并终止重整程序。通过成功实施重整计划，在无国有资产注入及外部重组方资金支持的情况下，长航凤凰 2014 年年底实现净资产约 1.2 亿元、营业利润约 2.24 亿元，成功实现扭亏，股票于 2015 年 12 月 18 日恢复上市。

（三）典型意义

长航凤凰重整案是以市场化方式化解债务危机的典型案例。借助于破产重整程序，长航凤凰摆脱了以往依赖国有股东财务资助、以"堵窟窿"的方式挽救困境企业的传

---

① 笔者根据"中国法院网"整理（详见中国法院网. 长航凤凰股份有限公司破产重整案[EB/OL]. (2016-09-23). https://www.chinacourt.org/article/detail/2016/06/id/1909033.shtml.）。

统做法，以市场化方式成功剥离亏损资产、调整了自身资产和业务结构、优化了商业模式，全面实施了以去杠杆为目标的债务重组，最终从根本上改善了公司的资产及负债结构，增强了持续经营及盈利能力，彻底摆脱了经营及债务困境。

思考：对国有上市公司债务重组的中国特色进行思考？

三、债务重组的动因

（一）债务人视角

1. 减少企业债务，降低资产使用成本

企业通过债务重组可以有效减少债务人负债，进而降低企业资产负债率，且债权人在一定程度上分担了债务人的经济负担。同时企业债务重组还可以通过修改债务条件来进行，如减少本金、减免利息等。企业通过这些措施可以有效减小其未来财务压力，从而有效降低其未来的财务费用，进而降低其资产的使用成本。

2. 增加债务人收益，增加企业净利润

根据企业债务重组的方式，企业在债务重组过程中可以获得两种形式的收益：企业债务重组利得和资产处置收益。由于营业外收入（包括债务重组收益和非流动资产处置利得）、部分流动资产抵债造成的营业收入（以存货原材料抵债等）及处置部分投资造成的投资收益（交易性金融资产等）的增加，会导致企业当期净利润的上升，从而也增加了债务人的收益。

3. 盘活部分闲置资产，提高资产使用率

通过非现金资产抵偿债务是企业债务重组的重要方式之一。债务人可以通过使用部分闲置资产来抵债，实现债务重组进而盘活闲置资产，有效降低资产闲置水平，提高资产使用率。从一定程度上来说，这将有利于企业的长远发展。

（二）债权人视角

1. 加速资金周转，增强资产真实性

企业应收账款属于企业的流动资产，长时间占用会导致企业流动资产周转性下降，形成大量的呆账、坏账损失。通过资产重组，虽然债权人损失了部分债务，但从另一个侧面来讲，也使债权人减少了部分应收账款，加快了企业资金周转速度，进而提高了企业资金的增值能力，增强了企业资产的真实性。

2. 减少资金占用，降低资金使用成本

一些长年累月形成的呆账、坏账，会长期占用企业资产，同时形成巨额的收账费用。鉴于这些原因，债权人选择债务重组，可以在一定程度上有效减少收账费用和由于债务人对本公司资产的占用而形成的垫资费用；也可以在一定程度上避免因债务人拖欠导致本公司必需举债的后果，减少了债权人企业的财务费用负担。

3. 提高损益真实性，提高公司形象

债务人通过债务重组，可以降低由于资不抵债而导致的破产的可能性，而减轻债务人的经济负担也能使债权人避免更大程度的损失（丧失全部求偿权）。若债权人被拖欠账款数额过大，时间过长，便会形成潜亏的可能性，从而降低企业盈利的真实性。企业通过债务重组可以实现部分债权，增强损益的真实性，从而有助于提高企业的社会形象以及企业的长期发展。

四、债务重组的方式

（一）以资产清偿债务

1. 以现金（包括库存现金和银行存款）资产清偿全部或部分债务

以现金清偿债务的，债务人应当在满足金融负债终止确认条件时，终止确认重组债务，并将重组债务的账面价值与实际支付现金之间的差额，计入当期损益。以现金清偿债务的，债权人应当将重组债权的账面余额与收到的现金之间的差额，计入当期损益（营业外支出）。债权人已对债权计提减值准备的，应当先将该差额冲减减值准备，冲减后尚有损失的，计入营业外支出（债务重组损失）；冲减后减值准备仍有余额的，应予以转回并抵减当期资产减值损失。

2. 以非现金资产清偿债务

债务人以非现金资产清偿债务的，应当在符合金融负债终止确认条件时，终止确认重组债务，并将重组债务的账面价值与转让的非现金资产的公允价值之间的差额，计入当期损益（营业外收入）。转让的非现金资产的公允价值与其账面价值的差额为转让资产损益，计入当期损益。债权人收到非现金资产时，应按受让的非现金资产的公允价值计量。

（二）将债务转为资本

将债务转为资本的，债务人应当将债权人放弃债权而享有股份的面值总额确认为股本（或者实收资本），股份的公允价值总额与股本（或者实收资本）之间的差额确认为资本公积。重组债务的账面价值与股份的公允价值总额之间的差额，计入当期损益。

将债务转为资本的，债权人应当将享有股份的公允价值确认为对债务人的投资，重组债权的账面余额与股份的公允价值之间的差额，先冲减已提取的减值准备，减值准备不足冲减的部分，或未提取损失准备的，将该差额确认为债务重组损失。

（三）修改其他债务条件

1. 不附或有条件的债务重组

在不附或有条件的债务重组中，债务人应将重组债务的账面余额减记至将来应付金额，减记的金额作为债务重组利得，于当期确认计入损益。重组后债务的账面余额为将来应付金额。

以修改其他债务条件进行债务重组，如修改后的债务条款涉及或有应收金额，则债权人在重组日，应当将修改其他债务条件后的债权的公允价值作为重组后债权的账面价值，并将重组债权的账面余额与重组后债权账面价值之间的差额确认为债务重组损失，计入当期损益。如果债权人已对该项债权计提了坏账准备，则应当首先冲减已计提的坏账准备。

2. 附或有条件的债务重组

附或有条件的债务重组，对债务人而言，修改后的债务条款如涉及或有应付金额，且该或有应付金额符合或有事项中有关预计负债确认条件的，债务人应当将该或有应付金额确认为预计负债，并将重组债务的账面价值与重组后债务的入账价值和预计负债之和的差额，作为债务重组利得，计入营业外收入。

对债权人而言，修改后的债务条款中涉及或有应收金额的，不应当确认或有应收金额，不得将其计入重组后债权的账面价值。根据谨慎性原则，或有应收金额属于或有资产的，或有资产不予确认。只有在或有应收金额实际发生时，才将其计入当期损益。

（四）以上三种方式的组合方式

以前面所讲的几种方式组合起来进行债务重组，即通常所讲的混合（债务）重组，主要有以下几种组合形式：以现金、非现金资产组合清偿某项债务；以现金将债务转为资本组合清偿债务；以非现金资产将债务转为资本清偿债务；以现金资产将债务转为资本清偿债务；以资产将债务转为资本等清偿某项债务。对于混合债务重组方式，我们应注意以下几点。

（1）无论是从债务人还是从债权人角度讲，其都应考虑清偿的顺序。一般的偿债顺序为：被豁免的金额→以现金资产偿还金额→以非现金资产偿还金额→债转股部分金额→剩余债务的金额。

（2）债权人收到的用于抵债的多项非现金资产不需要按公允价值相对比例进行分配，只需直接按照所收到资产各自的公允价值入账。以非现金资产抵偿债务，该资产应该按照其公允价值来确定可以抵偿的债务金额。

【案例】

中国二重集团与二重重装破产重整案①

（一）基本案情

中国第二重型机械集团公司（以下简称二重集团）为中央直接管理的国有重要骨干企业，是国家重大技术装备制造基地。二重集团（德阳）重型装备股份有限公司（以下简称二重重装）为二重集团的控股子公司。自2011年起，二重集团、二重重装多年连续亏损，生产经营以及员工工资、社保基本靠向银行举债和股东提供的资金勉强维持。截至2014年年底，二重集团、二重重装金融负债总规模已经超过200亿元。二重重装已经严重资不抵债。

在国资委等有关部门的支持下，以农业银行、中国银行、光大银行为主席行，组织涉及二重集团、二重重装的近30家金融债权人成立了中国二重金融债权人委员会，与二重集团、二重重装及其股东展开了庭外重组谈判。2015年9月11日，在银监会的组织下，各方达成了框架性的重组方案，其核心内容为在2015年内以"现金+留债+股票"清偿全部计息金融负债。同日，债权人机械工业第一设计研究院等向四川省德阳市中级人民法院（以下简称德阳中院）提起了针对二重集团、二重重装的破产重整申请。同月21日，德阳中院裁定受理二重集团、二重重装重整一案，并指定管理人接管了二重集团和二重重装。

---

① 笔者根据"人民法院报"整理（详见人民法院报. 人民法院关于依法审理破产案件推进供给侧结构性改革典型案例[EB/OL].（2016-06-16）. http://rmfyb.chinacourt.org/paper/html/2016-06/16/content_113004.htm? div=-1.）。

（二）审理情况

2015 年 11 月 27 日，债权人会议和出资人会议召开，各表决组均通过了《重整计划（草案）》。11 月 30 日，德阳中院作出民事裁定，批准重整计划并终止了二重集团和二重重装重整程序。重整计划执行中，120 亿元金融债权通过现金清偿和债转股，已得到 100% 清偿；对于非金融债权，按照重整计划已向各家债权人分别支付 25 万元，其余在 2~5 年内付清。当年，重整计划整体完成 90%。

（三）典型意义

庭外重组是陷入困境但有价值的企业与其债权人之间以协议的方式，对企业进行债务调整和资产重构，以实现企业复兴和债务清偿的一种庭外拯救手段。本案中，在有关部门的推动、指导下，二重集团、二重重装与主要债权人金融机构进行了庭外重组谈判，并达成了框架性金融债务重组方案。进入重整后，法院在司法框架范围内，尽可能地维持重组方案确定的原则，得到了金融债权人的认可。二重集团和二重重装重整成功，为这两家资产总额达 210 亿元的国有企业卸下了沉重的债务负担，优化了金融债务结构。本案积极探索实践庭外重组向司法重整转换，为陷入困境但有再生可能的大型国有企业司法重整提供了可复制的范例。

思考：国资委等有关部门在公司破产重整发挥的作用。

五、债务重组的程序

债务重组的程序包括非法定债务重组操作程序和法定债务重组操作程序。

（一）非法定债务重组操作程序

非法定债务重组操作程序包括四个阶段：重组前策划、签订债务重组协议、完成债务重组、进行债务重组处理四个阶段。

1. 重组前策划

重组前策划是指债权方和债务方双方进行债务重组的财务可行性分析以及对重组时间的选择、重组方式的设计等。这个步骤是与双方的协商及彼此了解相伴而行的，其间交织着债权方和债务方以及各自出资方的博弈，双方各自拟定重组策划书，报各自出资方审核批准，涉及国有资产的，还须取得相关国资管理部门的批准。

2. 签订债务重组协议

债权方和债务方双方经过协商，就债务重组内容（债务重组的具体方式、金额、时间等）达成一致，签订协议书，以法律形式明确双方的权利与义务关系，以防止日后造成经济纠纷。涉及国有资产的，还须取得相关国资管理部门的批准。然后，双方按照协议约定组织实施协议约定事项。

3. 完成债务重组

债权方和债务方双方组织重组资产的交付，履行相关法律程序，及时进行产权手续的变更，并按照要求进行公告，完成重组事项。

4. 进行债务重组账务处理

在重组资产交付完成以及相关产权转移手续办结后，清理和收集重组资产相关资料，确认相关价值数据，按照准则的规定核算企业在债务重组日（债务重组完成日）的债务重组损益，并进行相关账务处理。跨年度的，须按照相关法律、法规的规定确定其期间归属，并按规定进行追溯调整。

（二）法定债务重组操作程序

法定债务重组操作程序一般须经过以下程序：法定债务重组申请、法院的调查和裁决、组成重组机构、制订重组计划、完成重组。

1. 法定债务重组申请

企业面临财务困难、经营混乱或面临停业危险时，应由符合法律规定的董事会、股东、债权人或其他机构向法院提出重组申请，在申请书中载明申请人的名称、申请资格企业名称、住址和负责人姓名；申请重组的原因及事实；经营业务状况；企业的资产、负债、损益、其他财务状况以及对企业重组的意见。

2. 法院的调查和裁决

法院收到申请后，应选派对企业经营业务比较熟悉、具有专门知识和管理经验的非重组关系人作为调查人进行调查，并在法定期限内将调查结果报告法院。调查内容包括：债权人和股东姓名、住址、债权及股份总额；企业经营状况、财务状况及资产估价情况；企业负责人对经营管理有无玩忽职守或失职行为及相应责任；申请事项中有无弄虚作假行为。调查后，法院对申请作出重组裁决或驳回申请的决定。如果申请手续不符合法律规定、重组申请有不实事项、企业已被宣告破产或已解散、企业已没有重建的希望，法院则驳回申请。法院如果没有驳回申请的理由，则应作出准许重组的裁决。

3. 组成重组机构

在实施阶段，法院应选派监督人、重组人，召开关系人会议，并决定债权、股东权的申请期限及场所，对所申报的债权和股东权进行审查的期限和场所及第一次关系人会议的日期及场所，同时应发布重组公告。

4. 制订重组计划

重组计划是指以维持债务人的继续经营、清理债权债务关系、制定挽救手段为内容的协议。重组计划一般由重组人拟定，计划的制订必须坚持公正和可行的原则。公正是指对同类债权或股权应一视同仁，可行是指计划的实行必须有恰当的措施和手段加以保证。重组计划的主要内容包括：①变更一部分或全部债权人或股东的权利，为了达到重组的目的，重组债权人或股东应对企业做出一定的让步，包括按比例减少股份、免除部分债权、债权延期、降低利率等；②变更经营范围，改变经营内容，并针对以往经营失利的管理原因，提出更高管理水平的措施；③处置财产，确定债务清偿办法及资金来源；④确定企业资产的估价标准和评估办法；⑤变更公司章程；⑥发行新股或债券；⑦裁决或调动企业职工；⑧确定重组执行期限；⑨其他必要事项。

重组计划拟定后，重组人将企业业务情况及财务报告、重组计划一并提交关系人会议并通过后，再将重组计划提请法院，由法院认可后，即可付诸实施。

5. 完成重组

重组人必须在重组计划规定的期限内完成重组工作，召开重组后的股东大会，确认修改后的公司章程，并选举新的董事和监事，然后再由重组人向法院申请批准完成重组的裁决，并向登记机关申请变更登记。

【案例】

泛海建设债务重组①

2012 年 10 月 31 日，泛海建设公告宣布，公司拟与中国长城资产管理公司北京办事处（以下简称"长城资产"）、北京国际信托有限公司（以下简称"北京信托"）签订《债权转让协议》，约定长城资产收购北京信托于 2012 年 11 月 25 日到期的 7.99 亿元的债权（第二期），泛海建设承诺并保证为此提供 30 个月的担保，并向长城资产履行债务清偿责任。

公告显示，作为原债权人，北京信托于 2012 年 4 月前，分五期实际募集了资金 19.986 亿元，全部用于增加泛海东风公司注册资本。根据相关协议约定，泛海须按约定日期分三次支付行权费。截至公告日，泛海已按期向北京信托支付了一期行权费 6.740 8 亿元，二、三期尚未到期。

在签订《债务重组协议》后，第二期行权费由长城资产提供，而泛海东风公司则拟与长城资产签订《抵押合同》，承诺以其依法拥有的位于北京市朝阳区东风乡绿隔地区的第一宗地 J-1 地块及在建工程为《债务重组协议》项下债务人的债务清偿义务提供抵押担保。与此同时，泛海及旗下北京星火房地产开发有限责任公司拟分别与长城资产签订《连带保证合同》，承诺为《债务重组协议》项下债务人的债务清偿义务承担连带责任保证担保。泛海董事会认为，泛海东风公司本次债务重组解决了该公司目前发展的资金需要，有利于推进项目建设，符合公司地产的发展战略。

思考：国有资产管理公司与国有金融机构在债务重组中发挥的作用。

第二节　公司清算

一、公司清算的含义

（一）公司清算的定义

公司清算是指公司依法解散后，公司清算主体按照法定方式、法定程序对公司的资产、债权债务、股东权益等公司的具体情况进行全面的、客观的清理和处置，从而清理公司债权债务，处理公司财产，了结各项法律关系，并最终消灭公司法人资格的一种法律制度。

公司清算是公司在解散之后，对其财产进行清理，了结公司债权债务关系，消灭公司法人资格的必经程序。公司清算有广义和狭义之分，广义的公司清算包括破产清算在内的公司清算；狭义的公司清算不包括破产清算。公司法上的清算，一般是指狭义上的公司清算，以下简称为"公司清算"。本节以下未特别说明的，均指狭义上的公司清算。

---

① 笔者根据"百度文库"整理（详见百度文库. 上市公司债务重组典型案例［EB/OL］.（2021-08-18）. https://wenku.baidu.com/view/9ffe499f4ad7c1c708a1284ac850ad02df8007c5.html.）。

（二）公司清算与破产清算的区别

公司清算与破产清算在法律属性上存在着重大差异，由此形成了迥然不同的两类法律制度。公司清算，是指公司因非破产原因解散，按公司法规定的程序进行的清算，即狭义上的公司清算。破产清算，是指因破产原因解散并按照破产程序进行的清算。公司清算与破产清算的区别主要有以下几点。

第一，清算发生的原因不同。破产清算的原因是公司"不能清偿到期债务"；而公司清算则是公司在有足够财产清偿债务情况下因解散而进行的清算。

第二，清算的程序不同。破产清算必须严格按照《中华人民共和国企业破产法》规定的破产程序进行清算，破产清算是一种强制清算程序；而公司清算则是按《中华人民共和国公司法》的有关规定进行清算，清算程序一般具有较强的随意性，公司清算人可以按照公司的具体情况灵活掌握清算的进程。

第三，清算人的选任不同。破产清算是法院按照《中华人民共和国企业破产法》的规定，从法定的人员范围中依法定的程序和方法选任；而公司清算则由公司按照《中华人民共和国公司法》的规定确定清算人，在特殊情况下才由法院依法指定清算人。

第四，债权人在清算中所起的作用不同。在破产清算中，债权人组成债权人会议，参与破产清算程序，决定公司清算中的有关重大事项，如决定破产财产的分配方案和破产财产的处理方案等；而在公司清算中，债权人则不具有这种作用，清算人对公司全体股东负责。

通过对两者的比较，我们可以看出，公司清算有可能转化为破产清算，即在公司清算过程中，如果发现公司的实际资产不足以清偿债务时，公司清算应当转为破产清算。

二、公司清算的类型

（一）按清算是否由公司自行组织划分为普通清算与特别清算

1. 普通清算

普通清算，是指公司自行组织的清算。公司解散后由公司内部自行组成清算机构进行清算。公司解散后，应立即进行普通清算。在普通清算过程中，当有下列情形之一时，法院便可命令公司实行特别清算。

（1）当公司实行普通清算遇到明显障碍时。

（2）当公司负债超过资产有不实之嫌时，即形式上公司负债超过资产，但实际上是否真正超过尚有嫌疑。

2. 特别清算

特别清算，是指公司依法院的命令开始，并且自始至终都在法院的严格监督之下进行的清算。特别清算只有在普通清算程序开始后才有可能启动，特别清算是在普通清算过程中遇到无法逾越的障碍时，由相关行政机关或法院介入而具体进行的清算。

【案例】

浙江玻璃股份有限公司及其关联公司合并破产案①

（一）基本案情

浙江玻璃股份有限公司（以下简称浙江玻璃）成立于1994年5月，2001年12月10日在香港联合交易所上市。2003年至2005年期间，浙江玻璃先后投资成立浙江工程玻璃有限公司、浙江长兴玻璃有限公司、浙江平湖玻璃有限公司、浙江绍兴陶堰玻璃有限公司，上述企业均从事玻璃生产、加工和销售业务，职工共计4 350人，日熔化总量达5 150吨。由于经营不善、盲目投资、高成本融资等原因，浙江玻璃及其四家关联公司生产经营遭遇巨大困难，陷入债务危机。2010年5月3日，浙江玻璃因未能如期公布2009年度财务报告被香港联合交易所处以暂停交易的处罚。鉴于浙江玻璃已具备破产原因，且作为一家尚具生产能力的境外上市股份公司，具有一定的重整价值，2012年6月28日，浙江省绍兴市中级人民法院（以下简称绍兴中院）裁定受理债权人对浙江玻璃的重整申请并指定管理人，启动破产重整程序。

（二）审理情况

2012年7月4日，管理人以浙江玻璃与其四家关联公司存在人格混同情形、合并重整有利于公平清偿债权为由，申请浙江玻璃与其四家关联公司合并重整，并提交了相关证据。其中，审计报告结论显示：浙江玻璃与其四家关联公司系作为一个整体进行运作，四家子公司虽然均为法人主体，但都在浙江玻璃的实际控制下运营，资金收支均由浙江玻璃掌控，已丧失其法人实体应当具备的财务独立性。2012年7月23日，绍兴中院组织召开合并重整听证会，听取各方对合并重整的意见。经听证，大部分债权人代表及浙江玻璃及其关联公司支持合并重整。经审查，绍兴中院依照《中华人民共和国企业破产法》第一条、第二条规定，裁定浙江玻璃与前述四家关联公司并入浙江玻璃重整。

2013年3月10日，在前期继续经营、成功招募重整投资人的基础上，浙江玻璃及其四家关联公司破产案召开第三次债权人会议，分组表决重整计划草案。受多种客观因素影响，普通债权组未通过重整计划草案，导致重整计划草案未能获得债权人会议通过。同月25日，绍兴中院依照《中华人民共和国企业破产法》第八十八条的规定，裁定终止重整程序，转入破产清算。

转入破产清算后，浙江玻璃继续维持生产的压力更加突出。玻璃生产具有特殊性，一旦生产线停产，将涉及停火冷窑、危化品处置等安全问题，并将导致资产大幅贬值和维护费用大幅增加。为此，经管理人在债权人会议中广泛征求意见，采取"托管经营"的方式，委托第三方公司继续生产经营，实现了破产清算条件下的正常生产。4月13日，第四次债权人会议表决通过《破产财产变价方案》。经公开拍卖或变卖，公司的资产变价金额合计约23.02亿元。9月22日，第五次债权人会议表决通过了《破产财产分配方案》。10月10日，绍兴中院裁定认可破产财产分配方案。12月12日，经

---

① 笔者根据"中国法院网"整理（详见中国法院网. 浙江玻璃股份有限公司及其关联公司合并破产案［EB/OL］.（2016-06-15）.https://www.chinacourt.org/article/detail/2016/06/id/1909033.shtml.）。

管理人申请，绍兴中院裁定终结破产程序。

（三）典型意义

浙江玻璃及其关联公司合并破产案系在充分尊重当事人意思自治的基础上，在重整计划草案经表决未获通过的情况下，及时由重整转入清算的案件。本案在审理过程中，充分尊重市场规律，所有重大事项均在充分考虑破产企业的行业状况、商业风险等市场因素的基础上，经由债权人会议依法表决。对于债权人会议否决的事项，法院尊重当事人的意思自治，均未采取强制批准措施。此外，浙江玻璃及其关联公司在破产中维持正常生产，使得大部分职工保持了稳定的工作和经济收入，维护了社会的和谐稳定。

思考：政府主导合并破产充分保障职工稳定的工作和经济收入，维护了社会的和谐稳定。

（二）普通清算与特别清算的区别

1. 两者适用的起因不同

对于适用普通清算还是特别清算，公司一般无自行选择的权利。在公司解散的一般情况下，只要能进行清算的，适用普通清算；普通清算不能正常进行时，才适用特别清算。

2. 清算人的选任方式不同

普通清算一般是由公司自行选任清算人；而特别清算则由法院强制选任清算人。大陆法系许多国家对股份有限公司与有限责任公司分别立法，特别清算制度多规定在股份有限公司制度中，有限责任公司一般规定为准用股份有限公司相关规定。

3. 法院在两个程序上的作用不同

在普通清算程序上，法院仅发挥消极的监督作用，而在特别清算程序上，法院则积极介入与干预清算事务的进行。

4. 清算机关在两个程序中有很大的区别

普通清算中清算机关一般仅有清算人和股东会，而在特别清算中，清算机关非常复杂，有清算人、债权人会议、监察人和检查人等。

5. 清算程序上亦有不同的规定

例如，和解协议的达成与执行只能是特别程序中所特有的。另外，普通程序可以转化为特别程序，反之则不可以。

特别清算是介于普通清算和破产清算之间的一种程序，特别清算与破产清算的区别主要体现在三个方面：第一，清算原因不同。破产清算是因为破产原因而进行的，特别清算不适用破产原因，它是在普通清算不能进行的情况下进行的清算。第二，两者适用的法律规范不同。破产清算适用的是破产法规范，特别清算适用的是公司法规范。第三，债权人在清算中地位和作用不同。虽然债权人会议在两种程序中都存在，但在破产清算程序中，债权人会议决定破产程序的重大事项，对清算人进行监督，而特别清算中的债权人则不具有这种职能。

三、公司清算的一般清算程序

（一）确定清算人或成立清算组（或清算委员会）

当解散清算由自愿原因导致时，有限责任公司由股东组成清算组，股份有限公司由股东大会确定清算组成员。如果公司在 15 日内没有成立清算组，债权人可以申请人民法院指定有关人员成立清算组。当解散清算由强制原因导致时，由有关机关组织股东、有关机关人员及有关专业人员成立清算组。

（二）开展清算工作

清算组在清算期间，需要进行以下五项工作。

1. 债权人进行债权登记

清算组应当自成立之日起，10 日内通知债权人，并于 60 日内，在报纸上至少公告 3 次，要求债权人向清算组申报债权。债权人应当自接到通知书之日起 30 日内，未接到通知书的自第一次公告之日起 90 日内，向清算组申报其债权。债权人申报时，应当说明债权的有关事项，并提供有关证明。

2. 清理公司财产，编制资产负债表及财产清单

清算组负责清理公司财产，编制资产负债表与财产清单，提出财产评估作价和计算依据。清缴所欠税款，清理债权债务，处理企业清偿债务后的剩余财产。清算开始之日前的 180 日内，破产公司隐匿、私分或无偿转让的财产，或非法压价出售的财产，或对原来没有财产担保的债务提供担保，或对未到期债务提前清偿，或放弃自己债权的，清算组应当向法院申请追回有关财产。解散清算中，发现资不抵债时，应当立即向法院申请宣告破产。

3. 在对公司资产进行估价的基础上，制订清算方案

清算组在清理公司财产，编制资产负债表与财产清单后，应当制订清算方案。清算方案报股东会或有关主管机关审核。

4. 执行清算方案

公司财产的清偿顺序为：支付清算费用→支付公司所欠职工工资和劳动保险费用→支付公司所欠税款→清偿公司债务→向优先股股东分配剩余财产→向普通股股东分配剩余财产。其中，财产不足支付同一顺序要求的，按照比例分配。

5. 代表公司参与民事诉讼

（三）提交清算报告，办理清算的法律手续

公司清算工作结束以后，清算组应当制作清算报告，造具清算期内会计报表和各种账务清册，报有关方面确认，并报送公司登记机关，申请注销公司登记，公告公司终止。

【案例】

南通第三印染厂等相关国有企业破产清算案①

一、裁判要旨

产控集团自成立至今，已在南通中院的支持下对南通第三印染厂等十余家非持续经营企业进行了强制清算或破产，为解决历史遗留问题、引导非持续经营企业合法有序退出市场、优化产控集团资本结构、实现产业转型升级发挥了重大作用。南通中院依法支持产控集团对市属非持续经营企业的清理工作，努力改善产控集团的资产结构，化解社会不稳定因素。联动机制的建立，在促进清算工作的规范化、高效化、平稳化等方面起到了积极作用。

二、基本案情

随着社会经济的发展及产业结构的调整，一批原国有企业及国有改制企业陆续停止经营，但由于历史等多方面的原因，往往存在企业资产清理困难、职工分流矛盾突出等问题，从而导致企业无法办理注销手续，不能真正退出历史舞台。作为数十家非持续性经营企业的主管单位，产控集团经过十多年的清理，完成了 16 家企业的清算、转股退出及工商注销。其中，有相当一部分是通过破产清算的方式完成的，公平保护了债权人权益，释放了大量土地等生产类要素，维护了社会稳定。非持续经营企业清理联动机制是在市政府与南通中院联席会议制度大平台下，为产控集团量身打造的一项工作机制。在产控集团下属企业的破产案件审理过程中，双方分工协作、统筹推进，在切实维护国家和职工利益的前提下，有效实现了国有资产的盘活。双方以联动机制的建立为契机，探索出国资背景下具有南通特色的破产工作经验。在该项机制建立之后，南通造纸厂破产一案召开了第一次债权人会议，已将联动机制付诸实施，取得了良好的效果。双方还将继续加强合作，不断对机制进行完善、充实，更好地发挥联动机制的功能。双方以该项联动机制的建立为契机，就产控集团的经营、管理等更广泛的事务进一步拓展沟通、交流的空间。

三、工作亮点

南通中院与产控集团建立联动机制，施行"自行清算+破产清算"模式，由企业主管部门先期自行清算，以解决职工分流、资产与债务梳理等事务性问题，再对具备破产原因的企业申请进入法院破产清算程序，及时处置资产，释放土地、房产等生产要素，有效推进了"僵尸企业"退出市场的进程。

思考：注重创新探索"自行清算+破产清算"模式。

① 笔者根据"中国江苏网"整理（详见中国江苏网. 2012-2017 年南通法院破产审判典型案例［EB/OL］. (2018-06-25).http://www.hafy.gov.cn/html/fayuanwenhua/diaoyanyuandi/anlipingxi/2018/0625/3413. html.）。

第三节 破产清算

一、企业破产及其流程

（一）破产

1. 破产的定义

破产是指债务人不能清偿到期债务时，由法院强制执行其全部财产，公平清偿全体债务人，或者在法院监督下，由债务人与债权人会议达成和解协议，整顿、复苏企业，清偿债务，避免倒闭清算的法律制度。

2. 破产界限

所谓破产界限，即法院据以宣告债务人破产的法律标准，在国际上又通称为法律破产原因。在破产立法上，各国对破产界限有以下两种规定方式。

（1）列举方式，即在法律中规定若干种表明债务人丧失清偿能力的具体行为，凡实施行为之一者，便被认定达到破产界限。

（2）概括方式，即对破产界限进行抽象性的规定，它着眼于破产发生的一般性原因，而不是具体行为。破产界限的概括方式通常有三种：一是不能清偿或无力支付；二是债务超过资产，即资不抵债；三是停止支付。

《中华人民共和国企业破产法》规定，企业因经营管理不善造成严重亏损，不能清偿到期债务的，依本法规定宣告破产。可见，在我国"不能清偿到期债务"，是法定的企业破产原因和条件。我国和世界上其他大多数国家均采用概括方式来规定企业破产的界限。

（二）企业破产程序

依据《中华人民共和国企业破产法》，企业破产的主要程序如图 9-1 所示。

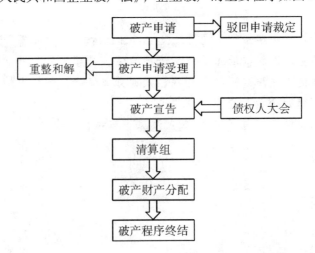

图 9-1　企业破产流程图

1. 破产申请阶段

企业法人不能清偿到期债务，并且资产不足以清偿全部债务或者明显缺乏清偿能力的，可以向人民法院提出重整、和解或者破产清算申请。债务人不能清偿到期债务，债权人可以向人民法院提出对债务人进行重整或者破产清算的申请。企业法人已解散但未清算或者未清算完毕，且资产不足以清偿债务的，依法负有清算责任的人应当向人民法院申请破产清算。

2. 破产申请受理阶段

债权人提出破产申请的，人民法院应当自收到申请之日起 5 日内通知债务人。债务人对申请有异议的，应当自收到人民法院的通知之日起 7 日内向人民法院提出。人民法院应当自异议期满之日起 10 日内裁定是否受理。

人民法院受理破产申请的，应当自裁定作出之日起 5 日内送达申请人。债权人提出申请的，人民法院应当自裁定作出之日起 5 日内送达债务人。债务人应当自裁定送达之日起 15 日内，向人民法院提交财产状况说明、债务清册、债权清册、有关财务会计报告以及职工工资支付和社会保险费用的缴纳情况。

人民法院裁定不受理破产申请的，应当自裁定作出之日起 5 日内送达申请人并说明理由。申请人对裁定不服的，可以自裁定送达之日起 10 日内向上一级人民法院提起上诉。

人民法院受理破产申请后至破产宣告前，经审查发现债务人不符合《中华人民共和国企业破产法》第二条规定情形的，可以裁定驳回申请。申请人对裁定不服的，可以自裁定送达之日起 10 日内向上一级人民法院提起上诉。

3. 债权申报与债权人会议阶段

人民法院受理破产申请后，应当确定债权人申报债权的期限。债权申报期限自人民法院发布受理破产申请公告之日起计算，最短不得少于 30 日，最长不得超过 3 个月。债权人应当在人民法院确定的债权申报期限内向管理人申报债权。在人民法院确定的债权申报期限内，债权人未申报债权的，可以在破产财产最后分配前补充申报；但是，此前已进行的分配，不再对其补充分配。

依法申报债权的债权人为债权人会议的成员，有权参加债权人会议，享有表决权。债权尚未确定的债权人，除人民法院能够为其行使表决权而临时确定债权额之外，不得行使表决权。债权人可以委托代理人出席债权人会议，行使表决权。代理人出席债权人会议，应当向人民法院或者债权人会议主席提交债权人的授权委托书。债权人会议应当有债务人的职工和工会的代表参加，对有关事项发表意见。债权人会议设主席 1 人，由人民法院从有表决权的债权人中指定。

债权人会议行使下列职权：核查债权；申请人民法院更换管理人，审查管理人的费用和报酬；监督管理人；选任和更换债权人委员会成员；决定继续或者停止债务人的营业；通过重整计划；通过和解协议；通过债务人财产的管理方案；通过破产财产的变价方案；通过破产财产的分配方案；人民法院认为应当由债权人会议行使的其他职权。

4. 破产的重整与和解阶段

该部分不是破产的必经程序。重整与和解也被称为预防破产程序。重整是指债权人申请对债务人进行破产清算的，在人民法院受理破产申请后、宣告债务人破产前，债务人或者出资额占债务人注册资本 1/10 以上的出资人，可以向人民法院申请重整，即对该企业进行重新整顿、调整，即不对无偿付能力债务人的财产进行立即清算，而是在法院主持下由债务人与债权人达成协议，制订重组计划，规定在一定期限内债务人按一定方式全部或部分清偿债务，同时债务人可以继续经营其业务的制度。

破产和解，是指在人民法院受理破产案件后，在破产程序终结前，债务人与债权人之间就延期偿还和减免债务问题达成协议，终止破产程序的一种方法。和解是一种特殊的法律行为，双方法律行为以双方当事人的意思表示一致为条件，而这种法律行为不仅需要债权人会议与债务人意思表示一致，而且还要经过人民法院的裁定认可，方能成立。

虽然重整与和解不是破产的必经程序，但通过企业资产业务的重整，可能避免企业被破产清算的命运，给企业继续发展的机会；从长远来看，这可能会给债权人更大程度的利益保障。因此，重整与和解阶段具有重要的意义。

5. 破产宣告与破产清算阶段

（1）破产宣告。破产宣告是法院依据当事人的申请或法定职权裁定宣布债务人破产以清偿债务的活动。破产宣告标志着破产程序进入实质性阶段。债务人被宣告破产后，债务人称为破产人，债务人财产称为破产财产，人民法院受理破产申请时对债务人享有的债权称为破产债权。一旦企业被宣告破产，其便失去了民事主体资格，裁定自公告之日起发生法律效力，破产企业即日起停止正常经营活动。

（2）破产清算。人民法院依法宣告企业破产以后，应当在 15 日内成立由企业主管部门、政府财政部门等人员组成的清算组，对该破产企业进行清算。企业破产分配完毕，由清算组向法院申请终结破产程序并向登记机关办理注销登记。

二、破产清算含义和程序

（一）破产清算的含义

破产清算是指宣告股份有限公司破产以后，由清算组接管公司，对破产财产进行清算、评估、处理和分配。清算组由人民法院依据有关法律的规定，组织股东、有关机关及有关专业人士组成。所谓有关机关一般包括国有资产管理部门、政府主管部门、证券管理部门等，专业人员一般包括会计师、律师、评估师等。

《中华人民共和国公司法》中的破产清算是指处理经济上破产时规定债务如何清偿的一种法律制度，即在债务人丧失清偿能力时，由法院强制执行其全部财产，公平清偿全体债权人的法律制度。破产概念专指破产清算制度，即对债务人宣告破产、清算还债的法律制度。

根据《中华人民共和国企业破产法》，企业法人不能清偿到期债务，并且资产不足以清偿全部债务或者明显缺乏清偿能力的，依照本法规定清理债务。企业法人有前款规定情形，或者有明显丧失清偿能力可能的，可以依照本法规定进行重整。

（二）破产清算的程序

1. 破产宣告

破产宣告是法院依当事人的申请或依职权对已经具备破产条件的债务人作出宣告

其为破产人的司法裁定。债务人被宣告破产后，破产清算程序便由此启动。

2. 破产财产变价

变价方案由管理人制定并提交债权人会议讨论。破产企业为全民所有制性质的，其资产的评估应依据有关国有资产评估的规定，由管理人向国有资产管理部门申请办理资产评估立项，经国有资产管理部门授予资格的评估机构进行评估，并经国有资产管理部门备案。变价出售破产财产应当通过拍卖进行，但是债权人会议另有决议的除外。

3. 分配

分配方案由管理人制定并提交债权人会议讨论，最后提交法院裁定。破产财产的分配顺序如下：

（1）清偿破产费用和共益债务；

（2）职工的工资和医疗、伤残补助、抚恤费用，所欠的应当划入职工个人账户的基本养老保险、基本医疗保险费用，以及法律、行政法规规定应当支付给职工的补偿金；

（3）破产人欠缴的除前项规定以外的社会保险费用和破产人所欠税款；

（4）普通破产债权。

4. 破产清算的结束

破产财产分配完毕，破产清算即告结束。清算组应提请法院终结破产程序。破产程序终结后，由清算组织向原审批机关办理破产公司的注销登记和其他登记手续。

（三）债务人财产

1. 债务人财产的范围

破产申请受理时属于债务人的全部财产以及破产申请受理后至破产程序终结前债务人取得的财产。

2. 不属于债务人财产的范围

对此问题，新破产法没有规定，最高人民法院 2002 年 7 月发布的《关于审理企业破产案件若干问题的规定》可资借鉴。

（1）债务人基于仓储、保管、加工承揽、委托交易、代销、借用、寄存、租赁等法律关系占有、使用的他人财产。

（2）抵押物、留置物、出质物。

（3）担保物灭失后产生的保险金、补偿金、赔偿金等代位物。

（4）依照法律规定存在优先权的财产。

（5）特定物买卖中，尚未转移占有但相对人已完全支付对价的特定物。

（6）尚未办理产权证或者产权证过户手续但已向买方交付的财产。

（7）债务人在所有权保留买卖中尚未取得所有权的财产。

（8）所有权专属于国家且不得转让的财产。

（9）债务人工会所有的财产。

（四）破产债权

清算组确定破产债权。破产债权，是指依照破产程序受偿的债权。破产债权的范围包括以下七个方面。

（1）破产宣告前成立的无财产担保的债权，以及虽有担保但放弃优先受偿权利的债权。

（2）未到期的债权，视为已到期债权，但是应当减去未到期的利息。

（3）连带之债的债务人破产时，债权人所享有的债权。

（4）保证人破产时，债权人所享有的债权。

（5）清算组解除合同，而致使对方当事人受到损害时，其损害的赔偿额。

（6）债权人对破产公司负有债务的，如果债权大于债务，那么超过部分构成破产债权。

（7）有财产担保的债权，其数额超过担保物价款的，未受清偿的部分，作为破产债权。

（五）破产费用和共益债务

1. 破产费用

破产费用包括以下三个方面：

（1）破产案件的诉讼费用；

（2）管理、变价和分配债务人财产的费用；

（3）管理人执行职务的费用、报酬和聘用工作人员的费用。

2. 共益债务

共益债务是指在破产申请受理后，为全体债权人的共同利益或者为进行破产程序所必须负担的债务。其内容包括：

（1）因管理人或者债务人请求对方当事人履行双方均未履行完毕的合同所产生的债务；

（2）债务人财产受无因管理所产生的债务；

（3）因债务人不当得利产生的债务；

（4）为债务人继续营业而应支付的劳动报酬和社会保险费用以及由此产生的其他债务；

（5）管理人或者相关人员执行职务致人损害所产生的债务；

（6）债务人财产致人损害所产生的债务。

3. 破产费用和共益债务的清偿

破产费用和共益债务清偿的原则包括以下四个方面：

（1）破产费用和共益债务由债务人财产随时清偿；

（2）债务人不足以清偿所有破产费用和共益债务，先行清偿破产费用；

（3）债务人不足以清偿所有破产费用或者共益债务的，按照比例清偿；

（4）债务人财产不足以清偿破产费用的，管理人应当提请法院终结破产程序。

本章小结

企业破产是指企业在生产经营过程中由于经营管理不善，当负债达到或超过所占有的全部资产，不能清偿到期债务，资不抵债时的企业行为。

破产清算是指宣告股份有限公司破产以后，由清算组接管公司，对破产财产进行清算、评估、处理和分配。

本章第一节主要介绍了债务重组的基本内容，包括债务重组的含义、动因、方式和程序等内容；第二节主要介绍了公司清算的含义及其程序，也对公司清算与破产清算进行了区分；第三节主要介绍了破产清算的含义及其程序。

学生应通过案例分析理解对国有上市公司进行债务重组中的中国特色，了解注重创新探索"自行清算+破产清算"模式。

【案例分析】

【案例1】浙江安吉同泰皮革有限公司执行转破产清算案

【案例2】无锡尚德太阳能电力有限公司破产重整案

【课后练习】

一、单项选择题

1. 破产重整资产评估方法多为（　　），收购成本相对较低。

　　A. 市场法　　　　　　　　　　　　B. 重置成本法

　　C. 收益现值法　　　　　　　　　　D. 清算法

2. 根据企业破产法律制度的规定，下列关于债权人委员会的表述中，正确的是（　　）。

　　A. 在债权人会议中应当设置债权人委员会

　　B. 债权人委员会的成员人数最多不得超过7人

　　C. 债权人委员会中的债权人代表由人民法院指定

　　D. 债权人委员会中应当有1名债务人企业的职工代表或者工会代表

3. 根据企业破产法律制度的规定，关于破产案件受理后、破产宣告前的程序转换，下列表述中，正确的是（　　）。

　　A. 如为债务人申请破产清算的案件，债权人可以申请和解

　　B. 如为债权人申请债务人破产清算的案件，债务人可以申请重整

　　C. 如为债权人申请债务人重整的案件，债务人可以申请破产清算

　　D. 如为债权人申请债务人破产清算的案件，债务人的出资人可以申请和解

二、多项选择题

1. 根据企业破产法律制度的规定，下列关于破产清算、重整与和解的表述中，正确的有（　　）。

    A. 债务人一旦被宣告破产，则不可能再进入重整或者和解程序

    B. 债权人申请对债务人进行破产清算的，在人民法院受理破产申请后、宣告债务人破产前，只有债务人才能提出和解申请

    C. 即使债务人未出现现实的资不抵债情形，也可申请重整程序

    D. 重整是破产案件的必经程序

2. 企业法人不能清偿到期债务，且资产不足清偿全部债务时，可选处理债权债务关系的程序是（　　）。

    A. 向人民法院提出和解申请　　　B. 股东会决议解散并自行进行清算

    C. 向人民法院提出重整申请　　　D. 向人民法院提出破产清算申请

    E. 将有限的企业财产按请求顺序向债权人进行清偿

3. 下列关于母公司与子公司关系的表述，正确的有（　　）。

    A. 子公司是独立法人，依法必须独立承担民事责任

    B. 母公司必须依法经营，不得滥用其对子公司的控制权

    C. 母公司可以随意抽回其对子公司的投资

    D. 只有当母公司滥用有限责任原则，损害子公司债权人利益时，母公司需要对子公司的债务负责

    E. 子公司不能偿还其债务时，母公司必须替其承担偿还责任

三、判断题

判断下列说法是否正确，对的在后面的（　　）内打√，错的在后面的（　　）内打×。

1. 重整是预防中小型企业破产的有效措施；清算制度是预防大型企业破产最为积极有效的制度。　　　　　　　　　　　　　　　　　　　　　　　　　　（　　）

2. 破产重整花费大量钱财用于支付债务，是洪水猛兽。　　　　　　　（　　）

3. 重整计划将目标公司经营方案、资产处置、人员规模等明确化，确保投资方案得以有效实施。　　　　　　　　　　　　　　　　　　　　　　　　　　（　　）

四、简答题

1. 企业偿债能力的指标体系包括哪些内容？

2. 什么是债务重组？债务重组包括哪些方式？

3. 简述债务重组的动因。

4. 什么是公司清算？公司清算与破产清算的区别是什么？

5. 什么是破产清算？一般包括哪几个阶段？

五、论述题

某企业因经营管理不善,依法被人民法院宣告破产。经管理人确认:

(1)该企业的全部财产变价收入为 300 万元;

(2)向建设银行信用贷款 66 万元;

(3)其他债权合计为 300 万元;

(4)欠职工工资和法定补偿金 65 万元,欠税款 35 万元;

(5)管理人查明法院受理案件前 3 个月无偿转让作价为 80 万元的财产(不包括在以上变价收入中);

(6)破产费用共 30 万元。

请问:本案中,建设银行可以得到多少清偿款?

第十章

跨国资本运营

■教学目标

教师通过本章教学至少应该实现下列目标：使学生掌握企业境外上市的含义，熟悉企业境外上市的方式，掌握跨国并购的基本内容，熟悉常见的外汇风险及其管理模式和方法，了解跨国股权经营的基本模式、环境评估方法以及四种战略，了解主要境外证券市场的基本情况，了解跨国融资的方式等知识目标；使学生具有运用所学知识分析跨国资本运营案例、通过对比收益风险选择恰当的境外资本运营战略等能力目标；使学生具备良好的政策敏锐度，把握跨国资本运作与"一带一路"倡议的关系，知晓跨国资本运作对促进人民币国际化、维护人民币汇率安全方面的作用，洞悉国有资本运作与深化供给侧结构性改革的关系等思政目标。

【案例导入】

渤海华美助攻洛阳钼业收购 TFM[①]

收购标的及金额：Tenke Fungurume Mining S. A.（11.36亿美元/26.5亿美元）

2016年11月15日，拥有刚果（金）境内铜钴矿 Tenke Fungurume Mining S. A.（TFM）24%股权的股东加拿大上市公司 Lundin 矿业宣布，公司已将其在 Tenke 铜钴矿项目上的24%股权出售给中国私募股权基金渤海华美，交易价值为11.36亿美元。两天后，洛阳钼业发布公告称其以26.5亿美元收 TFM 56%股权的重大海外收购已完成交割。此前，洛阳钼业收购案最大的风险就是 Lundin 矿业的优先购买权，渤海华美的助攻效果显著。

TFM 是一家涵盖铜、钴矿石勘探、开采、提炼、加工和销售的综合一体化矿业公司，拥有6个矿产开采权、近1 500平方千米的 Tenke Fungurume 矿区、从开采到深度

---

① 佚名. 2016中资海外并购经典案例回顾[EB/OL].（2017-05-09）[2021-12-05].https://www.sohu.com/a/139256686_481520.

加工的全套工艺和流程。主要产品为电解铜和氢氧化钴初级产品。

目前海外优质的矿业资源估值处于历史较低水平，受大宗商品价格走低、世界经济增长乏力等因素的影响，国际矿业公司的生产经营受到一定打击，在此背景下，国际矿业公司纷纷通过出售资产来改善自身财务状况。此次洛阳钼业对 TFM 的收购在短期内对铜价影响极为有限，但从长期看，对国内铜精矿话语权影响深远，且收购可以加速洛阳钼业的跨国化进程。

而渤海华美的投资理念之一便是寻找与中国概念相关的跨境并购机会。渤海华美旗下专注于国际并购的基金的策略是：配合中国企业的"走出去"战略，联合央企、地方国企以及大型民企等产业战略投资人开展跨境并购投资。此前，渤海华美联合中航工业对美国瀚德汽车控股有限公司（Henniges Automotive）的收购就是一个典型案例。

洛阳钼业在国内行业领导者的地位与渤海华美的 PE 属性也决定了此次投资的"PE+战略投资者"战略，TFM 未来的发展对两者的收益都极为重要。

思考：洛阳钼业收购 TFM 有哪些战略意义与经济意义？

第一节　跨国资本运营概述

一、跨国资本运营的含义

跨国资本运营是资本运营在内涵外延上的拓展，是资本运营在空间上的跨越，是以资本的价值增值为目的，以价值管理为核心，对资本进行跨国界的运作和经营，以实现资本增值的最终目的。本书主要介绍合资经营、境外上市和海外并购三种跨国资本运营模式。

二、跨国投资的环境评估

跨国投资环境是指影响跨国投资决策和投资结果的各种因素。跨国投资决策是跨国公司执行全球性投资的一种战略决策。世界各国地理位置不同，经济发展不平衡，政治法律不一致等会导致各国投资环境的不同。表10-1 对跨国公司与国内企业在投资决策分析时所考虑的环境因素，进行了具体比较。

表 10-1　国内企业与跨国公司投资决策分析时所考虑的环境因素

国内企业	跨国公司
1. 相对单一的语言和民族	1. 多种语言和民族
2. 市场相对统一，而且有相似性	2. 不同的、富于变化的市场
3. 信息易获得，而且比较准确	3. 信息不易取得，而且成本较高
4. 政治因素不很重要	4. 政治因素经常是重要的
5. 政府的干预较少	5. 国民经济计划、政府政策会影响公司的决策

表10-1（续）

国内企业	跨国公司
6. 单个企业对经营环境几乎没有影响力	6. 大型公司具有较大的影响力
7. 进入市场的障碍较少	7. 进入市场的障碍较多
8. 经营环境相对稳定	8. 多国经营环境，其中许多国家经营环境很不稳定
9. 相同的资金供求状况	9. 不同的资金供求状况
10. 单一的货币	10. 不同的货币，而且币值的稳定性不一样
11. 经营的法规是成熟明了的	11. 不同的经营法规，易变且不明了
12. 习惯于分享责任和利用财务控制的管理	12. 独断的、不运用预算与控制方法的管理

与国内企业相比，跨国公司对外直接投资决策的基本原则和方法是相同的。但国际直接投资涉及面广，国际环境比较复杂，跨国公司在进行投资决策前，要充分考虑其他国家的政治、经济等因素对投资的影响，必须对其准备投资国家的投资环境进行评估。

跨国公司评估投资环境的方法很多，各公司采用的评估方法也不尽相同。跨国投资环境的评估分析，主要有如下一些评估分析方法。

（一）三菱综合研究所评估法

该评估法是日本三菱综合研究所1974年对欧洲国家投资时采用的评估模型。该评估法对跨国投资环境列出了四种要素（经济活动水平、地理条件、劳动力条件与奖励制度），并给出了加权平均的评估数值。一个国家的评估数值越高，说明该国的投资环境越好。

（二）国别冷热比较评估法

1968年，美国学者Livak与Banting从美国投资者的立场出发，归纳出影响跨国投资的七大环境因素：政治稳定性、市场机会、经济增长情况、地理与文化差异、文化一元化程度、法律障碍、地理障碍。根据这七大环境因素，有关国家可按投资环境的好（称为"热"）坏（称为"冷"）进行排序。

（三）投资环境评分评估法

投资环境评分分析法，又称多因素等级评分法，考虑了影响跨国投资环境的八个因素，并根据这八大环境因素，对有关国家投资环境的好坏进行评分，如表10-2所示。

表10-2 投资环境评分评估法

序号	投资环境因素
1	将盈利返回母国的难易程度
2	准许外商在东道国持有股权的情况
3	外商与东道国本地公司在待遇、管制方面的差异
4	货币稳定性
5	政治稳定性

表10-2(续)

序号	投资环境因素
6	关税保护意识情况
7	东道国当地资本供应能力
8	东道国5年内的年通货膨胀率情况

（四）国际风险评估法

国际风险评估法是美国专业性商业环境风险评估公司（Business Environment Risk Intelligence，BERI）提出的。该评估法考虑了影响跨国投资环境的三个方面：营运风险情况；政治风险情况；将盈利返回母国的难易程度情况。该评估法在对这三个方面进行评分后，取算术平均。

（五）综合评估法

综合评估法，主要考虑跨国投资的有关投资目标能否实现，并且分析政治与法律环境、涉外经济环境、基本建设与劳动力环境等因素，然后确定评分标准，并进行评分。

三、跨国股权投资的战略

跨越国界、在全球范围内竞争的跨国公司，由于其所涉及的行业不同，竞争的特点亦不同。从世界范围看，存在两种不同的竞争，相应地也有多国战略、全球战略、跨国战略和地区战略四种战略。

（一）多国战略（muti-domestic strategy）

当面临多国竞争时，公司应使自己在不同国家的战略，分别与该国的市场相吻合。此时，公司的总体国际战略，就是它所有国家战略的"集合"。多国竞争发生在一国范围内，在某一国市场的竞争与其他国家内的竞争是相互独立的。在多国竞争的情况下，实际上没有一个"国际市场"，仅仅存在多个独立市场，是多个独立市场的"集合"。多国竞争的行业很多，包括食品业、零售业、服装业、人寿保险等。造成多国竞争的原因，主要是该行业的竞争受当地的政治、经济、文化、民族、生活习惯、宗教等多种因素的影响较大，而各国这些具体情况相差较大。

（二）全球战略（global strategy）

当面临全球竞争时，公司在全球所有国家采取大致相同的竞争策略。虽然在必要时，需对某个国家的、具体的特殊情况进行细微的调整，但它基本的竞争手段在全球范围内是一样的。在全球竞争中，价格及其他竞争条件在各国市场中存在很强的相关性，存在真正意义上的"国际市场"。一个公司在某一国的竞争地位，会影响它在其他国家的竞争。各竞争对手均寻求在全球范围内形成综合竞争优势，以便各国战略相互补充（如在低工资国家设厂、应用著名商标等）。全球竞争的行业，有汽车、电视、轮胎、电子通信设备、复印机、手表、民用飞机等。造成全球竞争的原因，是该部分行业可以满足人类的共同需要，这些需要受当地环境影响较小，而低成本、高质量则成为重要的竞争优势。表10-3列示了两种不同战略的主要差异。

表 10-3　多国战略与全球战略的差异

	多国战略	全球战略
1. 战略舞台	有选择的目标国家和贸易区	包括产品关键市场的大多数国家
2. 经营战略	使战略与每个东道国的环境相适应，国家之间很少或没有战略协调	全球范围内基本相同的战略，必要时对国家之间战略进行微调
3. 产品系列战略	适应当地需要	在全球范围内出售标准化很强的产品
4. 生产战略	在许多东道国均有生产厂	厂址选择是以能取得最大竞争优势为依据
5. 原材料及零部件供应来源	最好由东道国供应商供货	世界上任何地方有吸引力的供应商
6. 营销和经销渠道	适应东道国的习惯和文化	更多的是世界范围内的协调，在必要时采取微调政策以适应东道国环境
7. 公司组织	由子公司来负责在每个东道国的经营	所有主要战略决策在全球总部进行协调，采用全球组织结构来统一各国的经营

（三）跨国战略（transnational strategy）

还有一些企业在这样的行业中进行竞争：这些行业既注重调整产品和服务以满足当地市场的需求，又注重在全球范围内进行一体化运营。从某种程度上来看，这是一种全球战略和多国战略的结合，这一战略既在全球范围内实现规模经济和区位优势，又能适应竞争的需要而使其产品和服务本地化。

采用跨国战略的公司有时倾向于通过产品标准化来实现全球化。例如，宝洁公司在全球范围内简化了其个人护理产品的生产线和配方。现在，宝洁的美发护理产品"沙宣"在全球采用的都是同一种香味。尽管如此，为了满足当地需求，在喜欢清淡香味的地区，如日本，气味就淡一些；在喜欢强烈气味的地区，例如一些欧洲国家，气味就浓一些。

虽然在全球范围内提供相似产品和服务便于公司管理，但如果各个市场上客户的偏好显著不同，就会带来客户流失的风险。因此，这也是一种可能导致潜在冲突和管理问题的战略。采用跨国战略的公司会受困于满足当地需求和全球一体化的两难选择。要想在两者之间取得平衡，公司必须能够快速将其核心竞争力在全球范围内转移，同时要随时准备利用新的或经过改进的核心竞争力，而不管这些竞争力是在哪里培养出来的。

（四）地区战略（regional strategy）

全球战略和跨国战略有时并不一定是跨国公司的最佳选择。事实上，有时跨国公司很难确定应该对当地需求做出怎样的反应。在全球市场上，人们对某些产品的需求是一致的，这时适合采用全球战略，而对另一些产品的需求则存在差异，这时适合采用多国战略。实际上，有些时候采取地区战略可能是最好的选择。

地区战略允许管理者在某一地理区域内制定决策、设立目标、满足客户需求。地区战略也会通过平衡区域内的区位优势来追求效率和规模经济。例如，在某一区域内把生产线放在劳动力成本低的国家，可以使生产成本最小化。

第二节　合资经营

一、合资经营概述

（一）合资的概念

合资经营，又称合营，一般定义为由两家公司共同投入资本成立，分别拥有部分股权，并共同分享利润，共担支出、风险，共享对该公司的控制权的经营模式。通常，合资企业是由跨国公司与东道国企业在东道国法律管辖范围内共同出资组建的。

在中国，合资企业一般是指中外合资。《中华人民共和国中外合资经营企业法》规定：中外合资企业是外国公司、企业、其他经济组织或个人，按照平等互利的原则，经中国政府批准，在中华人民共和国境内，同中国的公司、企业、个人或其他经济组织共同举办的合营企业。中国投资者和外国投资者共同出资、共同经营、共负盈亏、共担风险。外国合营者可以是企业、其他经济组织或个人。中国合营者目前只限于企业、其他经济组织，不包括个人和个体企业。经审查机关批准，合营企业是中国法人，受中国法律的管辖和保护。

（二）合资经营企业的形式

合资经营企业通常可以分为股份有限公司和有限责任公司两种形式。其中，股份有限公司适用于建立规模较大的企业，有限责任公司适用于中小型企业。企业在建立海外合资企业时，要结合投资意图加以选择：如果从事大规模的投资活动，而又缺乏资本时，则可以考虑股份有限公司的形式，以便于发行股票来筹集资金。如果在海外的投资活动所需资金不多，则考虑成立有限责任公司，这样可以利用东道国当地法律对有限责任公司的便利条件，达到简单、便利、经济的目的。

（三）合资经营的特征

合资经营模式通常具有以下特征：

（1）合资企业的投资者至少来自两个或更多国家或地区。合资企业为两个或多个母公司共同创造出来的组织实体。

（2）组建的合资企业具有东道国国籍的法人地位，是一个独立的经济实体。

（3）各方提供的任何资产都折算成一定股份，并按照股权份额分享利润，分担风险。

（4）根据协议、合同、章程建立合资经营企业的管理机构，共同管理企业。

【案例】

福日彩电①

福州市民陈伟的家中，至今还珍藏着一台 1985 年购买的福日彩电。当年，为了买

---

① 李成成. 案例篇：荆棘中前行 中外合资企业的成败得失［EB/OL］.（2013－02－25）［2021－12－05］.https://roll.sohu.com/20130225/n366879125.shtml.

这台彩电，陈伟动用了好多关系，才弄到了 1 张彩电票。

20 世纪 90 年代中期之前，福日彩电是福建的骄傲，它与熊猫、金星、牡丹并称中国彩电的"四朵金花"。作为我国第一家中外合资的家电企业，福日名噪一时。谁家能拥有福日彩电，不啻于现在拥有豪宅、私家车一样荣光。

记者采访了曾任福日公司董事长兼总经理的唐文合和福日撤资分立后的日立数字映像（中国）有限公司总经理绪方浩一，听他们讲述福日公司那一段鲜为人知的故事……

说起福日的诞生，唐文合的记忆回到了 1979 年。

他说，改革开放后，福建开始大量进口电视机，仅 1979 年就进口了几十万台彩色电视机。为了减少外汇支出，福建省计划以福建电子设备厂为基础，引进彩色电视机生产线自己组装，"以产顶进"（国内组装生产顶替进口）。

"在几十年计划经济的土壤上，合资企业这棵舶来树能否成活？"唐文合说，当时政府负责外资工作的同志心里都没有底。为此，福建省政府还专门成立了考察团访问日本，与日本的胜利公司、索尼公司和日立公司先后接触，最后选择了日立生产线。

"考虑到福州的地理环境和电子信息产业基础，公司高层决定在福州成立第一家中日合资企业。"绪方浩一说，由于没有先例可循，日立公司与福建谈判组建福日公司时，关于外销比例等问题发生了尖锐的争议，谈判几次陷入僵局。

谈判在艰难进行中，而社会上对于福日的议论满天飞，赞成、期待，疑虑、担心，甚至批评指责的都大有人在。"当时刚刚改革开放，国人对与资本主义合资办企业有各种认识和看法，存在争论很正常。"唐文合将当时福日创立的艰难一句带过。

"山重水复疑无路，柳暗花明又一村。"经过长达一年多时间的争论、谈判，1980年 12 月 13 日，双方在福州正式签订合同，成立福建日立电视机有限公司（福日）。公司总投资 360 万元人民币，日方提供资金，用以购买日本的成套设备，福建方面以原福建电子设备厂的厂房、辅助设施等实物折价入股。

技术先进、质量稳定是当时福日制胜的两大法宝。唐文合说，通过合资，福日学习并掌握了国外先进的质量管理经验，建立了完善的全面质量管理体系，而这些在当时国内工业基础落后、作坊式生产方式还大行其道的情况下是一种质的飞跃。如 31 厘米的黑白电视机平均无故障时间，1981 年国家考核标准为 1 000 小时，优质产品为 3 000 小时，而福日的标准为 8 400 小时，实际达到 1 万小时以上。1982 年 12 月，经过日方鉴定，福日电视机已达日立同类机水平。福日的成立，不仅带来了先进的技术、管理经验，促进了福建电视工业的迅速发展，也为当时全国外资企业的设立提供了一个成功范本。

"当时，全国经济界人士都在研究我们的外资合同。"唐文合自豪地说，尽管福日的合资合同在今天看来有很多不完善的地方，但是在当时可是一个"香饽饽"，不仅全国各地的兄弟城市都来取经，在全国经济界中也成了一本活教科书。福日公司设立过程中的成功、不足、经验、教训等给全国工业战线的领导们上了一课。

时至今日，福日已逐渐淡出了人们的视野。但绪方浩一还是对福日怀有很深的感情。"福日设立在中国改革开放之初，作为中日合资的第一家企业，它的成功对所有后来的外资品牌进入中国都带来了良好的示范效应"。

中外合资有很多的好处，比如中外合资企业注册可以吸引外资，学习外国的先进管理理念和技术，来带动我国经济的全方面发展，同时为走向国际化奠定基础；外资企业在我国境内可以享受低税率、少税种的优惠政策，注册中外合资企业也借了外资企业的光，减少了税务支出，同时提高企业的国际形象；注册中外合资企业，大大减少了风险，将风险减半，同时中外结合的模式相互互补，使得中外双方达到双赢。

思考：综合分析合资经营有哪些利弊因素。

二、合资企业建立的动机类型

哈曼（Hamgan，1985）认为跨国公司建立合资企业的动机有以下八个因素：①减少不确定性；②获取战略资源；③知识或信息的交流；④改善竞争地位；⑤防御行为；⑥寻求协同效益；⑦技术转移；⑧业务多元化。

Contractor &Lorange（1988）则提出七个动机因素来解释合资企业建立动机，包括：①降低风险；②实现规模经济；③技术交流；④减少竞争；⑤规避东道国政策；⑥实现国际扩张；⑦获取合作伙伴互补性资产。

弗雷德·威斯通等（1998）认为合营的动因有：①分担投资费用，或使拥有投资资金的大公司与有产品或生产设想但资金不充足的小公司联合，以捕捉机会；②可能取得更丰富的学习经验；③即使对一家大公司而言，合营也是一种降低所需投资支出及分散风险的方法；④反托拉斯当局在合营和兼并之间选择时可能更愿意批准前者。

Kogut（1989）从交易成本理论、组织学习理论及战略行为理论三个方面将合资企业建立动机划分成三个维度：知识获取型、效率寻求型及战略行为型。Claiste，Husan &Buckley（2005）将合资企业建立动机划分为市场进入型和非市场进入型两个类型，其中非市场进入型动机又进一步可划分为三个维度：竞争驱动型、效率驱动型、资源驱动型。

综合以上研究观点，合资企业建立动机可划分为四个类型：市场进入驱动型、竞争行为驱动型、战略资源驱动型、效率驱动型。各自关注的问题如表10-4所示。

表10-4　合资企业建立动机维度划分

动机类型	关注的问题
市场进入驱动型	快速进入新的市场，提升品牌知名度，实现国际扩张等
竞争行为驱动型	通过战略行为影响竞争格局，减小竞争，维持有利的竞争地位
战略资源驱动型	获取互补的技术或资源、当地知识、管理诀窍等
效率驱动型	降低成本，实现规模经济

三、合资经营的利弊分析

（一）跨国公司采用合资经营的好处

跨国公司采用合资经营的好处主要有五个方面。①相对于独资经营而言，更容易进入东道国。内外合营可减少东道国政策变化或被征收的风险。②由于企业是合资经营，共负盈亏，合营企业除享受对外资的优惠外，还可以获得国民待遇。③可以利用当地的合伙者、东道国政府以及社会各界的公共关系，取得生产经营所需的各种资源，顺利开展各种经营活动。④对于拥有技术优势的跨国公司而言，如果以机械设备、专有技术、管理知识等作为股本投资，实际上没有或很少投入资金，而是输出了"产品"。如果合资企业生产中使用的原材料依赖跨国公司供给，则外国投资者又获得原材料有限供应权，扩大母国出口。⑤合资企业生产的产品往往是东道国需要进口或当地市场紧俏的产品，具有稳定的销售市场，能给投资者带来长期、稳定、丰厚的利润回报。

（二）东道国采用合资经营方式的好处

东道国采用合资经营方式的好处主要有四个方面。①弥补东道国资金的不足。合资经营企业通过其合资方式吸引外资，无须还本付息，而且使用期限长，一般为 20～30 年，有些可长达 50 年。合资经营企业可以用厂房、设备、场地等作为资本投入，还可以用投产后的产品及收入作为提成，从而节省资金和外汇的支出。②充分利用溢出效应。跨国公司的先进技术会部分溢出，东道国企业通过引进、消化、吸收，加快技术进步的进程，可以取得更丰富的学习经验，学习和掌握跨国公司的现代化管理方法、技能和经验等。③合资企业产品可以利用外国公司的销售渠道打入国际市场，扩大出口创汇，解决合资企业外汇收支平衡问题。④合资经营有利于扩大东道国的劳动就业的机会，且有助于提高东道国劳动者的素质；有利于扩大东道国的原材料供应，带动东道国相关产业和配套协作企业的发展。相应地，合资经营也会带来东道国税收的增加。

（三）合资经营模式的缺点

合资经营模式的缺点主要有三个方面。

（1）合资经营是一种长期合同形式，随着未来情况的变化，合同可能过于僵化而无法随之做出所需要的调整。合资经营各方容易在经营目标、盈利分配等方面产生分歧。当初的合伙人可能由于不再努力而失去当初所拥有的某些优势，从而致使合营失去吸引力。

（2）合资企业的控制问题。母公司仅凭其拥有的所有权无法决定合资企业的行为和经营管理活动，控制力的问题会影响合资企业的业绩。

（3）负的溢出效应风险会降低通过合资经营获得的效益，如专有技术泄露的可能性等会给合资方带来一定的障碍。

四、合资经营企业的建立

进行合资经营需要解决一系列问题，这些问题主要有以下四个方面。

（一）合资企业的资本构成

1. 注册资本

注册资本是指合资企业在东道国有关当局登记的资本，是各方出资的总和，是对外承担债务所负责任的资金限额。

2. 投资比例

投资比例是合资各方在合资企业注册资本中所占的份额，各方需要在平等互利的基础上，协商恰当的投资比例及各投资者所持的普通股、优先股份额。

3. 出资方式

合营的资金在时间上可以一次缴纳，也可以分期缴纳；在形式上有现金、实物、工业产权三种形式。

合资各方需要确定好各方以何种形式、在什么时间、投入多少资金。对于实物、工业产权要商定如何作价和折旧。

（二）合资企业的组织与管理

合资企业的组织与管理主要是商定如下一些事宜。①确定董事会的组成人员及其职权。②确定合资企业的机构。③确定总经理和副总经理及其职责和待遇，安排部门经理等。④确定合作各方对合资企业的责任、管理权限等。

（三）合资企业的经营

①合资企业的供销业务，包括原材料的来源、质量规格、价格等，以及产品内外销的比例、价格、商标及商品名称等。②合资企业的财务管理及利润分成，这要根据国际惯例、东道国的有关规定，确定合资企业财务会计的内容、方法，以及利润和留存的比例等。

（四）合营的期限

合营的期限一般有固定和不定两种。其中，固定期限要确定年限，同时合资各方还要讨论合营期限内股权转让的原则、条件以及"当地化"的有关规定等。

五、合资经营失败的原因

有证据表明，参与合资经营的企业很早就想进行合资经营，但没有花费充分的时间和精力来制订计划以使合资经营企业运作起来。《商业周刊》（1986）援引麦肯锡公司（McKinsey &Co.）和永道公司（Coopers&Lybrand）的独立研究指出，70%的合资经营企业没有达到预期或被解散。奥斯本（Osbom，2003）的研究发现，公司之间有30%~61%的概率无法谈成合资公司的合作关系，或是所成立的合资公司在五年内就失败了。此外，在欠发达国家的合资公司也较不稳定，而且与当地政府合作的合资公司的失败概率也较大，这似乎与私有企业对企业经营的实际知识的掌握程度有关。另外，合资经营在需求与生产技术快速变动的情形下也较容易失败。这些合资经营企业过早夭折的原因可归纳为下列几点：

（1）期望的技术没有开发出来；

（2）合资经营前的计划不够充分；

（3）有关实现联营企业基本目标的其他方式不能达成协议；

（4）具有专门技术或知识的经理人拒绝与他方分享知识；

（5）由于母公司在困难情况下无力分享控制权或达成协议，管理问题可能越发严重。

【案例】

合资失败案例①

中外合资企业中一半以上的企业都因为种种原因而以失败收场，有些企业面临解散，有些从合资变为外商独资企业，也有一些被外资控股。如，2000年9月10日，北京日化二厂向外界正式宣布：已经与宝洁（中国）有限公司达成协议，提前终止"熊猫"商标的使用合同，收回合资使用已届6年的"熊猫"品牌。而在此之前的2000年6月，这家拥有"熊猫"品牌50年使用权的跨国公司已经提前终止了与北京日化二厂的合资合作，一家合资企业变成了一家外商独资企业。另外，日用化工巨头宝洁集团下属的多家合资企业的控股比例最近发生了急剧变化，外方投资者极力想把中方的股份降到最低。在宝洁的一家合资厂，中方股份从最初的50%降到了的1%，而且这1%也是在中方的再三要求下被象征性地保留下来的。

后合资时代要有新思维

今天中国各行各业在合资经营中，面临转折点，处于挑战、危机与机遇并存的时代，这一新阶段，我们称为"后合资时代"，或者"合资后时代"。一个无可回避的事实是，"后合资时代"，将是自主品牌企业与合资企业并存与升华的时代，中国企业将面临的挑战和危机甚至要大过机遇。一方面，合资企业的新使命，已经不仅局限于用规模与产量满足市场不断提升的需求，而是在随着第一代合资企业的合作期限到期或临近，合资合同将面临续签的局面下，在坚持开放，尊重全球化规则的前提下，中方能否学习掌握相关产业关键及核心技术，将是合资企业的主攻新方向。同时，如何客观看待和评价当前合资企业中"合资自主"品牌模式设计，也等待实践的检验。

另一方面，自主品牌的发展，如何在政府和舆论层面给予有力的政策支持和切实可行的组织引导，能否发挥"集中力量办大事"的优势。比如在政府资金和政策引导下，将企业、院校、科研机构进行一个商业化、市场化、产学研的联动整合，形成一个或几个技术研发平台，由参与的自主品牌资源共享，十年、二十年持续地、务实地形成企业开发核心技术的能力。

思考：从失败的合资经营案例中，总结出哪些启示？我们应如何应对后合资时代的新挑战？

第三节 境外上市

一、境外上市概述

（一）境外上市的含义

境外上市（overseas listing，OL）是指境内股份有限公司依据规定的程序向境外投

---

① 李成成. 案例篇：荆棘中前行 中外合资企业的成败得失. [EB/OL]. (2013-02-25) [2021-12-05]. http://rou.souhu.com/20130225/n366879125.shtml.

资者发行股票，并在境外证券交易所公开上市。

《中华人民共和国证券法》第二百二十四条规定："境内企业直接或者间接到境外发行证券或者将其证券在境外上市交易应当符合国务院的有关规定。"

境外上市与海外上市，在多数场合，两者使用并无差别。其中的细微区别可能在于，境外上市常用来描述中国内地公司到香港股票交易所发行上市 H 股。中国香港已经归属于中国主权的一部分，但由于香港股票市场和内地的沪、深市在很多方面是分割的，内地公司到香港上市可以理解为狭义的境外上市。而海外上市的用语则更为形象地描述了中国企业漂洋过海到纽约、伦敦或新加坡等国际资本市场上的发行上市。本书使用境外上市一词，一是遵从国内文献中存在的惯用语；二是从广义角度来讲，境外包含海外，故称境外上市比较恰当。

我们习惯上说的境外上市，笼统地包括了企业在境外发行股票和将股票在境外市场挂牌交易，实际上这两者并不是一件事情。境外上市可以是在境外首次公开发行或增资发行，随后在股票交易所挂牌，这称为发行上市；但也可以是在不增加新股发行的情况下，将国内已经发行和流通的股票引荐到境外市场，建立海外二级市场，这可以称为境外二次上市或交叉上市。

另外，在相关的国际文献中，研究者通常使用国外上市（list abroad）或者境外交叉上市（corss border listing，CBL）等术语，其中，国外上市的意思与境外上市内涵相同，而境外交叉上市除了有在外国上市之意，还强调股票不只是在一个国家上市，而是在国内外两个或两个以上国家上市交易。

（二）境外上市的意义

第一，探索一条循序渐进、逐步与国际接轨的改革路径。特别是在法人制度、企业制度、上市公司的监管制度和国际标准等方面，逐步缩小距离。

第二，推动国有企业向股份公司以及现代企业制度公司转换，其主要是通过资产剥离、资产折股、资产评估，以及规范关联交易、信息披露制度、董事的责任化等进行转换。

第三，为探索市场经济条件下的企业现代化提供了保证，推动了企业财务会计制度的变革。

第四，促进中国的证券市场与国际接轨，有利于规范中国资本市场，同时在市场经济的条件下，为推动国有企业改造，整体推动国民经济发展起到重要作用。

境外上市对我国国有企业意义重大，但在讲究发展实体经济的氛围下，如何给民营企业提供一个优越的营商环境也是当务之急。首先在国内积极打造中小微民营企业及部分行业良好的营商政策、融资渠道及自由市场环境，同时也鼓励民营企业合理应用国际市场的资本运营。现如今越来越多的民营企业也加入了境外上市的队伍，境外上市变成了民营企业举足轻重的融资渠道。当然，民营企业需要先打好稳定的基础，然后在发展的过程中适当借助国际资本市场的力量来配合持续发展才是上上之策。

二、中国企业境外上市的方式

（一）境外直接上市

1. 境外直接上市概述

境外直接上市，是指直接以国内公司的名义向国外证券主管部门申请发行的登记注册，发行股票，并向当地证券交易所申请挂牌上市交易，即我们通常说的 H 股、N 股、S 股等。H 股，是指中国企业在我国香港联合交易所发行股票并上市，取"Hongkong"第一个字"H"为名；N 股，是指中国企业在纽约交易所发行股票并上市，取"New York"第一个字"N"为名，同样 S 股是指中国企业在新加坡交易所上市。

通常，境外直接上市都是采取首次公开募集（IPO）方式进行。境外直接上市的主要困难在于：国内法律与境外法律不同，对公司的管理、股票发行和交易的要求也不同。进行境外直接上市的公司需通过与中介机构密切配合，探讨出符合境外法规及交易要求的上市方案。

2. 境外直接上市的申请及审核程序

为更好地适应境内企业特别是中小企业的融资需求，服务实体经济发展，中国证券监督管理委员会（以下简称中国证监会）进一步放宽境内企业境外发行股票和上市的条件，简化审核程序，提高监管效率。证监会颁布《关于股份有限公司境外发行股票和上市申报文件及审核程序的监管指引》（证监会公告〔2012〕45 号），第 45 号公告对境外上市的审核程序进行了规定。依照《中华人民共和国公司法》设立的股份有限公司在符合境外上市地上市条件的基础上，可自主向中国证监会提出境外发行股票和上市申请，证监会依法按程序进行审批，具体审核程序如下：

（1）公司申请境外发行股票和上市的，应向中国证监会报送本通知第一部分列明的行政许可申请文件。

（2）中国证监会依照《中国证券监督管理委员会行政许可实施程序规定》（证监会令第 66 号），对公司提交的行政许可申请文件进行受理、审查，作出行政许可决定。

（3）中国证监会在收到公司申请文件后，可就涉及的产业政策、利用外资政策和固定资产投资管理规定等事宜征求有关部门意见。

（4）公司收到中国证监会的受理通知后，可向境外证券监管机构或交易所提交发行上市初步申请；收到中国证监会行政许可核准文件后，可向境外证券监管机构或交易所提交发行上市正式申请。

（5）公司应在完成境外发行股票和上市后 15 个工作日内，就境外发行上市的有关情况向中国证监会提交书面报告。

（6）中国证监会关于公司境外发行股票和上市的核准文件有效期为 12 个月。

（7）境外上市公司在同一境外交易所转板上市的，应在完成转板上市后 15 个工作日内，就转板上市的有关情况向中国证监会提交书面报告。

（二）境外间接上市

由于境外直接上市程序繁复，成本高、时间长，所以许多企业，尤其是民营企业为了避开国内复杂的审批程序，往往以间接方式在海外上市，即国内企业境外注册公司，境外公司以收购、股权置换等方式取得国内资产的控制权，然后将境外公司拿到境外交易所上市。

境外间接上市主要有两种形式：造壳间接上市和境外买壳上市。其本质都是通过将国内资产注入壳公司的方式，达到国内资产上市的目的，壳公司可以是上市公司，也可以是拟上市公司。

1. 造壳间接上市

造壳间接上市，即本国企业在境外上市地或允许的国家与地区、避税地（如英属维尔京群岛、开曼群岛、百慕大群岛等），独资或合资重新注册一家中资公司的控股公司，由该公司以现金收购或换股并购方式取得境内公司资产所有权，对内地企业进行控股，再以境外控股公司的名义申请上市，从而达到内地企业境外间接上市的目的。

造壳间接上市按境内企业与境外公司关联方式的不同，又可分成四种形式：①控股上市，一般指国内企业在境外注册一家公司，然后由该公司建立对国内企业的控股关系，再以该境外控股公司的名义在境外申请上市，最后达到国内企业在境外间接挂牌上市的目的，这种方式又可称为反向收购上市；②附属上市，是指国内欲上市企业在境外注册一家附属机构，使国内企业与之形成母子关系，然后将境内资产、业务或分支机构注入境外附属机构，再由该附属公司申请境外挂牌上市；③合资上市，一般适用于国内的中外合资企业，在这类企业的境外上市实践中，一般是由合资的外方在境外的控股公司申请上市；④分拆上市，是指从现有的境外公司中分拆出一子公司，然后注入国内资产分拆上市，由于子公司可利用原母公司的声誉和实力，因而有利于其成功上市发行，分拆上市模式适用于国内企业或企业集团已经是跨国公司或在境外已设有分支机构的情况。

造壳间接上市的优势：①自己新设立壳公司，没有现有壳公司的历史问题和包袱，可直接获得融资；②拟上市公司通常设在维尔京群岛、开曼群岛或百慕大群岛等英美法系地区或境外上市地，有关法律要求与国际接轨，较受国际投资者的认可和接受，较容易取得上市资格；③上市申请可以避开内地复杂的审批程序，持续融资能力较强。

2. 境外买壳上市

境外买壳上市是指中国企业通过购买已经具备上市资格的境外壳公司，并将境内权益公司的业务及资产注入壳公司而实现间接在境外上市的一种方式。

由于有些上市公司业绩表现不尽如人意，丧失了在证券市场中进一步筹集资金的能力，股票流通性差，甚至没有实质性资产，但由于其拥有上市资格，发行新股并上市交易所需要的审批程序相对简单，故此，买壳上市成为中国企业境外上市的重要方式之一。境外买壳上市是境内买壳上市的拓展，不同之处在于所买的壳公司是境外的上市公司，即非上市公司（买壳的公司）通过收购境外上市公司（壳公司）的控股权，从而实现对境外上市公司的控制，同时通过反向收购方式将非上市公司的资产和业务注入上市公司，实现境外间接上市的运作行为。

境内企业海外上市将面临中国证监会和境外交易所的双重监管，由于各自的地位和功能不同，双方的监管重点是不一样的，现简述如下：

中国证监会审查的重点：

（1）是否存在内资外流，资本外逃，特别是国有资产流失的情况；

（2）是否存在私自到海外用国有（集体）资产以自己或利害关系人的名义注册公司；

（3）是否会引起民族产业控制权丧失，导致产业殖民主义；

（4）是否会败坏中国大陆企业的形象，为境内企业境外筹资增加难度。

境外交易所审查的重点：

（1）企业是否持续经营（根据各交易所要求略有不同）；

（2）经营管理层稳健；

（3）募集资金是否实际投入，避免圈钱。

（三）发行存托凭证

存托凭证又称预托证券，是由股票发行公司委托国外投资银行在国外证券市场发行的对应其股票的一种证券。投资人持有存托凭证就好比间接持有股票，只不过投资银行担任中介者的角色。当发行公司发放股利时，投资银行会依存托凭证投资人持有凭证的比例，将股利转换为外币后分配给投资人。

以股票为例，存托凭证是这样产生的：某国的某一公司为使其股票在外国流通，就将一定数额的股票，委托某一中间机构（通常为一银行，称为保管银行或受托银行）保管，由保管银行通知外国的存托银行在当地发行代表该股份的存托凭证，之后存托凭证便开始在外国证券交易所或柜台市场交易。存托凭证的当事人，在国内有发行公司、保管机构，在国外有存托银行、证券承销商及投资人。

按其发行或交易地点的不同，存托凭证被冠以不同的名称，如美国存托凭证（American depository receipt，ADR）、欧洲存托凭证（European depository receipt，EDR）、全球存托凭证（Global depository receipts，GDR）、中国存托凭证（Chinese depository receipt，CDR）等。

三、境外上市主要证券市场简介

（一）香港证券市场

香港证券交易的历史，可追溯到 1866 年，但直至 1891 年香港经纪协会设立，香港才成立了第一个正式的股票市场。1969—1972 年，香港设立了远东交易所、金银证券交易所、九龙证券交易所，加上原来的香港证券交易所，形成了四间交易所鼎足而立的局面。1980 年 7 月 7 日四间交易所合并而成香港联合交易所。四间交易所于 1986 年 3 月 27 日收市后全部停业，全部业务转移至香港联合交易所。香港证券市场的主要组成部分是股票市场，并有主板市场和创业板市场之分。香港创业板在 1999 年推出。

1. H 股上市

H 股是指中国内地的股份有限公司（注册地在内地）在香港证券交易所发行并上市的外资股。H 股为实物股票，实行"T+0"交割制度，无涨跌幅限制。国际资本投资者可以投资 H 股。2014 年 4 月 10 日，中国证监会正式批复沪港通，上海证券交易所和香港联合交易所允许两地投资者通过当地证券公司（或经纪商）买卖规定范围内的对方交易所上市的股票，开展互联互通机制试点。

中国内地注册的企业，可通过资产重组，经所属主管部门、国有资产管理部门（只适用于国有企业）及中国证监会审批，组建在中国注册的股份有限公司，申请发行 H 股在香港上市。其优点是企业对国内公司法和申报制度比较熟悉，且中国证监会对 H 股上市，在政策上较为支持，所需的时间较短，手续较直接。其缺点是未来公司在股份转让或其他企业行为方面，受国内法规的牵制较多。

2. 红筹上市

红筹股（red chip），这一概念诞生于 20 世纪 90 年代初期的香港股票市场。中华人民共和国在国际上有时被称为红色中国，相应地，中国香港和国际投资者把在境外注册、在中国香港上市的那些带有中国概念的股票称为红筹股。

发行红筹股上市是指在海外注册成立的控股公司（包括中国香港、百慕大群岛或开曼群岛），其主要资产和业务都在境内，作为上市个体，申请发行红筹股上市。红筹上市的优点是红筹公司在海外注册，控股股东的股权在上市后 6 个月即可流通；上市后的融资如配股、供股等股票市场运作灵活性高。

90 年代初期，境内不少有实力的企业，特别是部分国有控股企业之所以选择红筹上市方式，一个很主要的原因在于当时境内证券市场尚在起步阶段，在市场广度和深度方面无法适应大型企业的融资需求，而且相关监管法律制度和监管框架还未建立，在企业上市的审批中存在很多不确定因素。2005 年 1 月中国人民银行、国家外汇管理局、银监会（现国家金融监督管理总局）与证监会共同发布《关于完善外资并购外汇管理有关问题的通知》，该通知下发后，境内企业通过在离岸金融中心设立公司从而实现红筹股间接上市的方式被严格限制。红筹股上市的每一环节都被纳入严格监控，需要得到商务部、外管局等部委的多道审批。与此配套，国家外管局还发布了《关于境内居民个人境外投资登记和外资并购外汇登记有关问题的通知》。至此，民营企业红筹上市几乎停滞。这一状况直到 2005 年 11 月 1 日才得以改观，国家外管局发布《关于境内居民通过境外特殊目的公司融资及返程投资外汇管理有关问题的通知》，并宣布废止前述两通知的执行，这使内地企业的海外红筹上市之路重新启程。

（二）美国证券市场

美国证券市场是一个多层次、全方位的市场体系，它共分五个层级，即交易所、店头市场、电子版市场、粉单市场以及非主流报价市场。在美国发行或出售证券，均需遵守美国联邦证券法律和法规，其中最重要的是 1933 年的《证券法》和 1934 年的《证券交易法》。在美股发行证券必须按美国的《证券法》向美国证券管理委员会（U. S. Securities and Exchange Commission，SEC）报送注册报告书。SEC 主要审查注册报告书中所披露的信息是否充分和准确。

美国有四个全国性的股票交易市场，即纽约证券交易所（NYSE）、全美证券交易所（AMEX）、纳斯达克市场（NASDAQ）和招示板市场（OTCBB）。此外，还有低一级层次的粉单市场及一些区域性市场。

1. 纽约证券交易所

纽约证券交易所是美国和世界上最大的证券交易市场。1792 年 5 月 17 日，24 个从事股票交易的经纪人在华尔街一棵树下集会，宣告了纽约股票交易所的诞生。1863 年改为现名。2007 年 4 月 4 日，纽约证券交易所与泛欧证券交易所合并，纽约-泛欧证券交易所正式成立。自 20 世纪 20 年代起，它一直是国际金融中心，这里股票行市的暴涨与暴跌，都会在其他国家的股票市场产生连锁反应，引起波动。

2. 全美证券交易所

全美证券交易所前身为纽约股票证券交易场外市场联盟，主要交易美国建国初期的政府债券和新成立企业的股票，后来逐渐形成了完善的交易规则。1921 年，由场外交易变为场内交易。1953 年，正式改名为全美证券交易所，且沿用至今。其业务包括股票业务、期权业务、交易所交易基金（ETFs）业务。该交易所是世界第二大股票期权交易所。

3. 纳斯达克市场（NASDAQ）

纳斯达克由全美证券交易商协会（NASD）创立并负责管理，是全球第一个电子交易市场。由于吸纳了众多成长迅速的高科技企业，纳斯达克给人一种扶持创业企业的印象。纳斯达克在成立之初的目标定位在中小企业。因为企业的规模随着时代的变化而越来越大，现在纳斯达克反而将自己分成了四部分："全国市场"（national market）、"中小企业市场"（small cap market）、以美分为交易单位的柜台买卖中心（OTCBB）和粉单交易市场（英文叫"pink sheets"，是垃圾股票交易的地方）。

【案例】

新东方教育集团在美国纽约交易所成功上市[①]

一、引言

美国当地时间 2006 年 9 月 7 日 16 点 06 分，被称为 2006 年纽约交易所上市最成功的 IPO、代码为"EDU"的新东方美国存托凭证终于在 20.88 美元处结束其第一天交易。与其 15 美元发行价相比，新东方收盘价上涨达 5.88 美元，涨幅为 39.2%。

作为新东方教育科技集团的最大股东，俞敏洪拥有该公司 31.18% 股权。一个交易日俞敏洪身价上涨 1 375 万美元，折合人民币超过 1 亿元，财富总值超过 10 亿元人民币。百富榜制作者胡润表示，只要股价不发生"意外"，俞敏洪明年将铁定出现在他的百富榜中。

二、新东方简介

新东方由俞敏洪等人创建于 1993 年，是中国最大的私立教育服务机构。自 2002 年以来，中国每年都有超过 10 万名学生赴国外留学；随着中国更多地参与世界经济活动，国内外企业对英语熟练员工的需求日增，新东方在成人和孩子的英语教育中也获得了丰厚的利润。

截至 2006 年，新东方在国内 24 个城市拥有 25 所学校、110 处教学中心，2005 年的注册学员达 87.2 万名。新东方还瞄准了网络群体，希望同海外对手如 Kaplan 和 Princeton Review 等机构直接竞争。新东方还通过 13 家自营书店和约 5 000 家第三方书店销售其教材而大获其利。

在公司的收入来源结构中，外语培训和考试准备课程占新东方集团 2006 年总收入的 89%，也是该公司主要收入来源和增长动力。新东方的营收来源还包括销售教育资料。资本市场一直看好这个中国教育产业的标志性机构。

三、上市动机

在上市成功后，新东方教育集团董事长俞敏洪谈到了新东方的上市动机，他说，"我们在中国民办教育行业中率先上市，主要来自我们的内部需求。我们长期做教育，一直以来就在观察，发现中国民办教育行业长期困扰的问题：一是民办教育企业后劲不足，缺乏资金支持；二是作为培训学校，不能异地办学，没法扩展，所以必须公司化。从我们公司内部来说，学校不改成企业，就不能吸收优异的人才，就没法为建立

---

① 笔者根据百度文库、豆丁网、道客巴巴的资料整理而成。

高级教育的理想而奋斗，加上我们的团队有一些国际人才，对国外情况比较了解，特别是美国民办教育比较发达，出现一批上市公司，给了我们很好的借鉴。"俞敏洪谈到，总的来说，新东方在美国上市，是"想用美国的钱办好中国的教育"。

四、上市过程

由于国际投资者踊跃参与，新东方集团 2006 年 9 月 6 日在纽约宣布，其招股价格为每份美国存托凭证（ADS）15 美元，远远超过了其此前所定的招股价格最高限。

新东方集团 2008 年 8 月底提交的招股书透露，该公司计划发行 750 万股美国存托凭证（ADS），相当于新东方集团总股份的 21%；发行价格区间为每份美国存托凭证 11 美元~13 美元，募集资金规模在 9 000 万美元左右。

新东方集团在招股书中曾表示，此次 IPO 最多可以实施 15% 的"绿鞋"（超额配股权）配售。而 9 月 6 日，新东方集团称，它已经授权其承销商——高盛（亚洲）公司、瑞士信贷集团和 Piper Jaffray 公司在 30 天内决定是否实施"绿鞋"期权，即超额配售 112.5 万份 ADS。

由此可见，新东方集团此次 IPO 的融资规模至少将达 1.125 亿美元，如果加上 15% 的超额配售，总融资将达到 1.294 亿美元；新东方集团的总市值将超过 5.3 亿美元。

五、上市之后的路

新东方的 IPO 共发行了 750 万股美国存托凭证，占总股份的 21% 左右，总共融资 1.125 亿美元。根据招股说明书透露，公司计划用 1 850 万美元偿还债务，用 2 000 万美元来扩大学校的网络以及支付其他一般性的运营资金。

俞敏洪一直强调新东方不缺钱，上市的目的一方面是为了理顺新东方长期封闭的股权结构，有几百名新东方的老师和管理人员拿到了股份。同时也是因为有其他教育机构接受了投资，如果新东方拒绝资本，就可能会不适应新的游戏规则。

思考：新东方境外上市属于直接上市还是间接上市？新东方未来在国际资本市场会有哪些机会和压力？

4. 招示板市场（OTCBB）

招示板市场（over the counter bulletin board，OTCBB）的全称是场外交易（或柜台交易）市场行情公告板（或电子公告板），是美国最主要的小额证券市场之一。OTCBB 不是证券交易所，也不是挂牌交易系统，它只是一种实时报价服务系统，不具有自动交易执行功能。在 OTCBB 报价的股票包括：不能满足交易所或 NASDAQ 上市标准的股票以及交易所或 NASDAQ 退市的证券。OTCBB 没有上市标准，任何股份公司的股票都可以在此报价，但是股票发行人必须按规定向 SEC 提交文件，并且公开财务季报和年报。这些条件比交易所和 NASDAQ 的要求相对简单。OTCBB 采用做市商制度，只有经 SEC 注册的做市商才能为股票发行人报价。NASD 和 SEC 对 OTCBB 报价的做市商进行严格的监管。有不少中国企业先在 OTCBB 上市，之后再转到 NASDAQ 或其他交易所上市。

5. 粉单交易市场（pink sheets）

粉单交易市场，又称为粉红单市场、粉纸交易市场。粉单交易市场，在 1913 年成立，为一私人企业，因最初是把报价印刷在粉红色的单子上而得名。粉单交易市场为那些还没有上市的证券提供交易报价服务，是纳斯达克最低层的报价系统，在这个系统中，市场每周对交易公司进行一次纸上报价，流动性比 OTCBB 更差。粉单交易市场不是一个自动报价系统，而是经纪商通过电话询问至少 3 个做市商的报价之后，再与最佳报价的市场做市商成交。

（三）新加坡证券市场

新加坡证券交易（新交所）所成立于 1973 年 5 月 24 日，其前身可追溯至 1930 年的新加坡经纪人协会。新交所采用了国际标准的披露标准和公司治理政策，为本地和海外投资者提供了管理良好的投资环境，经过几十年的发展，新加坡证券市场已经成为亚洲主要的证券市场。新加坡政治经济基础稳定、商业和法规环境亲商，从而使新加坡证券交易所成为亚太区公认的领先股市。另外，外国公司在新交所上市公司总市值中占了 40%，使新交所成为亚洲最国际化的交易所和亚太区首选的上市地之一。

新交所有两个交易板，即第一股市（"主板"，mainboard）及自动报价股市（"副板"，SESDAQ）。自动报价股市成立于 1989 年，它的成立宗旨是要提供一个使具有发展潜力的中小型企业到资本市场募集资金的渠道。自动报价股市成立之初，只开放给在新加坡注册的公司申请上市。自 1997 年 3 月起，新交所开始允许外国公司登陆 SESDAQ。中国已成为新加坡证券市场最大的外国企业来源地，中国企业已经成为新交所的主力。

（四）伦敦证券交易所

作为世界第三大证券交易中心，伦敦证券交易所是世界上历史最悠久的证券交易所。它的前身为 17 世纪末伦敦交易街的露天市场，是当时买卖政府债券的"皇家交易所"，1773 年由露天市场迁入司威丁街的室内，并正式改名为"伦敦证券交易所"。伦敦证券交易所目前累计上市融资量居世界第一，其国际股票市场是全世界最大的非本国股票市场，其中外国证券占 50% 左右。伦敦证券交易所拥有数量庞大的投资于国际证券的基金。对于企业而言，在伦敦上市就意味着开始同国际金融界建立起重要联系。其特点为：机构投资人主导，资金量大，国际化，友好，融资成本低，监管环境宽松、有效。

1. 主板市场

主板市场是伦敦证券交易所的旗舰市场，是为已经具备一定规模而又寻求进一步发展的公司而设计的。主板市场为企业提供了利用欧洲最深厚、最广阔的资本市场进行融资的途径，高效的二级市场交易平台为流动性、有效的价格形成及交易延迟的最小化提供了最好的环境。主板上市的主要标准为：最小市值不低于 70 万英镑，过去 3 年经审计的财务报告，公众持股不低于 25%。

2. 二板市场

伦敦证券交易所于 1995 年推出二板市场（alternative investment market，AIM），也称创业板，这是继美国纳斯达克市场之后，欧洲成立的第一家二板市场，专为小型、新兴和快速成长的企业进入公开资本市场而设。中国公司在创业板上市以民营企业为主。

英国二板市场的特点如下：

（1）宽松的上市条件。对企业没有经营年限的要求，也没有最低市值要求，适应中小企业融资特点的便捷上市程序，满足中小企业需求的小额多次融资方式。

（2）快捷透明的上市时间表。上市审批权在伦敦交易所，整个上市过程快捷而透明，完全取决于公司的商业决策和保荐人的工作进度，不受其他因素的干扰，公司对整个过程控制程度高，可预见性强。中国企业自启动上市流程到完成上市通常只需 4~6 个月时间。

（3）以"终身保荐人"为核心的监管制度。终身保荐人制度是指上市企业在任何时候都必须聘请一名符合法定资格的公司作为其保荐人。保荐人的职责是保证 AIM 的上市企业遵守 AIM 制定的规则，进行质量控制和上市适宜性审核，企业可以自由选择和更换保荐人。

（4）强大的融资能力。国际资本雄厚，世界上所有的主要机构投资者都投资于本市场。

（5）上市后低廉的维护成本，没有过多的监管包袱，合规方面工作量不大。

3. SEAQ 系统国际板介绍

SEAQ 系统国际板是指针对国际股票市场的电子实时屏幕报价系统。企业有两条途径可以取得在 SEAQ 系统国际板上报价的资格：一是已获准在伦敦证券交易所挂牌上市的证券；二是属于发展中市场区的证券。所谓发展中市场区是指那些尚未符合伦敦证券交易所关于加入 SEAQ 系统国际板标准的交易所或交易场所，它建立于 1992 年 9 月，主要包括拉丁美洲、俄罗斯、印度和中国台湾的证券。

证券要在发展中市场区获得报价资格以便进入 SEAQ 系统国际板，还须满足以下条件：①该证券必须在属于国际证券交易所联合会的成员或通信成员的证券交易所挂牌上市；②该证券必须有伦敦证交所成员行号或经认可的人士同意为伦敦证交所就其挂牌担当联络人；③伦敦证券交易所的成员行号必须让伦敦证交所确信，该发行证券的公司已至少对在其当地的证券交易所及时披露信息的工作有妥善安排；④对每一种发展中的市场证券，必须至少有两个双价（确定性报价和指导性报价）制定人接受登记。

SEAQ 报价系统的股价行情是双价制定人直接输入伦敦证交所的中央计算机系统，再随即发送给各大行情传播机构，由其将信息传遍世界。收视 SEAQ 的报价不受限制，任何人都可通过某个行情传播机构掌握行情。

（五）加拿大证券市场

加拿大证券市场由多伦多证券交易所（TSX）、多伦多创业交易所（TSXV）和 CNQ 交易所三个交易所组成。

1. 多伦多证券交易所（TSX）

TSX 为主板市场，于 1852 年成立，是世界第九大、北美第三大证券交易所。TSX 适合于有着优良业绩的成熟公司或具有良好产业化前景的先进技术型公司，很多在 TSX 上市的公司也同时在纽约证券交易所上市。

2. 多伦多创业交易所（TSXV）

TSXV 是多伦多交易所的创业板市场，它是全球最大的创业板市场。TSXV 适合于有一定业绩或经营历史并希望筹集一百万到五百万加元资金的企业。TSXV 的前身温哥华证券交易所素以矿产勘探行业融资闻名于世，近年来又被公认为协助各类新兴产业——诸如高科技、制造业、生物医药、电脑软件、国际互联网网络开发领域的证券交易所，其入市门槛较低。TSXV 的另一个职能是向其他几家交易所输送新生力量，每年都有一定数量的上市公司在 TSXV"毕业"进入到规模更大的股票交易所。

3. CNQ 交易所

CNQ 交易所成立于 2004 年 5 月，起初的功能定位为自动报价系统（类似于纳斯达克的 OTCBB）。CNQ 的成立使加拿大资本市场更加活跃、更具竞争性。CNQ 以上市公司的信息透明化为监管原则，充分发挥上市成本低、速度快的优势，在信息透明的前提下尽量少干预上市公司的运作。CNQ 适合于急于以低成本上市并急需少量资金的公司。

（六）澳大利亚证券市场

澳大利亚证券交易所（ASX），全称澳大利亚证券交易有限公司，是根据澳大利亚国会立法《澳大利亚证券交易及国家保证金法案》注册后，于 1987 年 4 月 1 日开业。自创办以来，它发生了许多变化，2006 年与澳大利亚股票交易所与悉尼期货交易所合并，如今稳居澳大利亚证交所的第一位。

澳大利亚证券交易所以中小企业为主。中小企业在澳证所（ASX）的上市公司数量中占大部分比例，而中国拥有全世界相对较多且非常有活力的中小企业，在 ASX 上市将有助于其在商业计划早期推动公司发展，且成熟的退出机制使早期投资者可以顺利获得投资收益。

（七）境外市场上市条件比较

我国企业境外上市主要选择在香港联合交易所（SEHK）、美国纽约证券交易所（NYSE）和美国 NASDAQ 股票市场上市。除此之外，部分企业还在伦敦证券交易所（LSE）、香港创业板（GEM）、新加坡股票交易所（SES）、新加坡股票自动报价市场（SASDAQ）、美国柜台交易市场（OTCBB）、加拿大创业板（CDNX）、加拿大温哥华股票交易所（VSE）、欧洲第二市场（EURONext）、欧盟股票自动报价市场（EASDAQ）等挂牌交易。表 10-5 对境外市场的上市条件进行了简单对比。

表 10-5　境外证券市场上市条件对比分析表

比较项目	中国香港	美国	新加坡	英国	加拿大	澳大利亚
基金量	多	多	一般	多	多	一般
当地证监会监管力度	强	极强	强	强	强	强
对企业品牌的号召力	强	强	较强	强	较强	一般
变现能力	强	极强	较强	极强	较强	较强
媒介推介力度	强	一般	一般	一般	一般	一般
对策略基金的吸引	有力	有力	较有力	有力	较有力	较有力
对中国企业欢迎程度	好	较好	较好	较好	较好	较好
中国政策影响力	强	一般	较强	一般	一般	一般
上市费用	一般	较高	较低	一般	一般	一般

第四节　跨国并购

【案例导入】

收购世界前三强的通用飞机制造商，万丰成为世界通用飞机制造领导者①

奥地利当地时间 2017 年 12 月 21 日，万丰旗下的子公司万丰航空工业有限公司完成对奥地利钻石飞机公司的收购交割，世界前三强的通用飞机制造商——钻石飞机工业公司已全部成为万丰航空工业大家庭中的成员，其名下的各类飞机知识产权和强大的整机设计和生产能力全部转入万丰航空。其实，万丰的收购计划一早就有迹可循，2016 年 12 月，万丰成功并购加拿大钻石飞机公司，现在看来也是全面收购前的一次试水。

奥地利钻石飞机公司有着悠久的历史，是一家集设计、制造、研发、销售等专业平台于一体的专业飞机制造商，是世界上通用活塞式飞机制造的领导者。这次收购，填补了国内通用航空飞机设计研发和生产制造上的一些空白，中国的通航飞机研发和制造水平将从单一的授权生产直接上升到国际领先的自主研发和生产水平，标志着万丰真正成为世界通用飞机制造的领导者。值得一提的是，该项目也是中奥两国建交以来最大的一次收购，为中国企业参与"一带一路"建设添上了浓重的一笔。

近年来，万丰集团全面进军航空全产业链，立足于万丰航空小镇，制定了系统完整的航空产业全产业链发展规划，正在加快形成飞机制造、机场管理、通航运营、航校培训、空中保障五大业务板块，积极建设国家级航空产业综合示范区，成为全国通航产业领导者。

思考：万丰收购奥地利钻石飞机公司属于哪种跨国并购类型？

一、跨国并购概述

（一）跨国并购的概念

跨国并购是并购在内涵外延上的拓展，是并购在空间上的跨越，它会涉及两个以上国家的企业、两个以上国家的市场和政府控制下的法律制度。基于本书第五章对并购概念的介绍，本书认为跨国并购是跨国兼并和跨国收购的总称，如图 10-1 所示。

跨国并购是一国企业为了达到某种目标，通过一定的渠道和支付手段，将另一国企业的所有资产或足以行使运营活动的股份收买下来，从而对另一国企业的经营管理实施实际的或完全的控制的行为。可见，跨国并购涉及两个或两个以上国家的企业，上述的"一国企业"或称为"母国"企业，是并购企业，一般是实力较为强大的跨国公司，是跨国并购的主体；"另一国企业"或称为"东道国"企业，是被并购企业，也称为目标企业。跨国并购所用的支付手段，包括现金、贷款、以股换股、发行债券等方式。

① 浙江境外投资企业协会. 2017 年度浙江十大跨国并购案例合州 3 年企业上榜[EB/OL]. (2018-02-02) [2021-12-05]. https://zj.zjol.com/news/863996.html.

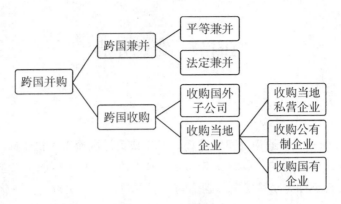

图 10-1　跨国并购的结构

（二）跨国并购与国内并购的区别与联系

国内并购与跨国并购同属并购范畴，在本质上是一致的。但跨国并购是跨越国界的行为，与国内并购相比具有不同的特点。

（1）跨国并购与国际因素密切相关。跨国并购的动因与国际因素有较大的相关性，如世界市场的竞争格局、贸易与投资的自由化进程、世界经济一体化、区域化集团化趋势、跨国投资的国际协调等，这些都给跨国并购带来了影响，因此，对跨国并购的动因分析必须将其放在世界经济范围内进行。

（2）跨国并购的主体大多数是跨国公司，而跨国公司实施并购计划更多地是从全球发展战略的角度来考虑经济利益的得失问题，这就使得跨国并购理论与一般的并购理论有了较大的不同。

（3）跨国并购与国内并购相比，具有更多的进入障碍，这使得跨国并购的实施更为复杂。如母国与东道国之间的经济利益及竞争格局、公司产权及管理模式、外资政策及法律制度、历史传统及文化语言等方面的差异。

（4）跨国并购在对市场的影响方式和范围方面与国内并购不同。国内并购非常直观地表现为市场份额的改变和市场集中度的提高。而跨国并购对于母国市场与东道国市场而言，并未直接表现为母国与东道国市场份额和市场集中度的改变，而是表现为并购者对市场份额的占有程度和市场竞争力的扩展，以及世界市场份额和市场集中度的改变。

（5）跨国并购中主要是跨国收购，而跨国兼并相对较少。跨国兼并意味着两个以上的法人最终变成一个法人，不是母国企业的消失，就是目标国企业的消失，这种情况在跨国并购中并不多见。

（三）跨国并购的分类

1.按跨国并购双方的行业关系，跨国并购可以分为横向跨国并购、纵向跨国并购和混合跨国并购。

（1）横向跨国并购。

横向跨国并购是指两个以上国家生产或销售相同或相似产品的企业之间的并购。其目的是扩大世界市场的份额，增加企业的国际竞争力，直至获得世界垄断地位，以攫取高额垄断利润。在横向跨国并购中，由于并购双方有相同的行业背景和经历，所以比较容易实现并购整合。横向跨国并购是跨国并购中经常采用的形式。

（2）纵向跨国并购。

纵向跨国并购是指两个以上国家处于生产同一或相似产品但又处于不同生产阶段的企业之间的并购。其目的通常是稳定和扩大原材料的供应来源或产品的销售渠道，从而减少竞争对手的原材料供应或产品的销售。并购双方一般分别是原材料供应者或产品购买者，所以对彼此的生产状况比较熟悉，并购后容易整合。

（3）混合跨国并购。

混合跨国并购是指两个以上国家处于不同行业的企业之间的并购。其目的是实现全球发展战略和多元化经营战略，减少单一行业经营的风险，增强企业在世界市场上的整体竞争实力。

2. 按跨国并购的支付方式分类，跨国并购的方式目前主要有以下四种：

（1）全额现金支付。

全额现金支付是一种最清晰、最方便、最快捷的支付方式，即使是收购方以发行某种形式的票据所进行的购买也属于现金收购。

（2）"股权+现金"支付。

"股权+现金"支付指并购方直接将股权作为支付工具来支付的方式，它同现金结合一起使用，即"股权+现金"支付方式，这是目前最常用的一种支付方式，双方都更能快速达成一致意见，往往可以实现双赢。

（3）转移支付。

转移支付是通过负债融资来寻求主要的资金来源，然后再用负债融资取得的资金来支付并购所需的价款；而且，转移支付的负债融资是以目标公司的资产和将来的收益为抵押担保来获取金融机构的贷款，或是通过目标公司发行高风险、高利率的债券来筹集资金的。

（4）综合证券收购。

综合证券收购指当收购公司对目标公司提出收购要约时，其出价不仅有现金、股票，而且还有认股权证、可转换债券等。

二、跨国并购的动因

许多跨国并购的动机与国内并购的动机相似，而其他动机则是跨国并购所独有的。这些动机包括如下几点。

（一）成长

这种观点认为，追求企业成长是跨国并购的重要动因。成长对企业的生存和发展是至关重要的。促进企业从事跨国兼并以追求企业增长的主要因素有四点：①实现长期战略目标。在缓慢增长的经济中，盈利企业将其富余的资金投资于增长更快的海外经济体，比投资于增长缓慢的国内经济更合理，从而实现其长期盈利的战略目标。②寻求饱和的国内市场能力之外的成长。母国市场可能已经饱和，或者母国市场容量太小，而不能容纳母国公司巨人化的成长。例如，皇家荷兰壳牌公司、荷兰联合利华公司等，这些企业的巨额销售量和增长必定来自荷兰经济之外。③市场向国外扩张并保护国内市场份额。国内领先企业可能由于规模经济而具有较低的成本。向国外扩张可以使中等规模企业实现提高竞争力所必须的规模。④有效的全球竞争所需要的规模和范围经济。在世界经济的全球化背景下，企业要获取范围经济的收益，一个绝对的企业规模水平是必须的，一定的规模也是实施有效全球竞争战略所必需的。

（二）技术

这种观点认为，技术方面的考虑对国际兼并的影响主要包括两个方面：①利用技术性知识的优势，技高一筹的企业可能进行跨国并购以利用技术优势；②获取欠缺的技术，技术上逊色的企业可能收购技术先进的国外目标企业以提高其在国内外市场的竞争地位。

（三）差异化产品的拓展优势

所谓产品差异化，是指企业在其提供给顾客的产品上，通过各种方法造成足以引发顾客偏好的特殊性，使顾客能够把它同其他竞争性企业提供的同类产品有效地区别开来，从而达到使企业在市场竞争中占据有利地位的目的。汽车的差异化特征比较明显，各国消费者对品牌、性能的看重也给各汽车公司提供了差异化经营的机会。各国汽车公司基于品质、性能等方面的差异化，纷纷向国外市场拓展。20 世纪 20 年代美国汽车产业还处于发展初期，大量汽车被出口到欧洲。后来这种局面被打破，首当其冲的是德国大众汽车公司进入美国，接着是日本汽车在美国颇受欢迎，国外制造商进而在美国建立了制造业务。

（四）政府政策

政府政策、管制、关税和配额能够在一些方面影响跨国并购。出口尤其容易受到关税和配额、非关税壁垒的影响。特别是在要保护的市场规模很大时，跨国公司通过跨国并购，可以绕过保护性关税、配额、非关税壁垒等，获得海外市场。

（五）汇率方面的考虑

这种观点认为，一国的外汇汇率对跨国并购有很大影响。本币的坚挺或疲软能影响交易的支付价格和融资成本，也能影响被收购企业的经营成本，以及汇回母国的利润价值。

管理外汇风险也成为跨国公司的又一项经营成本。本币坚挺国家的企业，出于成本的考虑，将会积极地兼并收购外国的企业，而货币疲软国的企业，则可能会成为强势国企业兼并的对象。

（六）政治和经济的稳定

企业通常偏向于在安全、可预测的环境中投资。政治和经济的相对稳定是吸引外国收购者的重要因素。跨国公司必须估测政府鼓励性干预和压制性干预的可能性。在政治方面，其必须考虑战争、政府变动、政权移交等情形；在经济方面，其应考虑劳资关系、市场规模、金融市场的广度与深度、基础设施等。

（七）有差异的劳动力成本、劳动力生产率

东道国相对较低的劳动力成本和相对较高的劳动力生产率是吸引跨国并购的一个重要因素。企业通过跨国并购，获取低成本和高效率的劳动力，可以直接降低企业的生产成本，从而增加跨国公司的利润，提升跨国公司的竞争优势。

（八）追随客户的需要（银行尤其如此）

这种观点认为，在包括银行业、会计师事务所、律师事务所和广告等在内的服务业中，为了与客户保持长期稳定的关系，企业有可能会采取跨国并购的行动。长期银

行业务关系的重要性是银行跨国并购的一个重要因素，如果银行有足够的客户移到了国外，那么银行也向国外扩张以保持与客户的长期合作关系，在经济上是合理的。

（九）多样化

跨国并购能在地理上通过生产线实现多样化。各国经济通常不是完全相关的，跨国企业通过跨国并购在多国拥有企业，可以获得多样化组合投资，分散系统性风险。跨国并购也能在全球范围内获得协同效应，即产生"1+1>2"的效果。

（十）资源贫乏的国内经济获取有保证的资源供给

这种观点认为，在垂直兼并中，尤其是对于国内资源短缺的兼并方，保证原料来源可能是促使其从事跨国并购的重要原因。跨国并购是对付原料进口贸易壁垒的重要手段。企业通过跨国并购，直接参与当地的资源生产与开发，然后输回国内是保障资源长期、有效和稳定供应的有效途径。

我国企业也具有海外并购的经济实力。改革开放以来，中国整体经济实力不断提升，同时，中国的外汇储备也不断增加，目前已经高居世界第一。在经常项目、资本项目双顺差的推动下，人民币面临巨大的升值压力，企业用人民币购买国外的资产也相对便宜。在当前中国经济实力不断增长、外汇储备增多、企业的竞争力不断增强的情况下，"走出去"确实是一个重要的机遇。随着中国企业的不断壮大，其需要在海外去寻找机会，以达到企业的战略目标。

中国政府长期以来支持企业有计划、有步骤地走出去投资，实施"走出去"的战略。党的十六大报告提出，鼓励能够发挥我国比较优势的企业积极对外投资，提出了"坚持引进来和走出去相结合，全面提高对外开放水平"的工作目标。第一次将中国企业"走出去"提到如此高度。党的十七大报告也再次强调，坚持对外开放的基本国策，把"引进来"和"走出去"更好结合起来，扩大开放领域，优化开放结构，提高开放质量。

三、跨国并购的流程

跨国并购的流程从企业层面而言，主要分为三个阶段：准备阶段、谈判与实施阶段和整合阶段。每个阶段工作的侧重点各不相同，如图10-2所示。

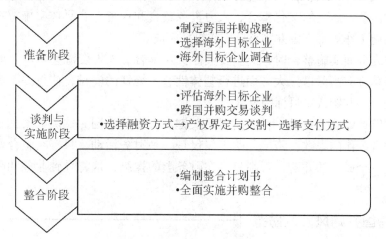

图10-2　跨国并购交易流程图

（一）准备阶段

跨国并购战略的制定是整个并购的首要环节，它对以后将要进行的并购行为有着总体指导意义。所有的跨国并购行为以及形成的文件、方案等均须符合并购战略。因此，跨国并购战略要在考虑企业使命、企业生产经营总体战略、内部环境和外部环境等因素的基础上来制定。

跨国并购目标企业的选择在很大程度上决定了并购的成败。目标选择不当，可能将直接导致并购交易失败，或者导致交易后的并购整合过程困难重重。目标企业选择实际上可以分为两个步骤：搜寻相对合适的潜在目标企业，从中选出最为合适的并购目标。在选择目标企业的过程中，对潜在目标企业的详尽调查是非常重要的一环，它将直接影响下一步对并购目标企业的价值评估。

（二）谈判与实施阶段

在交易实施阶段，首先要评估目标企业价值。在并购时，交易价格往往是以目标企业的评估价值为基础来确定的，这个评估价值需要交易的双方都认可，因此评估价值必须是公允的。确定目标企业后，接下来就进入了谈判阶段。企业通常要组建谈判小组，通过谈判，并购双方需要对交易的具体细节、并购后的整合计划、法律程序等进行协商并达成一致。

企业在并购过程中要充分考虑并购的融资方式，一般情况下资金有以下四种来源：企业自有资金、对外发行股票融资、对外发行债券融资和向金融机构贷款。企业确定好融资方式后，还需要考虑并购款的支付方式。目前，有四种支付方式可供选择：现金支付、股票支付、债券互换、综合证券混合支付。

产权界定与交割是完成并购交易实施阶段的最后一个环节，它是并购双方明确并购方对目标企业资产所有权归属的一种法律行为。并购方应当严格按照目标企业所在国家的法律法规，进行资产清查与交割，报请当地政府部门审批，履行产权交割过户。

（三）整合阶段

跨国并购交易完成后，就进入了整合阶段。而整合阶段的第一步就是要选择合适的人员来组成海外并购整合工作组。该并购整合工作组是一个专门进行并购交易后的整合工作的团队，后续的文化整合、人力资源整合和业务整合具体实施方案，以及具体的整合实施工作等都交由并购整合工作组来完成。

并购方在全面实施整合时，应主要关注文化整合、人力资源整合以及业务整合三大方面。并购方应当对这三大方面进行整体性、系统性的安排，使得并购后的目标企业能够达到海外并购战略目标的要求。

跨国并购最终能否成功，整合阶段是关键。大多数跨国并购失败案例显示，主要原因就是整合工作的失败。跨国并购不仅仅是一种财务活动，只有在整合业务上取得成功，才是一个成功的并购，否则只是在财务上的操纵，这将导致业务和财务上的双重失败。

四、跨国并购风险及防范

（一）跨国并购风险

本书前面已阐述了并购的运营风险、信息风险、融资风险、反并购风险等。许多跨国并购的风险与国内并购面对的风险相似，而其他外部风险则是跨国并购所独有的，这些外部风险包括以下四种：

1. 政治与社会风险

跨国并购涉及两个国家或地区。在全球事务中，政治与经济密不可分，政治风险包括政治环境的不确定、政治力量的更迭、政策的不连续性等。许多国家将经济作为政治的延续，常将市场行为作为国家行为来对待。国家间发展程度的差异以及历史事件也会引发一些国家国民对跨国并购的民族情绪，进而对跨国并购产生伤害。2006年12月开始的持续8个月的中国海洋石油有限公司（中海油）并购优尼科失败案例就是政治因素导致并购失败的经典案例。

2. 汇率风险

跨国并购的支付涉及跨国支付，通常需要使用大量目标企业所在国的货币进行支付，并购企业需要筹集外汇，汇率的变化和不确定性会带来一定的风险。

3. 跨文化管理风险

所谓跨文化冲突是指不同形态的文化或者文化因素之间由于存在较大的差异而导致的相互对立、相互排斥的过程。由于跨国并购涉及两个不同国家、不同民族之间的文化整合，文化冲突对跨国并购成败的影响尤为明显。在全球范围内，80%左右的并购失败案例都是源于直接或间接的新企业文化整合的失败。

4. 法律风险

跨国并购的过程其实就是一个法律过程，涉及事前、事中与事后三个阶段。事前的法律过程一般涉及公司法、证券法、银行法、会计法、反垄断法、劳动法、外汇管理条例等；事中的法律风险主要来自目标公司所在国对并购项目的反垄断审查，同时也会面临各种以国家安全为由的审查；事后的法律风险主要来自劳工法、环境法、知识产权法等方面，并购企业如果处理不当，就有可能产生隐患和风险。

在跨国并购活动中，政府应该适当地发挥宏观调控作用，尽可能地降低和避免上述跨国并购的风险，保护国家经济安全。管好跨国并购这把"双刃剑"，既要依靠市场调节，也要依靠政府干预，但最重要的还是要健全相关法律法规。

（二）跨国并购风险的防范

1. 全面搜集信息并审慎审查

跨国并购风险的诱因之一就是信息不对称和信息不完全。因此，并购企业在制定并购战略和实施并购行动之前，需要拓宽各种渠道全面了解目标企业所在国的社会文化、政治状况、法律规定、市场环境等信息，以及目标企业的各种信息，并对各种信息进行认真、慎重的审查，做好各种预案，以减少跨国并购中政治风险和社会风险所带来的伤害。

2. 防范跨国并购中的法律风险

防范跨国并购中的法律风险，并购企业需要在事前寻求目标企业所在国专业机构的支持，获得及时的法律服务；事中需要专业机构提供法律意见，避免与当地法律冲突；事后要通过专业机构的帮助避免劳工、知识产权等方面的纠纷。同时，并购企业还需要大力提高企业内部的法务处理能力，引进和培养法务人员。

3. 防范跨文化管理风险

并购企业在并购准备阶段就要对并购双方企业文化进行诊断，找出差异，设定解决预案。在文化整合过程中，并购企业应采取适合企业自身特征的文化整合模式，尊重各国文化传统，提倡求同存异，增进彼此信任和了解，使双方在未来企业的价值、管理模式、制度安排等方面达成共识，建立双方员工都能接受的企业文化。

本章小结

随着经济全球化时代的到来，越来越多的企业走出国门，参与全球竞争，本章重点阐述了资金资本的跨国运作，并对几种典型的资本跨国运营进行了详细分析，结合案例展示资本跨国运作的流程、特点和利弊，并要求学生除了从专业角度理解跨国资本运作，还要理解其背后的思政意义。

【案例分析】

【案例1】 多行业海外并购典型案例

【案例2】 三安光电收购以色列通信芯片公司 ColorChip

【课后练习】

一、单项选择题

1. 跨国资本运营的最终目的是（　　）。
   A. 实现资本增值　　　　　　　　　B. 更好地进行价值管理
   C. 完成资本跨越国界　　　　　　　D. 扩大企业规模

2. 下列不属于 Kogut 的合资经营动机维度的是（　　）。
   A. 知识获取型　　　　　　　　　　B. 效率寻求型
   C. 战略行为型　　　　　　　　　　D. 市场进入型

3. 下列属于境外直接上市的是（　　）。
   A. 造壳间接上市　　　　　　　　　B. 境外买壳上市
   C. 在纽交所发行 N 股　　　　　　　D. 发行存托凭证

4. 跨国并购中最清晰、最方便、最快捷的支付方式是（　　　）。

　　A. 全额现金支付　　　　　　　　B. "股权+现金" 支付

　　C. 转移支付　　　　　　　　　　D. 综合证券收购

5. 下列属于跨国并购的内部风险的是（　　　）。

　　A. 政策风险　　　　　　　　　　B. 并购整合风险

　　C. 法律风险　　　　　　　　　　D. 文化风险

二、多项选择题

1. 按跨国并购双方企业所属行业关系分类，跨国并购可以分为（　　　）。

　　A. 横向跨国并购　　　　　　　　B. 纵向跨国并购

　　C. 混合跨国并购　　　　　　　　D. 直接跨国并购

2. 属于跨国股权投资的战略类型有（　　　）。

　　A. 多国战略　　　　　　　　　　B. 全球战略

　　C. 跨国战略　　　　　　　　　　D. 地区战略

3. 跨国并购的外部风险有（　　　）。

　　A. 汇率风险　　　　　　　　　　B. 政治风险

　　C. 法律风险　　　　　　　　　　D. 文化风险

4. 合营企业建立动机中属于非市场进入型的有（　　　）。

　　A. 效率驱动型　　　　　　　　　B. 战略资源驱动型

　　C. 品牌知名度驱动型　　　　　　D. 竞争行为驱动型

5. 造壳间接上市按境内企业与境外公司关联方式的不同，可以分为（　　　）。

　　A. 控股上市　　　　　　　　　　B. 附属上市

　　C. 合资上市　　　　　　　　　　D. 分拆上市

6. 跨国并购的主要流程有（　　　）。

　　A. 融资阶段　　　　　　　　　　B. 准备阶段

　　C. 整合阶段　　　　　　　　　　D. 谈判与实施阶段

三、简答论述题

1. 结合原文案例与所学内容，分析合资经营失败的原因有哪些？

2. 请查阅若干境外借壳上市的案例，归纳其中的风险点，并从思政角度分析我国应从哪些方面加强对境外借壳上市的监管？

3. 结合所学知识与自身理解，分别从资本运作角度和思政角度，阐述跨国海外并购的动机和意义。

参考文献

［1］肖钢. 中国资本市场变革［M］. 北京：中信出版社，2020.

［2］泰和泰劳动人事法律中心. 资本市场实务指引［M］. 北京：法律出版社，2020.

［3］吴晓求，证券投资学［M］. 5版. 北京：中国人民大学出版社，2020.

［4］姚宇峰. 股权资本：企业股权设计与运营实战方案［M］. 北京：中国经济出版社，2019.

［5］曹永峰. 资本运营概论［M］. 2版. 北京：清华大学出版社，2019.

［6］曾江洪. 资本运营与公司治理［M］. 3版. 北京：清华大学出版社，2019.

［7］吴晓求，等. 中国资本市场研究报告（2018）：中国债券市场［M］. 北京：中国人民大学出版社，2018.

［8］马瑞清. 兼并与收购［M］. 2版. 北京：中国金融出版社，2017.

［9］葛永盛. 资本运作［M］. 上海：华东理工大学出版社，2017.

［10］乔路. 资本市场实务指引与经典案例［M］. 北京：中国法制出版社，2017.

［11］弗兰克·法博齐，等. 资本市场机构与工具［M］. 4版. 汪涛，郭宁，译. 北京：中国人民大学出版社，2015.

［12］北京市中伦律师事务所、资本市场业务［M］. 北京：法律出版社，2014.

［13］王国刚. 资本市场导论［M］. 2版. 北京：北京社会科学文献出版社，2014.

［14］北京恒都律师事务所. 资本市场实务精要与疑难解析［M］. 北京：中国法制出版社，2018.

［15］黄嵩，资本市场学［M］. 北京：北京大学出版社，2013.

［16］刘少波，时旭辉编，证券投资学［M］. 2版. 广州：暨南大学出版社，2013.

［17］何小峰等，资本市场运作教程［M］. 3版. 北京：中国发展出版社，2011.